ZIEMLICH BESTER URLAUB

Die **150** schönsten Reiseziele der Welt

Willkommen, Sol Gabetta!
The Blind

ZIEMLICH BESTER URLAUB

Die 150 schönsten Reiseziele der Welt

BRUCKMANN

Inhalt

→ Blick über den Jachthafen Monacos: Zur Rallye Monte Carlo im Januar strömen Prominente und Touristen ebenso zum Felsen an der Côte d'Azur wie zum Grand Prix im Mai.

Sommer Juni | Juli | August

Europa

Amerika

Afrika

Asien

Australien & Ozeanien

Inhalt

Herbst September | Oktober | November

Europa

Amerika

Afrika

Asien

Australien & Ozeanien

→ Monte Alban in Mexiko war religiöses Zentrum der Zapoteken und ist heute UNESCO-Weltkulturerbe.

Winter Dezember | Januar | Februar

Europa

Amerika

Afrika

Asien

Australien & Ozeanien

Die Qual der Wahl: Wann wohin?

Zur schönsten Zeit am schönsten Ort

Endlich Urlaub! Schon allein der Gedanke erfüllt einen mit Vorfreude. Den Alltag hinter sich lassen, den üblichen Zwängen entkommen, durchschnaufen. Das Leben mit Muße angehen und genießen.

Verlockende Aussichten, auch wenn der ideale Urlaub für jeden etwas anders aussieht. Erholsam soll er sein, aber auch inspirierend, spannend und vielleicht sogar ein bisschen abenteuerlich. Der Geist soll angeregt, die Seele gestreichelt werden und der Körper wieder Kraft tanken. Eine bunte Mischung, deren Zutaten jeder zum persönlichen Urlaubsglück ein wenig anders dosiert. Diese perfekte Mixtur findet man eher nicht Zuhause – da müsste ja doch nur dies und jenes erledigt werden –, sondern in der »Ferne«, die durchaus in der Nähe liegen darf. Deshalb heißt »Endlich Urlaub!« für die meisten auch: endlich reisen!

Folgt man dem britischen Schriftsteller Bruce Chatwin, erfüllen wir mit dieser großen Lust am Reisen ein menschliches »Urbedürfnis nach Bewegung und Unterwegssein«. Denn der Mensch ist für ihn von Natur aus ein Wanderer, den es schon vor Urzeiten aus Afrikas Wäldern und Savannen bis in die entferntesten Winkel der Welt zog. So gesehen schlummert in uns allen ein Nomade, der im Urlaub zu seinem Recht auf Tapetenwechsel kommt. Dies mag auch erklären, warum das Reisen als Selbstzweck quer durch die Bevölkerungsschichten so populär wurde, sobald es die Verkehrsmittel und das Einkommen zuließen. »Zu den Eigentümlichkeiten unserer Zeit gehört das Massenreisen«, schreibt – nein, kein zeitgenössischer Soziologe, sondern Theodor Fontane, selbst ein großer Reisender und berühmter Wanderer durch Schottland und die Mark Brandenburg. »Sonst reisten bevorzugte Individuen, jetzt reist jeder und jede. ... Alle Welt reist.«

Tatsächlich reiste damals, im Jahr 1873, nicht »alle Welt«, sondern neben der Oberschicht aus

↑ Baobabs, sogenannte Affenbrotbäume, finden sich in großer Zahl beispielsweise auf Madagaskar.

Adel, hohen Militärs und Beamten zunehmend auch das Bürgertum, das genügend Zeit und das nötige Kleingeld besaß. Aber da es so wenig ausgesprochene Urlaubsorte gab, traten die damaligen Reisenden dort tatsächlich in »Massen« auf. Richtig ins Rollen kam die Reisewelle nach dem Zweiten Weltkrieg mit dem Wirtschaftswunder im Westen. »Schlagbaum hoch!« hieß damals sinnigerweise der ADAC-Ratgeber für Auslandsreisen mit dem eigenen Wagen. Die Schlagbäume haben in Europa heute zum Glück größtenteils ausgedient, und damit auch die Meldungen über Staus und stundenlange Wartezeiten an den Grenzen im Radio, die man früher gebannt im Auto verfolgte.

Heute ist tatsächlich »jeder und jede« auf Reisen. Die Praxis scheint Chatwins Theorie des Nomadentums Recht zu geben, wenn man auf die blanken Zahlen blickt. Knapp 1,2 Milliarden Menschen waren laut der Welttourismusorganisation der UNO im Jahr 2015 rund um den Globus als offiziell Reisende jenseits ihrer Heimat unterwegs, nur rund 14 Prozent davon aus geschäftlichen Gründen und die allermeisten, um Urlaub zu machen.

In Sachen Urlaubsreisen stellt sich für viele also nicht die Frage, ob sie sie unternehmen, sondern wann, wohin und wie lange. Außer man gehört zu den Glücklichen, die nicht auf ihre Zeit achten müssen, ist die Dauer meist schnell bestimmt. Mehrwöchiger Jahresurlaub, Wochenendtrip – zwischen diesen beiden Polen bewegen sich in der Regel die Möglichkeiten. Das »Wie lange« bestimmt wiederum bis zu einem gewissen Grad das »Wohin«: zur Tulpenblüte nach Amsterdam oder zur Kirschblüte nach Japan im Frühjahr, zum Windsurfen nach Sylt oder zum Surfen auf die Seychellen im Sommer, zu kühler Mass und Ochs am Spieß auf das Münchner Oktoberfest (im September!) oder zum Barbecue mit kaltem Wein im australischen Outback im Herbst, zur Fasnet im Schwarzwald oder zum Karneval in Rio im Winter.

Berge oder Meer, Sport oder Sightseeing, Asphaltdschungel oder Regenwald – die Auswahl ist unbegrenzt. Zum großen Reisespaß gehört auch, sich Ziele zu überlegen, Strecken auszutüfteln, in Reiseführern zu schmökern und sich das Unbekannte vorzustellen. Um Sie zu inspirieren, vielleicht zu überraschen oder gar zu erstaunen, haben 21 Reisejournalisten 150 Ziele für einen »ziemlich besten Urlaub« zu jeder Jahreszeit und für jede Urlaubslieblingsmischung zusammengestellt: pulsierende Metropolen, unvergessliche Naturerlebnisse, spannende Rundreisen und unterhaltsame Kulturtrips. Tipps zur besten Reisezeit und zu besonderen Events sollen Ihnen die Planung für eine Reise auch in die entferntesten Winkel der Erde erleichtern. Denn wie der österreichische Satiriker und Publizist Karl Kraus schon 1909 wusste: »Nach Ägypten wär's nicht so weit. Aber bis man zum Südbahnhof kommt.«

↑ Die Elymer erbauten bei Segesta auf Sizlien zahlreiche prächtige Tempel im dorischen Stil.

↑ Kanadische Winteridylle: der spektakuläre Moraine Lake im Banff National Park

↑ Wohl unzählige Biker träumen davon: einmal mit einer Harley über die California State Route 1!

Sonnenuntergang am Palm Beach,
auf der karibischen Insel Aruba

Traumziel Oberbayern 1

Besuch beim Kini

Ein Märchenschloss in einer Traumlandschaft: Für Neuschwanstein bleiben eigentlich nur Klischees. Doch die geben genau das wieder, was die Menschen anlockt. Es soll US-Amerikaner geben, die glauben, dass Neuschwanstein eine wirklich hübsche und gelungene Replik von Cinderellas Castle in Disneyland sei. Andere nennen die Burg des Märchenkönigs Ludwig II. despektierlich Neuschwahnsinn, was nicht verwunderlich ist, angesichts von 1,3 Millionen Besuchern pro Jahr.

Doch die pure Romantik mit Zinnen, Türmchen und Giebeln in einer herrlichen Alpenregion, die eines der wohl bekanntesten Schlösser der Welt in einmaliger Lage auf einem bewaldeten Bergrücken perfekt inszeniert, strahlt Unvergleichliches aus, Pomp mit Zuckerguss. Und im Innern ließ Ludwig II. ebenso Unwirkliches schaffen: das Schlafzimmer mit Bildern aus »Tristan und Isolde«, das Wohnzimmer mit Szenen der »Lohengrin«-Sage. Und schließlich der Prunk im Thronsaal, der nie einen Thron erhielt.

Entstanden ist die stimmungsvollste Schöpfung des bairischen Königs ab 1869. Nach dessen mysteriösem Tod am 13. Juni 1886 wurden die Arbeiten am noch unvollendeten Bau eingestellt. Sieben Wochen danach öffnete sich Neuschwanstein dem Publikum. Das Paradoxe daran: Der menschenscheue Ludwig wollte sich auf der Burg vor der Öffentlichkeit zurückziehen. Niemand sollte ihn dort jemals besuchen – doch sein geplantes Refugium wurde zum Publikumsmagneten.

Die Schlösser Linderhof und Herrenchiemsee, das sogenannte Abbild von Versailles, aber auch Ludwigs Geburtsort Nymphenburg, sogar die Münchner Residenz und ganz sicher das häufig weniger beachtete Königshaus am Schachen stehen zwar deutlich im Schatten von Neuschwanstein; dennoch ist jeder Ort einen Besuch wert.

Schachen ist von außen kaum von einer Alpenhütte zu unterscheiden. Aber drinnen glaubt der Besucher entweder sofort an den viel beschriebenen Wahnsinn des Königs oder an Halluzinationen. Besonders im Türkischen Saal traut man seinen Augen nicht: Diwane, Lüster, Springbrunnen, alles aus Gold vor gold-rot-blauen Tapeten, Teppichen und der komplett verzierten Decke, als ob sich der Sultan von Konstantinopel eine Bergdependance gegönnt hätte. Aber macht nicht gerade das Unerklärliche die Faszination aus? Mit all dem Malerischen, Märchenhaften, Magischen, das die Menschen anzieht, bis heute und aus aller Welt? Übrigens: Auch Linderhof war zunächst nur ein Forsthaus und wurde später zum Königsschloss, das von außen vergleichsweise unscheinbar, aber innen eine Orgie aus Farben, Spiegeln, Lüstern und übervoller Pracht ist.

Die Highlights

Neuschwanstein – Ein Schloss wie gemalt, vor perfekter Berg- und Seekulisse. Nicht wenige Besucher jauchzen: »Oh Gott, ist das schön!« Ludwigs Traum gehört zu den schönsten Schlössern der Erde.

Hohenschwangau – Ritterburg aus dem 12. Jh. und das Jugenddomizil Ludwigs II., nahe Neuschwanstein. Ebenso schön gelegen, weniger spektakulär, aber der Ort, an dem der schwärmerische König viele Anregungen fand.

Wieskirche – Auch kurz »die Wies« genannt. Sie liegt im Tal, etwa 30 km von Neuschwanstein entfernt, und gehört zu den ältesten UNESCO-Weltkulturerbestätten Deutschlands. Ein Raumwunder in zauberhaftem Rokokogewand.

Linderhof – Das Lieblingsschloss von Ludwig II. und das einzige, das noch zu seinen Lebzeiten vollendet wurde. Es ist klein, aber prunkvoll, mit herrlichem Schlosspark, in dem sich auch die kuriose Venusgrotte befindet.

Forsthaus am Schachen – Abgelegen auf 1866 m Höhe und nur zu Fuß zu erreichen.

Herrenchiemsee – Das kostspieligste Schloss Ludwigs und ein Abbild von Versailles. Es beheimatet das König-Ludwig-II.-Museum.

München – Mit Schloss Nymphenburg, dem Geburtsort von Ludwig II., und der Residenz, dem Sitz aller bayerischen Könige.

Die beste Reisezeit

Oberbayern ist ab Ende April wettermäßig schon recht stabil, und der Wonnemonat ***Mai*** macht seinem Namen meistens auch alle Ehre, besonders wenn Föhn ist, also ein Tag mit dem berühmten warmen Fallwind aus dem Süden. In diesem Zeitraum darf man schon mit bis zu angenehmen 20 °C rechnen, im Mai häufig auch darüber. Noch angenehmer freilich ist, dass die Hochsaison erst vor der Tür steht und Oberbayerns Schlösser noch nicht so hoffnungslos überlaufen sind wie im Sommer.

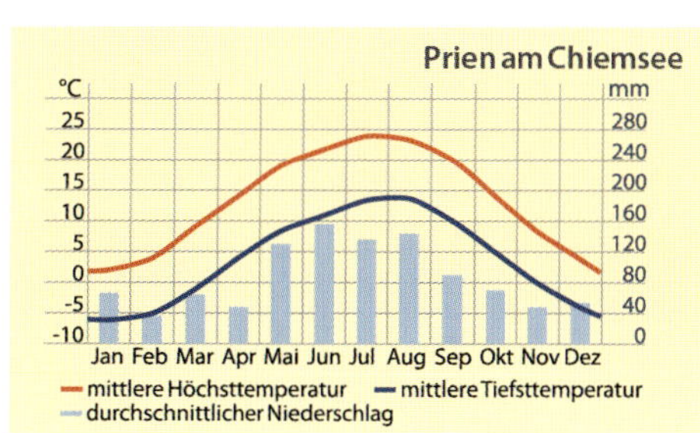

Besondere Tipps

Eintrittskarten: Für Neuschwanstein erhalten Besucher sie nur im Ticketcenter im Ort Hohenschwangau (Alpseestr. 12, Tel. 0 83 62/93 08 30, www.hohenschwangau.de).

Badespaß zum Ausgleich: Allein in der näheren Umgebung von Füssen gibt es 26 Seen. Der größte von ihnen ist der Forggensee, der bekannteste der Alpsee. Darüber thront Neuschwanstein.

Souvenir: Gibt's in den Schlösser-Shops oder im Internet: www.bayerische-werbegeschenke.de

Info: www.schloesser.bayern.de

← Schloss Neuschwanstein, eine architektonische Perle
← Die große Spiegelgalerie im Schloss Herrenchiemsee
← Gartenseite von Schloss Nymphenburg
↑ Nicht vom König beeinflusst, aber eine Wallfahrt wert: Rokokojuwel Wieskirche bei Steingaden

Traumziel Glacier Express 2

Blauburgunder am Oberalppass

Einzigartig: Zwei der drei weltweit besten Skiorte bilden die Endstationen des Glacier Express. St. Moritz und Zermatt hat das Schweizer Wirtschaftsmagazin »Bilanz« gemeinsam mit dem amerikanischen Aspen die Krone der Wintersportwelt zugesprochen. Wenn das kein Grund ist, es sich im »langsamsten Schnellzug der Welt« bequem zu machen und die wie mit einer Zuckerkruste überzogene Alpenlandschaft an den Panoramafenstern vorbeiziehen zu lassen. Dazu einen weißen »Aigle les Murailles«, einen roten »Malanser Blauburgunder« oder auch nur einen Milchkaffee – so lässt sich die kalte Jahreszeit genießen, selbst wenn man dem Wintersport weniger nahesteht.

Eidgenössische Eisenbahn-Baumeisterkunst war gefragt, als die Trassen angelegt wurden: 291 Brücken überquert der Glacier Express, rollt durch 91 Tunnel; im Winter mit täglich je einem Zug pro Richtung. Die Fahrt beginnt in St. Moritz eine Stunde früher als in der Gegenrichtung. Sie führt über Chur, Disentis, den 2033 Meter hohen Oberalppass, Andermatt, Brig und Visp bis Zermatt. Dort wartet der zumindest geografische Höhepunkt der Route, das 4478 Meter hohe Matterhorn. Seine charakteristische Dreiecksform ist zu einem Wahrzeichen der Schweiz (und ihrer Schokoladenindustrie) geworden, auch wenn sich das Land den Gipfel mit den Italienern teilen muss.

Per Kopfhörer erfahren die Passagiere Wissenswertes über die Landschaft, die der Express gerade durchrollt, aber auch über die Historie der Verbindungen durch das Hochgebirge. Selbst diese Zauberszenerie bannt niemanden völlig über siebeneinhalb Stunden. Das Mittagessen – wunschweise Tagesteller oder Drei-Gang-Menü – ist eine willkommene Unterbrechung. Es wird am Platz serviert – nur im Sommer gibt es bei einigen Abfahrten noch Speisewagen. Und zwischendurch kann man in den Barwaggon hinüberschlendern, für einen Kaffee mit oder ohne Pflümli.

Start und Zielort dieser komfortablen Reise durch Schnee und Eis zeichnen sich zwar gleichermaßen durch eine hohe Promidichte aus. Aber es gibt deutliche Unterschiede. Während das glitzernde St. Moritz schon auf seiner Website die Rubrik »Lifestyle« präsentiert, heißt es bei Zermatt: »für Familien«. Auffällig ist die Ruhe im autofreien Zermatt.

Die Highlights

St. Moritz – Das Bergdorf birgt eine weltbekannte Einkaufsstraße, die Via Serlas. Für Glenmorangie und Co. empfiehlt sich hingegen das Hotel Waldhaus mit der »größten Whiskybar der Welt«.

Badrutt's Palace Hotel lädt in der »Grand Hall« zum Tee. Im Wohnzimmer von St. Moritz darf es aber auch Champagner sein. Alternative? Ein Stück Engadiner Nusstorte im berühmten Café Hanselmann.

Fahrt im Taxi-Bob auf der ältesten Bobbahn der Welt. 130 Stundenkilometer erreichen die Schlitten auf der 1722 m langen Piste.

Nationalpark Graubünden – Hier liegen die Streckenabschnitte, denen der Glacier Express seine Aufnahme in das Weltkulturerbe der UNESCO verdankt.

Matterhorn Museum – Seine Exponate erzählen von der dramatischen Eroberung des Massivs.

Europas höchste Aussichtsplattform befindet sich auf dem Kleinen Matterhorn (3883 m). Das ganzjährig befahrbare Skigebiet von Zermatt lässt sich mit einer Seilbahn erreichen. Eine VIP-Gondel erlaubt die Auffahrt mit Champagner.

Kulmhotel Gornergrat – Das höchstgelegene Hotel der Schweiz (3089 m) lädt zu einem Rundblick auf 29 Viertausender ein. Angesteuert wird es von einer bereits 1898 gebauten Zahnradbahn.

Die beste Reisezeit

Je weiter der Winter voranschreitet, umso länger werden die Tage und, sofern die Sonne mitspielt, umso eindrucksvoller präsentieren sich die Berge. Im ***März/April*** sollten sie noch ihren weißen Pelz fotogen gegen den oft blauen Himmel strecken. Die Durchschnittstemperaturen pendeln tagsüber meist schon um den Nullpunkt, im April mit Tendenz zu niedrigen Pluswerten. Es gelten in der Regel bereits günstige Nachsaisonpreise – die Osterferien natürlich ausgenommen.

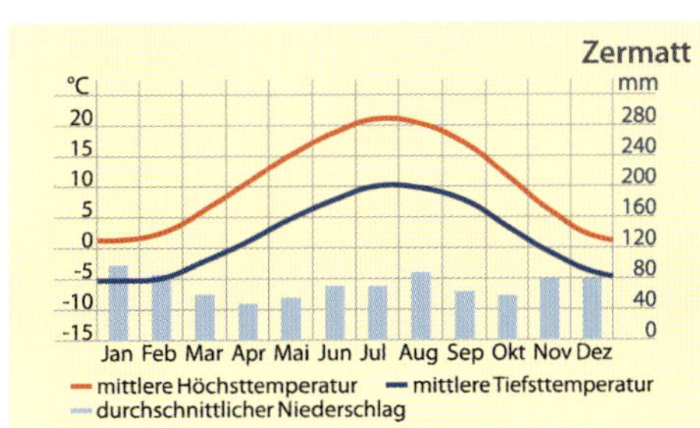

Besondere Tipps

Literatur: »Der Kampf ums Matterhorn« von Carl Haensel, antiquarisch erhältlich, war die Vorlage für Luis Trenkers Film »Der Berg ruft«.

Küche: Die Engadiner Nusstorte, fast zu gleichen Teilen Walnüsse, Zucker und Sahne, ist kein Leichtgewicht, aber auch keine schwere Sünde.

Souvenir: Schweizer Offiziersmesser sind vielseitig. Etwa die hier passende Hochgebirgsvariante mit Höhenmesser.

Info: www.glacierexpress.ch, www.stmoritz.ch, www.zermatt.ch

← Bergzauber für Bahnfans: die Gornergrat-Bahn, dahinter das Matterhorn

↑ Der Glacier Express auf dem Landwasserviadukt nahe dem Bahnhof Filisur

↑ Steinböcke auf einer Wiese in den Schweizer Alpen

Traumziel Amsterdam 3

Das entspannte Venedig des Nordens

Frühjahr und Niederlande, dabei denkt jeder an Tulpenblüte und Fahrradfahren. Und wirklich ist eine Radtour durch Amsterdam die schönste Art der Stadtbesichtigung. Die einzigen Steigungen sind die unzähligen Brückenauffahrten, denn gut 100 Grachten durchziehen den Stadtkern des »Venedig des Nordens«. Ganz landestypisch strampelt der Besucher gemütlich die malerischen Kanäle entlang mit dem Fiets, dem schönen schwarzen Hollandrad. Shopaholics steuern die Kalverstraat an, die noble P. C. Hooftstraat oder das wunderschöne Traditionskaufhaus De Bijenkorf, Kunstsinnige natürlich das Rijksmuseum und Kiffer die Coffeeshops. Inmitten des sündigen Walletjes, des Viertels der »roten Laternen«, steht wie ein mahnender Zeigefinger die Oude Kerk. Von dort ist es nicht weit zum schwimmenden Bloemenmarkt auf der Singel. Weiter geht's zur Magere Brug und Begijnhof, zur Westerkerk und Alten Börse. Die Herengracht mit ihren denkmalgeschützten Häusern entlangzuradeln ist ein Muss. Dort sollte man vielleicht auch mal absteigen, um einen Blick in einen der hinter den prachtvollen Fassaden versteckten Gärten zu erhaschen: Die Anlage dieser Gärten, von denen jeder exakt 51,50 Meter lang ist, bedeutete in der auf Pfählen ruhenden Stadt einen ungeheuren Luxus. Aber im Goldenen Zeitalter des 17. Jahrhunderts hatten die Amsterdamer Diamantschleifereien Hochbetrieb, sodass sich mancher Bürger jede Annehmlichkeit gönnen konnte.

An einem Tag im Jahr sollte man jedoch nicht durch Amsterdam radeln: Am Nationalfeiertag sind Straßen und Plätze heillos verstopft, und zwar von einer ziemlich auffälligen Volksmenge. Denn wer auch immer die »Koningsnacht« in den Bars, Pubs und Clubs im Jordaan oder am Nieuwmarkt nicht bis in die Puppen durchgefeiert hat, der hat sich am Morgen des 27. April im Einheitslook mit orangefarbenen T-Shirts und Perücken gestylt, um den Geburtstag des Königs in der Farbe des Herrscherhauses der Oranier zu begehen. Auf den vielen »Pleinen« Amsterdams geht denn auch die Post ab, Hunderte Partyboote schippern auf den Grachten. An allen Ecken stehen Bühnen für Live-Bands, an den Marktbuden versorgen sich die Massen mit Frikandel, Friet Speciaal und Pannekoeken, aber auch – wie es der offenen niederländischen multikulturellen Gesellschaft entspricht – mit Kebab, Nasi und Bami. Im Rucksack stets mit dabei ist ein Sixpack mit Heineken. Am weitläufigen Museumplein erreicht der organisierte Partytrubel mit Paraden und einem Festivalprogramm auf der Megastage den Siedepunkt. Funkelnd geht das Volksfest abends mit einem krachenden Feuerwerk zu Ende.

Die Highlights

Koninklijk Paleis – Amsterdams einstiges Rathaus wurde 1648 auf über 13 000 Pfählen errichtet und später von Napoleons Bruder Louis zum Königspalast umgewidmet. Heute ist es die offizielle Residenz der niederländischen Königsfamilie.

Heren-, Keizers- und Prinsengracht – Sie durchziehen als Hauptkanäle die Innenstadt von Amsterdam, flankiert von Häusern aus dem 17. Jahrhundert.

Vondelpark – Die grüne Lunge der Stadt ist nur fünf Gehminuten vom Leidseplein entfernt.

Albert-Cuyp-Markt – Der Markt im angesagten Szeneviertel de Pijp gilt als der größte Markt Europas. Nur am Sonntag haben die Lebensmittelstände, darunter viele mit exotischen Waren, geschlossen.

Rijksmuseum – Das weltberühmte Museum besitzt Meisterwerke der holländischen Malerei, darunter Rembrandts »Nachtwache«.

Westerkerk – Ihr Turm, der »lange Jan«, ist in Holland berühmter als die Kirche selbst. Hier fand Rembrandt seine letzte Ruhestätte.

Artis – Der Zoo Natura Artis Magistra ist ein sensationeller Publikumsmagnet mit Regenwald, Savanne und Einblicken in die Welt homosexueller Tiere.

Die beste Reisezeit

Amsterdam hat ein gemäßigt-maritimes Klima mit milden Wintern und kühlen Sommern. Wer seinen Besuch mit einem Bade- oder Segelurlaub verbinden möchte, wird die Sommermonate wählen. Hunderttausende Besucher feiern fantasievoll kostümiert am ersten ***August-Wochenende*** beim Festival »Amsterdam Gay Pride« (AGP). Von ***März*** bis ***Mitte Mai*** bewundern mindestens ebenso viele im Gartenmekka Keukenhof die leuchtend bunte Blütenpracht von Tulpen, Hyazinthen und Narzissen.

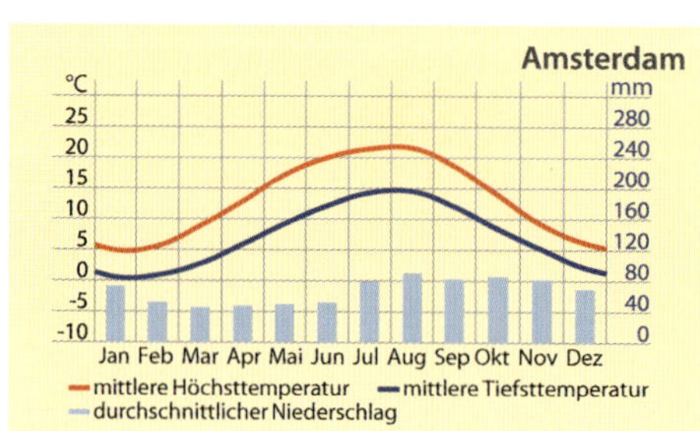

Besondere Tipps

Für Genießer: Hervorragenden Hollandse Kaas bietet der Kaashandel Wout Arxhoek in der Damstraat. Die klassische Einkaufs-Käsefahrt geht nach Alkmaar. *Für Schnäppchenjäger:* Beim »Vrijmarkt« am Koningsdag darf jedermann überall seinen Kram verkaufen: Vintage-Klamotten, Vinylplatten, Omas Poffertjespfanne. *Für historisch Interessierte:* »Das Tagebuch der Anne Frank« erzählt bewegend vom Leben des jüdischen Mädchens Anne Frank, das sich vor den Nazis verstecken musste. Die Adresse Prinsengracht 263 gehört für viele Besucher zum Pflichtprogramm. *Info:* www.iamsterdam.com, www.bikecity.nl

→ Voll besetztes Touristenboot auf der Keizersgracht
→ Beleuchtete Brücke über die Neue Herengracht
→ Blick von der Westerkerk auf Häuser im Jordaan
↑ Feier am Koningsdag

plas

1887
ALICE'S

Traumziel London

4

Millionenstadt an der Themse

In London können Reisende ihre »innere Prinzessin« oder ihren »inneren König« ausleben. Die Stadt ist nämlich ein einziges mit aristokratischen Exponaten ausgestattetes Museum. Besucher flanieren vorbei an historischen Palais, in denen auch noch heute Herzöge, Grafen und Barone wohnen. Freilich kommt auch im Bezug auf den Adel das traditionelle englische Understatement zum Tragen. »Spencer House« nennt sich der Wohnsitz von Prinzessin Dianas Vorfahren schlicht und einfach. Dabei ist der heute der Öffentlichkeit zugängliche Stadtpalast der einzige seiner Art, der aus dem 18. Jahrhundert in seiner ganzen opulenten Pracht erhalten blieb. Als »Haus« würden wir im deutschsprachigen Raum ein Gebäude mit acht Prunkräumen wohl eher nicht bezeichnen. Sowohl blaublütige wie auch normalsterbliche Käufer bummeln gern durch die hübsch verglaste Piccadilly Arcade aus dem 19. Jahrhundert, in der sie sich Schuhe nach Maß anfertigen lassen können. Oder sie machen einen Abstecher zum Neffen der Queen, Viscount David Linley. Der Möbeldesigner fertigt in seinen Geschäften in Mayfair und Belgravia »Antiquitäten von morgen«. Wenn sie Glück haben, begegnen Reisende sogar einem echten Royal.

London ist jedoch auch eine hippe Stadt, in der Kunst und Mode eine große Rolle spielen. Über die zur Jahrtausendwende fertiggestellte Millennium Bridge wandern Besucher zum Riesenrad London Eye, von dem sie einen herrlichen Blick über die ganze Stadt genießen. Nicht weit davon entfernt fristete die Tate Modern bis 1982 ein tristes Dasein als ein marodes Elektrizitätswerk. Das Schweizer Architektenteam Herzog & de Meuron verwandelte es im Jahr 2000 in eines der interessantesten Museen moderner Kunst. Ein »Wow«-Erlebnis erwartet Besucher gleich beim Betreten der 3400 Quadratmeter großen Turbinenhalle. Die Kunstwerke in den Schauräumen sind nicht chronologisch, sondern intelligent nach Schwerpunkten geordnet: Der Bogen spannt sich vom Surrealismus zum Minimalismus, von abstrakter zur figürlichen Innovation. Gleich in der Nähe führt der Queen's Walk am Themseufer zum Globe Theatre, das zu neuem Leben erweckt wurde. Wie einst im Elisabethanischen Zeitalter ist der gesamte Parkettraum des strohbedeckten Theaters dem Stehpublikum vorbehalten. Wenn ein kecker Schauspieler einen Eimer voll Wasser durch die Gegend schleudert, bekommen es die Zuschauer auf den billigen Plätzen hautnah zu spüren. Deshalb reist man am besten im Frühsommer an, wenn die Klamotten schnell trocknen und in vielen Parks die Blumen blühen.

Die Highlights

Tower – Die ehemalige Festung (UNESCO-Welterbe) beherbergt die Kronjuwelen. Die berühmte Tower Bridge führt von dort zu Norman Fosters hochmoderner City Hall (Rathaus).

Westminster Abbey – Britische Monarchen werden in dieser Kirche gekrönt und bestattet. In der Nähe stehen die Houses of Parliament und Big Ben sowie die St. Margaret's Church. Alle Gebäude gehören zum UNESCO-Welterbe.

Buckingham Palace – Er ist zwar nicht so schön wie Hampton Court vor den Toren Londons, dafür erspäht man vielleicht in der Queen's Gallery einen echten Royal.

British Museum – Es beherbergt über sechs Millionen Artefakte, darunter eine fantastische Sammlung antiker Kunst.

Trafalgar Square – Hier sieht man die Statue von Lord Nelson sowie die National Gallery mit über 2300 Gemälden vom 13. bis zum 19. Jh.

Greenwich Park – Zusammen mit dem Queen's House, National Maritime Museum und dem berühmten Observatorium gehört auch der schöne Park mit der herrlichen Aussicht zum UNESCO-Welterbe.

Tate Britain – Das Museum besitzt die weltweit größte Sammlung britischer Kunst. Ein Ableger ist die Tate Modern, das weltweit größte Museum für moderne Kunst.

Die beste Reisezeit

Obwohl London als Regenloch verschrien ist, zeigt es sich im Frühsommer oft eher trocken. Ende ***Mai*** blühen bei der »Chelsea Flower Show« Abertausende Blumen in prächtigen Farben und im ***Juni*** liegen die Temperaturen schon bei rund 20 °C. Am zweiten Samstag im Juni kann man bei der Parade »Trooping the Colour« mit der Queen deren Geburtstag feiern. Hyde Park, Kensington Park und die Kew Gardens (UNESCO-Welterbe) laden dann ebenfalls zum Verweilen und Picknicken ein.

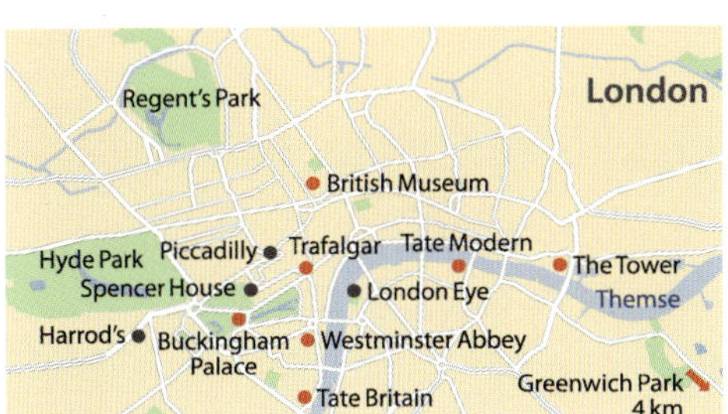

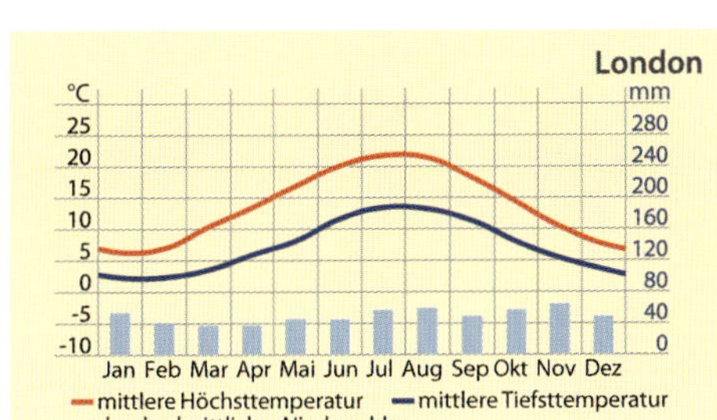

Besondere Tipps

Für Snobs: Das perfekte Souvenir ist eine Plastiktasche von Harrod's – damit jeder weiß, dass man im Luxuskaufhaus geshoppt hat.
Für historisch Interessierte: Für die Familiengeschichte »Die Forsyte-Saga« erhielt John Galsworthy im Jahr 1932 den Nobelpreis für Literatur. Ein guter Einblick in Londons Sozialgeschichte.
Für Genießer: Am Borough Market mit den vielen Gourmetwarenständen serviert »Monmouth Coffee« angeblich den besten Kaffee der Stadt.
Info: www.visitlondon.com

← Die Jubilee Bridge zwischen London Eye und Houses of Parliament
← Der Leadenhall Market im viktorianischen Stil
← Shoppen auf dem Portobello Road Market
↑ Wachsfiguren-Beatles in Madame Tussauds Kabinett

Café Kylemore

Erst Paddy's Day, dann Bloomsday

Die Iren gelten als wortreich und trinkfreudig. Zwei Eigenschaften, die sich in der Kunst der Trinkspruch-Dichtung aufs Schönste vereinen, gerne auch verbunden mit der Bitte um höheren Beistand. Wozu hat man schließlich mit St. Patrick einen Nationalheiligen? Gerade am Nationalfeiertag, dem Patrick's Day, gilt dem Bischof manch frommer Schluck, etwa mit der Aufmunterung: »Schickt Paddy dich auf einen steinigen Weg, möge er dir gutes Schuhwerk geben.« Aber zum Ritual des 17. März gehören inselweit auch kleine oder größere Umzüge. In Dublin entstand vor einigen Jahren die Idee der zentralen Parade in der City. Nebenbei entwickelte sich eine fünfte Saison in der touristenarmen Jahreszeit. So erwuchs aus dem heiligen Tag ein mehrtägiges Festival mit Feuerwerk und reichem Programm. Spötter wie George Bernhard Shaw und Oscar Wilde hätten wohl eine Sottise für diese Entwicklung parat. Keine Überraschung in einem Land, das – umgerechnet pro Kopf – mehr Literaturnobelpreisträger vereint als jede andere Nation. Dieser literarische Reichtum fokussiert sich in der Hauptstadt Dublin mit seinem Schriftstellermuseum, mit Gedenkstätten für James Joyce und Co. und mit dem beliebten »Literary Pub Crawl«, wobei es unter Führung rezitierender Schauspieler zu einigen Pubs mit Poetentradition geht. Die Joyce-Jünger haben sich sogar ihren eigenen Feiertag geschaffen, den Bloomsday: Am 16. Juni wandeln sie wie einst der Held des Romans »Ulysses« durch Dublin, Kapitel für Kapitel, bisweilen gekleidet wie 1904, als Leopold Bloom seine urbane Odyssee unternahm.

Politik nimmt neben der Poesie einen weiten Raum ein in der Themenvielfalt Dubliner Thekengespräche, insbesondere der langjährige und oft chaotische Freiheitskampf der Iren gegen die britischen Kolonialherren. Das Kilmainham Gaol, einst Haftanstalt für politische Gefangene, heute ein Museum, zeugt ebenso von der Epoche wie die Kampfspuren des Osteraufstands 1916 an der Hauptpost (GPO) auf der O'Connell Street. Auch »The Spire«, die 123 Meter hohe Stahlnadel vor dem Prachtbau, ist indirekt ein Zeugnis des Kampfes gegen die Briten. Hier stand eine Nelsonsäule, bis sie von Revolutionären 1966 gesprengt wurde. Die Dubliner lieben aber ein anderes Denkmal: »Molly Malone« auf der südlichen Seite des Flusses Liffey. Die offenherzige Bronzedame und ihr Fischkarren entstammen einem Volkslied, das inzwischen weltweit gesungen wird – und nicht nur am St. Patrick's Day.

Die Highlights

Ireland's Gold – Die Preziosen aus vorchristlicher Zeit gehören zu den Höhepunkten in der Sammlung des National Museums.

Book of Kells – Es gilt als eines der schönsten Bücher der Welt. Ausgestellt ist es in der nicht minder attraktiven Bibliothek des Trinity Colleges.

Saint Patrick's Cathedral – Heute protestantisch, ist sie neben der Christ Church Cathedral die geschichtsträchtigste Kirche Dublins. Hier wirkte Jonathan Swift (»Gulliver's Reisen«)

Guinness Storehouse – Das Firmenmuseum der Brauerei gehört zu den meistbesuchten Attraktionen, auch wegen des abschließenden Pints über den Dächern der Stadt.

Dublinia – Der Museumspark schildert das Dublin der Wikinger und des Mittelalters. In der Ausstellung kann man Wikingerkleidung tragen oder Spiele der Ritterzeit erproben.

Temple Bar – Der historische Stadtteil wurde vom Abriss gerettet und ist heute das populärste Kultur- und Kneipenquartier.

Georgian Dublin – Das georgianische Dublin ist geprägt durch schlicht-elegante Architektur und bunte Türen (»Doors of Dublin«), etwa auf dem Merrion Square.

Beste Reisezeit

»In Irland ist es ***Sommer***, wenn der Regen wärmer wird.« So lästerte ein Hollywood-Boss, aber das nehmen die Iren nicht ernst. Schließlich leben sie auf einer Insel, die Frost kaum kennt. Selbst im Winter bleiben die Temperaturen meist im Plusbereich, dafür steigen im Sommer die Werte selten über die 20-Grad-Marke. Dass es viel regnet, räumen die Insulaner ein, die ständigen Winde vom Atlantik sorgen jedoch vor allem an der Westküste für schnell wechselndes Wetter. In Dublin ist es weniger stürmisch und regnerisch.

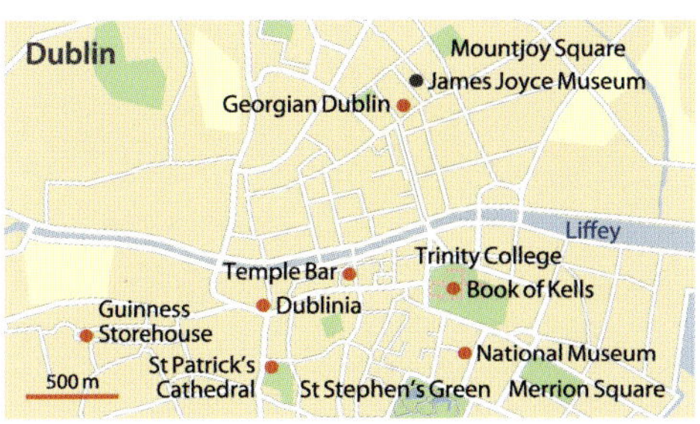

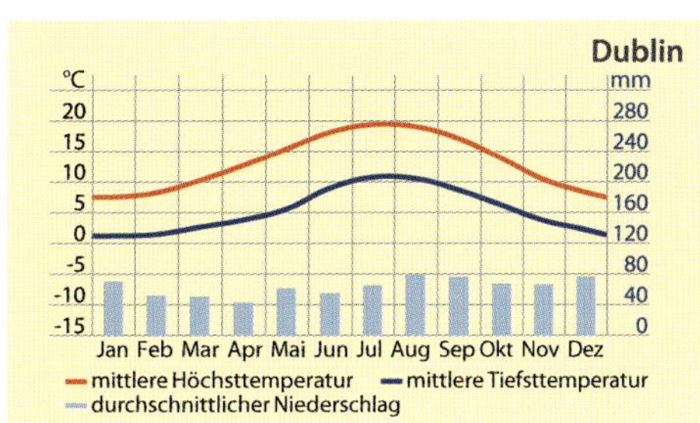

Besondere Tipps

Für Musikfans: Der »Musical Pub Crawl« entstand nach dem Vorbild des Literary Pub Crawl. Musiker führen informativ mit lockeren Sprüchen durch die Kneipenszene der traditionellen irischen Musik.
Für Sportler: Im Croke Park Stadium erlebt man Top-Teams beim Hurling und Gaelic Football. Im Museum kann man die Sportarten an Bildschirmen selbst spielen.
Für Romantiker: Dublin ist umgeben von attraktiven Zielen für Tagestouren, etwa zur idyllischen Klosterruine Glendalough. Sie war einst von großer spiritueller Bedeutung.
Info: www.visitdublin.com

← Half Penny Bridge bei Nacht
← In der Stadt steht die Bronzestatue von James Joyce
← Die Bibliothek des Trinity Colleges, Dublin
↑ Parade zu St. Patrick's Day am 17. März

Traumziel/ Reykjavik 6

Rauchende Bucht zwischen Feuer und Eis

Islands Hauptstadt war lange Zeit bestenfalls für seine bunten Hausdächer und für seine nicht vorhandenen Schornsteine bekannt. Sie braucht nämlich keine rauchenden Kamine, weil dort üppig sprudelnde heiße Quellen Energie und Wärme liefern. Bevor man sich diese zahlreichen Quellen zunutze machte, stieg aus ihnen Dampf auf. Als der Wikinger Ingólfur hier um 870 die erste Siedlung anlegte, nannte er sie deshalb Reykjavik, wörtlich die »rauchende Bucht«. Reykjavik wurde zur nördlichsten Hauptstadt der Welt – und zur Keimzelle der ältesten Demokratie nördlich der Alpen: Nur 40 Kilometer weiter im Nordosten kamen bereits um 930 an einem »Thingvellir« genannten Ort die freien Männer Islands zum ersten Althing zusammen. Bis 1798 traf sich diese Volksvertretung jedes Jahr um die Sommersonnwende für zwei Wochen, um Recht und Gesetz zu verhandeln. Augenzwinkernd könnte man den Althing aber auch zur ältesten Volksvertretung Amerikas deklarieren, verläuft doch genau durch die weite Ebene von Thingvellir die Bruchlinie zwischen der amerikanischen und der eurasischen Platte. Deutlich kann man hier sehen, wie die Kontinente stetig Millimeter um Millimeter auseinanderdriften. Diese sogenannte Riftzone zieht sich mitten durch den Atlantik und ist für die Entstehung Islands verantwortlich. Ihr entspringen aber auch die vielen aktiven Vulkane der Insel, die teilweise unter mächtigen Gletschern verborgen sind und meist auch bleiben. Wenn sie jedoch ausbrechen, können die kilometerhoch aufsteigenden Aschewolken schon einmal Europas Luftverkehr lahmlegen.

Im von Feuer und Eis umgebenen Reykjavik sind auch Schneeschauer am ersten Sommertag nichts Außergewöhnliches. Das liegt allerdings am altisländischen Kalender, der nur Sommer und Winter kennt. Der Sommeranfang fällt deshalb stets in die zweite Aprilhälfte. Seit ewigen Zeiten wird der »Sumardagurinn Fyrsti« mit einem großen Fest und gegenseitigen Geschenken gefeiert. In Reykjavik zelebriert man ihn als Straßenfest mit Paraden und Umzügen, ganz egal, was den himmlischen Wettermachern gerade einfällt. Aber auf deren Wirken nehmen die Söhne und vor allem die Töchter der Wikinger ohnehin wenig Rücksicht, wenn sie am Wochenende auch bei winterlichen Minusgraden leicht geschürzt gegen Mitternacht in die Clubs strömen. Bei so viel Feierlaune ist es kein Wunder, dass Reykjavik seit einigen Jahren unter Europas Jugend als Party-Geheimtipp gilt.

Die Highlights

Hallgrímskirkja – Die Kirche erinnert in ihrer Form an Basaltsäulen und ist das Wahrzeichen der Stadt. Von ihrem 73 m hohen Turm hat man eine schöne Aussicht.

Perlan – Die »Perle« ist eine Glaskuppel über riesigen Heißwasserspeichern. Einer der Tanks beherbergt ein Sagamuseum, die Kuppel ist mit Drehrestaurant, Café und Aussichtsdeck ausgestattet.

Höfdi-Haus – In dem Haus von 1909 läuteten 1986 Michail Gorbatschow, Generalsekretär der Kommunistischen Partei der UdSSR, und US-Präsident Ronald Reagan das Ende des »Kalten Kriegs« ein.

Rathaus – Der umstrittene moderne Bau am Tjörnin-See im Stadtzentrum ist wegen seiner großen Reliefkarte von Island ein Besuchermagnet.

Nationalmuseum – Ebenfalls am Tjörnin-See präsentiert das Haus Islands Kunst, Handwerk und Geschichte.

Harpa – Das 2011 eröffnete Konzerthaus und Konferenzzentrum beeindruckt mit seiner Glasfassade des Künstlers Olafur Eliasson.

Blue Lagoon – In Islands bekanntestem Freibad ist das Wasser ganzjährig etwa 38 °C heiß. Es liegt zwischen der Stadt und dem Flughafen.

Die beste Reisezeit

Island liegt direkt unterhalb des Polarkreises, doch fällt in Reykjavik selbst im Januar die Temperatur nicht weit unter den Nullpunkt. Da Ausläufer des warmen Golfstroms die Insel erreichen, sind zweistellige Minuswerte selten. Allerdings sind auch die Tagestemperaturen in den Sommermonaten mit 10 °C bis 14 °C eher mäßig. Schon 20 °C werden als statistischer Ausreißer verbucht. Das coole Reykjavik ist also angenehm kühl, wenn am 17. ***Juni*** der Nationalfeiertag mit Umzügen, Straßentheater und Musik gefeiert wird.

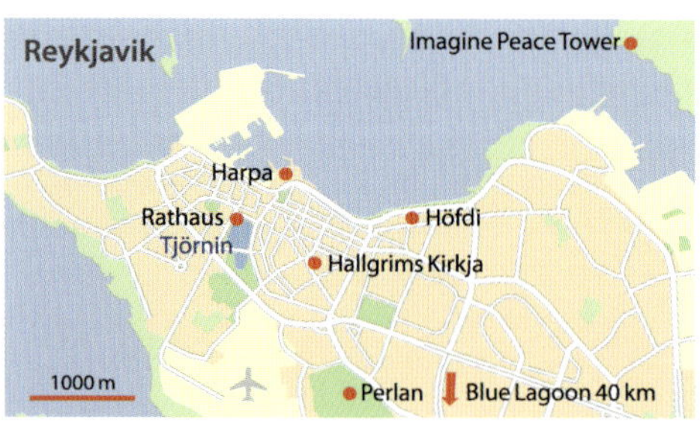

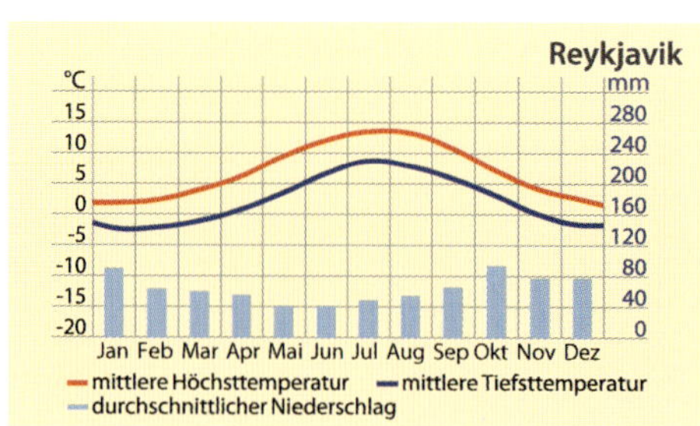

Besondere Tipps

Für Schnelle: Die Tagestour »Golden Circle« (300 km) führt zu Islands großen Attraktionen: Geysir Strokkur, Gullfoss-Wasserfall, Nationalpark Thingvellir und Geothermiekraftwerk Nesjavellir.

Für Tierfreunde: Einige Gestüte bieten Ausritte auf Island-Ponys. Bootstouren führen zu Walen und von Mai bis August zu Papageitauchern.

Für Friedliche: Der »Imagine Peace Tower« auf der Insel Videy ist eine Lichtplastik von Yoko Ono zum Gedenken an John Lennon. Einschaltzeiten unter www.imaginepeace.com.

Info: www.visitreykjavik.is, www.visiticeland.com

→ Die Skólavöroustigur-Allee im Norden Reykjaviks
→ Skulptur in Erinnerung an die Wikinger
→ Der Warmwasserspeicher Perlan versorgt die Stadt
↑ Die Hallgríms Kirkja mit Aussichtsturm

ОБМІН
ВАЛЮТ

Traumziel Odessa

7

Die Stadt mit der Treppe

Auf den ersten Blick zeigt sich Odessa als eine einst prächtige Stadt, die ihre Prunkfassaden nach Kriegsjahren und kommunistischer Mangelwirtschaft nun größtenteils wiederhergestellt hat. Hinter den Kulissen kann man aber immer noch unerfreuliche Überraschungen erleben. Die Denkmalschützer blicken deshalb auch hoffnungsvoll auf den Tourismus als Verbündeten – die alte Architektur der Fürstenresidenzen und Verwaltungspaläste zählt zu den wichtigsten Sehenswürdigkeiten. Und für den wachsenden Markt der Schwarzmeer-Kreuzfahrten ist Odessa längst ein Pflichthafen. Entsprechend prominent ist der Liegeplatz für die Urlaubskreuzer im »Bahnhof des Meeres«, Morsky Voksal: Unmittelbar dahinter führt die berühmte »Potemkinsche Treppe« 192 Stufen hinauf zum Hochufer. Mit dem russischen Fürsten und angeblichen Erfinder der »Potemkinschen Dörfer« hat sie allerdings nur indirekt zu tun. Die Treppe spielt eine zentrale Rolle in dem Spielfilm »Panzerkreuzer Potemkin«, der für Cineasten zu den besten Filmen aller Zeiten gehört. Ihren heutigen Namen erhielt sie erst nach der Uraufführung des Meisterwerks im Jahr 1925.

Odessa wurde wegen seines Hafens oft umkämpft, gab sich aber dennoch meist als eine weltoffene Stadt, in der sich Menschen vieler Nationen und Religionen niederließen. Den Freiheitssinn und die Freundlichkeit der Odessiten rühmte unter anderem Alexander Puschkin in seiner Erzählung »Eugen Onegin«. Der russische Dichter war in den 1820er-Jahren aus der damaligen russischen Hauptstadt St. Petersburg verbannt worden und lebte zeitweise in Odessa. Ihren kosmopolitischen Charakter nimmt die Millionenstadt nach dem Ende der Sowjetunion allmählich wieder an, in der Ukraine rühmt man sie aber auch als »Hauptstadt des Humors«. Warum? Die Frage ist lachhaft, schließlich zelebriert die historische Hafenstadt auf der Krim alljährlich rund um den 1. April ihr Festival »Humorina«. Es entstand wohl in den 1970er-Jahren aus einer Reihe öffentlicher Aprilscherze. Heute ist die Humorina ein etabliertes Volksfest, zu dem sich viele Menschen verkleiden und mit Kind und Kegel die fröhliche Parade verfolgen. Längst gibt es auch Klagen über wachsende Kommerzialisierung und allzu heftigen Alkoholkonsum, aber das hat der rheinische Karneval bekanntlich auch ganz gut überlebt. Und da wohl jeder gerne eine »Hauptstadt des Humors« zur Freundin hat, lachen mit Odessa zahlreiche Bruder- und Partnerstädte in der ganzen Welt – auch Regensburg und Wien gehören dazu.

Die Highlights

Potemkin-Treppe – Sie ist an der unteren Stufe 21,5 m und oben 12,5 m breit. Durch diese Verjüngung wirkt die 30 m hohe Treppe höher.

Opernhaus – Es wurde 1887 eröffnet. Seine Architekten waren die auf prächtige Musiktheater spezialisierten Wiener Fellner und Helmer.

Primorsky Boulevard – Odessas schönste Straße verläuft auf Höhe der Potemkin-Treppe parallel zum Schwarzen Meer. Sie ist gesäumt von Häusern mit dekorreichen alten Fassaden.

Richelieu-Denkmal – Es erinnert an den Franzosen und Zaren-General, der das moderne Odessa schuf. Das Denkmal für die Stadtgründerin Zarin Katharina II. steht nahebei.

Deribasovskaya – Odessas Flaniermeile ist von Cafés und Restaurants gesäumt. Auch die ornamentreiche Odessa-Passage liegt an der Straße.

Laokoon-Gruppe – Die weltberühmte Plastik ziert das Archäologische Museum. Eine Leihgabe der Vatikanischen Museen? Nein, eine Kopie.

Katakomben – Das insgesamt 2500 km lange Tunnellabyrinth, ehemalige Sandsteinminen, diente im Krieg den Partisanen als Versteck. Ein kleiner Teil ist Besuchern zugänglich.

Die beste Reisezeit

Wie alle Städte am Meer genießt Odessa ein relativ ausgeglichenes Klima. Im Winter fällt das Thermometer selten unter 5 °C minus, auch wenn statistisch 36 Frosttage im Jahr verzeichnet sind. Den Besuchern, die im Februar zur größten Weinmesse der Ukraine nach Odessa kommen, ist das nur recht. Im April ist es mit durchschnittlich 13 °C kühl, aber trocken – optimales Wetter für Stadtspaziergänge. Am wärmsten ist es von ***Juni*** bis Ende ***September***, mit höchstens 27 °C wird es aber auch dann nicht zu heiß.

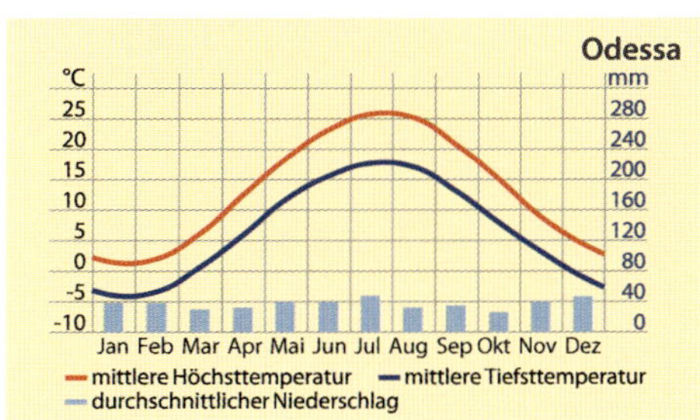

Besondere Tipps

Für Badenixen: Der Arkadia ist der schönste Strand der Stadt. Während der Badesaison finden dort auch viele Abendveranstaltungen statt.

Für den Gaumen: Eine ukrainische Spezialität sind Wareniki. Zu den Teigtaschen mit verschiedensten pikanten oder süßen Füllungen isst man traditionell Smetana (Schmand). Der Schriftsteller Nikolaj Gogol erwähnt sie in seiner Geschichte »Die Nacht vor Weihnachten«.

Für Souvenirjäger: »Odessa-Wein« wird in mehreren Weindörfern nahe bei der Stadt produziert.

Info: www.odessatourism.in.ua

← Richelieu-Denkmal auf dem Primorsky Boulevard
← Blick in das prächtige Theater von Odessa
← Die Passage errichtete 1898–1899 Lev Vlodek
← Ein Ukrainer in traditioneller Kosaken-Uniform
↑ Das Archäologische Museum

FILA

Traumziel Monaco 8

Der Fürst, die Reichen und die Schönen

Monaco hat in den letzten Jahrzehnten durch Landgewinnungen vor der Küste zugenommen, es bleibt aber der kleinste Staat der Welt nach dem Vatikan. Das Fürstentum misst nur gut zwei Quadratkilometer, auf denen jeweils 33 000 Menschen wohnen – mehr als im extrem dicht besiedelten Singapur und in jedem anderen Land der Welt. Der Zwergstaat lebt von seinem Spielcasino und seinem Ruf als Oase für steuerscheue Milliardäre. Für Arbeitsplätze sorgen jedoch die zahllosen (meist normal verdienenden) Touristen, die als Tagesausflügler am Hafen entlangbummeln, den Fürstenpalast fotografieren, einkaufen – von Ansichtskarten bis zu Preziosen mit sechsstelligem Preisschild – und ihre Euros im Automatencasino versenken. Zumindest können sie dann mit Fug und Recht behaupten, in Monte Carlo mitgezockt zu haben. Neben diesem berühmtesten Quartier des Stadtstaates lassen sich im winzigen Monaco auch relativ unbekannte Seiten entdecken, erstaunlich vielfältige Museen, Kirchen und historische Stätten.

So ahnt z. B. kaum jemand, dass der Palast unter anderem ein Museum mit Erinnerungsstücken an Napoleon unterhält. Wenig Beachtung findet trotz ihres schönen Meeresblicks auch die alte Festung Antoine, deren Amphitheater im Sommer bespielt wird.

Monaco ist also nicht nur große Operette mit der Fürstenfamilie in der Hauptrolle. An spektakulären Veranstaltungen mangelt es dem Ministaat am teuersten Saum des Mittelmeers trotzdem nicht. Der prall gefüllte Festkalender lockt die Reichen und Schönen aus aller Welt und in ihrem Kielwasser die Internationale der Paparazzi, sei es zum Zirkusfestival, Tennis Masters, Rosen- oder Rot-Kreuz-Ball. Zur Rallye Monte Carlo im Januar strömen Prominente und Fußvolk ebenso zum Felsen an der Côte d'Azur wie zum Grand Prix im Mai. Für Martin Whitmarsh, Teamchef von McLaren-Mercedes, ist Monaco »eine einzigartige Rennstrecke«. Verständlich, schließlich hat dort kein anderer Konstrukteur öfter gewonnen als McLaren. Aber der Stadtkurs durch das kleine Fürstentum ist wirklich einmalig mit Tunnel, Haarnadelkurve und einer Piste entlang des Hafens, wo die Superreichen an Deck ihrer Superjachten die hochtourige Hatz bei Häppchen und Schampus verfolgen.
Den Fahrern wird weit mehr abverlangt auf der 3,337 Kilometer langen Strecke: Das traditionsreiche Rennen hat zwar keine hohe Durchschnittsgeschwindigkeit, gilt aber wegen seiner vielen Kurven als »nicht ungefährlich«. Damit sorgt der Grand Prix seit 1929 für Höchstspannung beim Publikum und jede Menge Kleingeld in der monegassischen Staatskasse.

Die Highlights

Fürstenpalast – Die Prunkräume sind von April bis Oktober zu besichtigen. Ganzjährig findet der Wachwechsel der Garde vor dem Palast täglich um 11.55 Uhr statt.

Oper und Casino – Sie bilden ein prunkvolles Ensemble in Monte Carlo. Die Oper wurde von Charles Garnier errichtet und 1879 eröffnet.

Ozeanografisches Museum – Das Museum ist mit seiner meereskundlichen Sammlung und modernen Aquarien ein Besuchermagnet. Als Forschungsstätte genießt es Weltruhm.

Sainte-Dévote – Die Kirche ist Monacos Stadtpatronin geweiht. Dieser zu Ehren wird alljährlich am 26. Januar ein Fischerboot verbrannt.

Jardin Exotique – Der Botanische Garten liegt an einer Felsflanke und ist für seine Sukkulenten und Kakteen berühmt. Zum Park gehört eine tiefe Tropfsteinhöhle.

Oldtimer-Sammlung – Die Sammlung von Fürst Rainier III. zählt fast 100 Autos. Das Museum ist eine Hauptattraktion Monacos.

Èze Village – Das mittelalterliche Dorf liegt bereits in Frankreich auf einem 430 m hohen Felsen am Meer. Als malerisches Ausflugsziel ist es in der Hochsaison leider überlaufen.

Die beste Reisezeit

Die britische Upperclass entdeckte die Côte d'Azur Ende des 18. Jahrhunderts als Winterziel, später folgte der kontinentale (Geld-)Adel. Sie alle lockte das milde Klima mit durchschnittlichen Tagestemperaturen um 9 °C von Dezember bis Februar. Heute liegt die Hauptsaison im trockenen Sommer, wenn die Temperaturen um die 27 °C pendeln und das Mittelmeer sich auf 22 °C erwärmt. Der ***Mai*** lockt mit grüner Landschaft und warmen Temperaturen – ein wahrer Wonnemonat.

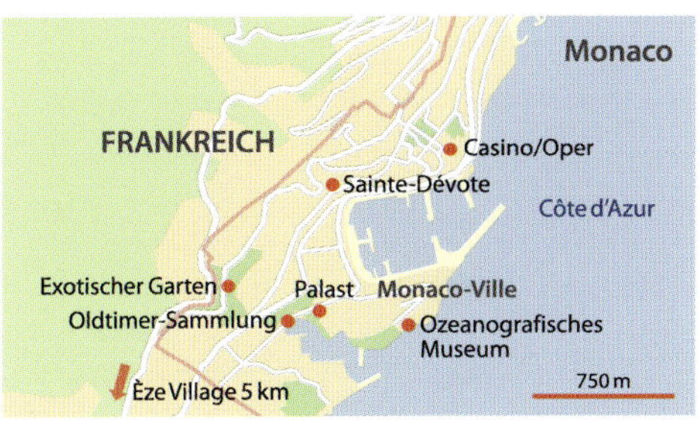

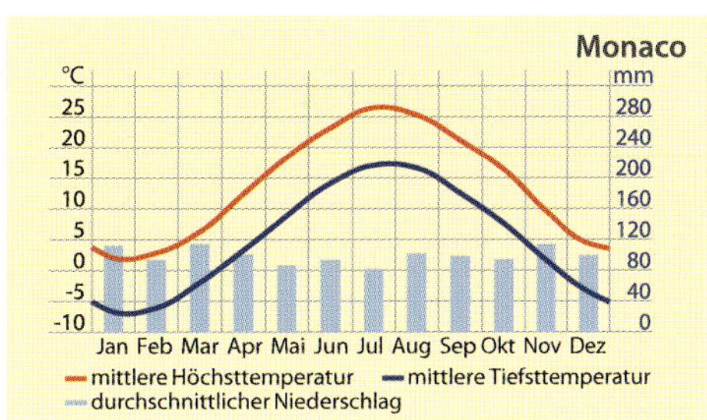

Besondere Tipps

Für Musikfreunde: Seit 1959 konzertieren Monacos Philharmoniker an Sommerabenden im Innenhof des Fürstenpalastes, der 2011 der Hochzeit von Albert II. und Charlene Wittstock als attraktive Kulisse diente.
Für einen Einkaufsbummel: Den Kräutermarkt von Condamine vor den Markthallen an der Place D'Armes lieben Monegassen wie Touristen gleichermaßen.
Für Überflieger: Bis zu 50-mal täglich pendeln Hubschrauber zum Internationalen Flughafen von Nizza. Der 15-Minuten-Flug entlang der Küste ist ein touristisches Highlight.
Info: www.visitmonaco.com/de

← Blick über den Jachthafen
← Eine der vielen Luxusjachten im Hafen
← Einmal im Jahr treffen sich Formel-1-Begeisterte
↑ Sportliche Luxuskarossen vor dem Grand Casino

Traumziel Malta

Im Kampf der Epochen

Die Insel der Ritter bietet in Sachen Kultur unendlich viel: Historische Altstädte, ehrwürdige Klosteranlagen, kunsthistorische Museen, prähistorische und antike Ausgrabungen sowie marmor- und goldbeladene Kathedralen sorgen für ein Besichtigungsprogramm, das Malta-Besuchern körperliche Fitness abverlangt.

In den Tempelanlagen von Tarxien, Ghar Dalam und Hagar Qim beispielsweise warten die Schätze der Steinzeit auf touristischen Nachschub, der sich nicht selten auf 1000 Augenpaare pro Tag hochrechnen lässt. Die Katakomben des Hypogäum (spätes Neolithikum, 3000–2500 v. Chr.) sind ein Highlight, das nur durch Voranmeldung und in limitierten Besucherzahlen zu sehen ist.

Eines der schönsten Gotteshäuser Maltas, die Ordensritterkirche in Valletta, bietet drinnen 400 aus edelstem Marmor gestaltete Grabplatten der Ritter des Johanniterordens, und »Die Enthauptung Johannes des Täufers« von Michelangelo da Caravaggio (16. Jh.) ist nicht das einzige Meisterwerk, das es in der beeindruckenden Kathedrale zu bestaunen gibt.

Wem das als tagesfüllendes Programm nicht ausreichen sollte, könnte leicht mit Nationalbibliothek, Großmeisterpalast, Alter Hauptwache, Prince Alfred's Courtyard, Neptune's Court und Palace Armoury fortfahren. Oder sich in der »Malta Experience«, einem Filmspektakel auf Breitleinwand, ausruhen, um sich bequem das gewaltige Kulturdenkmal Malta im Verlauf der Jahrhunderte näherbringen zu lassen.

Nach dem Besuch des Nationalen Kriegsmuseums, das die Leiden der Malteser im Zweiten Weltkrieg dokumentiert (deutsche und italienische Flieger warfen damals 16 000 Bomben auf die Insel), wäre es Zeit, mal Pause zu machen. Stilecht entspannen vom Besichtigungsstress lässt es sich im »Caffè Cordina« am Republic Square gleich um die Ecke. Dort muss Zeit bleiben, um die in den Glasvitrinen ausgestellten Köstlichkeiten gehobener Patisseriekunst zu probieren und den von zischenden Espressomaschinen, flinken Kellnerinnen und vorbeischwebenden Tortentabletts umworbenen Malteser bei der geruhsamen Zeitungslektüre zu bestaunen, an dem das Gewühl der umtriebigen Stadt vollkommen vorbeizugehen scheint.

Die Highlights

Vittoriosa ist eine der historischen »Three Cities« und steht mit Inquisitorenpalast und Freiheitsdenkmal auf fast jedem Reiseplan.

Senglea, die Zweite im Bunde, birgt in ihrer von Gold und Rot dominierten Basilika die einzige gekrönte Marienstatue Maltas.

Cospicua, die Nummer drei unter den Three Cities, wird gern besucht wegen ihrer Kapellen, Kirchen und Forts.

Mdina, einst Hauptstadt der Insel, mit mittelalterlichen Wehrmauern und einer gewaltigen Kathedrale auf einem Hochplateau gelegen, prunkt mit prachtvollen Palästen und einem Altstadtambiente, das dem Film »Der Graf von Monte Cristo« als Kulisse diente.

Valletta – In der Hauptstadt Maltas verströmen matt glänzende Domkuppeln und gewaltige Kathedraltürme einen Hauch Venedig.

Wellness – Längst setzt auch Malta auf Körperkultur: Zahlreiche Übernachtungspaläste bieten fantastische Spas mit Fitnessstudios, Massageabteilungen, Thalasso- und Physiotherapie, Saunabereichen mit finnischer Sauna, römischen Dampfbädern, Dampfgrotten und Kneippanlagen.

Die *Insel Gozo* ist vor allem im Frühjahr einen Ausflug wert: Hier grünt und blüht alles noch üppiger als auf Malta. Die Autofähren hierher legen auf Malta tagsüber alle 45 Minuten ab.

Die beste Reisezeit

Angenehm warm sind auf Malta die Sommermonate, und auf jeden Fall am besten geeignet für Strandleben und Wassersport. Denn dann liegen die Temperaturen in der Luft nicht über 30 °C, im Wasser über 20 °C und bieten ideale Bedingungen. Für Besichtigungstouren eignen sich die Übergangszeiten Frühling/Herbst wesentlich besser, wenn sich das mediterrane Klima moderat präsentiert. Der blühende ***Mai*** ist die perfekte Reisezeit, der vertrocknete Herbst bietet aber auch noch zumindest ausreichend warmes Badewasser.

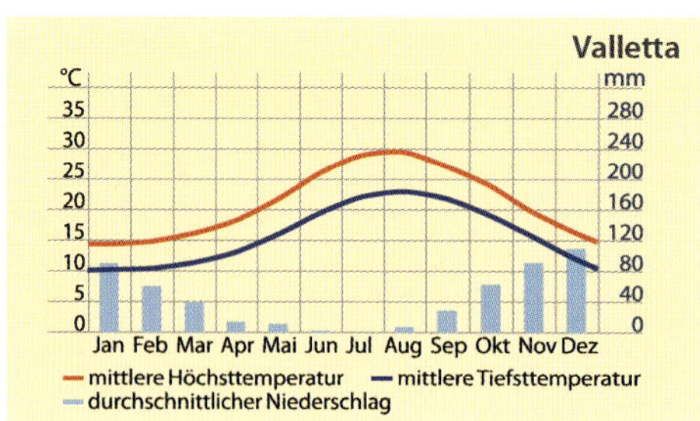

Besondere Tipps

Übernachtung mit Wellness: Corinthia Palace Hotel & Spa (www.corinthia.com), Fortina Hotel an Sliemas Hafenpromenade (www.hotelfortina.com), Riviera Resort an der Nordspitze (www.riviera.com.mt), Kempinski Hotel San Lawrenz Gozo (www.kempinski.com).
Essen: Unbedingt die maltesischen Pastizzis und Qassatats – mit Thunfisch, Ricotta, Fleisch, Erbsen oder Spinat gefüllte Teigtaschen – probieren.
Reiselektüre: »Malta & Gozo« von Lonely Planet (englisch), »Malta, Gozo & Comino«, Michael Müller Verlag.
Info: www.visitmalta.com

→ Überwältigend ist die Fahrt in einer traditionellen Dghajsa, einem Wassertaxi, vor allem am Abend.
↑ Märchenhaft: Mdina in voller Blütenpracht
↑ Durch das »Azure Window« bei Gozo schwappt das Wasser der Dwejra Bay.

20

Traumziel Sizilien 10

Mandelmilch und Mafia

»Benvenuti Primavera« – »Willkommen, Frühling!« In Sizilien, wo Europa Afrika sehr nah ist (es sind nur 160 Kilometer bis Tunesien), feiert der Vorbote des Sommers stets sein Debüt. Und das zu einer Zeit, wenn nördlich der Alpen oft noch Schnee und Eis regieren. Das wäre schon Grund genug, Italiens südlichen Vorposten früh im Jahr anzusteuern. Aber die Insel ist auch reich an mediterraner Lebensart und Geschichte. Für Letztere sorgten die vielen Herren über das Land, das bis heute strategisch im Zentrum aller Seewege durch das Mittelmeer liegt: Griechen, Römer, Byzantiner, Araber, Staufer, Spanier – um nur die wichtigsten zu nennen. Tempel, Amphitheater, Kathedralen und Paläste zeugen von diesen Epochen.

Palermo, Monreale mit der goldmosaikreichen Kathedrale, Segesta, Selinunt und Agrigent als Höhepunkte griechischer Baukunst, schließlich römische Luxusarchitektur bei Piazza Armeria – soweit die erste Hälfte der Inselumrundung. Catania an der Ostküste eignet sich gleichermaßen zum Ausflug auf den Ätna wie zu Abstechern nach Syrakus, während seiner Blüte die mächtigste Stadt der damaligen Welt; und nach Noto, das wie andere Städte der Region nach einem Erdbeben 1693 im Stil des Spätbarock wieder aufgebaut wurde. Taormina, vor einigen Jahren Ziel der Glitterati und Paparazzi, konnte seinen touristischen Reiz bewahren (Hochsaison ausgenommen) – eine Mandelmilch im »Caffè Wunderbar« sorgt immer noch für dieses typische Taormina-Gefühl. Messina überspringend lohnt Cefalù den Stopp: die Altstadt mit dem normannischen Dom, gelegen zwischen Meer und Fels – ein Traum.

Und dann also wieder Palermo. War da nicht Mord und Mafia? Gewiss, aber mit einem Kraftakt haben die Behörden in den letzten Jahren die Cosa Nostra zurückgedrängt. Palermo ist heute nicht gefährlicher als andere Städte dieser Größe in Europa. Man sieht der Stadt den erfolgreichen Kampf gegen die Mafia an: Wo früher öffentliche Gelder in dunklen Kanälen verschwanden, werden sie jetzt für die Infrastruktur genutzt. Viele private Hausbesitzer spielen mit und renovieren. Palermo wird wieder zum Schmuckstück. Und mittlerweile richten sich immer mehr Touristen nach dem Stadtplan, auf dem Restaurants und Geschäfte verzeichnet sind, die sagen: »Addiopizzo« – »Tschüss, Schutzgeld!«

Die Highlights

Palermos Kathedrale ist beeindruckend, doch für die Gräber der Stauferkaiser Heinrich VI. und Friedrich II. muss man Extraeintritt zahlen. Was sich lohnt, zumal dort auch der Sarkophag der deutschen Kaiserin und Königin Siziliens Konstanze steht.

Kathedrale von Monreale – In der Kirche sind nicht nur die großartigen orthodoxen Mosaiken sehenswert. Auch der Kreuzgang erinnert an das einst mächtige Benediktinerkloster, von dem ansonsten nichts blieb.

Das *Tal der Tempel* bei Agrigent – ein Hochplateau – zeigt Tempel, die zu den besterhaltenen der griechischen Antike gehören.

Villa Casale – Die römische Villa bei Piazza Armerina ist berühmt für ihre Mosaiken, vor allem für jene, auf denen schon Jahrhunderte vor »Erfindung« der Bikinis (1946) junge Frauen knappe Zweiteiler tragen.

Der *Ätna* ist mit 3323 m der höchste und aktivste Vulkan Europas. Er gilt aber als relativ gutmütig, deshalb wagen sich auch viele hinauf Richtung Krater, sei es zu Fuß oder per Seilbahn.

Taormina bietet vom griechischen Theater einen besonders schönen Blick auf den Ätna. Lebensader ist aber der Corso Umberto I.

Cefalù rühmt sich zu Recht einer der schönsten normannischen Kirchen weltweit.

Die beste Reisezeit

Der Frühling beginnt zwar häufig schon im Februar, aber dann regnet es oft. ***März*** ist ideal für Frühlingsreisen. Der ***April*** ist, weil noch nicht so heiß, geeignet für Rundfahrten zu den archäologischen Stätten. Die meisten Besucher kommen in den heißen Sommermonaten. Besser ist dann der September, im Oktober muss man wieder mit mehr Regen rechnen. Das Mittelmeer ist im Herbst auch noch angenehm warm, im Frühling kann das Wasser hingegen noch recht kühl sein.

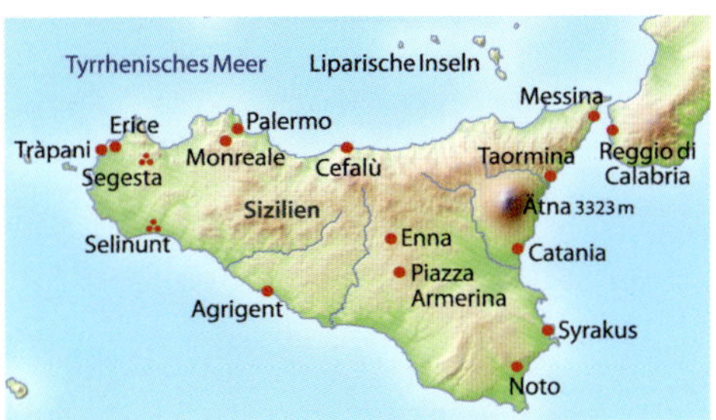

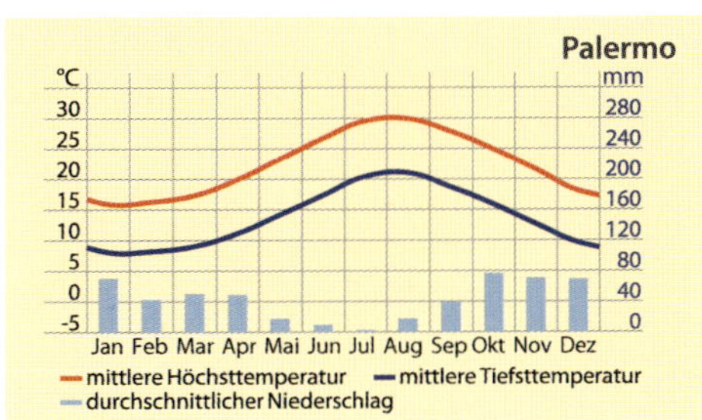

Besondere Tipps

Literatur: Alle Krimis von Andrea Camilleri mit Commissario Montalbano als Ermittler. Unterhaltsamer kann man Sizilien nicht kennenlernen.

Küche: Der arabischen Epoche verdankt Sizilien seine vielen Süßspeisen. Berühmt ist die Cassata, eine oft mit kandierten Früchten verzierte Torte.

Souvenir: Eine Flasche Vino dell'Etna. Weinkenner rühmen seine besondere Note, weil er auf der Vulkanasche des Ätna wächst.

Info: www.regione.sicilia.it/turismo (auch auf Englisch)

← Das griechische Theater in Taormina vor dem schneebedeckten Gipfel des Aetna

← Schönheit mit Frühlingsblüten in Agrigent

← Der reich und farbenfroh verzierte Innenraum der Kathedrale in Monreale

↑ Ein Tempel in Segesta

Traumziel Toskana

Ciao, bella!

Die Geschichte der Toskana begann mit den Etruskern, mit jenem immer noch recht geheimnisvollen Volk, dessen Sprache bis heute nur teilweise entschlüsselt ist und dessen Ursprung niemand genau bestimmen kann. So wirklich berühmt gemacht jedoch hat die wohl schönste Region von Italien das Zeitalter der Renaissance, genauer gesagt die Medici-Fürsten, die sich die Toskana Stück für Stück erkämpften und als kunstsinnige Mäzene die besten Künstler ihrer Zeit für sich arbeiten ließen, um damit ihr Image als skrupellose Herrscher aufzupolieren. Und ihr Plan ging auf: Heute gelten die Medici als beispiellose Förderer der Künste und nicht mehr als brutale Eroberer.

Die Stationen einer Rundreise durch die kulturellen Schatzkammern der Toskana sind Florenz, Siena, San Gimignano mit seinen Geschlechtertürmen, Pisa mit dem stabilisierten Schiefen Turm, die Marmormetropole Carrara, Lucca hinter seinen vollständig erhaltenen Stadtmauern und schließlich Montecatini Terme und seine heilsamen Bäder. Dank sei den Stadtrepubliken wie Florenz, Siena oder Lucca, die im Mittelalter Einfluss und Reichtum erwarben und der Renaissance den Boden bereiteten. Viele Maler jener Zeit bezogen auch die typisch toskanische Umgebung ein in ihre Werke, jene sanft geschwungene und von Zypressen akzentuierte Landschaft mit lichten Olivenhainen und weiten Rebhängen, die heute die Fotografen fasziniert. Das »typisch toskanische« Val d'Orcia bei Siena wurde so zum Weltkulturerbe der UNESCO.

Toskanischer Wein, vor einigen Jahrzehnten noch als billige Massenware angeboten, hat seinen Weg zurück zur Qualität gefunden. Chianti Classico, Brunello di Montalcino, Vino Nobile di Montepulciano oder der weiße Vernaccia di San Gimignano zählen zu den bekanntesten Weinen, deren beste Lagen von Konsortien streng überprüft werden. Die meistangebaute Rebsorte ist Sangiovese. Mit Trauben wie Cabernet Sauvignon, die zuvor eher in Frankreich populär waren, experimentierten vor einigen Jahren Winzer an der toskanischen Mittelmeerküste. Daraus entstanden »Supertoskaner« wie der Sassicaia, die inzwischen auch Qualitätssiegel tragen. Eher örtlich bekannt ist der Vino Santo, ein schwerer Süßwein, der hervorragend zu Cantuccini passt, dem traditionellen Mandelgebäck aus der Region.

Die Highlights

Florenz – Keine Stadt dieser Größe bietet mehr Kunst und Kultur: die Uffizien, den Palazzo Pitti, den Dom, den Ponte Vecchio oder die Piazza della Signoria.

Sienas Altstadt gruppiert sich um die Piazza del Campo mit dem Palazzo Pubblico (Rathaus) und seinem 102 m hohen Turm. Berühmt sind Dom und Baptisterium aus schwarzem und weißem Marmor.

San Gimignano und seine Geschlechtertürme: Einst wollten sich die Familien mit immer höheren Türmen übertreffen; von 72 sind 14 erhalten.

Pisa ist berühmt dank seines Schiefen Turms. Der Campanile des herrlichen Doms bildet mit dem Baptisterium (12/13. Jh.) das Zentrum des Campo dei Miracoli, an dem auch der Friedhof Camposanto Monumentale liegt.

Carrara – Der Name steht für weißen Marmor, das Material des Michelangelo. Einige der Steinbrüche kann man besichtigen.

Lucca – Seine Stadtmauern bilden eine perfekte Promenade um die Altstadt mit Dom und San Michele (Prachtfassaden) sowie der Piazza dell' Anfiteatro und Giacomo Puccinis Geburtshaus.

Montecatini Terme ist eines der größten Heilbäder Italiens und bekannt für seine Art-Nouveau-Architektur. Die Standseilbahn nach Montecatini Alto ist ein Technikdenkmal.

Die beste Reisezeit

Hauptferienmonate sind Juli und August. In der Toskana zeigt sich das an den Stränden. Die Italiener meiden dann zwar kulturelle Zentren wie Florenz oder Siena, aber es sind viele ausländische Urlauber in den Städten. Empfehlenswert sind Onlinebuchungen vorab für gefragte Museen wie die Uffizien. Wer Besuchermassen und Temperaturen um 30 °C vermeiden will, reist besser im ***Mai***, eventuell auch im Juni oder im September. Diese Monate sind allerdings etwas regenreicher.

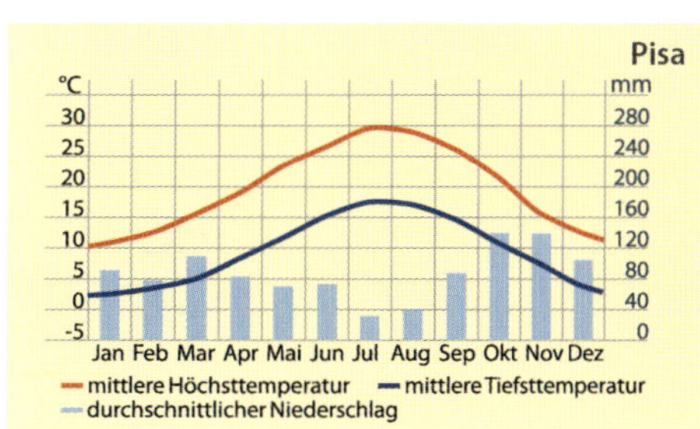

Besondere Tipps

Literatur: »Vita Nuova*:* Guarnaccias vierzehnter Fall« (2009) und alle anderen Florenz-Krimis von Magdalen Nabb, die als Genreklassiker gelten.

Ausflug: Pienza wurde im 15. Jh. vom dort gebürtigen Papst Pius II. umgebaut – das erste Beispiel humanistischer Stadtplanung.

Souvenir: Kunsthandwerk aus der Alabastermetropole Volterra (wo es auch Touren auf Spuren der Vampirromane von Stephenie Meyer gibt).

Info: http://www.enit-italia.de/reiseziele/regionen/toskana.html

← Siena steht oft im Schatten von Florenz, doch das ganz und gar zu Unrecht – was für eine Schönheit!
← Typisch Toskana: Hügel und Zypressen
↑ Berühmte Ansicht: die Florenzer Frührenaissance-Kuppel von Filippo Brunelleschi

Traumziel Madrid 12

Große Kunst und ein Picknick unter Pinien

El Greco, Francisco de Goya, Tizian, Velázquez, Rubens, Picasso – wer sich für Malerei interessiert, muss nach Madrid. In dieser Stadt der Museen heißen die großartigen Kunsttempel Museo Thyssen-Bornemisza, Centro de Arte Reina Sofía und natürlich Prado. Die Geschichte des spanischen Königshofs hat nicht nur dessen Sammlung ihren Stempel aufgedrückt, sondern auch der Stadt selbst. Zu sehen ist dies im Madrid de los Austrias, dem Habsburger-Viertel mit der berühmten Plaza Mayor und der Plaza de la Villa, dem ehemals königlichen Retiro-Park – und im Madrid de los Borbones. Das »Madrid der Bourbonen« findet seinen Höhepunkt im Palacio Real, dem Königspalast.

So berühmt wie seine Kunst und Architektur ist aber auch das Nachtleben von Madrid. Die Stadt entwickelte sich nach den lähmenden Jahren der Franco-Diktatur zur Partymetropole mit legendärem Ruf. Die Movida Madrileña, das damalige Lebensgefühl aus Musik, Kunst, Rausch und unbändigem Freiheitsdrang, ist längst Geschichte, doch die Lust zur großen Party ist geblieben. Aber auch wer es etwas ruhiger angehen möchte, kommt um das Frühjahr nicht herum, wenn Madrid im Mai ein Fest nach dem anderen feiert. Am 2. Mai bejubelt man den Aufstand von 1808, als die mutigen Hauptstädter gegen die Truppen Napoleons rebellierten. In der Folge führte der Widerstand zum spanischen Unabhängigkeitskrieg. Die Fiesta del Dos de Mayo dauert mehrere Tage, das Zentrum des Geschehens ist das Altstadtviertel Malasaña, wo Musikbühnen und viele Partys den Besucher erwarten. Am 15. Mai ehren die Madrider den Stadtpatron San Isidro. Vor diesem Festtag organisierten sie zuletzt auch die Museumsnacht, zu der Hunderttausende im Zentrum der höchstgelegenen Hauptstadt der Europäischen Union unterwegs sind. Zu San Isidoro werden zudem zwei Wochen lang die wichtigsten Corridas – Stierkämpfe – der Saison veranstaltet. Folkloristisch wird es schließlich bei der Wallfahrt zur Ermita de San Isidro. Rund um die Kapelle lässt man sich im Schatten der Pinien zum Picknick nieder. Viele haben historische Trachten angelegt. Das malerische Spektakel sieht noch genauso aus wie auf Francisco Goyas Bild »La Pradera de San Isidro«. Es hängt ebenso im Prado-Museum wie »Die Erschießung der Aufständischen«. Das weltberühmte und vielleicht erste Antikriegsgemälde der Welt stammt ebenfalls von Goya und erinnert an den Aufstand vom 2. Mai. Schließlich findet noch ein Festival mit internationalen Tanz-, Musik- und Theateraufführungen im Mai unter dem paradoxen Namen Festival de Otoño a Primavera statt – »Herbstfestival im Frühling«.

Die Highlights

Museo del Prado – Kunstliebhaber verbringen hier glückliche Stunden. Zu den 9000 Objekten gehören Meisterwerke von Dürer, Bosch, El Greco, Velázquez und Goya.

Plaza Mayor – Früher urteilte hier das Inquisitionsgericht und Stierkämpfe wurden ausgetragen. Heute ist die friedliche wie monumentale Plaza fest in der Hand der Touristen.

Palacio Real – Die 2000 Zimmer des Königspalastes sind unverschämt luxuriös mit Wandteppichen, Fresken, Gemälden und edlem Mobiliar ausgestattet.

Retiro-Park – Ideal, um bei einer Rudertour auf dem Estanque, einer Ausstellung im Glaspalast oder einer Erfrischung an einem Pavillon neue Kräfte zu sammeln.

Centro de Arte Reina Sofía – Die großen Namen heißen hier Dalí und Picasso. Picassos Monumentalgemälde »Guernica« in Saal 206.06 darf nie mehr bewegt werden.

Rastro – Auf Madrids großem Flohmarkt zwischen Plaza Cascorro und Puerta de Toledo herrscht jeden Sonntag ein fürchterliches Gedränge. Taschendiebe, Sachensucher, Schnäppchenjäger – alle kommen hier auf ihre Kosten.

Museo Thyssen-Bornemisza – Von Ghirlandaio bis Warhol präsentiert das Museum meisterhafte Malerei aus verschiedenen Epochen.

Die beste Reisezeit

¡Nueve meses de invierno, tres meses de inferno! – »Neun Monate Winter, drei Monate Hölle«, sagt ein beliebtes Sprichwort. Seine zentrale Lage inmitten der kastilischen Hochebene beschert Madrid ein kontinentales Klima. Im heißen Sommer kann das Thermometer auf über 40 °C klettern und nachts sinken die Temperaturen nicht unter 20 °C. Im Winter dagegen wird es frostig-frisch. Die besten Reisemonate sind ***April*** bis ***Juni*** sowie ***September*** und ***Oktober***. Dann ist es bei 20 bis 25 °C angenehm warm.

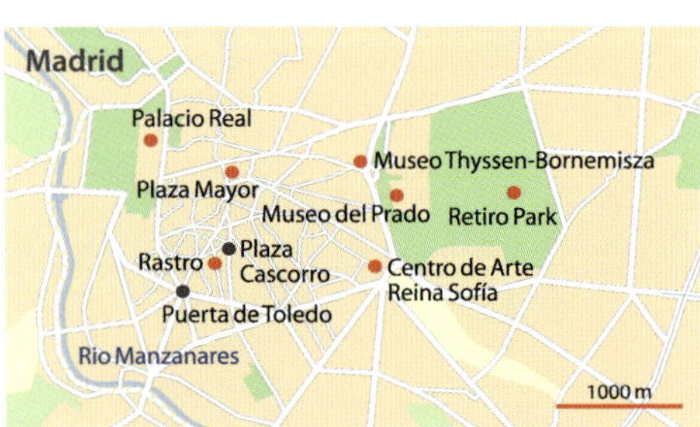

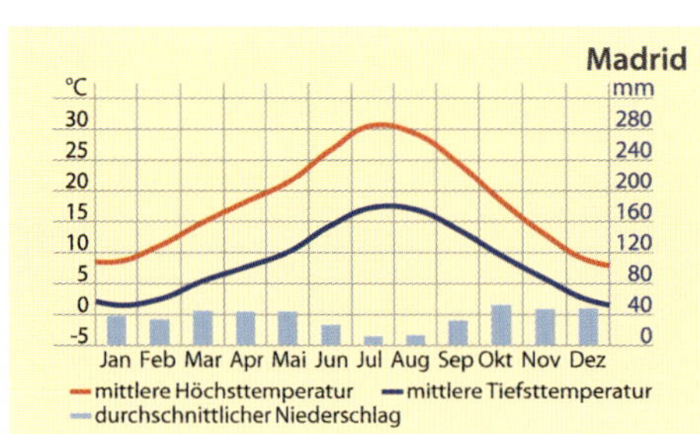

Besondere Tipps

Zur Stärkung: Weil Churros con Chocolate – heiße Schokolade mit frischem Schmalzgebäck – besonders gut nach einer durchfeierten Nacht schmecken, hat die »Chocolatería de San Ginés« rund um die Uhr geöffnet.
Zum Schlafen: Im malerischen La-Latina-Viertel ist La Posada del León de Oro ein kleines, feines Boutique-Hotel mit sehr guter Weintheke und Restaurant.
Zum Lesen: Rafael Chirbes beschreibt in der Romantrilogie »Der lange Marsch«, »Der Fall von Madrid« und »Alte Freunde« den gesellschaftlichen Wandel von der Diktatur Francos in die Postmoderne.
Info: www.esmadrid.com

→ Blick auf den Königlichen Palast
→ Umzug bei der Fiesta San Isidro
→ Straßenfest vor dem Restaurant »Madrono«
↑ Spanische Spezialitäten im Restaurant »La Torre des Oro«

Pilgern gestern und heute

Die ersten Pilgergenerationen machten sich auf die Wallfahrt nach Santiago de Compostela mit der Vorstellung, dass der Apostel Jakobus sicher auch ihnen helfen könne, wenn er sogar gegen die verhassten Mauren reitet. Denn im Jahr 844, während einer entscheidenden Schlacht zwischen christlichen Truppen und Arabern, die ab 711 das ehemalige Westgotenreich überrannt hatten, war der heilige Jakobus (Sant Yago) höchstpersönlich gesichtet worden. Das Schwert schwingend ritt er gegen die Reihen der Eindringlinge aus Nordafrika. Und das, obwohl er 800 Jahre zuvor in Jerusalem hingerichtet und später – der Legende nach – in Galicien beerdigt worden war. Auf seiner angeblichen Grabstätte war eine Kirche errichtet worden, um die herum dann die Stadt Santiago de Compostela entstand.

Der starke Glaube an Jakobus als Schutzpatron sollte Berge bzw. Araber nach Afrika zurückversetzen. Glaube und Geld strömten in den folgenden Jahrhunderten mit den Pilgern ins Land. Brücken wurden gebaut und die Erbauer ihrerseits zu Heiligen erklärt, die Orte ihres Schaffens zu weiteren Pilgerstätten. An den Brücken entstanden Städte, Ritterorden sicherten besonders gefährliche Abschnitte. Bereits im 12. Jahrhundert erschien der erste Reiseführer zum Jakobsweg.

Über weite Strecken treten wir heutigen Pilger noch genau in die Fußstapfen, die vor 900 Jahren unsere Vorgänger in den Boden gesetzt haben. Deren Motivation war von sehr unterschiedlicher Natur. Gelübde und Krankheitsfälle spielten eine Rolle, und mancher Pilger fürchtete berechtigterweise das Jüngste Gericht. Andererseits waren Wallfahrten auch ein willkommener Vorwand, um sich seinen Schulden zu entziehen oder der Pest. Einige verdienten so ihr Geld. Insbesondere Adlige nutzten zu Zeiten des Ablasshandels die Möglichkeit, sich Stellvertreter zu mieten.

Heutzutage sucht die Mehrheit auf dem Jakobsweg in erster Linie eine Auszeit, weil es im stressigen Alltag nicht möglich ist, sich einen Freiraum zu schaffen, in dem man ganz in Ruhe ein paar Fragen gedanklich aufarbeiten könnte. Der Unterschied zwischen der täglichen Tretmühle und dem Leben auf dem Jakobsweg ist enorm positiv. Über dieses intensive Empfinden wird in der Psyche einiges in Gang gesetzt. Deshalb haben nicht wenige nach nur fünf Wochen das Gefühl, der Jakobsweg habe ihrem Leben eine neue Richtung gegeben.

Kein gewöhnlicher Wanderweg bietet über rund 800 Kilometer die Möglichkeit, alle paar Kilometer eine preisgünstige Herberge aufzusuchen. Auf keinem gewöhnlichen Wanderweg führt man so viele intensive Gespräche mit Menschen aus aller Herren Länder.

Die Highlights

Die *Überquerung der Pyrenäen* bietet bei gutem Wetter fantastische Ausblicke, Tierbeobachtungen und einen sehr abwechslungsreichen Wanderpfad. Die Krönung: Ankunft im geschichtsträchtigen Roncesvalles mit seinem 140-Betten-Schlafraum.

Burgos – Die Kathedrale nennen viele Pilger die eindrucksvollste entlang dem »Camino«. Innenstadt mit toller Atmosphäre und reichlich Angebot für zwei oder drei Tage Regeneration.

Privatunterkünfte in spanischen Familien bieten gerade in Städten die Möglichkeit, intensiveren Kontakt zur Bevölkerung zu bekommen.

Die *Meseta* hinter Burgos, insbesondere die ersten drei Etappen bis Carrión de los Condes, ist ein Top-Highlight. Weite, scheinbare Einsamkeit, ab Mai riesige Klatschmohnfelder.

Leon – Tolle Kathedrale mit Altstadt. Im Café sitzen und Kräfte sammeln für den Schlussspurt. 100 km nordöstlich liegen die Picos de Europa. Wunderschön! Covadonga gilt als Geburtsort des Jakobswegs.

Von *La Faba nach O Cebreiro* in Galicien und den Berg wieder hinunter nach Triacastela sollte man auf jeden Fall bei gutem Wetter gehen.

Santiago – Kathedrale, Plazas, Menschenmassen und die Option, weiter zum Cabo Finisterre zu gehen.

Die beste Reisezeit

Eine emotionale Achterbahnfahrt ist der Jakobsweg sowieso, umso mehr für diejenigen, die im ***April/Mai*** an den Pyrenäen starten. Mit Regen und sogar Schnee muss gerechnet werden. Vorteil: Anfangs ist die Landschaft noch herrlich grün, in der Meseta hinter Burgos erlebt man dann tagtäglich verbrannte Erde, und Galicien zum Schluss erfrischt die Augen dann wieder mit seinem satten Grün. Wem konstante Wärme und wenig Regen wichtiger sind als Farbe in der Landschaft: September/Oktober.

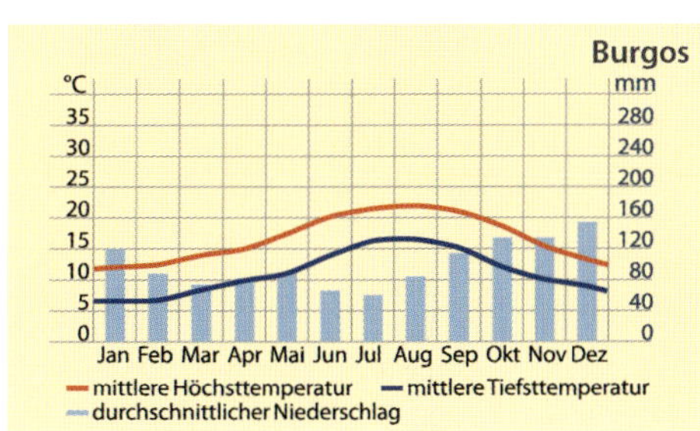

Besondere Tipps

Das Gelbe Heft: Kommentiertes Herbergsverzeichnis mit vielen Infos*:* Jakobuspilger Paderborn e. V., Tel. 05251/4625.

Literatur: »Der Jakobsweg« von Hartmut Pönitz.

Rucksack und Schuhe: Im Trekking-Einzelhandel mit Beratung kaufen.

Sitten: In Triacastela in Galicien herrscht eine uralte Tradition der »Pilgerabzocke«. Konzentrieren Sie sich bei Herausgabe des Wechselgelds!

Info: www.jakobsweg-spanien.info, www.jakobsweg.de

← Die Türme der Kathedrale von Burgos, erbaut von Juan de Colonianen, ähneln denen des Kölner Doms.

← Brunnen sind während der Wanderung beliebte Treffpunkte.

← Grenzenloses Grün in der Meseta

↑ Blick auf Villamayor vom Burgberg

Strelitzieninsel mitten im Atlantik

»Holz« – nicht gerade ein lieblicher Name für ein Reiseziel. Aber auf Portugiesisch klingt das viel poetischer: Madeira, auch bekannt als »Blumeninsel« und »Eiland des ewigen Frühlings«. Ewiger Frühling? Stimmt, die Temperaturen pendeln hier meist zwischen 20 und 25 Grad. Dies, kombiniert mit genügend Regen (oder künstlicher Bewässerung) und fruchtbarem Vulkanboden, sorgt dafür, dass auch der Titel »Blumeninsel« seine Berechtigung hat. Überall prunken Blütenfarben, und exotische Gewächse wie die Strelitzie oder der Weihnachtsstern zeigen ihre leuchtende Pracht fast ohne Saisonpause.

Manch ein Tourist reist heute noch mit Staffelei und Farbkasten an; die meisten Urlauber kommen allerdings zum Wandern auf die gerade mal 57 Kilometer lange und 22 Kilometer breite Insel. Ein Blick auf die Karte zeigt: überall Gebirge, also scheinbar strammes Wanderterrain. Aber die portugiesische Insel birgt eine Besonderheit: ein – je nach Zählweise – 2000 bis 5000 Kilometer langes Netz von schmalen Kanälen, in denen seit 500 Jahren Wasser aus dem regenreicheren Norden auf die Felder des Südens geleitet wird. Entlang dieser »Levadas« ziehen die Wanderer über die Insel – und weil die Flut gemächlich rinnen soll, gibt es keine Steilstrecken am Levada-Rand. Stattdessen wuchern dort Fleißige Lieschen und viele andere Blütenträger. Pflanzenkenner zählten Hunderte von Arten auf Madeira – viele sind im Botanischen Garten der Inselhauptstadt Funchal heimisch.

Eine Reihe von Veranstaltern bieten mehrtägige Wanderungen entlang der Kanäle an, und selbst eingefleischte Individualisten gehen hier gerne in der Gruppe los. Grund sind die überwiegend kundigen Führer, die den Blumen- und Pflanzenreichtum am Wegesrand erklären. Engelstrompeten kennen ja noch die meisten, vermutlich auch Oleander und Riesenprotea. Aber Kletternder Mäusedorn? Afrikanische Liebesblume? Blutrotaugige Wucherblume? Rutenförmiger Zylinderputzer? Und selbst zur allgegenwärtigen Strelitzie weiß der Führer Interessantes: Madeiras inoffizielles Symbol verdankt seinen Namen dem mecklenburgischen Strelitz. Von dort stammte die britische Königin Charlotte, der zu Ehren die Paradiesvogelblume offiziell benannt wurde.

Die Highlights

Der *Botanische Garten* von Funchal birgt mehr als 2000 Pflanzen aus aller Welt, ein Café mit Terrasse und einen Prachtblick auf die Bucht von Funchal.

Monte – Zwei Seilbahnen führen hinauf zu dem Vorort. In der markanten Wallfahrtskirche Nossa Senhora do Monte steht der Sarg von Karl I., Österreichs letztem Kaiser. Er starb hier im Exil.

In *Korbschlitten* können Monte-Besucher wieder hinabrutschen nach Funchal. Die einstigen Transportmittel, die heute nur noch Touristen dienen, werden ohne Bremsen und Lenkstangen von zwei Männern gesteuert.

Cabo Girão im Süden der Insel ragt bis zu 589 m über der Küste auf. Die Klippe ist eine der höchsten Europas – nichts für Höhenempfindliche.

Porto Moniz ist bekannt durch sein Aquarium und seine natürlichen Schwimmbäder: Vertiefungen zwischen den Vulkanfelsen, die bei Flut volllaufen.

Pico do Areeiro – Der mit 1818 m dritthöchste Gipfel Madeiras ist mit dem Auto zu erreichen. Das Café und die Terrasse eines ehemaligen Hotels eröffnen weite Blicke ins Land.

Porto Santo – Die 70 km entfernt liegende Insel hat, was Madeira fehlt: einen natürlichen Sandstrand. Der Flug dauert 20 Minuten, die Fähre benötigt zwei bis drei Stunden.

Die beste Reisezeit

Für Pflanzenfreunde ist der ***Mai*** der beste Monat (allerdings spricht für April das Blumenfest), denn dann blühen die meisten Blumen. Generell sind die Temperaturen ganzjährig angenehm: im Winter meist um 15 bis 20 °C, im Sommer 20 bis 25 °C. Die wenigsten Regentage verzeichnet Madeira von Mai bis September, in diesen Monaten ist der Atlantik über 20 °C warm. Mit den meisten Sonnenstunden – acht pro Tag – kann der Juli aufwarten, aber Mai, Juni, August und September liegen mit sieben fast gleichauf.

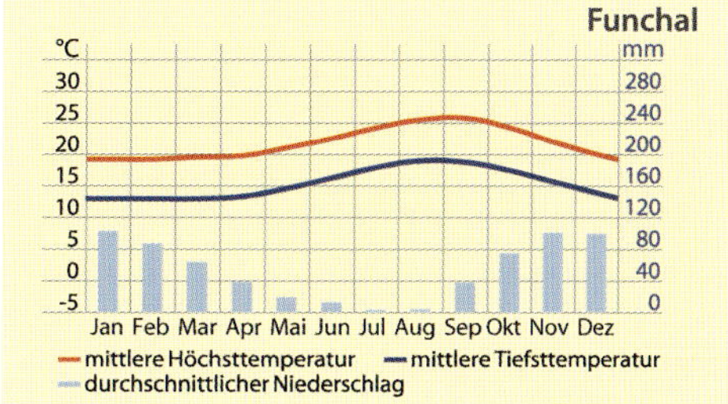

Besondere Tipps

Literatur: »Raquels Töchter« von Helena Marques, eine Familiensaga auf Madeira. Die Autorin wuchs dort auf.
Führung: Im Firmenmuseum Old Blandy Wine Lodge in Funchal erfährt man in 40 Minuten alles über den berühmtesten Inselexport, den Madeirawein.
Souvenir: Strelitzien sind relativ langlebig und gut zu transportieren. Auf dem Flughafen kann man sie stabil verpacken lassen.
Info: www.madeiraislands.travel

← Arco De Sao Jorge an der Nordküste von Madeira ist bekannt für seine wundervolle Lage.

↑ Tänzerin im Blumenkostüm bei der Parade des alljährlich Anfang Mai stattfindenden Flower Festivals in Funchal. Zu dieser Zeit erreicht die Blütenpracht ihren Höhepunkt.

Traumziel Kreta 15

Beim Zeus, eine wunderschöne Insel

Schon ab Mitte März, erst recht im April und Mai verwöhnt Griechenlands größte Insel ihre Besucher mit einem Blütenrausch: Weiße Anemonenfelder, roter Klatschmohn, Hibiskus, Bougainvillea, die in Kaskaden über die Steinmauern fällt, gelbe Wolfsmilchbüsche und blaue Himmelsschablonen leuchten im Bauernland hinterm Strand.

Der Literaturnobelpreisträger Odysseas Elytis besang den Frühling auf Kreta so: »Ich schlief. Ich gab dem Schlaf mich hin, im süßen Duft des Jasmins.« Aber die Kreta-Kenner wollen sehen, wie die Insel nach den Winterstürmen aufblüht. Jetzt, und nicht im Sommer, wenn sich flirrende Hitze über die Hochebenen und die Berge legt; jetzt ist auch die Zeit, sich den steinernen Zeugnissen einer großen Vergangenheit zu widmen, den weltberühmten Palästen und Ruinen aus minoischer Epoche oder den byzantinischen Fresken und Ikonen in Klöstern und Dorfkirchen. Jetzt trifft man in den Bergdörfern und an der Südküste leicht das alte Kreta, die Männer in Schaftstiefeln, die vor den Kaffeehäusern an Holztischen sitzen, ihre Komboloi-Ketten durch die Finger gleiten lassen und mit ihren Nachbarn über Gott und die Welt reden.

Die vielen Mythen aus uralter Zeit, die Legenden aus den Befreiungskriegen gegen die Türken und andere Besatzer haben Kreta früh berühmt gemacht. Hafenstädte wie Rethimnon und Chania, die sich ihre Prägung aus venezianischer und türkischer Zeit bewahrt haben, die dramatisch-schönen Landschaften mit Olivenhainen, Weingärten und Gipfeln, die über 2000 Meter aus dem Ida-Gebirge und den Weißen Bergen (Lefka Ora) ragen, dazu die Schluchten, Steilküsten und Strände: diese Vielfalt an Kultur und Natur zieht jedes Jahr Millionen an. Das schafft Probleme. Kreta, so wirkt es auf Besucher, die lange nicht mehr dort waren, wird teilweise zu Tode geliebt, einige Küstenregionen sind ohne Konzept zugebaut worden.

Aber dann, vor allem bei Streifzügen ins Inselinnere, lassen sich doch noch die Bilder finden, die im Kopf mitgereist sind: Hirten, die mit ihren Ziegen durch ein wildromantisches Land ziehen, Mönche in abgelegenen Klöstern, Männer und Frauen in den Dörfern, allesamt Philosophen des Alltags, die aussehen, als hätten sie eben noch als Statisten bei »Alexis Sorbas« mitgewirkt.

Die Highlights

Knossos – Manchen ist die Rekonstruktion des Minoer-Palasts, dessen Ursprünge fast 3000 Jahre zurückliegen, zu bunt geraten; andere sind beeindruckt von den vielen Hallen und Gängen, die vielleicht einmal zum sagenhaften Labyrinth des Minotaurus gehört haben. Auf jeden Fall regt Knossos reichlich die Fantasie an.

Rethimnon – Zahlreiche Open-Air-Restaurants säumen den venezianischen Hafen in der charmanten Altstadt.

Weiße Berge – Wer Wanderungen querfeldein liebt und weder gute Karten noch Wegweiser braucht, kann sich hier auf schöne Naturerlebnisse und Begegnungen mit Hirten freuen.

Palmenstrand von Vai an der Nordostspitze der Insel war früher Hippierevier. Heute ist es ein viel besuchtes Badeziel unter Dattelpalmen.

Die *Chania-Markthalle*, gerade 100 Jahre alt geworden, bietet Köstliches zum Kaufen und Probieren.

Aghios Nikolaos – Die Restaurants rund um den Voulisméni-See im Herzen des betriebsamen Ferienorts sind am Abend Treffpunkt der vielen Urlauber aus der Umgebung.

Die *Samaria-Schlucht*, ein 18 km langes Naturwunder, fordert zwar viele Wanderer heraus, ist aber nur Trekkern mit guter Kondition zu empfehlen.

Die beste Reisezeit

Im März kann es noch ein paar Tage lang regnen, schon im ***April*** lassen sich oft Tagestemperaturen um 25 °C genießen, ab etwa Mitte ***Mai*** hat sich das Mittelmeer an den kretischen Küsten auf gut 20 °C erwärmt. Die Saison beginnt gewöhnlich mit den westlichen Ostertagen. Die Griechen feiern in der Regel eine Woche später die Wiederauferstehung Christi, ihr höchstes Fest im Jahr – durchaus ein lohnender Anlass für eine Reise in der Vorsaison.

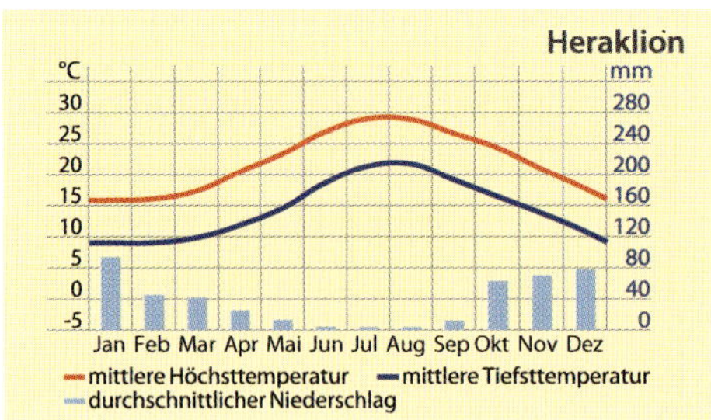

Besondere Tipps

Nationalgetränk: Auf Kreta unbestritten der Raki. Er hat nichts mit dem gleichnamigen türkischen Schnaps zu tun, ähnelt eher dem Grappa. Jammas!

Literatur: Nikos Kazantzakis' Bücher, vor allem »Freiheit oder Tod«, erschließen Geschichte und Seele Kretas.

Souvenir: Handgemalte Ikonen gehören zu den geschmackvollsten Mibringseln. Die traditionell arbeitende Künstlerin Woula Manousaki in Heraklion, Odos Chandokos 20, gehört zu den Besten ihres Fachs.

Info: www.visitgreece.gr (offiziell, Englisch)

→ In den Bars und Restaurants am Voulisméni-See in Aghios Nikolaos trifft man Urlauber und Einheimische.

→ Knossos' Palast, die größte minoische Palastanlage, zieren bunte Säulen und dralle Marketenderinnen.

↑ Typische Kreter-Kluft: Stiefel und schwarzes Hemd

Traumziel Toronto und die Niagarafälle

16

Kanadas Top Two

»Ich wusste nicht, dass Toronto so schön ist«, stellte Kevin Costner verblüfft fest, als ihn Dreharbeiten erstmals in Kanadas größte Stadt führten. »Besonders das Gebiet am Seeufer ist fantastisch«, meinte der neue Präsident Donald Trump einmal. Es ist nicht überraschend, dass zwei Amerikaner solches Lob spendeten, schließlich sind die Nachbarn aus dem Süden immer wieder überrascht, dass eine Millionenstadt sauber sein kann.

Donald Trump mag sich auch über die vielen Wolkenkratzer gefreut haben, schließlich gibt es nirgendwo mehr in Nordamerika, New York natürlich ausgenommen. Aus touristischer Sicht ist Toronto allerdings weniger gut bestückt, zumindest, was Attraktionen für internationale Besucher anlangt. Da gibt es den CN-Tower, die unterirdische Stadt »Path« und ansonsten das Übliche: Zoo, schöne Parks, gute Shoppingmöglichkeiten. Aber auch Touristen aus Übersee reisen meist sehr zufrieden ab dank der entspannten Atmosphäre der Stadt, ihrer freundlichen Einwohner und ihrer Völkervielfalt. Angeblich soll Toronto »mindestens so viele Nationen vereinen wie die UNO«. Wenn man über die Wochenmärkte streift, glaubt man es gerne.

Überdies liegt quasi vor den Toren der Stadt (130 km) eine der weltweit meistbesuchten Sehenswürdigkeiten: die Niagarafälle. Die Grenze zu den USA verläuft zwischen den beiden Hauptfällen, den American Falls und, auf kanadischer Seite, den Horseshoe Falls. Früher war es möglich, problemlos zwischen beiden Seiten hin- und herzuwechseln, jetzt gibt es strikte Kontrollen.

Die kanadischen Fälle, eigentlich ein großer, hufeisenförmiger Fall, sind das Prachtstück dieses Nationalparks. Um sie herum hat sich ein ziemlicher Touristentrubel entwickelt, mit Aussichtstürmen, Riesenrad, Kino mit Großleinwand und vielem mehr. Empfehlenswert sind zumindest eine Bootsfahrt mit der »Maid of the Mist«, eine Fahrt auf den Skylon Tower und eine Tour in den Tunnel hinter der Wasserwand: bis zu 2800 Kubikmeter Wasser donnern hier pro Sekunde 52 Meter tief zu Tal. Ein Kontrastprogramm ist das nahe historische Städtchen Niagara-on-the-Lake, oft gerühmt als »Kanadas schönste Kleinstadt«. Da ist was dran, insbesondere wenn die Busse der Tagestouristen wieder abgefahren sind.

Die Highlights

Torontos *CN-Tower* war mit seinen 553 m bis 2007 das höchste Bauwerk der Welt. Ein Drehrestaurant und zwei Aussichtsplattformen in verschiedener Höhe (eines mit Glasfußboden) ziehen pro Jahr zwei Millionen Menschen an.

»Path« nennt sich Torontos unterirdische Stadt, ein Gehweg-System von 27 km Länge, gesäumt von Läden, Restaurants, Kinos etc. Ideal für kanadische Winter.

Die kanadischen *Niagarafälle* sind 790 m breit, die US-Fälle nur 320 m. Kanada strahlt seine Horseshoe Falls im Sommer nächtens in bunten Farben an – Geschmackssache.

»Maid of the Mist«-Schiffe fahren seit 1846 nahe an die Fälle heran und in den Wassernebel (*mist*). Ein Erlebnis.

Der *Welland Canal*, ein beliebtes Touristenziel, dient großen Schiffen zur Umfahrung der Niagarafälle, er überwindet die 99 m hohe Niagarastufe mit acht Schleusen.

Niagara-on-the-Lake – Der historische Kern ist ein UNESCO-Welterbe. Es ist auch bekannt für seine Shaw-Festspiele und seine Eisweine.

Der *Niagara Parkway* verläuft entlang dem Niagara River, sein landschaftlich schönster Abschnitt liegt zwischen den Fällen und Niagara-on-the Lake. Laut Churchill der »hübscheste Sonntagsausflug der Welt«.

Die beste Reisezeit

Die Saison beginnt an den Niagarafällen im ***Mai***, es kann dann allerdings noch recht kühl sein. Im Sommer sind die Temperaturen zwar angenehmer, in der Ferienzeit muss man aber mit sehr vielen Besuchern rechnen – und im späten Sommer und Herbst oft mit weniger Wasser an den Fällen. Toronto zeigt sich mit Straßenartisten, Freiluft-Picknick-Konzerten und Straßencafés im Sommer von seiner besten Seite. Und bei Regen geht's ab in den Untergrund.

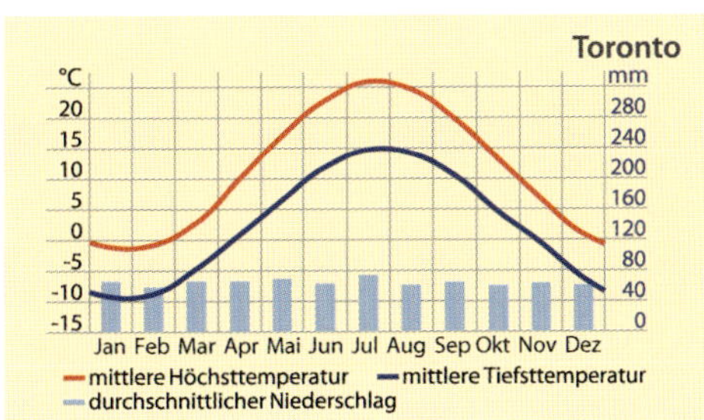

Besondere Tipps

Literatur: Der Bestsellerautor H. G. Wells wählte in seinem Roman »Der Luftkrieg« die Niagara-Halbinsel als Basislager deutscher Truppen für die Eroberung der USA.

Unterkunft: Das 1816 erbaute Angel Inn in Niagara-on-the-Lake ist ein schmuckes Wirtshaus mit Gästezimmern und Hausgeist.

Souvenir: Maple Syrup ist der Saft des Zuckerahorns, gewonnen im späten Winter. Mit echtem Ahornsaft (recht teuer) lässt sich alles typisch kanadisch süßen.

Info: www.ontariotravel.net

← »Maid of the Mist« direkt vor den Niagarafällen

↑ Kanadas Metropole: Torontos Zentrum mit dem Roy-Thomson-Theater leuchtet am Abend.

↑ Das Flat Iron Building in Toronto

LIFEGUARD
ON
DUTY
8 ST

HOTEL

Traumziel Florida 17

See you later, Alligator

Bill und John sind Rentner und passionierte Angler: »Arbeiten ist nur etwas für Leute, die nicht fischen können und sich ihr Abendessen im Supermarkt kaufen müssen«, sagt Bill. Und John ergänzt: »Ich frage mich, warum die Leute in die Wasserparks strömen und 50 Dollar ausgeben, um Delfine zu sehen? Hier am Pier von Grassy Key ziehen sie täglich vorbei, undressiert, mit all ihrer Eleganz – und kostenlos!«

Grassy Key ist eine der 32 »Keys« in Florida, also der Inseln zwischen Key West und Key Largo. Auf Grassy wurde ein Delfin namens Flipper zum TV-Star, und dort wäre auch ungefähr Halbzeit, wenn man den Overseas Highway No. 1 nimmt, der über 42 Brücken führt. Am besten mietet man für diese einmalige Strecke ein Cabrio und genießt auf gut 200 Kilometern das Inselhüpfen per Auto.

In den Everglades kann man das Cabrio weiterhin benutzen. Nicht jeder Nationalparkbesucher muss ja mit den überlauten Propellerbooten durch das flache Wasser düsen. Von den Straßen gehen zahlreiche Lehrpfade auf Brettersteigen durch die Sümpfe mit häufig nur zentimeterhohem Wasserstand. An anderen Stellen dösen Krokodile, als wären sie im Zoo. Doch vorsichtig, und Abstand wahren!

Die Everglades sind das einzige Gebiet weltweit, in dem Krokodile und Alligatoren leben. Erkennbarer Unterschied: Bei Krokodilen lugen die Unterkieferzähne auch bei geschlossenem Maul heraus. Im Park leben zudem weitere 50 Reptilienarten, außerdem Waschbären, Schwarzbären, Flamingos, Ibisse, Pelikane, Kormorane, Störche und insgesamt gut und gerne 350 Vogelarten. Bewässert wird der Sumpf aus Süß- und Salzwasser vom Miami River. Im Indianischen bedeutet Mayaimi »großes Wasser«.

Die Stadt, die großes Wasser heißt, beherbergt heute in ihrem Einzugsgebiet mehr als zwei Millionen Einwohner. Miami gibt sich im Zentrum typisch US-amerikanisch mit Skyline und Glasfassaden. Was nicht auf alle Stadtviertel zutrifft. Interessant ist etwa Little Havana, wo an manchen Geschäftstüren zu lesen ist, dass man auch Englisch spreche.

Über fünf mehrspurige Brücken ist Miami mit Miami Beach verbunden, wo SoBe, South Beach, und der Art Deco District absolute Must-go-Plätze sind. Entlang dem Ocean Drive stehen einige der schönsten und besterhaltenen Art-déco-Gebäude weltweit. Zusammen mit den trendigen Bars, Restaurants und Cafés sowie dem breiten Strand zum Atlantik gehört dieser Stadtteil von Miami Beach sicher zu den hübschesten Nordamerikas.

Ist somit alles eitel Sonnenschein im Sunshine State? Nein, denn leider werden Touristen besonders am Flughafen Miami behandelt wie potenzielle Terroristen. Floridas wichtigster Airport zeichnet sich durch extrem rigide und unfreundliche Beamte sowie endlose Wartezeiten aus.

Die Highlights

Miami ist eine US-Großstadt wie viele andere, aber mit Palmen und Little Havana statt einer Chinatown. Rund um die Calle Ocho, die Southwest 8th Street, herrscht kubanisches Flair.

Miami Beach zeigt sich attraktiver, mit den Art-déco-Häusern in allen Pastelltönen und den verchromten Oldtimern davor. Einige der 400 Stuck- und Designgebäude sind Hotels mit zum Teil fairen Preisen. Der Ocean Drive am South Beach ist die Flaniermeile schlechthin.

Die *Everglades* mit ihrer Flora und Fauna sind einzigartig. Wild lebende Krokodile sieht man manchmal sogar vom Auto aus!

Overseas Highway No. 1 – Eine Kultstraße, die man gefahren sein muss! 200 km, 42 Brücken, darunter die berühmte Seven Mile Bridge, 32 Inseln, unzählige Stoppmöglichkeiten zum Baden.

Key Largo wurde bekannt durch Humphrey Bogart, Lauren Bacall und die »African Queen«, die besichtigt werden kann.

Key West gibt sich weltoffen, trotz altmodischer Holz- und Verandaarchitektur. Die Duval Street mit der Hemingway-Kneipe »Sloppy Joe's« und dem »Southernmost Point« Nordamerikas lässt wohl keiner aus. Und das Hemingway House ist nicht nur bei Katzenfreunden beliebt.

Bahia Honda bietet den besten Strand auf den gesamten »Keys«.

Die beste Reisezeit

März und ***April*** sind empfehlenswert, weil es angenehm warm ist und keine Stürme drohen. Die Temperaturen liegen im Durchschnitt bei 25 °C in der Luft und ein bis zwei Grad niedriger im Meer. Die Hauptsaison zwischen Dezember und Februar ist zwar etwas trockener, aber dafür sind auch viele Touristen unterwegs, und die Hotelpreise liegen entsprechend hoch; zuweilen sogar mehr als doppelt so hoch im Vergleich zur schwülheißen Hurrikansaison zwischen Juni und Oktober.

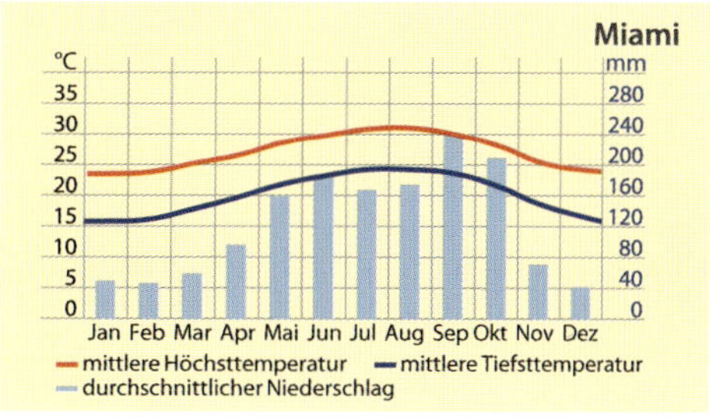

Besondere Tipps

Einkaufen: Beim Kleidershopping in Miami und Miami Beach ersteht man echte Schnäppchen.

Literatur: Bücher zu Hause oder vor Ort kaufen: »For whom the bell tolls« und »The Snows of Kilimanjaro«, beides Welterfolge, beide von Ernest Hemingway und beide in Key West entstanden.

Basketball: Einmal die ganzen 211 cm von Allstar-Spieler Chris Bosh und seinen Miami Heat live erleben: www.eventticketscenter.com.

Info: www.visitflorida.com

← Pastellfarben herrschen vor in Miami Beach, sowohl am Strand …

← … als auch im Art-déco-Viertel.

← In orangefarbenes Sonnenlicht getaucht sind die Keys am schönsten.

↑ In den Everglades sieht man vom Auto aus Krokodile.

Der tiefe Süden im Delta der Musik

Eine schimmernde Pyramide ist passenderweise der auffälligste Zacken in der Skyline der Stadt, die nach einer altägyptischen Metropole heißt: Memphis ist die erste Station einer Reise in das Mississippidelta, einer Reise, die tief in die Geschichte und die Musikkultur der USA führt. »Memphis Blues« hieß 1909 der erste Blues-Song, der je veröffentlicht wurde. Das Epizentrum der aufregend neuen Musik lag bis in die späten 1940er-Jahre in der Beale Street im historischen Zentrum von Memphis. Howling Wolf, Muddy Waters und viele andere spielten sich hier die Seele aus dem Leib. Nach einem längeren Dornröschenschlaf ist die Beale Street heute wieder als Musikmeile aufgewacht.

Im tiefen Süden geht man das Leben gelassen an. Passen Sie sich dem bedächtigen Lebensrhythmus an und lassen Sie sich durch die vielfältige Region einfach treiben. Wer Country-Musik und Bluegrass liebt, macht einen Abstecher nach Nashville, die »Music City USA« oder überquert die Brücke über den Mississippi nach Arkansas, wo Berge, Wälder, klare Flüsse und heiße Quellen locken. In Mississippi und Alabama reist man durch das Land der Baumwollfelder und Magnolien, der hübschen Städte mit den Antebellum-Häusern aus der Zeit vor dem amerikanischen Bürgerkrieg und des rauen Delta-Blues. Mit dieser Musik im Ohr wuchsen Elvis Presley in Tupelo und Ike Turner in Clarksdale auf.

Der tiefe Süden blickt auf eine wechselvolle Geschichte zurück, in der Sklaverei und Rassismus tiefe Spuren hinterlassen haben. Den Reichtum, den einst die Sklaven für die weiße Oberschicht erschufteten, kann man in den Plantagen – samt der erbärmlichen Sklavenquartiere – entlang dem Old Man River, dem Mississippi, bewundern. An den Kampf für die Bürgerrechte im 20. Jahrhundert erinnern im ganzen Süden Museen und Gedenkstätten, vor allem in Mississippi und Alabama.

An der Küste des Golfs von Mexiko liegt in Louisiana das Land der Cajuns. Die Nachfahren französischsprachiger Einwanderer aus Kanada, die sich hier im 18. Jahrhundert in den wasserreichen, sumpfigen Bayous ansiedelten, stehen für würzige Gerichte wie Jambalaya und Gumbo, für mitreißende Cajun-Musik und Zydeco.

Vollkommen entspannt erreicht man schließlich New Orleans. »The Big Easy« ist der Inbegriff für Lebenskunst, ist die Wiege des Jazz und für immer mit dem Namen Louis Armstrong verbunden. Das berühmte French Quarter mit den zahllosen Cafés, Bars und Jazzlokalen und den malerischen kolonialen Häusern in der Bourbon und Royal Street hat auch Hurrikan Katrina im Jahr 2005 überlebt. Lassen Sie sich von der großen Leichtigkeit New Orleans' anstecken, und feiern Sie das Leben, die Musik und die berühmte kreolische Küche der Stadt.

Die Highlights

Memphis – Eine »Musikwallfahrt« führt in Elvis Presleys Villa Graceland, in das Rock 'n' Soul Museum, zu den Plattenlabels Stax Records und Sun Studios. Dort starteten Johnny Cash und Elvis ihre Karrieren.

National Civil Rights Museum – Das einstige Lorraine Motel, in dem 1968 Martin Luther King Jr. ermordet wurde, ist heute ein beeindruckendes Museum.

Nashville – Hier zieht es Country-Fans in die Country Music Hall of Fame und zu Konzerten in Opryland.

Plantation Alley – Die schönsten Plantagen und Herrenhäuser stehen an der Route, südlich von Baton Rouge in Louisiana und in Natchez, Mississippi. Zur Natchez Pilgrimage im April sind auch Privatvillen geöffnet.

Der *Highway 31* führt in Louisiana zwischen New Iberia und Breaux Bridge am Bayou Teche entlang. Dort kann man am Lake Martin tiefer in die faszinierende Landschaft vordringen.

In *New Orleans* lockt das Vergnügungsviertel French Quarter. Sehenswert sind der French Market, das Vodoo Museum, der malerische St. Louis Cemetery No. 1 und die mit der Tram erreichbaren Prachtvillen im Garden District.

Ausflugsfahrten mit Schaufelraddampfern beginnen in Memphis und New Orleans.

Die beste Reisezeit

Der tiefe Süden der USA liegt in den Subtropen. Im Sommer wird es hier sehr heiß und schwül, auch in den Nächten ist man froh um eine Klimaanlage. Im Herbst klettert das Thermometer zwar nicht mehr so hoch, doch ist dann Hurrikansaison. Im Winter ist es im ganzen Süden kühler und sehr feucht. Die beste Reisezeit ist in den Frühjahrsmonaten ***April/Mai***, wenn die Hitze die Region noch nicht fest im Griff hat. Zu dieser Zeit wetteifern Magnolien und Hartriegel mit einer umwerfenden Blütenpracht.

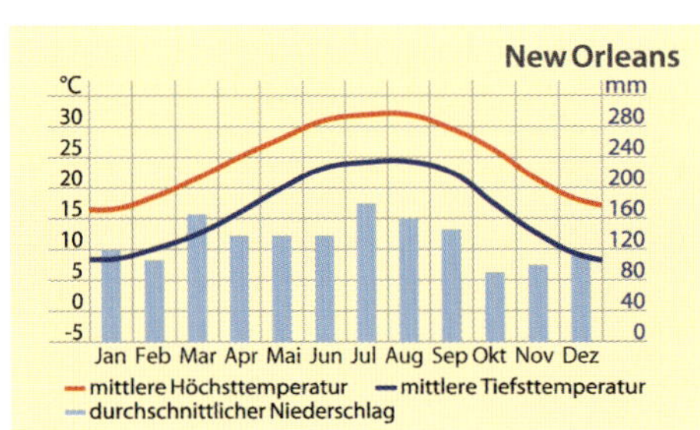

Besondere Tipps

Literatur: Harper Lees Roman »Wer die Nachtigall stört« beschreibt eine Kindheit im vom Rassismus geprägten Alabama in den 1930er-Jahren.
Festivals: Blues, Soul, Rock, Hip-Hop ... Ende April bzw. Anfang Mai pilgern Tausende nach Memphis zum Beale Street Music Festival. Von Jazz über R&B, Cajun Music und Zydeco bis zu Rap und Bluegrass zelebriert das New Orleans Jazz & Heritage Festival ebenfalls Ende April/Anfang Mai Louisianas musikalisches Erbe.
Info: www.memphisinmay.org, www.nojazzfest.com

→ Der Schaufelraddampfer Natchez bei New Orleans
→ Antebellum-Pracht: Stanton Hall in Natchez
→ Der Jazzclub Preservation Hall im French Quarter von New Orleans
↑ Die letzte Ruhestätte des »King« in Graceland

STEAMER
NATCHEZ
PORT OF NEW ORLEANS
NATCHEZ

EXIT

FORT WORTH STOCK
TEXAS
BLE BOB

Traumziel Texas 19

Im Land der Superlative

In Texas gehen die Uhren nicht anders als im Rest des Landes, sie sind höchstens größer. Der zweitgrößte Bundesstaat der USA mag es gern ein wenig protzig: Hier sind die Ölbarone reicher als reich, die Ranchen riesig und die Hörner der Rinder superlang. Der Lone Star State schmückt seine Flagge mit einem Stern und erhält sich gegenüber dem Rest der USA sein Nationalbewusstsein. Schließlich war Texas einmal eine unabhängige Republik.

Und Texas hat viel zu bieten. Dallas und Fort Worth, Houston, San Antonio und die Hauptstadt Austin sind moderne Metropolen mit glitzernden Bürotürmen und Hightechindustrien, ausgezeichneten Museen und bunter Kulturszene. Doch wer aus dem engen Europa kommt, den lockt vor allem die Weite des dünn besiedelten Landes außerhalb der Städte, auf dem sich nur rund zehn Prozent aller Texaner verteilen. Dabei muss man sich auf lange Strecken einstellen: Allein von der Küste im Osten bis nach El Paso im Westen gilt es rund 1400 Kilometer zu überwinden. Unterwegs erlebt man traumhafte, vielfältige Landschaften.

Am Golf von Mexiko bieten Badeorte jeden erdenklichen Urlaubsspaß, und vor der Küste auf North Padre Island erstreckt sich der längste unbebaute Sandstrand der USA. Entlang dem Golf kann man seltene, geschützte Tiere in Sümpfen und Wäldern entdecken, Wale und Delfine beobachten. Dahinter breiten sich im Osten bis Arkansas und Louisiana die Piney Woods aus, ein einmaliges Waldgebiet mit Kiefern, Hickorys, Eichen, Amberbäumen und Sumpfmagnolien. Richtung Westen und Süden schließen sich weite Prärien mit fruchtbarem Farmland an. Hier kann man auf unzähligen »Dude Ranches« Urlaub auf dem texanischen Bauernhof machen, lange Ausritte inklusive.

Dem Texas-Klischee entsprechen vor allem im Nordwesten die Panhandle Plains und das trockene Hochland des Llano Estacado. Im »Pfannenstiel« zwischen Oklahoma und New Mexico sind die Ebenen endlos, die Canyons tief, die Rinderranchen wahrscheinlich so groß wie europäische Zwergstaaten, und auf den Ölfeldern wird der Reichtum des Landes aus dem Boden gepumpt. »Texmex-Feeling« – mit hervorragender Küche – erlebt man im heißen Süden des Landes; wilde, einsame Natur in den Wüsten und Bergen des Big Bend im Südwesten entlang dem Rio Grande.

Die Highlights

Dallas – Einen großartigen Blick bietet der Reunion Tower, einen Besuch lohnen das historische Viertel Deep Ellum und der Westend Historic District, das Sixth Floor Museum zum Attentat auf John F. Kennedy und das Dallas Museum of Art.

Fort Worth – Attraktiv sind die Altstadtviertel am Sundance Park und Stockyards District, das Kimbell Art Museum und das Amon Carter Museum zur Kunst des Wilden Westens.

San Antonio – In seiner Altstadt kapitulierte im La Villita Mexiko vor der Republik Texas, locken der Riverwalk mit Läden und Lokalen und die legendäre Mission Alamo.

Houston – Die Menil Collection und das Museum of Fine Arts bieten große Kunst, das Space Center legendäre Raumfahrttechnik.

Nationalparks – An der Golfküste locken Padre Island National Seashore, die Big Thicket National Preserve und die Aransas National Wildlife Reserve.

Big Bend National Park – Eine einzigartige, einsame Landschaft mit Canyons, rauen Bergen und Wüsten am Rio Grande.

Panhandle – Hier führt ein Stück der historischen Route 66 nach Amarillo und an der berühmten Cadillac Ranch vorbei, einem Kunstwerk aus zehn Cadillacs.

Die beste Reisezeit

Texas hat allgemein ein mildes Klima. Der Staat ist aber so groß und landschaftlich vielfältig, dass sich das Wetter von Region zu Region erheblich unterscheiden kann. Im Sommer ist es im Allgemeinen heiß und vielerorts regenreich, im Winter können im Landesinnern Schneestürme und an der Küste Hurrikans toben. Besser reist man im milden Herbst, besonders schön sind die Frühjahrsmonate ***März*** und ***April***. Dann herrschen angenehme Temperaturen, und die Wildblumen bedecken das Land mit einem Blütenteppich.

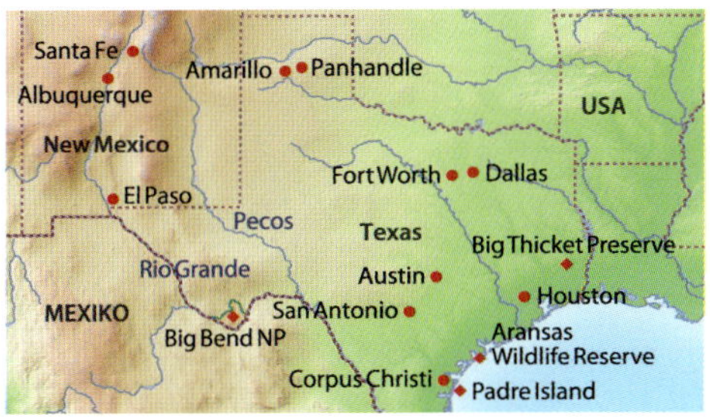

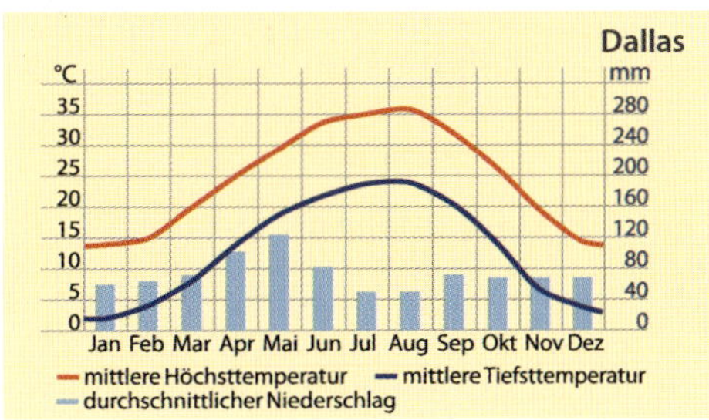

Besondere Tipps

Film: Der Texas-Klassiker schlechthin, »Giganten« von 1956. Mit James Dean, Liz Taylor und Rock Hudson.
Literatur: James Micheners Roman »Texas«. Michener vermischt historische Fakten und Fiktion zu einem unterhaltsamen Epos. In Texas selbst fand man den Roman zu klischeehaft, für den Einstieg ist er aber gut geeignet.
Souvenir: Cowboystiefel, die wegen ihrer Spitze auch »Cockroach-Killer« genannt werden, und Cowboyhüte.
Info: www.nps.gov/history/nr/travel/tx/index.htm (historische Stätten in Texas, auf Englisch)

← Aufgehübschtes Auto in Fort Worth
← Die Mission Alamo in San Antonio war einst ein Schauplatz des nationalen Unabhängigkeitskriegs.
← Cowgirl beim Stockyards Championship Rodeo in Fort Worth
↑ Downtown der Hightechmetropole Dallas am Abend

Badestrände und Mayapyramiden

Hochzivilisation und unglaublich grausame Menschenopfer: Das sind zwei Facetten der Mayakultur in Mittelamerika, die eine merkwürdige Faszination ausüben. Zwar konnten die Wissenschaftler die Schrift der Maya entschlüsseln, aber ihre Ruinen geben immer noch viele Rätsel auf – auch den gut sechs Millionen heutigen Maya. Die Forscher wissen inzwischen, dass die Maya einen präzisen astronomischen Kalender entwickelten, eine Art Beton erfanden, ausgedehnte Bewässerungssysteme anlegten und eine Hieroglyphenschrift erfanden. Warum sie ihre Städte im Tiefland bereits ab dem 9. Jahrhundert, also lange vor Eintreffen der spanischen Konquistadoren, verließen, ist indes immer noch eine offene Frage.

Nirgendwo lässt sich eine – mehr oder minder intensive – Maya-Studienreise besser mit einem Badeurlaub verknüpfen als im mexikanischen Teil der Halbinsel Yucatán. Mögliche kurze Route: Cancun, Chichén Itzá, Coba, Tulum. Bei Interesse kann die Strecke auch gen Norden nach Uxmal und Mayapán ausgeweitet werden. In Yucatán liegen die Mayastätten nahe beieinander, umgeben von guter touristischer Infrastruktur. Insbesondere die Riviera Maya zwischen Cancun, Playa del Carmen und Tulum zeichnet sich durch zahlreiche Hotels aus, die häufig als All-inclusive-Resorts betrieben werden. Das ist keine verträumte Karibikidylle mehr. Playa del Carmen und Cancun, aus kleinen Fischersiedlungen entstanden, sind heute Zentren des überwiegend amerikanischen Massentourismus und Cancun Airport mit drei Terminals und mehr als elf Millionen Passagieren der größte internationale Flughafen Lateinamerikas. Aber, wie gesagt, als Ausgangsbasis ist die Riviera Maya gut geeignet, zumal viele Reiseunternehmen Touren zu den archäologischen Stätten mit ihren bis zu 72 Meter hohen Stufenpyramiden anbieten.

Yucatán ermöglicht es auch, kulinarisch den Spuren der Maya zu folgen. Die Ureinwohner bauten zwar hauptsächlich Mais an, kreierten aber dennoch eine relativ hoch entwickelte Küchenkultur. Überlebt hat die »Recado rojo«, auch Achiote-Paste genannt, eine Mischung aus etwa neun Gewürzen, die man heute vor allem für Gemüse- und Fleischgerichte nutzt. Die Mixtur kennzeichnet die Yucatán-Küche. »Buen provecho«, guten Appetit.

Die Highlights

Der *Tempelkomplex von Tulum* liegt auf einem Felsen direkt am Meer und ist gesäumt von Stränden. Das Städtchen Tulum soll in Kürze einen internationalen Flughafen erhalten.

Chichén Itzá ist eine der größten und meistbesuchten Mayastätten in Yucatán, die restaurierte Kukulkanpyramide gilt als das Symbol für Mexikos Mayakultur.

Coba, eine Anlage unweit von Tulum, ist weniger bekannt, für Archäologen aber wichtig, auch weil von der Stadt steinerne Straßen ausgehen, die bis zu 100 km lang waren.

Uxmal – Die Anlage ist bekannt durch ihre große »Pyramide des Zauberers« und durch den 100 m langen »Palast des Gouverneurs« auf einer künstlichen Plattform.

Mayapán besiegte im 13. Jh. das zuvor mächtige Chichén Itzá und wurde zur größten Mayastadt auf Yucatán, was sich in den heutigen Ruinen nicht überall widerspiegelt.

Cancun, heute über einen Damm mit dem Festland verbunden, wurde – mit Steuergeldern –zum wichtigsten Ferienort der mexikanischen Karibikküste.

Cozumel ist Mexikos größte Insel an der Ostküste und ein beliebter Halt bei Kreuzfahrern. Jacques Cousteau hat das fischreiche Korallenriff populär gemacht.

Die beste Reisezeit

Die »Hurricane Season« dauert in Yucatán von Anfang Juni bis Ende November. Die Zeit der Wirbelstürme deckt sich teilweise mit der Regenzeit von Mai bis Ende November. Die Temperaturen bewegen sich auf der Halbinsel meist um 24 bis 25 °C, die trockene Periode erstreckt sich von Dezember bis Ende April. In diese Spanne fällt aber auch »El Norte«, ein nördlicher Wind im Januar und Februar. Optimal sind somit der ***Dezember*** und ***März/April***.

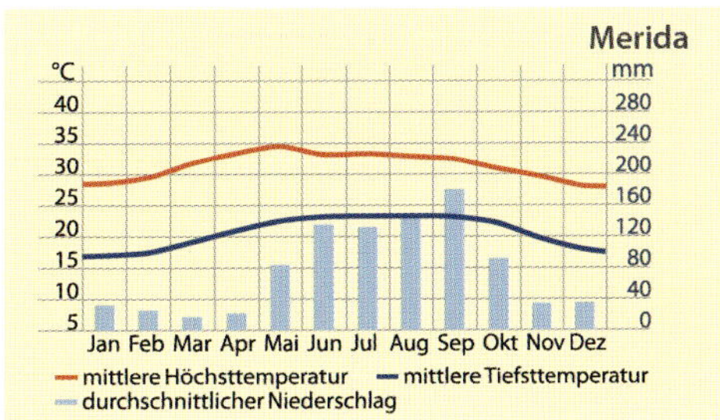

Besondere Tipps

Literatur: »Die Maya*:* Geschichte, Kultur, Religion« von Berthold Riese widmet sich auch dem historischen Alltag des mittelamerikanischen Volks.

Souvenir: Nachbildungen von bemalten Mayagefäßen oder -bildern sind beliebt. Bei den heimlich angebotenen »Originalen« handelt es sich meist um Fälschungen.

Info: www.visitmexico.com

← Die abgerundete »Pyramide des Zauberers« in Uxmal

← Die Mayadoline Ikil Cenote bei Chichén Itzá ist ein beliebter Badeort.

↑ Mayatempel an der Felsenküste von Tulum

Traumziel Panama 21

»Oh, wie schön ist Panama«

Natürlich ist es ausschließlich der Kanal, der auf knapp 82 Kilometer Länge den karibischen Teil des Atlantiks mit dem Pazifik verbindet, der dieses Land weltberühmt gemacht hat. Der viel befahrene Wasserweg, der seit 1914 den Seeweg von der Westküste Amerikas zur Ostküste um ein Drittel kürzer macht, ist deshalb auch Panamas wichtigste Sehenswürdigkeit. Eine Fahrt von Balboa auf der pazifischen Seite nach Colon, wo der Kanal in die Karibik mündet, ist noch immer ein technisches und zugleich ein exotisches Abenteuer. Atemloses Staunen bei der Millimeterarbeit in den Schleusen, tropische Schläfrigkeit an den Ufern, wo Paradiesvögel und Albatrosse die Schiffe begleiten und Krokodile vor sich hin dösen. Über hundert Jahre war dieser Kanal ein Nadelöhr des Welthandels. Im Juni 2016, nach neunjähriger Bauzeit, wurde der Kanal, erweitert und verbreitert, wieder eröffnet. Die neuen Schleusen sind jetzt 427 Meter lang und 55 Meter breit. Sie öffnen sich mit neuer Schiebetürtechnik.

Das also sind Höhepunkte einer Reise von einem Weltmeer zum anderen. Aber zumindest in Deutschland weiß man seit dem Janosch-Kinderklassiker, dass es im schmalsten Land Mittelamerikas, das von den beiden Ozeanen im Norden und Süden und im Osten von Costa Rica, im Westen von Kolumbien begrenzt wird, noch weit mehr Attraktionen zu erwarten sind: »Oh, wie schön ist Panama«, schwärmt der Bär dem Tiger vor – und wirklich, dieses kleine Land (etwas größer als Bayern) bietet von den kolonialen Sehenswürdigkeiten in Colon und ganz besonders im alten Teil der Hauptstadt Panama City über traumhafte und noch nicht überlaufene Strände bis hin zu den Naturwundern in den Regenwäldern und den Nationalparks des vulkanisch geprägten Hochlands überraschend viele Highlights. Ein Urlaub reicht nicht, um sie alle zu besuchen.

Unter Tauchern, Schnorchlern, Wassersportlern und Genießern, die sich nach Besichtigungstouren gern mal für ein paar Tage in die Hängematte legen, werden die Inselchen im Archipel Bocas del Torro im Nordwesten noch wie ein Geheimtipp gehandelt. Ebenfalls auf der karibischen Seite locken die San-Blas-Inseln mit weitgehend authentischer Atmosphäre und einer autonomen indigenen Bevölkerung. Massentourismus ist hier nicht zu befürchten.

Die Highlights

Altstadt in Panama City – Kirchen und Paläste aus der spanischen Kolonialzeit dominieren den historischen Kern der Hauptstadt. Sehr schön ist die Plaza Francia mit ihren weißen Gebäuden und den leuchtend roten Flammenbäumen.

Mirafloresschleusen – Millimeterarbeit in technischem Wunderwerk. Bei diesem Schauspiel wirken auch schwere Lokomotiven an Land mit, sogenannte »Maulesel«, die durch Trossen mit den Schiffen verbunden sind.

Kanalfahrt – Sie dauert für ein Kreuzfahrtschiff mittlerer Größe etwa acht Stunden. Die Erinnerungen daran können ein Leben lang andauern.

Rafting – Spektakuläres Abenteuer auf dem Fluss Chiriqui Viejo in der Nähe der Stadt Volcan.

Bocas del Toro – Schon Kolumbus war 1502 von der Schönheit dieser Inselgruppe vor der Nordwestküste (karibische Seite) beeindruckt. Träge Tropenatmosphäre prägt die gleichnamige Provinzhauptstadt auf der Insel Colon.

Die *San-Blas-Inseln* werden von Ureinwohnern (Kuna-Indianer) verwaltet. Robinson-Feeling kommt auf mehreren Miniinseln auf, etwa auf Aguja oder Anzuelo.

Coiba – Maritimer Nationalpark an der pazifischen Küste, von über 150 Vogelarten bewohnt. 38 Inseln und ein großes, bemerkenswert heiles Korallenriff. Weltkulturerbe seit 2005.

Die beste Reisezeit

Wie in allen Tropenländern wechseln sich nur Regenzeit und Trockenzeit ab. Da Panama an zwei Ozeane grenzt, sind die Niederschläge aber unterschiedlich verteilt. Auf der karibischen Seite regnet es häufiger, am wenigsten im ***März***, der auch in der langjährigen Statistik als trockenster Monat im ganzen Land geführt wird. An der Pazifikküste kann es im Frühjahr zwar häufig regnen, aber so gut wie nie dauert ein Tropenguss länger als ein paar Stunden.

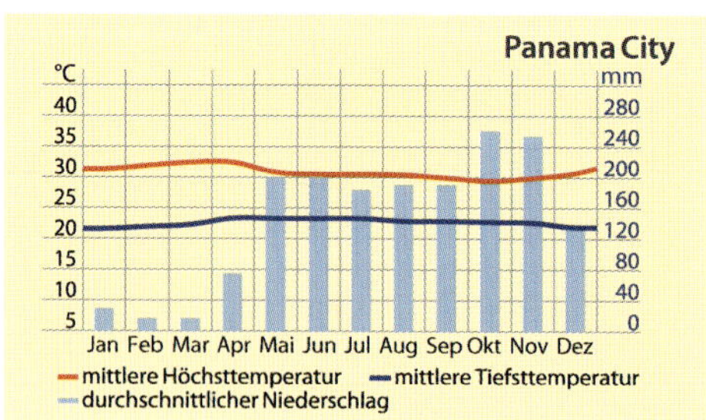

Besondere Tipps

Souvenir: Die berühmten Panamahüte werden zwar vielerorts angeboten, stammen aber, wenn sie handgemacht sind, aus Ecuador. Authentischer sind Molas, farbige Tücher der Kuna-Frauen von den San-Blas-Inseln.
Küche: Ceviche, pikant marinierter Fisch in allen Variationen, ist eine Art Nationalgericht, dazu isst man Reis.
Info: www.info-panama.com, www.panamainfo.com (auf Englisch)

→ Die Mirafloresschleusen sind insgesamt 1,7 km lang.
→ Die Kuna-Indianer auf den San-Blas-Inseln verkaufen handgewebte Stoffe.
→ Die Gewässer rund um die Bocas-del-Toro-Inseln sind ein Paradies für Schnorchler und Taucher.
↑ »Grüne Insel« heißt dieses Eiland der San-Blas-Gruppe.
↑ Die Barock-Kathedrale von Panama City wurde 1796 nach über hundertjähriger Bauzeit geweiht.

ARGANA

Traumziel Marokko 22

Wüste und Tausendundeine Nacht

Mühelos führen Marokkos vier Königsstädte Fes, Meknes, Marrakesch und Rabat mit ihren quirligen Basaren, Teestuben und Moscheen Besucher in die Traumwelt der arabischen Vergangenheit. In den Souqs verbreiten sie sich, die Duftstoffe aus Tausendundeiner Nacht, die Gerüche von Mandeln und Amber, Zedern und Zimt, Koriander und den frischen Baghrir (Honigpfannkuchen).

Doch wem hauptsächlich Humphrey Bogarts »Casablanca« vorschwebt, der wird sich neben einer typisch maghrebinischen Atmosphäre der Städte und einem lebendigen Strandleben an der Atlantik- und Mittelmeerküste auch einiges an Landschaft gefallen lassen müssen. Südlich der spanischen Enklave Ceuta breitet sich erst das Rifgebirge mit grünen Almen und blühenden Tälern aus, danach erhebt sich der Mittlere Atlas mit prächtigen Zedernwäldern.

Eine aufgeschlossene und hilfsbereite Bevölkerung macht Marokko zu einem idealen Reiseland, das man selbst erfahren sollte. Oder erwandern, etwa auf einer Wüstentour, samt Zelten und Kamelen. Dazu geht es von den eisigen Gipfeln des Hohen Atlas an den Rand der Sahara bei Erfoud. Bei Foum Zabel öffnet ein kleiner Tunnel, den 1930 Truppen der französischen Fremdenlegion durch den Fels getrieben haben, den Zugang zur Schlucht des Ziz. Hier fangen bereits die Saharaausläufer an, wenngleich noch als felsige Steinwüste. Im Rückspiegel zeigt sich zum letzten Mal das Bild der schneebedeckten Atlaskette, die schon im warmen Dunst verschwimmt.

Brennende Sonne steht bald erbarmungslos über dem Land. Es zeigt sich kaum noch Vegetation: keine Bäume, keine Büsche, kein Gras. Der Boden ist übersät mit Geröll, säulen- und trichterförmige Sandhosen geben ihre Vorstellung, ein weicher Sandteppich treibt beständig über der dampfenden Asphaltdecke der Piste. Dann zeichnen vom Wind gleichmäßig gemusterte Sicheldünen weiche Wellen in die harte Kulisse.

Verdörrte Kamelknochen am Rand einer vom Wind gerippten Dünenlandschaft künden vom Beginn der endlosen Sandwüste. Der Rückweg führt durch die legendäre Todhra-Schlucht nach Norden, wo sich der im Hohen Atlas entspringende Todhra-Fluss durch eine enge Felsbarriere zwängt. Dattelpalmen und blühender Oleander sowie riesige Kakteen gedeihen an seinen Ufern.

Die Highlights

Marrakesch – Königsstadt, Weltkulturerbe der UNESCO, mittelalterlicher Markt, Koutoubia-Moschee – kein Wunder, dass die Stadt zur international hippen Destination wurde.

Casablanca beeindruckt mit seinem legendären »Rick's Café« und der grandiosen ins Meer gebauten Moschee Hassan II. Hier und in anderen Städten sind Riads, aufs Feinste sanierte stattliche Altstadthäuser, die stilvollsten Herbergen.

Essaouira, die kleine Hafenstadt am Atlantik – ebenfalls von der UNESCO geadelt –, verbindet schönes Ambiente mit hochwertigem Kunsthandwerk.

Tanger an der nordafrikanischen Küste, das Mekka der Schriftsteller: Paul Bowles, Truman Capote, Tennessee Williams, William S. Burroughs – sie alle ließen sich vom orientalischen Flair inspirieren.

Tafraout, kleine Oase und Berberstädtchen inmitten von Mandel- und Olivenbäumen südwestlich von Agadir, zählt wegen seiner einmaligen Lage zu den schönsten Orten Marokkos.

Ait Benhaddou – Wer das aus sechs gut erhaltenen Kasbahs bestehende Berberdorf 30 km vor Ouarzazate besucht, wird an Orson Welles' »Sodom und Gomorrah« erinnert.

Kasbah Taourirt, eine der schönsten und größten Wohnburgen Marokkos, verzaubert in Ouarzazate die Besucher.

Die beste Reisezeit

März, ***April*** und ***Mai*** sind die bevorzugten Monate für Rundreisen mit Badestopp in Agadir, wenn die große Hitze nahe den Wüstengebieten noch nicht ihrem Zenit entgegenstrebt und der Atlantik zwecks Strandurlaub kein riskant kühles Abenteuer mehr ist. Außerdem werden sich in den Souqs der Städte Besichtigungs- und Shoppingtouren temperaturmäßig ebenso moderat gestalten wie Karawanentrekking durch Wüstenregionen sowie längeres Reisen im Pkw. Unternehmungen dieser Art sollten im Sommerhalbjahr unterbleiben.

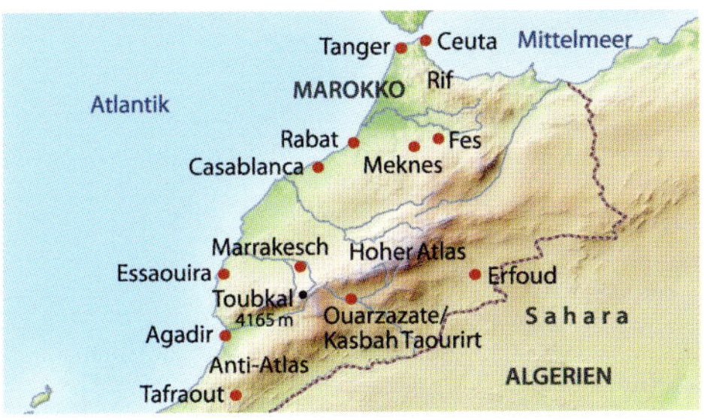

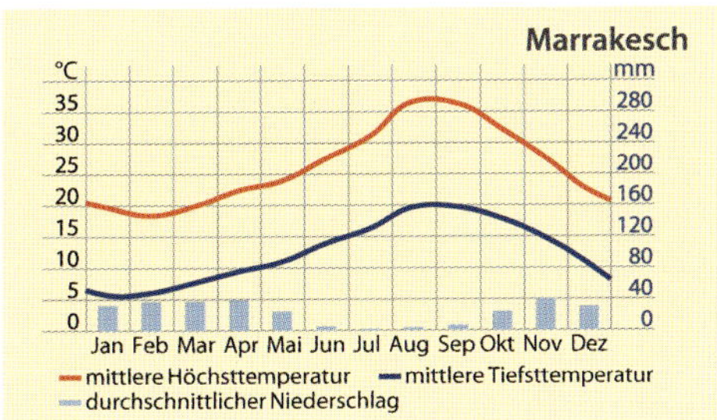

Besondere Tipps

Fein übernachten: In Marrakeschs La Mamounia.
Essen: Mit ihren Briouats, Tajines, Couscous, Salaten und Pastillas zählt die marokkanische Cuisine laut Paul Bocuse zu den besten Nordafrikas.
Kleidung: Große Temperaturunterschiede erfordern variable Ausstattung, Frauen sollten keine zu kurze oder dekolletierte Kleidung tragen.
Reiselektüre: Tahir Shahs »Im Haus des Kalifen: Ein Jahr in Casablanca«, Paul Bowles »Himmel über der Wüste«.
Info: www.visitmorocco.com

← Marrakeschs Djemaa-el-Fna-Platz am Abend
← Im alten Berberdorf Aït Benhaddou bei Ouarzazate stehen außergewöhnliche Lehmbauten.
← Chleuh-Berber der Ouarzazate-Region in traditioneller Kleidung
↑ Bäuerinnen aus dem Rif mit typischen Strohhüten

Eiskalter Atlantik und Wüstenglut

Mit reichlich vorhandenen exotischen Requisiten führt Namibia ein einzigartiges Bühnenstück auf: Unglaublich sind seine Farbkompositionen, wenn der Sonnenball sinkt, und brillant ist der Schein funkelnder Sterne, wenn der Mond auf seine Reise geht. Horizonte spannen sich über grandiose Landschaften, die, statistisch betrachtet, eigentlich nur Flora und Fauna beherbergen – so wenig Zivilisation besetzt die unfassbaren Weiten.

Weshalb auf wohltuende Weise die Wildnis das Leben bestimmt – und dazwischen, auf Namibias niedlichen urbanen Bühnen, die Epoche des Jugendstils. Mit einer Fläche von 824 269 Quadratkilometern ist das Land zweieinhalbmal so groß wie Deutschland, hat aber kaum mehr Einwohner als Hamburg, also nur 2,5 pro Quadratkilometer.

Im Norden grenzt Namibia an Angola, im Osten an Botswana, im Süden an Südafrika und mit seiner nordöstlichen Ausstülpung, dem Caprivi-Zipfel, an Simbabwe und Sambia. Die Längsausdehnung zwischen dem Oranjefluss im Süden und dem Kunene an der Nordgrenze zu Angola misst 1280 Kilometer. Vom östlichen Teil des Caprivi bis zum Atlantik im Westen sind es ein paar Hundert mehr. Durch diese Unermesslichkeit treiben Flüsse, wenn sie denn fließen, als lebenssichernde Arterien durch das heiß gebackene Land.

In Folge reicher Diamantenausbeute brachten die Kaiserdeutschen frühzeitig wirtschaftlichen und technischen Fortschritt. Vor allem eine funktionsfähige, moderne Infrastruktur, was heute dem wachsenden Reisesektor behilflich ist, der mittlerweile 20 Prozent der gesamten Exportwirtschaft ausmacht. Zahlreiche Zug- und Flugverbindungen, ein vorbildliches Straßennetz, Übernachtungsmöglichkeiten vom Campingplatz über Wildlife-Lodges unterschiedlichster Standards bis hin zum Schlosshotel machen Namibia für Besucher zu einem kalkulierbaren afrikanischen Abenteuer.

Namibia auf eigene Faust zu entdecken ist die hautnaheste aller Optionen, kinderleicht lässt es sich im eigenen Wagen durchfahren, mit über 42 000 Kilometern gibt es hier das am besten ausgebaute Straßennetz des Kontinents! Reisebuslinien verkehren zwischen den größeren Städten Namibias sowie Südafrika und den Viktoriafällen.

Eine der Verbindungen führt sogar quer durch den Namib-Naukluft-Park, von Mariental bis nach Walvis Bay. Und dann die pünktlich fahrende Eisenbahn: Namibias Schienennetz hat eine Gesamtlänge von etwa 2500 Kilometern, die Züge der TransNamib erreichen von Windhoek aus alle größeren Städte. Obendrein gibt es überallhin reguläre Flugverbindungen, dazu sind Hunderte kleinere Airstrips über das ganze Land verteilt, die von Charter-Airlines bedient werden.

Die Highlights

Etosha-Nationalpark – Auf mehr als 22 000 km² beherbergt der bedeutendste Park Namibias eine Unmenge unterschiedlicher Tierarten. Nur Krokodil, Büffel, Wasserbock und Flusspferd sind hier nicht heimisch.

Schwarzwälder Kirschtorte in einem Café in Namibias Jugendstilperle Swakopmund zu genießen, mit Blick auf den rot-weiß gekringelten Leuchtturm – das ist ein Ding!

Wüstengolf – Liebhaber des kleinen Balls können auf dem Rossmund Golf Course abschlagen, einem der schönsten Wüstengolfplätze der Welt.

Die *Skelettküste* mit ihren Schiffswracks lässt sich am besten aus einer einmotorigen Cessna ermessen: Schnurgerade zieht sich die Küstenlinie, links der eiskalte Atlantik, rechts die hitzeversengte Wüste.

Sossusvlei – Die bis zu 388 m hohen Riesendünen bietet vom Heißluftballon aus eine sehr spezielle Perspektive.

Freilichtmuseum Kolmanskop – Hier begeben sich Besucher auf die historischen Spuren des Diamantenfiebers in Namibia, unweit der Hafenstadt Lüderitzbucht, die den Anfang von Deutsch-Südwest markiert.

Desert Express – Eine Fahrt mit dem luxuriösen Zug von Windhoek nach Swakopmund, mitten durch die Namibwüste.

Die beste Reisezeit

Die meisten Regenmengen fallen zwischen Dezember und März, also im jahreszeitenverdrehten namibischen Sommer, den heißesten Monaten. Die Küstenenklaven Swakopmund und Walvis Bay bieten dann eine erfrischende Seebrise. Eine klimatische Kapriole macht der namibische Winter, den Europäer bei trockener Luft und circa 25 °C als herrlich sommerlich empfinden, während nachts die Temperaturen leicht auf unter Null absinken können. ***Mai*, *Juni*, *Juli*** sind also moderat warme und ideale Reisemonate.

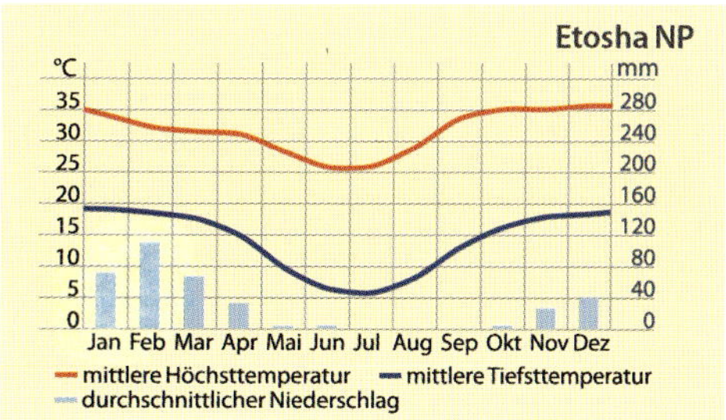

Besondere Tipps

Anreise: Air Namibia fliegt nachts nonstop von Frankfurt nach Windhoek, www.airnamibia.de.
Übernachten in Windhoek: Sehr edel im Hotel Heinitzburg, www.heinitzburg.com.
Nationalparks und staatliche Restcamps: www.nwr.com.na.
Lektüre: »Wenn es Krieg gibt, gehen wir in die Wüste« von Henno Martin.
Info: www.namibia-tourism.com, www.dngev.de

← Die spektakulären Sanddünen des namibischen Sossusvlei gehören zu den höchsten der Welt.
↑ Kein Entkommen gab es für gestrandete Seeleute an der Skelettküste, hinter der die unbarmherzige Namibwüste lauert.

Traumziel Bhutan 24

Im Land des »donnernden Drachen«

Die Männer im Cockpit, die ihren Airbus gerade in einen engen, von steilen Bergen umzingelten Talkessel hinunterbugsieren, benötigen dafür eine Spezialausbildung, da die wildesten Wetterlagen die bizarre Gebirgsregion aus dem Nichts heimsuchen können. Das Märchenland zwischen Himalaya und tropischen Regenwäldern, das seine wenigen Besucher mit einem ausgeprägt spirituellen Flair anlockt, tickt anders.

Von seinen knapp 800 000 Untertanen wird der 29-jährige »Drachenkönig« Jigme Khesar Namgyel Wangchuck verehrt wie sonst nur westliche Popstars. Buddhistische Mönche stehen auf der Gehaltsliste der Regierung, Tabakverauf und Rauchen sind allerorts strengstens verboten, und in der Hauptstadt Thimphu (100 000 Einwohner) beherrschen schmucke Verkehrspolizisten die Hauptkreuzung. Ampeln wirkten hier, trotz anwachsender Blechkarawanen, schon traditionsbrüchig. Dafür werden sich schlammbesudelte Reisbauern in althergebrachten Trachten neben ihrem Ochsengespann am Feldrand präsentieren, mit dem schnarrenden Handy am Ohr.

Vor den Wagenfenstern ziehen aufgewühlt lehmbraune Flüsse vorbei, zwischen Berghängen mit dichten Pinienwäldern, dann wieder fruchtbare Feldterrassen mit monumentalen Bauerngehöften. Die prächtigen Bauten aus Holz und Lehmblöcken tragen schmuckvolle Ornamente und ihre Bewohner entweder das Gho (das traditionelle Männergewand, knielang und in der Taille gebunden) oder die Kira (den knöchelangen Rock der Frauen).

Überall flattern Gebetsfahnen an langen Stäben und Seilen; die farbigen (Lungdhar) sind den Lebenden gewidmet mit Wünschen für Gesundheit und Freude, die weißen (Manidhar) den Seelen der Verstorbenen. Wer sich das alles in Ruhe anschauen will, hat ein Problem: Der begehrte Reisemarkt mit seinen sehr besonderen Attributen wird vom Staat stark reglementiert. Auf eigene Faust kommt jedenfalls niemand ins Paradies.

Am allerliebsten agiert Bhutan im obersten Preissegment, weshalb die Aman Resorts gleich fünfmal an den beliebtesten Highlights des Landes vertreten sind, und das Fünf-Sterne-Flaggschiff Uma-Paro (Como Resorts), ein Wellnesstempel im landestypischen Dzong-Stil, im benachbarten Punakha-Tal schon ein zweites Hotel errichtet hat.

Die Highlights

Dochula-Pass – Auf einer Höhe von über 3000 m erhebt sich ein buddhistisches Heiligtum, die 108 Chorten, rechteckige Grabmonumente mit einem mystischen Ausblick auf die Himalayariesen.

Punakha-Dzong, eine klösterliche Festungsanlage im Punakha-Tal, zeigt sich dank der deutschen Pro-Bhutan-Hilfe seit 2008 stilecht restauriert in alter Pracht.

Uma-Paro – Das Fünf-Sterne-Flaggschiff, ein Wellnesstempel im landestypischen Dzong-Stil, bietet berauschende Ausblicke auf Bergspitzen und bezaubernde Täler.

Tiger's Nest, ein Taktshang-Lhakang-Kloster, klebt in 2950 m Höhe schwindelerregend an einer schwarzen Felswand.

Thimphu – In der Hauptstadt findet Bhutans einzig wirkliche Urbanität statt.

Paro – Die Kleinstadt nahe Thimphu wartet im Frühling mit einem Klosterfest auf, das sogar ausländische Besucher anlockt.

Der *Kyichu-Lhakhang-Tempel* in Pagodenbauweise aus dem 7. Jh. In einem Seitenraum arbeiten Mönche an einem rituellen Opferkuchen aus feingliedrigen Teigblüten. Draußen umrunden Pilger das weitläufige Gebäude und drehen die Gebetsmühlen.

Die beste Reisezeit

Zwischen Mitte Oktober und Mitte Februar gibt es zwar die beste Sicht auf die Himalayariesen, aber Trekkingtouren sind dann nicht möglich. Auch kann es frisch werden: Die winterliche Hauptstadt Thimphu verzeichnet Temperaturen zwischen 3 (Nacht) und 15 (Tag) °C mit meist sonnigem Wetter, das mit wärmeren Temperaturen ein schnell aufblühendes Frühjahr produziert, weshalb ab ***Mai*** im »Land des donnernden Drachen« die schönste Reisezeit ihren Höhepunkt findet.

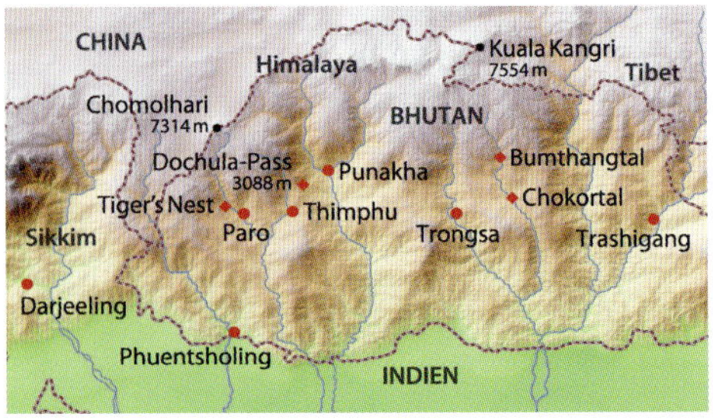

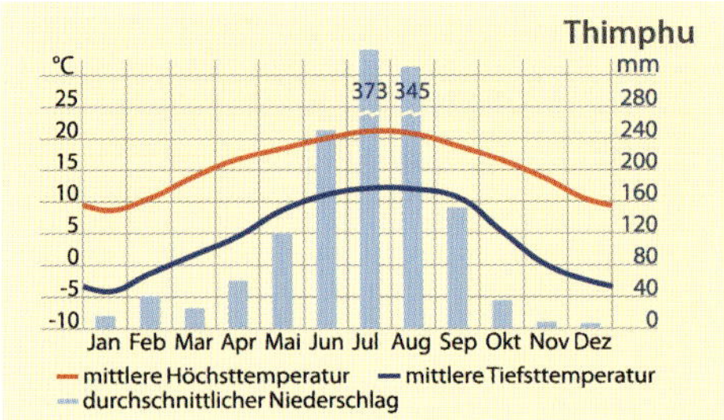

Besondere Tipps

Küche: Phakhsha paa kentsheyema kam marp tshem probieren – ein scharfes, etwas säuerliches Schweinefleischgericht mit Senfkörnern und getrocknetem rotem Chili.
Film: Fantastisch ist das buddhistisch inspirierte, vielfach preisgekrönte Roadmovie »Travellers & Magicians«.
Literatur: Francoise Pommaret, »Bhutan«.
Info: www.tourism.gov.bt, www.best-of-bhutan.de; deutschsprachige Reiseagentur in Thimphu: www.bhutandorji.com

→ Schwindelerregend klebt Paros »Tiger's Nest«, das Taktshang-Lhakang-Kloster, an der Felswand.
→ Yaks nahe Chozo Dzonsg an der Grenze zu Tibet
→ Musikanten spielen beim Paro Tsechu Festival auf.
↑ Mönche verlassen auf dem Weg zum Tsechu Festival ihren prächtigen Dzong.

Heilige Stadt für drei Religionen

Was für eine Stadt! Erste Spuren einer menschlichen Siedlung sind über 5000 Jahre alt. Und seit die Geschichte dieser Stadt halbwegs dokumentiert ist, wurde um sie bis in unsere Zeit gestritten und gekämpft.

Ein fleißiger Historiker hat errechnet, dass Jerusalem im Laufe der Jahrhunderte ihrer Geschichte 36-mal erobert, zerstört und wieder aufgebaut wurde.

Für alle drei großen monotheistischen Religionen ist die Altstadt von Jerusalem, nicht größer als ein Quadratkilometer, eine heilige Stadt. Für die Juden, weil hier nach dem Auszug aus Ägypten und der Eroberung des Landes durch die Israeliten das Haus Gottes stand, der salomonische und später auch der zweite, von Herodes erbaute Tempel. Für die Christen fand hier das eigentliche Osterfest statt. Hier wirkte Jesus Christus nicht nur, hier wurde er gerichtet und gekreuzigt und nach der Überlieferung des Neuen Testaments ist er hier auch wieder auferstanden. Und für die Muslime ist die Al-Aksa-Moschee auf dem alten Tempelberg nach Mekka und Medina der drittheiligste Ort, weil der Prophet von hier aus gen Himmel geritten sein soll.

Die gesamte Jerusalemer Altstadt, umgeben von einer begehbaren, etwa 500 Jahre alten Mauer, wurde 1981 von der UNESCO zum Weltkulturerbe erklärt. Das moderne Jerusalem hat sich in den letzten 120 Jahren außerhalb der alten Stadtmauern überwiegend in westlicher Richtung entwickelt. Die einzelnen Stadtviertel liegen auf Hügeln, die durch tiefe Täler und Schluchten verbunden sind.

Es ist auch diese besondere geografische Lage, die den Charme dieses ungewöhnlichen Ortes begründet. Solange sich Israelis und Palästinenser über ein friedliches Nebeneinander nicht einigen, bleibt der Status Jerusalems als Hauptstadt Israels auch 60 Jahre nach der Staatsgründung umstritten. Denn auch die Palästinenser reklamieren Jerusalem (den Ostteil) als Hauptstadt ihres künftigen Staates.

Schon immer war Jerusalem ein Lebenszentrum besonders streng orthodoxer Juden. Gegen Ende des 19. Jahrhunderts wurde außerhalb der Altstadt deren Wohnsiedlung Mea Shearim gegründet. Und noch heute wird dieses Viertel von Menschen bewohnt, deren Frömmigkeit bis hin zur Ablehnung des zionistischen Staates Israel reicht. Denn nach der Überlieferung kann ein jüdischer Staat erst entstehen, wenn der Messias in die heilige Stadt einzieht. Das kann allerdings noch dauern. Einstweilen werden das Alte Testament und der Talmud studiert und nach den Regeln der osteuropäischen Orthodoxie gelebt – ein mittelalterliches Schtetl –, umgeben von der brodelnden Moderne.

Die Highlights

Der *Tempelberg* mit dem Felsendom, der Al-Aksa-Moschee, wo früher der salomonische Tempel stand, und die *Klagemauer*, ziehen täglich zahlreiche Besucher an, sofern es die aktuelle Sicherheitslage erlaubt.

Auf der *Via Dolorosa*, dem Leidensweg Jesu, der in der *Grabeskirche* endet, findet jeden Freitag eine Prozession statt, am Karfreitag ist sie besonders prunkvoll.

Auf dem *Ölberg* östlich der Altstadt befinden sich neben einigen Kirchen ein jahrhundertealter jüdischer Friedhof und der Garten von *Gethsemane*.

Auf dem *Herzlberg* im Westen der Stadt liegt Israels nationaler Ehrenfriedhof mit Theodor Herzls Grab. Neben dem Begründer des politischen Zionismus liegen hier auch wichtige politische Führer begraben.

Yad Vashem ist Gedenkstätte, Ausstellung und Dokumentations- und Forschungszentrum zum Thema Holocaust.

Die *Chagall-Fenster* in der Synagoge des Hadassah-Krankenhauses im Vorort Ein Kerem repräsentieren die zwölf Stämme der Israeliten. Ein Muss für jeden Kunstliebhaber!

Givat Ram – Im Zentrum des Regierungsviertels im Westen der Stadt stehen das Parlamentsgebäude (die *Knesseth*) und das *Israel Museum*, die Nationalbibliothek und die Universität.

Die beste Reisezeit

Jerusalem ist immer eine Reise wert – nicht nur für Pilger. Am schönsten ist es im Frühjahr (***März*** bis ***Mai***), wenn Wiesen und Berge in frischem Grün strahlen, und im milden Herbst (***September*** und ***Oktober***). Im Winter kann es gelegentlich kurz Schnee geben, der Sommer dagegen kann heiß und schwül werden mit durchschnittlich 6 bis 12 Sonnenstunden täglich. Die Nächte empfindet man aber auch im Sommer als frisch, denn bei Tagestemperaturen über 30 °C wirken 16 °C am Abend empfindlich kalt.

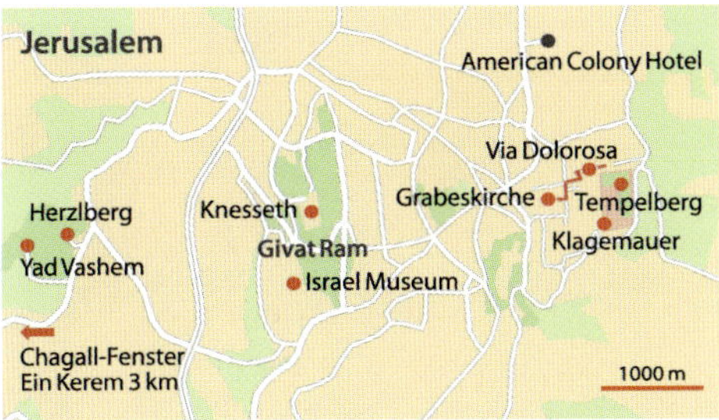

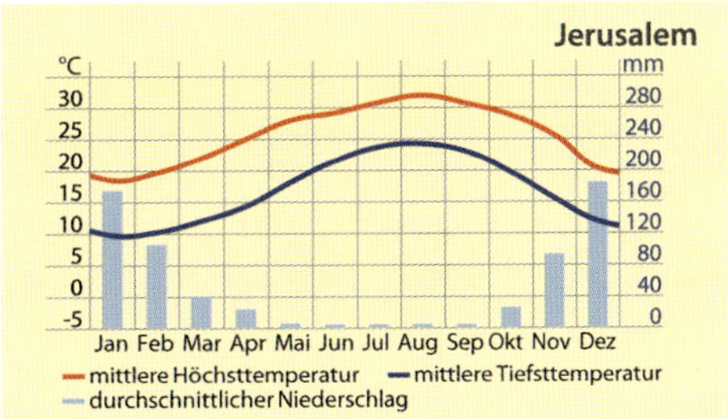

Besondere Tipps

Zum Übernachten: Eines der schönsten und besten Hotels im ganzen Nahen Osten ist das American Colony Hotel in Ost-Jerusalem, in der Nähe zum Damaskustor.

Zum Essen: 10 km westlich von Jerusalem, an der Nationalstr. 1, liegt das arabische Dorf Abu-Gush. Humus, jene beliebte Paste aus gemahlenen Kichererbsen, wird im Restaurant »Abu Gosh« in Vollendung angeboten.

Zum Lesen: »Highlights Israel« bereitet die 50 Ziele in Israel, die Sie gesehen haben müssen, anhand von erstklassigem Bildmaterial und informativen Texten auf.

Info: www.goisrael.com

← Blick vom Ölberg über den Tempelberg auf das moderne Jerusalem
← Orthodoxer Jude an der Klagemauer
← Orthodoxe Christen in der Grabeskirche Jerusalem
↑ Detail aus dem Felsendom auf dem Tempelberg

焼肉
Coca-Cola
本格ベトナム料理
コミック&ネットカフェ
まんが喫茶
鳥釜めし
無料案内所
ゲーム

Traumziel Tokio 26

Japanische Lebensfreude unter Kirschblüten

Unter der perfekt organisierten Oberfläche der modernen Metropole schläft sie noch, die raue Seele des alten »Edo«, wie Tokio vor seiner Ernennung zur Hauptstadt im 19. Jahrhundert hieß. Am dritten Wochenende im Mai erwacht sie zu einem wilden, fröhlichen Fest, das das Klischee vom regelbesessenen Japan Lügen straft. Matsuri heißen diese religiösen Festivitäten, bei denen den Gottheiten, die nach den Mythen des Shinto jeden Ort besuchen, gehuldigt wird. Dabei schleppen ganze Trupps von Männern und Frauen in traditionellen Kostümen begeistert schwere, reich verzierte und vergoldete Schreine durch die Straßen, begleitet vom dramatischen Rhythmus von Flöten, Trommeln und anderen Schlagwerkzeugen. Ihre offenkundige Freude an ihrem historischen Aufzug drückt blanke Lebensfreude aus, aber wohl auch ein wenig Protest gegen das alltägliche Einerlei.

Mit über 36 Millionen Einwohnern bildet Tokio mitsamt seinem riesigen Einzugsgebiet die größte Metropolregion der Welt. Einzigartig ist es, wie das weit verzweigte Schienennetz täglich die Massen an Pendlern bewältigt. Fahrtzeiten von je bis zu zwei Stunden vom Wohnort zum Arbeitsplatz und wieder zurück sind dabei keine Seltenheit, wobei man vor der Heimfahrt gern noch etwas unternimmt. Die einen zieht es zu After-Work-Partys in gemütliche Kneipen oder Cafés, die anderen zum Shoppen in die neonbunten Glitzermeilen wie die Omotesando Hills im Viertel Shibuya.

Tokio ist eine dynamische Metropole, die kaum historische Sehenswürdigkeiten zu bieten hat. Vollendeter Ausdruck einer langen Tradition sind jedoch die von Kupferdächern gekrönten Holzbauten des Meiji-Schreins. Am Kannon-Tempel von Asakusa, offiziell Senso-ji genannt, findet das erwähnte Sanja-Matsuri statt, hier schlägt das Herz des alten Edo. Noch immer ist das Areal des Kaiserpalasts das geografische Zentrum der Stadt; ringsum sind an den großen Umsteigebahnhöfen wie Iidabashi oder Shinagawa moderne Subzentren mit teils sehr interessanter Hochhausarchitektur entstanden.

Fast immer ist irgendwo in Tokio ein Fest. Im Sommer spiegelt sich ein buntes Feuerwerk im Sumida-Fluss. Besonders stimmungsvoll sind die Darbietungen rund um den Geburtstag des Meiji-Tenno (3. November) an dem ihm gewidmeten Schrein. Hier kann man den fremdartig anmutenden Tönen der archaischen Hofmusik Bugaku lauschen, No-Dramen erleben und Bogenschützen dabei zusehen, wie sie auf galoppierenden Pferden ins Schwarze zielen.

Die Highlights

Der *Meiji-Schrein*, inmitten eines dicht bewaldeten Parks gelegen, ist ein vollendeter Ausdruck der archaisch-eleganten Shinto-Architektur.

Von den Aussichtsplattformen im 43. Stock des *Tocho* schweift der Blick weit über das schier unendliche Häusermeer. An klaren Tagen ist in der Ferne der Fuji zu sehen.

Unter dem Namen *Shibuya Crossing* ist die Kreuzung am Bahnhof Shibuya zu einem Symbol für das Menschengewimmel Tokios geworden.

Die *Ginza* hat als traditionelle Einkaufsmeile nichts von ihrem Glanz verloren. Ein Bummel empfiehlt sich vor allem abends, wenn die Fassaden im bunten Neonlicht schillern.

Das *Nationalmuseum* im Ueno-Park, einem beliebten Treffpunkt für Kirschblütenpartys, ist ein Schatzhaus der alten japanischen Kultur.

Der *Senso-ji*, auch Asakusa Kannon genannt, ist Tokios volkstümlichstes Heiligtum. Bei einem Bummel in den Gassen ringsum findet man hübsche traditionelle Souvenirs.

Auf *Odaiba*, einer künstlichen Insel in der Bucht von Tokio, spaziert man durch ein futuristisches Einkaufs- und Ausgehviertel.

Die beste Reisezeit

Im ersten Jahresviertel ist es zwar durchweg trocken, aber ziemlich kühl, und im Sommer, dem die unangenehm diesige Regenzeit im Juni vorangeht, wird es rasch schwül und heiß. Die beste Reisezeit sind deshalb ***April/Mai*** und ***Oktober/November***, aber selbst der Dezember ist meist noch angenehm mild. Auch für Ausflüge in die Umgebung, etwa zu den Schreinen von Nikko, zum Fuji oder auf die vulkanisch geprägte Izu-Halbinsel, sind diese Monate ideal. Die Kirschblüte fällt ebenfalls in diese Zeit: Anfang April.

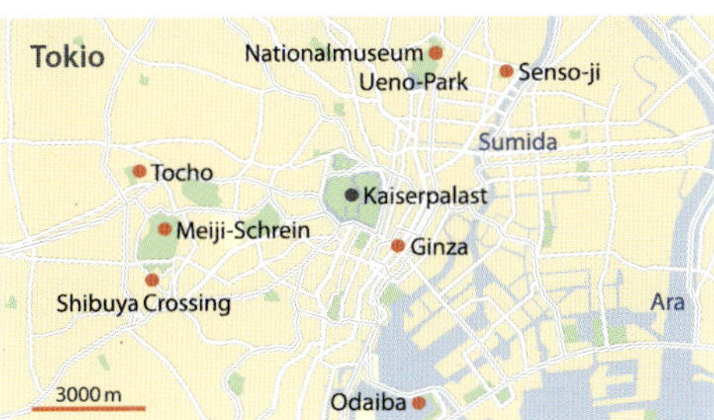

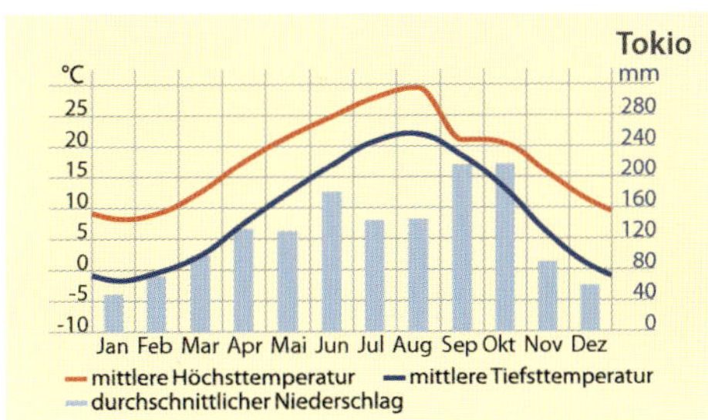

Besondere Tipps

Zum Schauen: Die atmosphärisch dichten Großstadtszenen von »Lost in Translation« sind eine ideale Vorbereitung auf die Reise. Regisseurin Sofia Coppola hat jahrelang in Tokio gelebt.

Zum Übernachten: Das Park Hyatt samt seiner Bar spielt nicht nur eine wichtige Nebenrolle in obigem Film, es ist auch eines der angenehmsten Luxushotels der Stadt.

Zum Essen: Exzellente Qualität bei ausgesprochen akzeptablen Preisen bietet die Kette »Sushi Zanmai«, unter anderem ganz in der Nähe des Fischmarkts Tsukiji.

Info: www.gotokyo.org/de

← Der Tokyo Tower wird bei Nacht angestrahlt.
← Eine Geisha während der Kirschblüte
← Tokio, die Stadt der Leuchtreklame
↑ Zum Geburtstag des Kaisers Meiji am 3. November

Japan im Kirschblütenrausch

Einmal im Jahr dreht das sonst so zurückhaltende Japan durch, und der Anlass könnte kaum poetischer sein: die Zeit der Sakura, der Kirschblüte. Dann sind weite Teile des Landes eingetaucht in weiße oder – meistens – rosafarbene Wolken, und jeder, wirklich jeder geht zum Hanami, zum Anschauen der Blüten. Ein einzigartiges Fest voller Symbolik: Reinheit, Schönheit, Neuanfang und Vergänglichkeit. Aber auch ein Volksfest, das in seiner Ausgelassenheit an Karneval erinnert. In großen Gruppen, seien es Familien, seien es Firmenkollegen, abends oder am Wochenende in den Parks, unter Tausenden blühender Bäume. Die besten Plätze sind bereits Stunden zuvor mit blauen Plastikplanen reserviert, Planen, an deren Rand später gemäß Tradition die Teilnehmer ihre Schuhe abstellen. Dann werden die Häppchen ausgepackt, sogleich kreisen die Flaschen mit Sake, dem Reiswein. Und selbst Gaijin, die sonst eher gemiedenen Ausländer, werden herzlich in die trinkfreudigen Kreise gebeten.

Die jahrhundertealte Tradition, nur mit Kirschbäumen zelebriert, die keine Früchte tragen, ermöglicht für Reisende eine ungewöhnliche Art, das fernöstliche Inselreich zu erkunden: von Süd nach Nord mit der »Blütenfront«. Die ersten Knospen öffnen sich auf der subtropischen Insel Okinawa tief im Süden. Von dort rücken die Blüten vor gen Norden, minutiös verfolgt von Sondersendungen im Fernsehen, bis sie die Hauptinsel Honshu erreichen: Osaka, Kyoto, Nara und schließlich das andere Symbol Japans, den schönen, schlafenden Vulkan Fuji. Die Urlaubsregion Hakone am Fuß des heiligen Bergs ist der beste Ort, Blüten und schneebedeckte Gipfel zusammen zu sehen – wenn Fuji-San die üblichen Wolken um seinen Gipfel vertreibt. Dann Tokio, die Hauptstadt mit Hunderttausenden Kirschblütenbäumen. Hier erreicht der kollektive Kirschblütenrausch seinen Klimax, mit mehr als einer Million Menschen, die im Ueno-Park, in Shinjuku oder entlang den Sumida-Ufern feiern. Und wer all das verpasst hat, fährt weiter bis nach Hokkaido im Norden. Sapporo ist Japans letzte Metropole mit dem grandiosen Schauspiel. Und nun verklingt für ein Jahr das Lied zur Blüte: »Sakura, Sakura, der Frühlingshimmel so weit das Auge reicht. Wie Nebel, wie Wolken, der Duft und die Farben. Gehen wir, gehen wir, uns am Anblick zu erfreuen.«

Die beste Reisezeit

Die Blütenperiode der Zierkirschen lässt sich naturgemäß nicht tagesgenau fixieren. Es gibt aber Erfahrungswerte: Auf Okinawa öffnen sich die Blüten bereits ab der ***dritten Januarwoche***, danach rückt die »Blütenfront« täglich etwa 25 km vor in Richtung Norden. ***Ende März bis Anfang April*** öffnen sich die Blüten in Tokio, im kühleren Sapporo müssen sich die Bürger meist bis zur ersten Maiwoche gedulden. Jeweils zehn Tage zeigen die Bäume dann ihre Pracht.

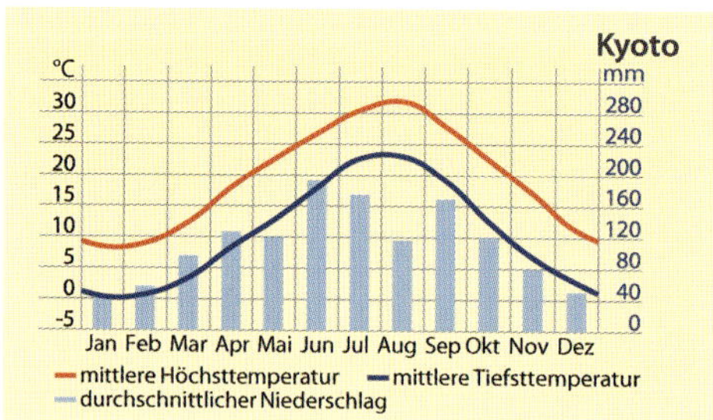

Die Highlights

Okinawa – Beliebtes subtropisches Urlaubsziel; Hauptattraktion ist das Churaumi Aquarium mit Riesentank und Walhaien.

Osaka – Als seine Ikone gilt die wiedererbaute Burg samt Gärten; Sumiyoshi-Taisha ist ein schöner Shinto-Schrein; die Stadt hat mehrere hohe Aussichtsplattformen.

Kyoto beherbergt viele Tempel und Paläste. Berühmt ist Kinkaku-ji mit Goldenem Pavillon. Der Philosophenweg wird von Zierkirschen gesäumt.

Nara war im 8. Jh. Hauptstadt. Die meistbesuchten Tempel sind der Kofuku-ji und der Todai-ji. Die Sika-Hirsche im Todai-ji-Park dürfen gefüttert werden.

Hakone liegt am Ashi-See im Fuji-Hakone-Izu-Nationalpark; bei gutem Wetter sieht man den 3776 m hohen Fuji. Es gibt hier viele heiße Quellenbäder.

Tokio – Ein Teil der Gärten des Kaiserpalasts ist zugänglich. Die beste Sammlung birgt das Nationalmuseum. Tsukiji ist der größte Fischmarkt der Welt. Das Rathaus hat im 45. Stock eine gratis benutzbare Aussichtsetage.

Sapporo – Die 1200 Bäume auf dem Gelände des Schreins Hokkaidō-jingū bilden das Kirschblütenzentrum. Die Stadt der Olympischen Winterspiele 1972 ist Geburtsstätte der japanischen Bierkultur, deshalb das Biermuseum.

Besondere Tipps

Film: »Kirschblüten-Hanami« (2008) ist ein Film von Doris Dörrie, der vielfach ausgezeichnet wurde.
Eisenbahn: Die Shinkansen-Expresszüge erschließen mit ihrem 23 500-Kilometer-Netz fast ganz Japan. Für Touristen wurde der Japan-Rail-Pass geschaffen.
Souvenir: Reiswein (Sake) als Erinnerung an die Kirschblütenparty. Schriller ist die rosafarbene Schokolade, die es nur zur Kirschblüte gibt.
Info: www.jnto.de (offizielle Website)

→ Drei Symbole Japans: der Fuji, eine Pagode und herrliche Kirschblüten
→ Kimono-Damen in einem japanischen Park
→ Frühjahrsblüte in einer japanischen Grünanlage
↑ Maler beim Kirschblütenfest nahe dem Ninja-Tempel in Tokio

中华人民共和国万岁
世界人民大团结万岁

Das Land des großen Staunens

Das boomende China von heute bestimmt die Schlagzeilen. Aber die Wünsche und Vorstellungen der meisten China-Reisenden konzentrieren sich nach wie vor auf die klassischen Ziele des kaiserlichen Reichs der Mitte. Und die liegen nahezu alle im Norden des Landes, zwischen der Großen Mauer und dem Jangtsekiang (Yangzi), dem längsten Fluss Asiens. Der allerdings hat durch Staudämme, Kraftwerke und Schiffshebewerke von ungeheuren Dimension für Reisende viel an Anziehungskraft verloren. Ungebrochen ist hingegen das Interesse an der Großen Mauer, einem der Kultursymbole der Menschheit, an der alten Hauptstadt Xi'an mit ihrer Terrakotta-Armee, an den Ming-Gräbern bei Peking und natürlich an Peking, dessen neuer Name Beijing sich international durchzusetzen scheint.

Auch in dieser Kernregion gerät die Harmonie, die über Jahrtausende das Streben der Menschen im Fernen Osten bestimmte, immer häufiger aus der Balance. Das neue China, das sich zur Weltmacht entwickelt, verändert womöglich das klassische China nachhaltiger, als es die Kulturrevolution der Mao-Zeit vermochte. Aber vielleicht wird es auf lange Sicht genau dieser Gegensatz sein, der die Touristen in alle Teile des gewaltigen Reichs zieht. Denn gleichzeitig mit dem neuen Reichtum in den Superstädten entwickelt sich eine Rückkehr zu den Wurzeln, den Traditionen des Konfuzius sowie den Lehren des Buddha und des Laotse (Laozi).

Auch das bäuerliche Leben, das über lange Zeit unser Bild vom alten China geprägt hat, wird bleiben, neben den nicht selten absurden Szenen aus den Millionenmetropolen, die sich jede Woche neu zu erfinden scheinen. Atemlose Bewunderung und kopfschüttelnde Skepsis werden sich weiterhin abwechseln, inmitten der Besuchermassen auf dem Platz des Himmlischen Friedens und im Kaiserpalast im Herzen der Hauptstadt. Bei den Mönchen in der Wildganspagode von Xi'an wie in der ultramodernen Olympiastadt von Peking. In den Städten am Gelben Fluss, aus denen sich einst die Großmacht entwickelte, und in buddhistischen Klöstern wie Labrang, die in der überirdisch schönen Landschaft der Provinz Gansu nicht nur ihren Glauben zu leben versuchen, sondern unter schwierigen Bedingungen auch tibetische Kultur vermitteln.

Die Highlights

Große Mauer – Alles an diesem Wall gegen die »Barbaren« aus dem Norden ist gigantisch. Wer nicht mit Tausenden anderen zusammen laufen will, sollte nach Peking Mutianyu fahren, nicht nach Badaling.

Verbotene Stadt – Das Ensemble um den Kaiserpalast ist das größte und bedeutendste Vermächtnis der klassisch chinesischen Architektur.

Ming-Gräber – In den 13 Mausoleen, 50 km außerhalb von Peking, wurden von 1409 bis 1644 Kaiser der Ming-Dynastie und ihre Konkubinen beigesetzt.

Longmen-Grotten von Luoyang – Die Drachentorhöhlen, eine Tagesreise von Peking nach Süden, waren vor gut 1500 Jahren ein Zentrum des fernöstlichen Buddhismus. Trotz vieler Zerstörungen noch immer ein lohnendes Ziel.

Tonarmee in Xi'an – Die mehr als 7000 Terrakotta-Soldaten, über 2200 Jahre alt, aber erst 1974 entdeckt, werden selbst pazifistisch eingestellte Besucher begeistern.

Labrang-Kloster – Wer nicht nach Tibet kommt, findet hier ein gutes Beispiel für die lebendige Kultur des tibetischen Mahayana-Buddhismus.

Jiuzhaigou-Nationalpark – Die dichten Bergwälder in der Provinz Szechuan, zwischen den Hochebenen von Tibet und Jangtse, bergen seltene Arten aus Flora und Fauna.

Die beste Reisezeit

Im Frühling, der im Norden nicht vor ***April*** einsetzt, sind noch keine Sandstürme aus den riesigen Wüstengebieten Gobi oder Taklamakan zu befürchten, aber es kann zu Anfang dieser Saison noch empfindlich kalt werden. Danach beginnt die ideale Zeit für Kulturreisen, mit Tagestemperaturen zwischen 18 und 25 °C. Achtung: Rund um das chinesische Neujahrsfest (meistens im Februar) sind Verkehrsmittel und Hotels hoffnungslos überfüllt.

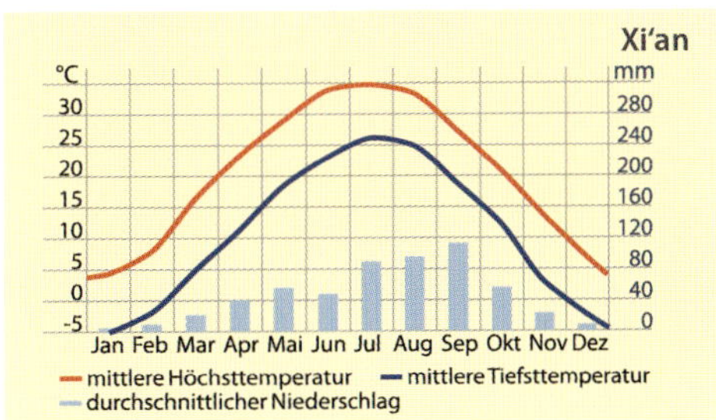

Besondere Tipps

Film: »Der letzte Kaiser« von Bertolucci zeigt in großartigen Bildern die letzten Zuckungen des Kaiserreichs.
Literatur: »Wilde Schwäne« von Jung Chang erzählt die jüngste Geschichte Chinas – bewegend und berührend.
Souvenir: Seide gehört seit Marco Polos Zeiten zu den typischen Mitbringseln. Kaufhäuser sind dafür eine bessere und billigere Einkaufsquelle als Fabrikschauräume, in die Gruppen gern geschleust werden.
Info: www.china-tourism.de

← Die Chinesische Mauer gehört zu den »neuen sieben Weltwundern«.
← Der Platz des Himmlischen Friedens mit dem Mao-Mausoleum im Herzen Pekings
← Über 7000 Mann stark: die Terrakotta-Armee in Xi'an
↑ Im Himmelstempel in Peking beteten die Kaiser der Ming- und Qing-Dynastien für gute Ernten.

ജീവമാതാപള്ളി മട്ടാഞ്ചേരി

Zwischen Magie und Moderne

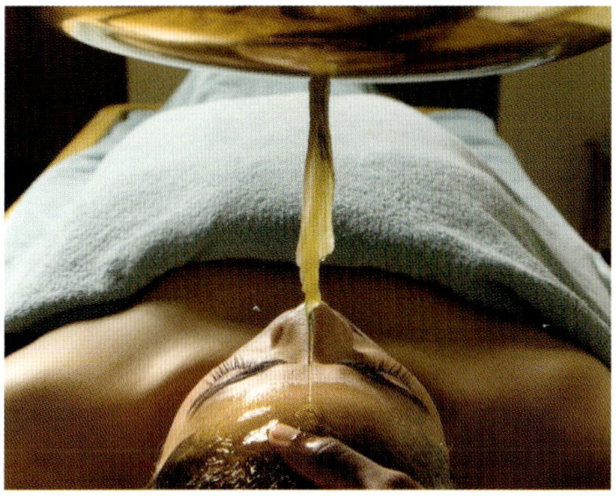

Keine andere Region dieses schwierigen, ungemein faszinierenden Landes bietet mehr Vielfalt: Im Südosten, im Bundesstaat Tamil Nadu, ziehen die großen Tempelstädte vor allem kulturell interessierte Reisende an. Auf einer auch landschaftlich reizvollen Route lassen sich so glanzvolle Sakralbauten wie in Kanchipuram, der alten Hauptstadt der Pallava-Könige aus dem 5. Jahrhundert, in Mamallapuram, wo der Tsunami von 2004 vor dem Strandtempel verschollen geglaubte Kunstwerke freigespült hat, und erst recht in Madurai mit dem gigantischen Tempelkomplex der Meenakshi miteinander verbinden. Eine Woche mindestens braucht, wer diese und mehr Monumente tiefer Hindu-Frömmigkeit in Ruhe studieren und auf sich wirken lassen will.

Zwar lässt es sich danach auch an dieser östlichen Küste – mit dem poetischen Namen Coromandel – an einigen Stränden entspannen, etwa an der Covelang Beach, eine Autostunde von der Millionenstadt Chennai entfernt, die früher Madras hieß. Die weitaus besseren Strände finden sich aber im Südwesten des Subkontinents. Von Goa – einst Hippieparadies, heute von eleganten Hotels gesäumt – bis fast an die Südspitze, dem sagenumwobenen Kap Komorin, zieht sich eine lange Strandkette am Arabischen Meer entlang.

Kerala, der kleine Bundesstaat im Südwesten, hat sich einen Namen für authentische Ayurveda-Behandlungen gemacht. Nirgendwo in Indien kann man unter mehr Resorts wählen, die diese uralte, ganzheitlich und präventiv orientierte Heilkunst anbieten, mit herkömmlicher Wellness nicht zu vergleichen.

Wer sich dem Genuss der gewürzreichen südindischen Küche hingeben will, sollte vorsichtig anfangen, zum Beispiel beim Frühstück Idlis probieren, kleine Kuchen aus Klebereis, oder Dossas, dünne Fladen aus Kichererbsenmehl, die in mehr oder minder scharfe Soßen getunkt werden. Samosas oder Pakoras (Bajji), mit Gemüse gefüllt, sind ein idealer Snack für zwischendurch.

Die beiden so unterschiedlichen Hälften Südindiens lassen sich mit ebenso geruhsamen wie spannenden Reisebausteinen kombinieren: zum Beispiel mit Tierbeobachtungen in großen Wildschutzgebieten wie Periyar – berühmt für seine vielen Elefanten – oder Nagarhole, das schon zum etwas nördlicher gelegenen Bundesstaat Karnataka gehört. Oder auf einer zum Hausboot umgebauten Reisbarke, die durch die sogenannten Backwaters Keralas schippert, ein Kanalsystem, das parallel zur Küste verläuft. Oder mit einer nostalgischen Eisenbahn, dem Nilgiri-Express, unter Dampf zurück in die Kolonialzeit rattern. Oder, oder, oder …

Die Highlights

Backwaters – Reisfelder an Backbord, Schulkinder an Steuerbord – bei einer Tour mit dem Hausboot durch dieses Wasserlabyrinth läuft der südindische Alltag wie ein langsamer, schöner Film vor den Reisenden ab.

Cochin (Kochi) – Voller Geschichte und Geschichten ist diese wunderbare Stadt an der Malabarküste: Araber, Juden, Chinesen, Portugiesen, Holländer haben ihre Spuren hinterlassen. Große Chinesische Fischernetze sind das Wahrzeichen der magischen Metropole.

Varkala und Kovalam heißen die schönsten Strände in Kerala, unterhalb einer Steilküste gelegen, mit Relikten aus der Hippiezeit.

Nilgiri Express nennt sich der Dampfzug, der jeden Morgen von Mettupalayam in die Blauen Berge startet. Ziel nach gut fünf Stunden ist Ooty, ehemaliger Erholungsort der Kolonialherren.

Nagarhole-Nationalpark – Sogar Tiger lassen sich hier erfolgreich beobachten. Zünftige Unterkunft: in den Zelten der Kabini River Lodge.

Mysore – Die schönste Stadt im Binnenland des Südens, genauer im Bundesstaat Karnataka, mit vielen Erinnerungen an die britische Zeit und die Maharaja-Epoche.

Bangalore – Die sauberste Stadt des Landes steht mit ihrem Hightech-Image als Symbol für das moderne Indien.

Die beste Reisezeit

Wie in weiten Teilen Indiens wird auch und gerade im Süden das Leben ganz erheblich vom Monsun bestimmt. Er bringt ab etwa Ende ***Mai*** und bringt den sprichwörtlich gewordenen Großen Regen, der bis Ende Oktober anhalten kann. Danach, von November bis etwa Ende ***April***, beginnt die Trockenzeit mit Tagestemperaturen zwischen 25 und 32 °C. In den Bergen, zum Beispiel in der Region um Ooty, kann es in den Frühlingsnächten kalt werden. Tagsüber ist es auch dort mild und sonnig.

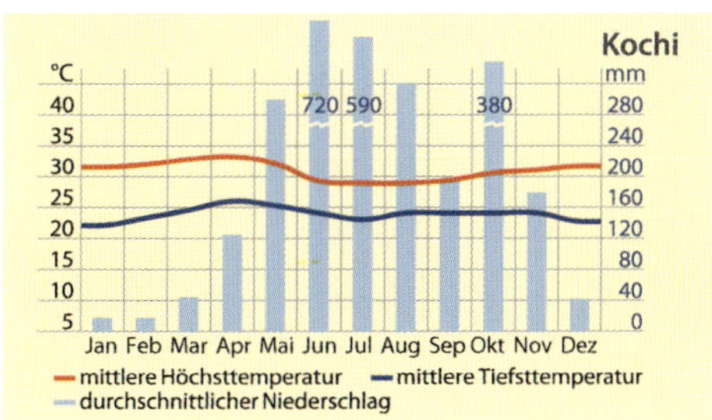

Besondere Tipps

Kathakali: Die Hochburg des Pantomimetanzes ist Cochin. Farbenfrohes Spektakel, unbedingt sehenswert.

Literatur: »Der Gott der kleinen Dinge«, der preisgekrönte Roman von Arundhati Roy, spielt in Kerala.

Tempelfest in Madurai: Meenakshi Kalyanam heißt das Spektakel, bei dem alljährlich im April/Mai Shivas Hochzeit mit seiner Göttergattin Parvati, hier als fischäugige Meenakshi verehrt, in einer Massenprozession zelebriert wird.

Info: www.incredibleindia.org

← Kerala, der Bundesstaat im Südwesten, hat fast so schöne Strände wie Goa.

← Christliche Kirchen prägen Keralas Mitte.

← Die Tanzkunst gehört zu den religiös-weltlichen Traditionen des Landes.

↑ Der Stirnguss (Shirodara) ist ein Ayurveda-Element.

Reisterrassen und Robinson-Inseln

Lange Jahre hat das ferne Inselreich Schlagzeilen produziert mit politischer Instabilität, Naturkatastrophen und den immer wieder aufflammenden Unruhen im islamisch bevölkerten Süden. Seit einiger Zeit aber suchen wieder viele Touristen ihr Paradies auf einem der angeblich 7107 Eilande zwischen dem Südchinesischen Meer und dem Pazifischen Ozean.

Die Philippinen sind weniger ein Pauschalreiseziel als vielmehr eine Destination, die sich gut auf eigene Faust entdecken lässt. Asiatische Kultur wie in den sehr viel stärker frequentierten Ländern Südostasiens, zum Beispiel Thailand, Vietnam, Indonesien, darf man zwischen den großen Inseln Luzon und Mindanao freilich nicht erwarten. Zwar finden sich in den Städten einige Tempel der Chinesen, die einen wesentlichen Anteil an Handel und Wirtschaft besitzen. Aber der größte Teil der Philippinen – der Name geht auf den spanischen König Philipp II. zur Zeit ihrer Entdeckung zurück – wurde schon im 16. Jahrhundert christianisiert. Seither ist dieses Land das einzige mehrheitlich katholische im Fernen Osten.

Ursprüngliche und kultivierte Natur sowie die Strände auf kleineren Inseln, von denen viele den alten Südseetraum wahr werden lassen, stellen in erster Linie das Reisemotiv der Urlauber. Zwar erinnern in der Hauptstadt Manila noch wenige Wälle an die spanische Siedlung, die 1571 gegründet wurde. Bis auf einige Kirchen aus der Kolonialzeit bietet die 20-Millionen-Metropole modernes Großstadtgepräge mit Hochhäusern, Einkaufszentren, einem breit gefächerten Kulturleben und Abertausenden bunter Jeepneys, den typischen Pick-up-Taxis des Landes.

Das Traumziel Philippinen eröffnet sich erst in den überwältigend kunstvollen Reisterrassen bei Banaue im Norden von Luzon, in den ländlichen Regionen dieser und anderer Inseln, wo Bauern mit spitzen Strohhüten hinter Wasserbüffeln laufen, in den Dörfern, wo Schweine unter Pfahlbauten wühlen, in den kleinen Läden mit ihren Gewürznischen, in denen schwarzer Pfeffer verhökert wird. Und natürlich auf den Inseln wie Panglao, einem der besten Tauchreviere der Welt, Sicogon, Bohol oder Borocay mit wahlweise sehr feinen und sehr rustikalen Unterkünften – Robinson-Feeling statt Massentourismus.

Seit Rodrigo Duterte im Sommer 2016 zum Präsidenten gewählt wurde und sich mit seiner »Kriegserklärung« an Kriminelle und Drogenkranke ins Abseits der Völkergemeinschaft geredet hat, macht das Land immer wieder mit schlimmen Schlagzeilen von sich reden. Die ohnehin schon fast dauerhaft instabile politische Lage führt häufig zu Reisewarnungen des Auswärtigen Amtes. Die zweitgrößte Insel, Mindanao im Süden des Inselstaats, sollte generell nicht in die Reiseplanung aufgenommen werden. Dort sorgen muslimische Separatisten seit Jahren für immer wieder aufflackernde Unruhen.

Die Highlights

Intramuros bedeutet »innerhalb der Mauern«. Damit ist der älteste Teil von Manila gemeint. Nur einige Wallanlagen, der Gouverneurspalast und die Kathedrale San Augustin hielten den Bombardements der Japaner und Alliierten im Zweiten Weltkrieg stand. Dennoch: sehenswert!

Banaue – Spektakuläre Reisterrassen, werden seit über 2000 Jahren bearbeitet. Zunehmende Landflucht gefährdet das Weltkulturerbe.

Palawan – Größte Insel der gleichnamigen Provinz. Ein beliebtes Ziel für Taucher aus aller Welt.

Busuanga gehört zum Palawan-Distrikt. Heiße Quellen, naturbelassene Strände und ein sehr ursprüngliches Landleben machen einen Abstecher dorthin reizvoll.

Bohol – Die sogenannten Schokoladenberge, mehr als 1000 runde Hügel, geben der Wissenschaft Rätsel auf. Ihren Namen verdanken sie dem Gras, das als Einziges auf ihnen wächst und sich in der Trockenzeit schokoladenbraun zeigt.

Malapascua – Trauminsel nördlich von Cebu, gerade mal 3 km lang und 1 km breit. Robinsöhnen, die es komfortabel lieben, bietet ein Resort die ideale Unterkunft.

Borocay – Lange weiße Strände und Unterwasserwelten, wie sie Schnorchler und anspruchsvolle Taucher lieben.

Die beste Reisezeit

Das Klima ist ganzjährig tropisch, also meistens feuchtheiß. In den niederschlagsarmen Monaten – zwischen ***Dezember und April*** regnet es nur an sehr wenigen Tagen und dann auch nur kurz, aber heftig – lässt sich die Luftfeuchtigkeit noch am besten ertragen. Bei der Reiseplanung sollte unbedingt berücksichtigt werden, dass in der Karwoche und an Ostern viele Gläubige ihre Heimatorte aufsuchen und deswegen Transportmittel und Unterkünfte überfüllt sind.

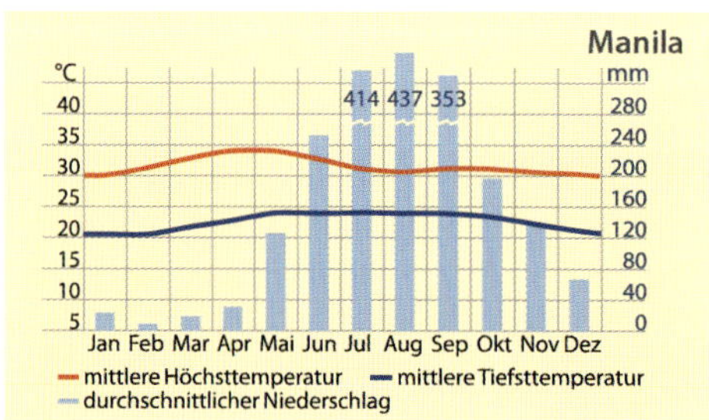

Besondere Tipps

Küche: Adobo ist das beliebteste Gericht, eine scharf gewürzte Mischung aus Schwein und Huhn, heruntergespült mit dem Nationaldrink Tuba, einem Palmwein.
Festival: Kadaugan Sa Mactan, das Ende April gefeiert wird, erinnert an den siegreichen Kampf gegen Fernando Magellan, der 1521 als Erster die Inselkette für den König von Spanien in Besitz nehmen wollte. Der Häuptling Lapu Lapu verhinderte dies und wird seither als Nationalheld verehrt.
Info: www.wowphilippines.de

→ Malerisch: der Vulkan Mayon
→ Traumhafte Buchten, oft nur per Boot erreichbar, wie hier auf der Insel Palawan …
→ … und die eindrucksvollsten Reisterrassen der Welt gehören zu den Juwelen der Philippinen.
↑ Im Januar feiert man auf Cebu das Sinulog-Fest.

Traumziel Sydney, Uluru, Riff 31

Australien im Dreisprung

Sydney/Uluru/Riff – der klassische »Aussie-Dreisprung« für viele, die zum ersten Mal auf den Fünften Kontinent reisen. Keine schlechte Wahl, auch wenn »down under« viel mehr zu bieten hat. Aber die Erfahrung lehrt, dass die meisten, die einmal den langen Flug auf sich genommen haben, wiederkommen. Achtung: Australien kann süchtig machen!

Schon die erste Station, die größte Stadt des Landes, birgt erhebliches Suchtpotenzial. Sydney liegt an einer ausgedehnten Naturbucht, ein wunderbarer Hafen, gesäumt von den Ikonen Opera House und Harbour Bridge (mit Tour über den Stahlbogen), aber auch von Nationalparks. Wildnis mit Skyline-Blick. Kaum jemand verlässt Sydney ohne Hafenrundfahrt oder Touren mit den Fähren. Ausgangspunkt ist der Circular Quay, die touristische Drehscheibe, auf der auch der »Sydney Explorer Bus« seine Rundfahrten zu fast allen Attraktionen startet.

Zu den »Rocks« sind es nur ein paar Schritte. Die älteste Stadt des Landes, 1788 als britische Häftlingskolonie gegründet, hat ihr ältestes Quartier einigermaßen erhalten. Heute sind seine Restaurants bei Sydneysiders wie Touristen geschätzt. Das gilt auch für den Botanischen Garten, das modern wiederbelebte Viertel Darling Harbour und das Queen Victoria Building, einen der schönsten Einkaufstempel der Welt.

Der vormals unter dem Namen Ayers Rock bekannte Inselberg wird heute Uluru genannt. 348 Meter ragt er im »Roten Zentrum« aus der Ebene. Er kann bestiegen werden, aber das ist zum einen nicht ganz ungefährlich, zum zweiten sehen es die Aborigines nicht gerne. Für sie ist der Fels eine spirituelle Stätte, einschließlich einiger Höhlen. Viele Nationalpark-Ranger sind Aborigines, die bei Führungen rund um den Uluru (9,4 km) ihr Wissen preisgeben. Ähnlich ist es in Katatjuta, wo sich der aus der Steppe ragende Sandstein in 36 Felsdome aufgeteilt hat – ein faszinierendes Wanderrevier.

Der nächste Luftsprung landet in Cairns, dem Ausgangspunkt zum Great Barrier Reef. Das 2300 km lange Korallenriff ist der größte lebende Organismus der Welt. Eine Vorstellung von diesem Ausmaß erhält man allerdings nur bei einem Flug über die Barriere im Pazifik. Die Bootstouren zu verankerten Touristenplattformen am Riff liefern immerhin einen Schnorcheleindruck von der bunten Welt unter Wasser.

Das tropische Cairns hat noch mehr zu bieten. Der klassische Ausflug mit der historischen Eisenbahn hinauf nach Kuranda und die Rückfahrt mit der Gondelbahn über den Regenwald ist eine Empfehlung. Das gilt aber auch für den Daintree Rainforest nördlich der Stadt und für viele schöne Strände in der Umgebung – Achtung vor giftigen Quallen vor der Küste: zuerst Einheimische fragen.

Die Highlights

Sydney Tower, auch *Centrepoint Tower* genannt. Die Aussichtsplattform in 251 m Höhe bietet den besten Überblick vom Pazifik bis zu den Blue Mountains.

Bondi Beach, der bekannteste unter den – je nach Zählweise bis zu – 170 Stränden in Sydney. Die schönste Anreise bietet *Manly Beach* mit der Fähre.

Blue Mountains, Bergkette im Westen Sydneys, beliebtes Ausflugsziel, aber teilweise auch noch echte Buschwildnis.

Alice Springs, oft Startort für *Uluru-Touren*. Mit Besucher-Station der »Royal Flying Doctors«, die Menschen im Outback per Flugzeug versorgen.

Kings Canyon ist eine Schlucht mit bis zu 300 m hohen Steilwänden. Der *Mereenie Loop* verbindet den Canyon mit Uluru und Alice Springs (Allradwagen).

Tjapukai Aboriginal Cultural Park bei *Cairns*, gutes Aboriginal-Programm mit Tänzen, Zeremonien und Boomerangwurf für Gäste. Auch die Kuranda Railway und den Daintree Forest sollte man nicht versäumen.

Lizard Island, Luxus-Inselhotel am *Great Barrier Reef*, gilt als eines der besten der Welt. 60 Minuten Flug über das Great Barrier Reef.

Die beste Reisezeit

Überall auf der Südhalbkugel sind die Jahreszeiten »umgekehrt«: Wenn in Europa Sommer ist, herrscht in Australien Winter. Aber Kontinente haben überdies verschiedene Klimazonen. Da Australiens Norden relativ nahe am Äquator liegt, ist dort das Klima tropisch, etwa am oberen Teil des Great Barrier Reef. Sydney, das eher mediterranes Klima hat, genießt im ***März/April*** den ausklingenden Sommer und Frühherbst. Am Uluru sind in diesen Monaten die Tage noch sehr warm, aber die Nächte schon etwas kühler.

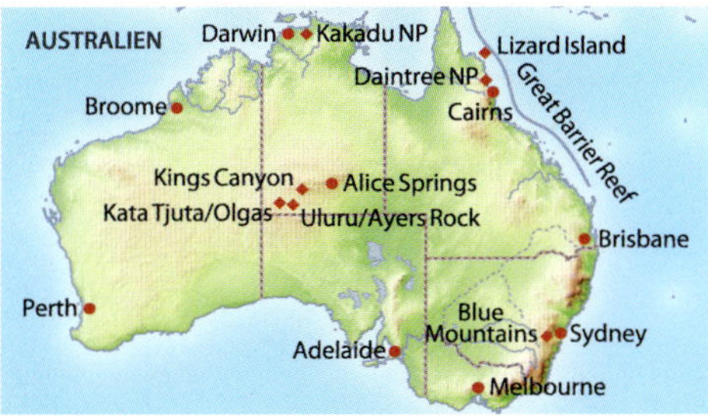

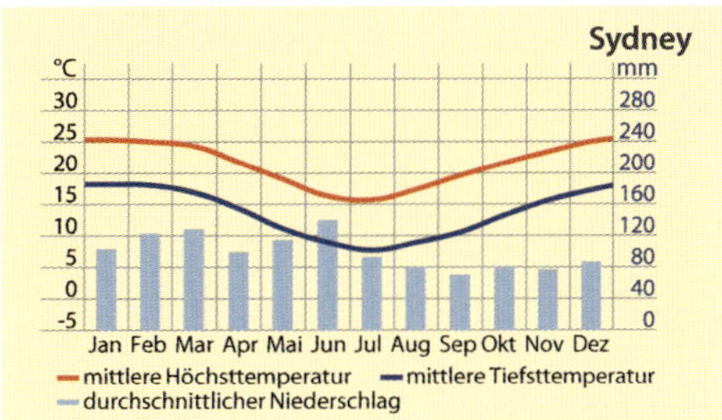

Besondere Tipps

Literatur: Bruce Chatwin: »Traumpfade«. Umstrittener Kultroman zur Kultur der Aborigines in Australien.

Verkehr: Im Outback werden Waren aller Art in »road trains« transportiert, in bis zu 53 m langen Lkw-Kombinationen, die bis zu vier Anhänger haben. Begegnet man den Giganten im Busch, rührt man sich besser nicht vom Fleck, bis sich der Staub gelegt hat.

Souvenir: Bierdosen-Kühler aus Schaumstoff mit Pub-Aufdruck, billig und leicht für den Rückflug, sind ein typisches Outback-Accessoire.

Info: www.australia.com/de-de

← Die Oper und die Harbour Bridge von Sydney wurden zu Symbolen für ganz Australien.
← Auch ein Nationalsymbol: der Uluru
← Aborigine-Junge mit Ritualbemalung
↑ Fischschwarm am Great Barrier Reef

Boomtown, Wüste, Walhaie

Perth, die »isolierteste Millionenstadt der Welt« – hier Australiens Inlandswüste, da der Indische Ozean –, scheint sich quartalsweise neue Hochhäuser zuzulegen. Der Bodenschatzboom im Westen macht's möglich. Dennoch versteht es die Metropole mit dem besten Klima des Kontinents, entspannt wie ein Kurort zu wirken. Und wer mit dem Boot den Swan River hinunterfährt bis zum historischen Hafenstädtchen Fremantle, seinen Museen, Freiluftcafés und Fischrestaurants, steigert diesen Urlaubseffekt noch, zumal das Meer ringsum feinste Strände angelegt hat.

Doch Western Australia ist natürlich mehr, wie die Tour auf dem Indian Ocean Drive nach Norden beispielhaft belegt: Erstes Ziel sind die Pinnacles, bizarre Steinsäulen, die wie Spieße zu Hunderten aus der Küstenwüste ragen. Weiter geht's über Geraldton (Lunch mit fangfrischem Hummer) zum Kalbarri-Nationalpark mit seinen bunten Steinschichten, seinen Adlern, Emus und Kängurus. Nach etwa 350 Kilometern zweigt vom Highway 1, der sich um ganz Australien legt, eine schmale Straße ab zur Shark Bay, wo in der Bucht von Monkey Mia fast täglich Delfine zur Fütterung durch die Ranger heranschwimmen. Nicht weit von diesem inzwischen weltweit bekannten Strand wachsen in einer anderen Bucht gut sichtbar unscheinbare winzige Lebewesen, die Wissenschaftler aus aller Welt anlocken: 3,4 Milliarden Jahre alte Stromatoliten.

Fast 700 Kilometer sind es noch bis Exmouth, dem Ausgangspunkt zum Ningalo Reef, einem 250 Kilometer langen Korallengarten. Hier treffen sich zwischen April und Juni zahlreiche Walhaie, die größten Fische der Welt, die sich von den – aus ihrer Sicht – winzigen Schnorchlern und Tauchern nicht stören lassen. Zurück geht es nur auf derselben Route, bis der Highway 1 wieder erreicht ist. Weiter um den Kontinent herum oder zurück in die westaustralische Hauptstadt? Die Entscheidung fällt heute für Perth, mit einem Abstecher, zum Great Northern Highway und nach New Norcia. Australiens einzige Klostersiedlung wurde 1846 von spanischen Benediktinern gegründet, was die überraschende Architektur erklärt. Hier ist man sichtbar dem Himmel nah. Kein Wunder, dass die Europäische Weltraumagentur nahebei eine Bodenstation installierte. Nach 130 Kilometern ist Perth wieder erreicht.

Die Highlights

Perth ist gesegnet mit dem King's Park, der noch ursprüngliches Buschland birgt. In der Mint werden Münzen geschlagen und man kann sehen, wie Goldbarren gegossen werden.

Fremantles Schifffahrtsmuseen faszinieren, der Markt (Fr.–So.) und die Cafés am »Capuccino Strip« sind beliebt. Im Hafen starten die Fähren zur autofreien Insel Rottnest.

Die *Pinnacles* sind das Schaustück des Nambung National Park: Kalksteinsäulen, die bestehen blieben, als Erosion die Erde ringsum abtrug.

Geraldton – Das Museum erinnert an die »Batavia«, die 1629 vor der Küste sank. Ein Monument gedenkt der Opfer, die 1941 mit dem Kriegsschiff »Sydney« untergingen.

Der *Kalbarri-Nationalpark* mit seiner Steilküste, Gesteinsschichten in unterschiedlichen Farben und vom Wind ungewöhnlich geformten Felsen. Ranger siedeln Tiere wieder an, die in der Region ausgestorben waren.

Die *Shark Bay* ist eine von zwei Halbinseln gebildete Doppelbucht mit Nationalpark zu Wasser wie zu Land. Bekannt sind die Delfine von Monkey Mia.

Exmouth entstand parallel zu Militärcamps am Nordwestkap Australiens. Es dient heute als touristische Basis für die Nationalparks des Ningaloo-Korallenriffs und die Hügel der Cape Range.

Die beste Reisezeit

Die Walhaie versammeln sich jeweils zwischen ***April*** und ***Juni*** am Ningalo Reef, dann herrscht im tropischen Norden die Trockenzeit (April–September). Weiter im Süden, in Perth, herbstet es dann, dies aber mit reichlich Sonnenschein und mit Temperaturen, die zumindest im März und April meist noch hochsommerlich sind. Eine Alternative ohne Walhaie ist die Wildblumensaison, die im Juni an der Nordküste beginnt und im November an der Südküste endet.

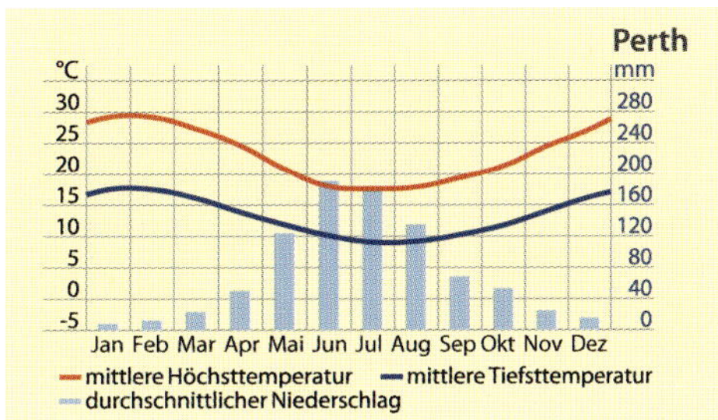

Besondere Tipps

Literatur: »Batavia's Graveyard: The True Story of the Mad Heretic Who Led History's Bloodiest Mutiny« (2003) – Geschichte der Meuterei auf der »Batavia« von 1629 vor Westaustralien.

Ausflug: Rottnest Island ist eine Urlaubsinsel vor Fremantle mit Minikängurus. Die ersten Europäer hielten sie für Ratten, daher der Name.

Souvenir: In der Perth Mint kann man sich blitzschnell Medaillen mit Namenszügen oder anderen individuellen Texten gravieren lassen.

Info: www.westernaustralia.com

← Die eindrucksvolle Skyline von Perth
← Ein Allrad-Camper fährt zwischen den bizarren Pinnacles im Nambung-Nationalpark.
↑ Wilde Delfine an einem Strand von Monkey Mia
↑ Wahlhai am Ningaloo Reef

Traumziel Wellington 33

Beim Herrn der Ringe

Wellington, die Hauptstadt des Inselstaats, ist wohl auf den Routen der meisten Neuseeland-Reisenden verzeichnet, und das zu Recht: Das einst etwas verschnarchte Beamtenrevier hat sich in den letzten Jahrzehnten zu einer munteren Kapitale mit aktiver Musik- und Clublandschaft, zahlreichen Weinbars und ebenso vielen Cafés gemausert. Die Stadt an der Nahtstelle zwischen Neuseelands Nord- und Südinsel, in einer geschützten Bucht gelegen, bietet heute den geschäftigsten Fährhafen des Landes, und ihr früher fast nur dem Regionalverkehr dienender Flughafen ist zu einem Drehkreuz für Flüge ins rund dreieinhalb Flugstunden entfernte Australien ausgebaut worden.

»Welly«, wie die »Kiwis« ihr politisches Zentrum nennen, verdankt seine Entwicklung unter anderem der Filmindustrie, die vor allem mit dem Erfolg der »Herr der Ringe«-Trilogie ein echtes »Wellywood« entstehen ließ. Aber auch sein entspanntes Ambiente sicherte der Stadt mit ihren viktorianischen Häusern einen vorderen Rang in puncto Lebensqualität. Das reiche Kulturangebot, das zu Ausflügen verlockende Umland und das urbane Zentrum, überwiegend auf Land entstanden, das der Bay abgerungen wurde, tragen ihr Übriges zu diesem Eindruck bei.

Der markante »Beehive« im Regierungsviertel, Sitz des Prime Ministers, wurde schnell zu einem Wahrzeichen der Stadt. Hier beginnen zu jeder vollen Stunde kostenlose Führungen durch die Regierungsgebäude. Übrigens: Nur ein paar Schritte entfernt steht mit den Old Government Buildings das größte Holzgebäude der südlichen Hemisphäre. Das fällt jedoch kaum auf, weil die Bemalung einen Steinbau vortäuscht.

In so kleinen Nationen wie Neuseeland bieten internationale Kunstfestivals nicht nur dem einheimischen Publikum einen Blick in die – in diesem Fall recht ferne – Welt der Metropolenkunst. Sie sind auch zugleich für den Rest der Welt ein Schaufenster der eigenen Szene. Das New Zealand International Arts Festival mit einem Programm von Oper, Drama und Ballett bis zu Literatur und Zirkus erfüllt diese Aufgaben sehr gut, und ein Fringe Festival mit innovativen jungen Künstlern ergänzt dieses Zerstreuungsangebot. Zugegeben, man wird nicht allein wegen der drei Wochen ans »schönste Ende der Welt« (Warum nur hat das Land diesen prächtigen Werbeslogan aufgegeben?) fliegen. Wer aber ohnehin im – für Rundreisen idealen – Spätsommer die Kiwi-Inseln besuchen will, sollte dem Festival zumindest eine Stippvisite widmen.

Die Highlights

Te Papa – Neuseelands National Museum greift nahezu alle Aspekte des Landes auf. Ein besonderer Akzent liegt auf der Kultur der Maori-Ureinwohner.

Wellington Cable Car – Die Standseilbahn führt seit 1902 aus der City hinauf zum Botanischen Garten und bietet schöne Blicke über die Stadt und die Bucht.

Zealandia – The Karori Sanctuary Experience – Das Naturschutzgebiet hat viele bedrohte Tierarten nach Wellington zurückgebracht, darunter auch Kiwis.

Mount Victoria Lookout – Der Aussichtspunkt ermöglicht einen Blick auf die Stadt, ihre Bucht, die Cook Strait und den Flughafen.

Carter Observatory – Beim Botanischen Garten wird in einem modernen Planetarium der südliche Sternenhimmel erklärt, das Kreuz des Südens inclusive.

Weta Cave – Im Vorort Miramar erlebt man, wie die Tricks im »Herrn der Ringe« und in anderen Filmen aus »Wellywood« entstanden sind.

Geburtshaus von Katherine Mansfield – Dies ist nicht nur ein Museum für Neuseelands größte Autorin (1888–1923), sondern auch ein Zeugnis viktorianischer Wohnkultur.

Die beste Reisezeit

Im ***Januar*** und ***Februar*** ist es in Wellington mit Höchsttemperaturen um 21 °C am wärmsten. Allerdings wirkt sich die Lage mitten im Pazifik abschwächend auf alle Wetterextreme aus. Das gilt auch für die kältesten Wintermonate Juli und August, in denen die Temperaturen zwischen 6 und 12 °C schwanken. Das lokale Wetter hat jedoch noch eine Eigenart, die dem »Kamineffekt« der häufig stürmischen Cook Strait zwischen Nord- und Südinsel geschuldet ist: Der Spitzname »Windy City« kommt nicht von ungefähr …

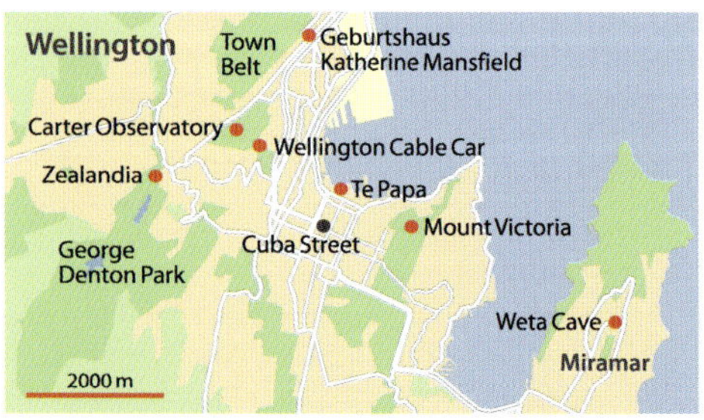

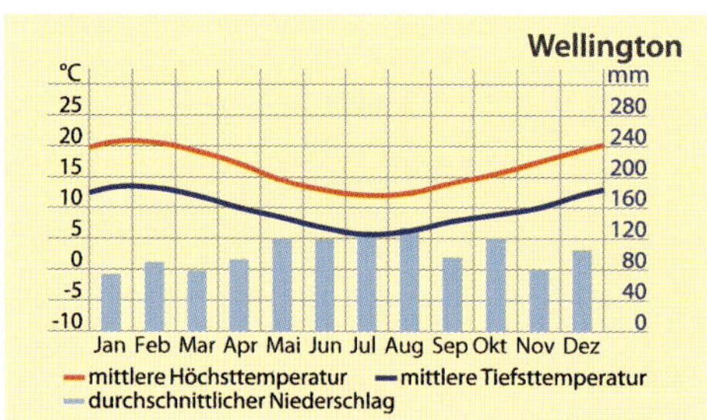

Besondere Tipps

Für Fashion Victims: Die denkmalgeschützte Fußgängerzone Cuba Street ist voller Cafés und Geschäfte und Treffpunkt von Künstlern und Lebenskünstlern jeden Alters.
Für Seefahrer: Mit der Interislander-Fähre in drei Stunden auf die Südinsel, inklusive rauer Cook Strait und traumhafter Fjorde in den Marlborough Sounds.
Für (angehende) Weinkenner: Martinborough liegt 65 km von Wellington entfernt und zelebriert immer im November mit mehr als 10 000 Besuchern den »Toast«, ein eintägiges Wein-, Koch- und Musikfest.
Info: www.wellingtonnz.com

→ Blick auf Wellington mit der berühmten Cable Car
→ Das Toast Martinborough Wine, Food & Music Festival
→ Die Skyline von Wellington bei Nacht
↑ Im »Logan Brown Restaurant« auf der Cuba Street

WELLINGTON CABLE CAR

Traumziel Berlin

Ein Koffer in Berlin

Die deutsche Hauptstadt als Ganzes hat längst den Anschluss an die großen Namen wie New York, Paris oder London gefunden, ohne ihren typischen Charakter zu verleugnen. Die Currywurstfrau serviert mit frech-fröhlicher Berliner Schnauze, die nicht immer als sauber hinter den Ohren geltenden Taxifahrer brummen im Sommer sogar mal einen »Guten Tag«, wenn ein Fahrgast den Schlag öffnet, und selbst die Politesse kneift schon mal eine Auge zu, wenn in Deutschlands Power-Stadt die Sonne strahlt.

Berlin ist trotz Brandenburger Tor, Kuppel des Reichstags, Gendarmenmarkt und Dom nicht gerade das Mekka der atemberaubenden Sehenswürdigkeiten, aber die Metropole besitzt Museen von Weltruf, allen voran das von der UNESCO geadelte Fünf-Museen-Ensemble auf der Spreeinsel. Berlin erlangte mittlerweile auch ein Weltstadtangebot in Sachen Clubs, Theater und Einkaufen. Wobei man beim Shoppen ja nicht gleich sterben muss für Szenefummel made in Berlin (To die for in Mitte). Es reicht vollkommen, sich einfach überwältigen zu lassen im größten Kaufhaus des europäischen Festlandes (KaDeWe am Wittenbergplatz).

Die deutsche Hauptstadt ist eigentlich immer eine Reise wert, auch wenn im Februar die Berlinale lockt und man im März zur Internationalen Tourismusbörse auf dem Messegelände etwa von Argentinien über die Karibik, Italien, Ägypten, Indien und Thailand nach Australien spazieren und die ganze (Reise-)Welt in vollen Zügen genießen kann. Trotzdem besucht man Berlin besser im Sommer, wenn die Röcke kürzer sind und die Ausschnitte tiefer und wenn die für Kreuzberg typische depressive Winterstimmung in weite Ferne gerückt und selbst der tristeste Kiez zu einem heiteren Viertel mutiert ist.

Es gibt nur ein Problem: Wer die Stadt so richtig auskosten möchte, braucht viel Kondition – denn sie hat rund um die Uhr geöffnet. Das gilt vor allem für den Sommer, wenn sich ein Sommerfest ans andere reiht. Besonders die Open-Air-Veranstaltungen auf der Waldbühne lassen Einheimische und Gäste in Scharen eintreffen: Pop- und Klassikkonzerte, ob mit Placido Domingo oder den Berliner Philharmonikern, mit Elton John oder Lenny Kravitz. Aber auch die Kinoabende mit Kultfilmen verheißen beste Waldbühnen-Atmosphäre.
Es ist schon gut, immer einen Koffer in Berlin zu haben ...

Die Highlights

Der *Kurfürstendamm* war die Westmeile schlechthin, geriet nach dem Mauerfall etwas ins Hintertreffen und ist längst wieder voll da.

Das *Brandenburger Tor*, 1734 errichtet, symbolisierte einst den Aufstieg Preußens zur Großmacht und steht heute für ein wieder erstarktes und vereintes Deutschland.

Unter den Linden war und ist der mondänste Prachtboulevard Berlins. Die knapp 1,5 km sind rechts und links gesäumt von imposanten Bauwerken.

Der *Reichstag* ist nicht erst seit Christos Verhüllung weltbekannt. Dort tagte am 4. Oktober 1990 das gesamtdeutsche Parlament zum ersten Mal.

Die *Museumsinsel* in der Spree gehört mit fünf bedeutenden Museen zu den größten und wichtigsten Museumskomplexen weltweit. Weltkulturerbe seit 1999.

Der *Alexanderplatz* mit dem 365 m hohen Fernsehturm versprüht mit kühler Architektur und nüchterner Weitläufigkeit noch immer spröden DDR-Charme.

Schloss Sanssouci ließ Friedrich der Große bis 1747 in unvergleichlichem Rokokostil erbauen. Dieser Ausflug nach Potsdam muss sein.

Die beste Reisezeit

Berlin ist zwar eine Großstadt, die man das ganze Jahr über bereisen kann, weil sie auch bei schlechtem Wetter sehr viel zu bieten hat. Im Allgemeinen gilt aber die Zeit ***ab Ostern*** bis in den ***Oktober*** hinein wettermäßig als recht sicher, mit Temperaturen zwischen 15 und 30 °C. In manchen (Hoch-)Sommern geht die Temperatur auch mal tageweise über die 30 °C-Marke. 20 bis 25 °C und wenig Regen dürfen ansonsten in den Hauptstadtsommern erwartet werden.

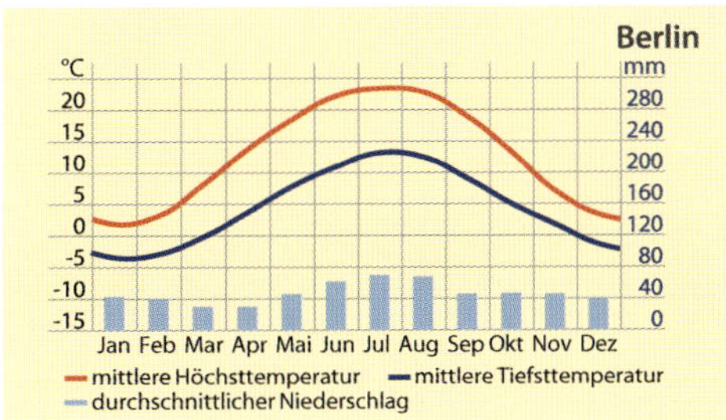

Besondere Tipps

Hotel: In die Soho-und-Co-Szene-Hotels? Manchmal ist ganz verrückt noch besser! Im 25hours Bikini Hotel blickt man von der Sauna im 9. Stock ins Affengehege des Zoos. Und es gibt kostenfrei Fahrräder zum Ausleihen.
Essen: Eine Currywurst in Berlin muss sein. Und wer sie auch bis fünf Uhr früh genießen will oder mit Champagner, geht am Ku'damm 195 zu »Biers 195«.
Souvenir: Als Mitbringsel ein absoluter Gag: Berliner Luft in Dosen. 50 Gramm in ca. acht mal acht Zentimetern für 3,90 Euro.
Info: www.berlin.de

← Brandenburger Tor von der Straße des 17. Juni aus
← Eines der Wahrzeichen Berlins: der Reichstag
← Der Pergamon-Altar im gleichnamigen Museum der auf Museumsinsel
↑ Büste der Königin Nofretete im Neuen Museum

442
67
125
421

Traumziel Sylt 35

Brandung, Dünen und Champagnerlaune

Inseln sind wie schwimmende Träume. Für ganz viele Norddeutsche, speziell für Hamburger, gibt es seit Generationen keinen schöneren als ihr Refugium vor der nordfriesischen Küste. Wenn es um Sylt geht, bekommen die Stammgäste, die ihr Lieblingsziel meist nur »die Insel« nennen, leuchtende Augen. Nüchternen Kaufleuten und erst recht den Dichtern vieler Epochen schwimmen die Metaphern dahin, und selbst Nobelpreisträgern galoppiert auf Sylt der Pegasus davon: »An diesem erschütternden Meer habe ich tief gelebt …«, seufzte einst Thomas Mann. Es geht um knapp 100 Quadratkilometer Dünen, Heide und Sandstrand, nach Westen von der Nordsee, nach Osten vom Wattenmeer begrenzt.

Sylt von Nord nach Süd, ein 38,5 Kilometer langer und maximal zwölf Kilometer breiter Streifen. Und doch liegen gleich mehrere Welten zwischen den Fischbuden am Hafen von List und dem »Rostigen Anker« im Blanken Tälchen im tiefen Süden bei Hörnum. Nicht einmal überall flach wie ein Brett ist die Insel. Die Uwe-Düne zum Beispiel bringt es immerhin auf 52,50 Meter Höhe. Das noch viel berühmtere Rote Kliff hingegen ist zwar nicht einmal 30 Meter hoch, aber dafür vier Kilometer lang.

Und auch der Promifaktor ist ganz unterschiedlich verteilt: in Kampen extrem hoch, auch in Rantum und sogar im ruhigen Munkmarsch trifft man in den entsprechenden Lokalen jene, die sich gern zur Bussi-Bussi-Gesellschaft zählen lassen. Westerland hingegen, das stets vom Verkehrsinfarkt bedrohte Hauptstädtchen, beherbergt eher biederes Publikum. Die wahren Kenner und Liebhaber zieht es ohnehin in Orte, in denen die Kirche sprichwörtlich im Dorf geblieben ist, nach Keitum, nach Hörnum oder in die beschaulichen Wattendörfer im Osten.

An Geologie Interessierte werden gern am Morsum-Kliff die Erdgeschichte studieren, Birdwatcher die artenreiche Vogelwelt am Rantum-Becken beobachten. Naturliebhaber zieht es in die Braderuper Heide, im Sommer ein Blütenmeer. Romantiker genießen den Sonnenuntergang am Roten Kliff. Und wer unbedingt etwas vom Glamour der Reichen und Schönen mitbekommen will, setzt sich halt ins »Go-Gärtchen«, seit 60 Jahren eine Institution in Kampen, oder besucht die »Sansibar«, Herbert Secklers inzwischen auch schon legendäre »Hütte« in den Dünen von Rantum.

Die Highlights

Hindenburgdamm – Ohne den Eisenbahndamm, der am 1. Juni 1927 von Reichspräsident von Hindenburg eingeweiht wurde, wäre die touristische Entwicklung der Insel kaum möglich gewesen.

Die *Schutzstation Watttenmeer* in Hörnum erklärt anschaulich Rhythmus und Lebenswelten von Meer und Watt. Das Infozentrum veranstaltet auch Wattwanderungen.

Naturgewalten heißt das familienfreundliche Erlebniszentrum in List – spannend, lehrreich und mit gutbürgerlicher Küche im angeschlossenen Restaurant.

Kampen – Vor allem die Natur in der Umgebung zog schon früh Künstler aller Richtungen an, zuerst Maler, später Literaten, noch später folgten dann die Prominenten.

Ellenbogen – Nördlichster Punkt der Insel; die Straße bis zum Leuchtturm von List ist mautpflichtig, die Halbinsel selbst ein Vogelschutzgebiet.

Hörnum Odde – Ein lohnendes Wanderrevier; einmal um die Südspitze der Insel laufen – stets den besonders schönen Leuchttum von 1907 im Blick – dauert etwa anderthalb Stunden.

Rotes Kliff – Auf dem steilen Kliff baut sich die Uwe-Düne auf. Eine Treppe führt auf den Berg, der den schönsten Panoramablick der Insel bietet.

Die beste Reisezeit

Im ***Juni*** und in der ersten Septemberhälfte sind Hotels und Strände nicht so überlaufen wie in der Zeit der Schulferien. Dann herrschen auch ideale Temperaturen für Wanderungen und Radtouren. Das Meeresklima (Reizklima) regt den Stoffwechsel an, mit der Folge, dass sich viele Besucher, vor allem aus dem Binnenland, in den ersten Urlaubstagen müde fühlen – und ständig Hunger haben. Nicht jeder verträgt dieses Klima, im Zweifel vorher den Arzt fragen.

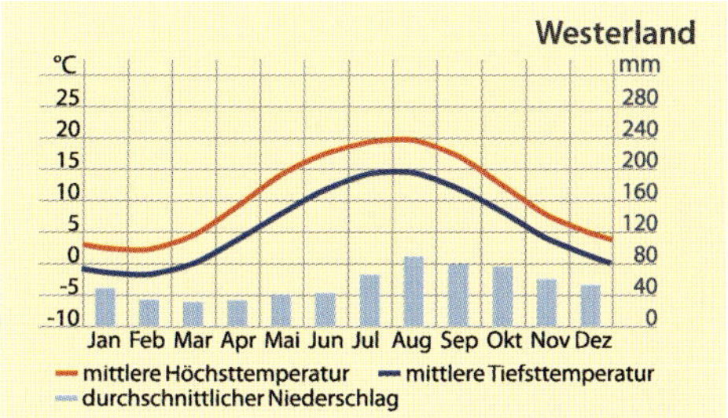

Besondere Tipps

Kulturgenuss: In der schönen alten Kirche von Keitum finden ganzjährig mittwochabends Orgelkonzerte statt.
Gemütlich essen: Im Gasthof »Zur Eiche« im Rantumer Ortsteil Tinnum treffen sich Insulaner und ihre Gäste bei bodenständiger Küche in urigem Ambiente.
Tierpark: Die Gehege Tinnums beherbergen über 300 Tiere aus aller Welt; der liebenswerte Streichelzoo bietet vor allem Kindern viele Anregungen, nicht zuletzt dank seines großen Spielplatzes.
Info: www.sylt.de

← So lieben Sylt-Fans ihre Insel: sanfte Brandung, schö ner Strand und grasbewachsene Dünen, darüber der weite, leicht bewölkte Himmel.
↑ Spaß für die Kleinen verspricht eine Piratenfahrt.
↑ Noble Karossen vor einer exquisiten Boutique in Kampen

Polens Königin am Meer

Die Hafenstadt Danzig ist Polens weltoffenes Tor im hohen Norden, seine liberale Königin an der Küste der Ostsee. Den ganzen Glanz und Stolz der alten Hansestadt kann erleben, wer im Juli die »Baltic Sail« besucht. Wunderschöne Segelschiffe und Windjammer kreuzen auf und fahren sogar bis zur Marina mitten in Danzigs Altstadt. Über tausend Jahre schon besteht die Stadt, deren Reichtum sich einst auf den Handel gründete. In dieser langen Tradition steht der Dominikanermarkt, der seit 1260 Anfang August in Danzigs Zentrum stattfindet. Wie eh und je ist der Markt mit seinen vielen Attraktionen ein Besuchermagnet. In früheren Jahrhunderten liefen zu diesem Anlass Hunderte Schiffe aus fremden Ländern im Hafen ein, um Gewürze, Wein, Getreide und Stoffe umzuschlagen. Auch heute strömen Besucher aus dem In- und Ausland in Scharen in die Stadt. Stände mit Bernsteinschmuck, Kunsthandwerk, Trödel und schönen Antiquitäten locken ebenso wie ein breites Kulturprogramm, Spezialitätenbuden und die gut gelaunte Atmosphäre, die sich wie ein leichter, bunter Sommermantel über die Stadt legt.

Ein Spaziergang über den Dominikanermarkt und durch die weitläufige Danziger Altstadt ist stets auch eine Wanderung durch über tausend Jahre europäische Geschichte. Auf dem Königsweg ritten Polens Herrscher durch das Hohe Tor und die Langgasse in die Stadt ein. Die Peinkammer am Anfang des Triumphweges stammt noch aus der Zeit der Ordensritter und gehörte zur mittelalterlichen Stadtbefestigung. Wo Besucher heute im Bernsteinmuseum das »Gold der Ostsee« bewundern, wurden einst peinliche Verhöre geführt. Die Langgasse und den Langen Markt säumen prächtige Patrizierhäuser, an deren schmuckvollen Fassaden und Giebeln man sich kaum sattsehen kann. »So es Gott behagt, besser beneidet als beklagt« lautet die schlitzohrige Inschrift über einem Juwelierladen in der romantischen Frauengasse. Nur wenige Schritte weiter konnte der Bauherr in der mächtigen Marienkirche für die Erfüllung seines Wunsches bitten. Von deren Turm reicht der Blick weit über die Altstadt Richtung Hafen und die historischen Symbolplätze des 20. Jahrhunderts: An der Mündung des Hafenkanals in die Ostsee fielen auf der Halbinsel Westerplatte am 1. September 1939 die ersten Schüsse des Zweiten Weltkriegs. Und wo am Rand der Innenstadt die Kräne der Danziger Werft wie riesige Insekten in den Himmel ragen, läutete 1980 die Gründung der Gewerkschaft Solidarnosc das Ende der sozialistischen Ära ein.

Die Highlights

Die *Langgasse* (Ulica Długa) und der Lange Markt (Długi Targ) sind mit ihren schönen Patrizierhäusern ein Muss.

Das *Rechtstädtische Rathaus* in der Langgasse 45 wurde von großen Künstlern mit Malereien und Schnitzwerk prunkvoll ausgestattet.

Auf dem Gelände der *Lenin-Werft* dokumentiert das Europäische Solidarnosc-Zentrum (ECS) mit Ausstellungen, Gedenkstätte und Park die Geschichte der Gewerkschaft Solidarnosc und Bürgerbewegungen anderer Staaten.

Die *Marienkirche* ist Europas größte mittelalterliche Backsteinkirche. Der Blick vom Turm ist fantastisch.

Die hochromantische *Frauengasse* (Ulica Mariacka) ist die Straße der Juweliere. Hier sind noch die früher in Danzig weit verbreiteten Beischläge (Vorbauten) an den Häusern vorhanden.

Die *Bleihofinsel* (Ołowianka) ist von der Mottlau aus in zwei Minuten mit der Fähre zu erreichen. Dort stehen das Meeresmuseum und die neue Baltische Philharmonie.

Zum berühmten Seebad *Sopot* fährt in nur einer halben Stunde die S-Bahn. Es locken ein Sandstrand und abends das beste Nachtleben der Region.

Die beste Reisezeit

Die beliebteste Reisezeit für Danzig liegt im ***Juli*** und ***August***, wenn die besten Bedingungen für einen Badeurlaub herrschen. Im Juli locken und lohnen außerdem die »Baltic Sail« und der Dominikanermarkt. Wer dem Trubel entgehen möchte, findet angenehme Reisebedingungen im späten Frühjahr und Frühherbst. Dann sind die Tage warm und lang, doch ist die Stadt längst nicht so überfüllt, und die Unterkünfte in diesem Zeitraum sind teilweise erheblich günstiger.

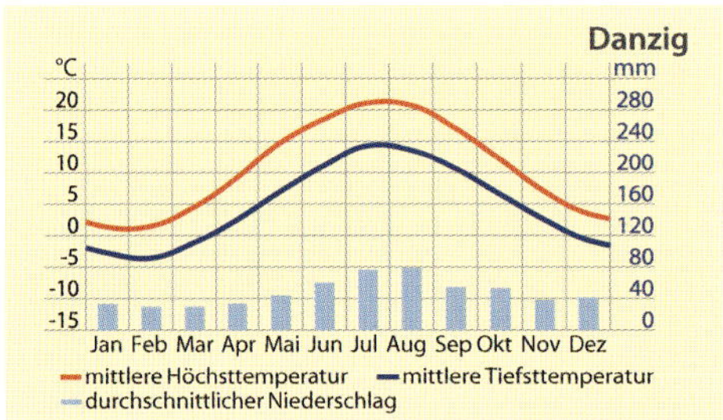

Besondere Tipps

Zum Lesen: Da fällt die Auswahl leicht: die »Danziger Trilogie« von Günter Grass. Der Schriftsteller wuchs in Danzig auf.

Zum Schauen: In »Strajk – Die Heldin von Danzig« (2007) erzählt Volker Schlöndorff die Lebensgeschichte von Anna Walentynowicz, einer Mitbegründerin der Solidarnosc.

Zum Genießen: Das berühmte Danziger Goldwasser wurde ab dem 16. Jahrhundert im »Haus zum Lachs« gebrannt. Heute speist man hier vorzüglich im Restaurant »Pod Łososiem« (Zum Lachs).

Info: www.gdansk4u.pl

→ Typische Patrizierhäuser in der Altstadt Danzigs
→ Blick auf die Altstadt über die Mottlau hinweg
→ Der Dominikanermarkt mit belebten Straßencafés
↑ Danziger Goldwasser im »Pod Łososiem«

SPECJAL
SPECJAL

InterContinental

Die unbeugsame Millionenmetropole

Musikfreunde aus aller Welt pilgern alljährlich im Sommer nach Warschau zum Internationalen Mozartfestival. Von Mitte Juni bis Ende Juli genießen sie Opern, Konzerte und Choralwerke des genialen Komponisten, die in der Warschauer Kammeroper und anderen Orten aufgeführt werden. Das Festival ist auch so beliebt, weil sich Polens Hauptstadt im Sommer von seiner schönsten Seite zeigt. Im historischen Zentrum, das teils noch von mittelalterlichen Mauern umgeben ist, pulsiert das Leben an langen, hellen Tagen in den alten Gassen. Unweit der gotischen Johanneskathedrale drängen sich auf dem Altstädter Markt vor historischer Kulisse die Cafétische und Künstler zeigen ihre Werke. Das Leben in der Millionenmetropole an der Weichsel ist in dieser Zeit von einer angenehmen Leichtigkeit geprägt.

Warschau zählt zu den größten Städten Europas und ist ein Wirtschafts- und Handelszentrum von internationaler Bedeutung. Wo heute moderne Wolkenkratzer eine beeindruckende Skyline schaffen, stand schon im 9. Jahrhundert eine befestigte Siedlung. Warschaus Wahrzeichen, der Palast für Kultur und Wissenschaften aus den 1950er-Jahren, ist nur mehr ein Turm unter vielen. In ihrer wechselvollen Geschichte hat die Stadt Glanzzeiten und Katastrophen erlebt. Aus ihrer Zeit als führende europäische Metropole im 17. Jahrhundert und Zentrum der Aufklärung im 18. Jahrhundert sind prachtvolle barocke und klassizistische Bauten verblieben. Vom barocken Königsschloss am Plac Zamkowy, wo die Statue von König Zygmunt III. Wasa auf der Sigismundsäule Kreuz und Schwert hält, gibt es am Königsweg Richtung Süden prunkvolle Palais, opulente Kirchen und elegante Häuser zu bewundern. Die anfängliche Strecke auf den Flaniermeilen Krakowskie Przedmie cie (Krakauer Vorstadt) und Nowy wiat (Neue Welt) ist zu Fuß leicht zu schaffen. Außerhalb der Innenstadt führt der Königsweg weiter zu den verspielten Gärten und Palästen im Łazienki- und im Wilanów-Park.

Die größte Tragödie der Stadt ist untrennbar mit dem dunkelsten Kapitel der deutschen Geschichte verbunden: Mitten im Stadtzentrum diente das von den deutschen Nationalsozialisten eingerichtete Warschauer Ghetto von 1940 bis 1943 als riesiges Sammellager für Hunderttausende Juden. Die Internierten starben fast alle an den grausamen Lebensbedingungen oder im Todeslager Treblinka. Ein Denkmal erinnert an den gescheiterten Aufstand der Ghetto-Bewohner von 1943. Im Jahr 1970, mitten im Kalten Krieg, löste hier der Kniefall des damaligen westdeutschen Bundeskanzlers Willy Brandt eine erste Entspannung zwischen Ost und West aus.

Die Highlights

Die Altstadt *Stare Miasto* mit dem Markt *Rynek Starego Miasta* beherbergt Bauwerke aus sieben Jahrhunderten. 1944 großflächig zerstört, wurde sie detailgetreu wieder aufgebaut und gehört heute zum UNESCO-Welterbe.

Das barocke *Königsschloss* beherbergt herrliche Kunstwerke, darunter Stadtansichten von Canaletto.

Der *Königsweg Trakt Królewski* führte anfänglich vom Königsschloss nach Süden bis zum Łazienki-Park und weiter zum Belvedere-Palast. Heute rechnet man auch die Strecke bis zum Wilanów-Palast dazu.

Das *Nationalmuseum* beherbergt eine riesige Sammlung an Kunstwerken von der Antike bis zur Moderne.

Vom *Denkmal der Helden des Ghetto-Aufstands* verläuft der Gedenkweg jüdischen Märtyrertums und Kampfes zum Denkmal am Umschlagplatz. Von dort wurden rund 300 000 Juden nach Treblinka deportiert. Gegenüber dem Denkmal ist das Museum der Geschichte der polnischen Juden unbedingt sehenswert.

Der *Łazienki-Park* ist die größte Grünanlage der Stadt. Sehenswert sind der barocke Wasserpalast und das Theater auf der Insel.

Der *Wilanów-Palast*, einst königliche Sommerresidenz, beherbergt u. a. ein Plakatmuseum.

Die beste Reisezeit

Warschau ist vor allem in den warmen Sommermonaten zwischen ***Juli*** und ***August*** beliebt. Das Klima ist kontinental geprägt, d. h. die Winter sind kalt und schneereich. Bei angenehmen etwa 25 °C im Juli und August kann man die großartige Architektur und die schönen Parkanlagen auf angenehmste Weise erkunden, darüber hinaus ist die Metropole während der polnischen Ferienzeit etwas weniger hektisch. Gute Bedingungen herrschen aber auch im späten Frühjahr sowie im Frühherbst zum »Warschauer Herbst«.

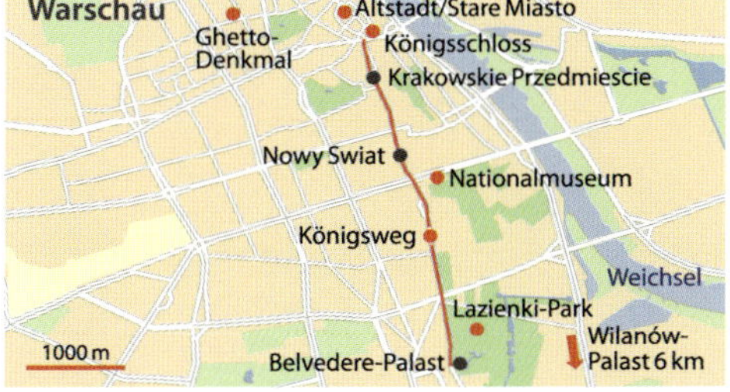

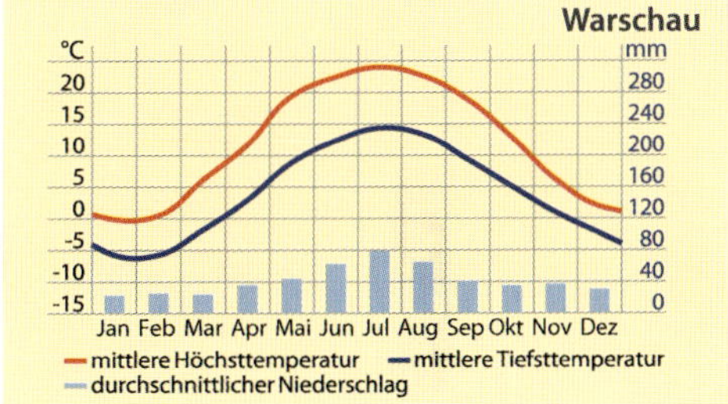

Besondere Tipps

Zum Schauen: Den schönsten Blick über die Stadt bietet die Aussichtsterrasse im 30. Stock des Kulturpalasts.
Zum Hören: Beim Chopin-Denkmal im Łazienki-Park finden im Sommer sonntags kostenlose Klavierkonzerte statt.
Zum Entdecken: Ein besonders interessantes Stadtviertel ist Praga auf der rechten Weichselseite. In dem historischen Arbeiterviertel sind viele Kreative in alte Fabrikhallen gezogen, und hier findet man ein spannendes Nachtleben.
Info: www.um.warszawa.pl

← Zlote-Tarasy-Einkaufszentrum und der Kulturpalast
← Der Marktplatz in der Altstadt ist UNESCO-Welterbe
← Der Königliche Palast in Wilanow
↑ Statue von Frédéric Chopin

Traumziel St. Petersburg 38

Jugendstilperlen an der Newa

Man kann zu jeder Jahreszeit nach St. Petersburg fahren, in das ehemalige Leningrad, das unter der sehr speziellen sowjetischen Architektur nur wenig zu leiden hatte. Aber der beste Zeitpunkt sind natürlich die Weißen Nächte. Bedingt durch die Lage am 60. Breitengrad wird es über Wochen im Juni und Juli eigentlich nie richtig finster, und die Sonne geht auf, wenn man nach durchzechter Nacht morgens um 4 Uhr ins Bett fällt. Aus diesem faszinierenden Naturphänomen haben die Russen ein Event gemacht. Man tanzt auf den Straßen, spielt Theater, musiziert oder gesteht dem Liebsten im silbernen Licht seine Liebe. Da kommt sie über Wochen ganz hemmungslos zum Vorschein, die russische Seele, vor allem am Newski-Prospekt, der wichtigsten Promeniermeile der Stadt.

Wenn dann nach ein paar Gläschen Wodka die fröhlichen Gäste die Augen schließen, brechen die Kulturtouristen aus aller Herren Länder auf, um die Eremitage zu verunsichern. Auf fünf Gebäude verteilt sich eine der imposantesten Kunstsammlungen der Welt, von Tizian und Rembrandt bis zu Rubens und da Vinci. Aufmerksames Personal wacht über diese Schätze. Man muss es mit einem Augenzwinkern nehmen, wenn der Ton, in dem über den bevorstehenden Museumsschluss informiert wird, an den eines Gefängnisaufsehers erinnert. Die Stadt und ihre Bewohner mit ihrer Herzlichkeit aber entschädigen dafür bei Weitem. Mit Brüssel, Wien und Wiesbaden ist St. Petersburg die Stadt mit den meisten Jugendstilbauten. Sie und die barocken Gebäude mit ihren komplexen Grundrissen schaffen ein überwältigendes Stadtbild.

Aber so wie die Kultur an jeder Ecke wartet – ob mit der Peter-und-Paul-Festung mit den Zarengräbern, dem Reiterstandbild von Peter dem Großen, dem Katharinenpalast mit dem legendären Bernsteinzimmer oder dem Smolny-Kloster –, spielt in St. Petersburg gutes Essen eine große Rolle. Die leckeren Blini (Buchweizentaschen), Piroschki (Hefeteigtaschen mit Fleischfüllung) und Kissel (eingedickter Dessertfruchtsaft) sind so gehaltvoll, dass es einen danach garantiert nach einem oder zwei Gläschen dürstet. Man nimmt sie in den vielen kleinen Restaurants ein, die von außen oft etwas gealtert wirken. Aber genau dieser Charme verspricht im Inneren oft exzellentes Essen und einen funktionierenden Service. Man darf im modernen St. Petersburg vieles haben, nur keine Hemmungen, einfach einmal irgendwo reinzugehen und etwas zu probieren. Dazu haben schon Puschkin und Dostojewski geraten.

Die Highlights

Die *Eremitage* – mehr als 60 000 Exponate verteilen sich hier auf fünf traumschöne Gebäude. Alles schafft man nicht, aber unbedingt die Raffael-Loggia anschauen!

Der *Newski-Prospekt* ist die Champs-Élysées von St. Petersburg. Die eigene Geldbörse sollte man hier gut festhalten, nicht wegen eventueller Taschendiebe, sondern wegen des weltstädtischen Angebots.

In der *Peter-und-Paul-Festung* kann man die Zarengräber und den vorgelagerten Sandstrand bewundern. Entspannung pur mit Blick über die Newa.

Im *Katharinenpalast* kann man sich überzeugen, dass Bernstein im Interior Design der Knaller ist! Am Standtrand gelegen und mit dem Vorortzug gut erreichbar.

Das *Smolny-Kloster* war Bildungsinstitut für Mädchen, Zentrum von Lenins Oktoberrevolutionären und Bürgermeistersitz.

Der *Peterhof* trägt nicht umsonst den hübschen Beinamen »russisches Versailles«. Gartengestaltung, Gebäudeumfang und Prunk zeigen, dass dieser Titel passt.

Isaakskathedrale – Russlands größte Kirche fasst 10 000 Menschen. Architektonisch beeindruckend und durch die erhöhte Lage bietet sie einen idealen Ausblick auf die Altstadt.

Die beste Reisezeit

Wer nicht unbedingt die Weißen Nächte erleben will, sollte schon im ***Mai*** fahren. St. Petersburg bietet ein kontinentales Klima, weniger Niederschlag als Frankfurt am Main und schöne, warme Sommermonate. ***Juni***, ***Juli*** und Anfang ***August*** bringen viel Sonne und Wärme, aber auch lange Touristenschlangen. Einen echten Frühling gibt es nicht: Der knackigkalte Winter dauert von Mitte Dezember bis Mitte April und geht fast direkt in den Sommer über.

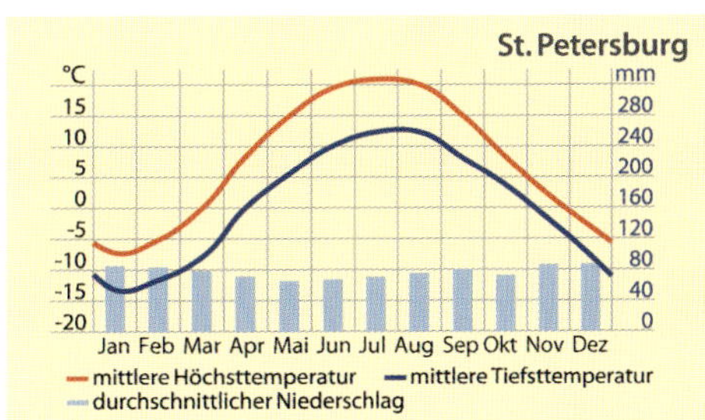

Besondere Tipps

Für Trinkfreudige: Das Wodka-Museum stellt die Entstehungsgeschichte des Tropfens so spannend dar, dass einem fast der Kopf schwirrt. Und natürlich darf man kosten.

Fürs müde Haupt: Mehr Eleganz als im historischen Grand Hotel Europe geht eigentlich nicht. Hier hat sich schon Tschaikowski wohlgefühlt.

Für Leseratten: »33 Augenblicke des Glücks« von Ingo Schulze. 33 literarische Kleinode, die die Zeit der Veränderungen im St. Petersburg der späten 1980er-Jahre mit einer gesunden Prise Humor schildern.

Info: www.petersburg-info.de

← Blick auf die St.-Isaac-Kirche bei Nacht
← Die Sommerresidenz von Peter dem Großen
← Die Eremitage – eines der größten Museen der Welt
↑ Im Konservatorium, Tschaikowskis »Schwanensee«

Traumziel Transsib 39

Die Eisenbahn der Superlative

Mit der Transsib von Moskau nach Wladiwostok zum Nulltarif. Gibt's nicht? Doch, gibt es! Google Russland hat die Strecke im Netz, in Echtzeit. Sechs Tage insgesamt ist man unterwegs, wie mit der richtigen Transsib, der Transsibirischen Eisenbahn. Google erweist einer russischen Ikone seine Reverenz. Die Fahrt von der Moskwa an den Pazifik ist eine der großen Eisenbahnreisen, egal, ob man in der Standardversion ohne touristische Stopps unterwegs ist oder in der noblen »Zarengold«-Variante, die einer Kreuzfahrt auf Schienen gleicht, in modernen Kabinen oder in Nostalgiewaggons, mit denen einst die Sowjetelite unterwegs war. Auch der Speisewagen ist im Stil der guten alten Zeit gehalten – ein passendes Ambiente, wenn der eine oder andere Reiseveranstalter seine Gäste zu Wodka und Kaviar einlädt.

9288 Kilometer misst die längste durchgehende Eisenbahnverbindung der Welt. 1891 begann ihr Bau, 1916 vollendete eine Brücke über den Amur die Strecke. Er ist einer von 16 großen Flüssen und Strömen, die von der Eisenbahn überquert werden, darunter Wolga, Jenissei und Ussuri sowie die kreuzworträtsel-notorischen Ob und Oka. 2002 war die Verbindung durchgehend elektrifiziert. Abschnittsweise verlaufen einige Alternativrouten, die wichtigste ist die Baikal-Amur-Magistrale. Überdies gibt es eine Reihe von Abzweigungen, die unter anderem nach China, Nordkorea und in die Mongolei führen. Neben den transkontinentalen Zügen sind einige nur auf Teilabschnitten unterwegs.

Zwei Kontinente, sieben Zeitzonen, 87 Städte, das sind die Eckdaten dieser Bahnlinie. Die normalen Züge halten jeweils nur zum Ein- oder Aussteigen, aber touristische Sonderzüge wie der »Zarengold« fahren in interessanten Stationen aufs Abstellgleis, damit die Passagiere Zeit haben für organisierte Ausflüge oder für Erkundungen auf eigene Faust. Jaroslaw, eine Stadt im Goldenen Ring rings um Moskau, ist der erste Stopp. Es folgen etwa Jekaterinburg, Novosibirsk, Krasnojarsk, Irkutsk und schließlich Wladiwostok, die ferne Stadt irgendwo hinter dem Horizont. Nicht zu vergessen der Startort aller Transsib-Fahrten, Russlands Hauptstadt Moskau, so reich an Sehenswürdigkeiten, dass man glatt die Abfahrt des Zuges verpassen könnte.

Die Highlights

Moskaus Hauptattraktionen sind der Rote Platz mit Basilius-Kathedrale, Kreml, Lenin-Mausoleum, Historischem Museum und Ex-Kaufhaus GUM, das heute als Shoppingcenter dient.

Jaroslaw, 1000 Jahre alt und an der Wolga gelegen, ist UNESCO-Kulturerbe und reich n Kirchen und Klöstern, das bekannteste das Christi-Verklärungs-Kloster.

Die *»Kathedrale auf dem Blut«* in Jekaterinburg. Sie entstand an dem Ort, an dem die Zarenfamilie ermordet wurde, und ist ein Wallfahrtsort der Royalisten.

Novosibirsk – Die aus Ziegeln errichtete Alexander-Newski-Kathedrale ist meist das erste Ziel. Beliebtes Fotomotiv ist auch die pompöse Bahnhofsfassade.

»Swjatitel Nikolai« – Das restaurierte Dampfschiff liegt heute in Krasnojarsk am Ufer des Jenissei. Auf ihm fuhr 1897 Lenin zu seinem Verbannungsort Schuschenskoje in Sibirien.

Irkutsk besitzt mehrere schöne Kirchen; sehenswert etwas außerhalb das Freilichtmuseum Talzy mit 40 alten Gebäuden aus dem alten Sibirien, darunter eine Holzfestung von 1667.

Wladiwostok – Auf seinem Bahnhof steht ein großer Kilometerstein mit der Aufschrift 9288, der Länge der Transsib. Kein Reisender verzichtet auf dieses Fotomotiv.

Die beste Reisezeit

Der ***Juni*** ist ein guter Monat für die Transsib-Tour, insbesondere für Stopps unterwegs. Es ist noch nicht so heiß, die Mücken zählen nicht nach Heerscharen, und es regnet weniger als im Juli und August. Die Landschaft bietet kaum Gründe für bestimmte Jahreszeiten, da die meist flache Taiga über weite Strecken von Nadelbäumen bewachsen ist, die im Herbst keine Laubfärbung bieten. Der landschaftlich attraktivste Teil der Reise verläuft am Baikalsee.

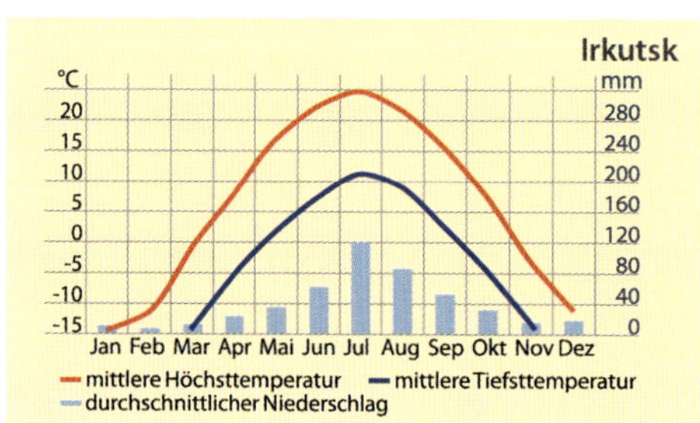

Besondere Tipps

Musik: Der Soundtrack des Musicals »Starlight Express« ist idealer Reisebegleiter. Eine Bühnenfigur, Turnov, repräsentiert die Transsib.
Literatur: Heinz G. Konsaliks »Transsibirien-Express«.
Kleidung: Im Linienzug wechseln die Russen sofort in bequeme Trainingsanzüge, die sie erst am Ende der Reise wieder ablegen. Im Sonderzug »Zarengold« geht's modisch vielfältiger zu.
Info: www.transsibirische-eisenbahn.de, www.trans-sib.de

→ Der Transsib-Express am Baikalsee
→ Kilometerstein im Bahnhof von Wladiwostok und ein Transsib-Speisewagen
↑ Die Zwiebeltürme der Basilius-Kathedrale in Moskau
↑ Tundralandschaft im Frühsommer

9288

Traumziel Norwegen 40

Fjord-Abenteuer mit dem Postschiff

Zweimal im Jahr leuchtet der Norden auf geradezu magische Weise. Zum einen im Winter, wenn das Polarlicht die Dunkelheit bricht. Grün, gelb, rot, blauviolett fluoreszieren da die elektrisch geladenen Teilchen: Elektronen, Protonen und Sauerstoffionen. Von Göttern und Geistern erzählen dann auch die Reiseleiter, vom Herdfeuer der Unsterblichen, von Walküren, die einst über den Himmel ritten, um würdige Helden für Wotans Tafel zu suchen …

Ein ganz anderer, aber auch unwiderstehlicher Zauber geht von den Weißen Nächten im Sommer aus, wenn die Sonne nicht mehr untergehen mag.

Je näher die Dampfer der berühmten Hurtigruten dem Nordkap kommen, desto länger stehen die Reisenden bis in die Nacht an Deck und schauen gebannt auf die Küste. Es ist die Zeit der Trolle, der Kobolde des Nordens. Und es ist die Zeit, alle Facetten dieses wildschönen Landes zu entdecken.

Sie werden noch immer gern Postschiffe genannt, weil sie einst die Briefzustellung zwischen Trondheim und Hammerfest von drei Wochen und im Winter gar von drei Monaten auf ein paar Tage reduzierten. Aber die Post hat sich längst andere, schnellere Wege gesucht. Doch noch immer bringen die Hurtigdampfer Ladung in so winzige Häfen wie Brønnøysund, Finnsnes oder Kjøllefjord.

Viel Zeit an Land bleibt nicht, selten mehr als drei Stunden. Ladung löschen, Ladung aufnehmen, Passagiere ein- und aussteigen lassen, das geht alles ziemlich flott, hurtig halt. Und wer so reizvolle Städte wie Tromsø oder Ålesund nicht verpassen will, muss hin- und zurückfahren. Dann erlebt er jene Häfen, die auf dem einen Weg tagsüber angesteuert werden, auf der Rückreise in der Nacht – aber die ist ja von Mitte Juni bis Mitte Juli fast genauso hell wie der Tag.

Norwegen ist auch als Wanderparadies bekannt. Und es ist, neben der Schweiz, Europas Lieblingsziel für Eisenbahnfreunde aus aller Welt. Sie durchmessen das Land komfortabel und genießerisch zum Beispiel mit der Bergenbahn. Sieben Stunden dauert diese Fahrt, es sei denn, man unterbricht sie in Myrdal, um mit der Flambahn auf der spektakulärsten Strecke Skandinaviens zum Sognefjord zu schaukeln. Und dann wären da noch die Raumabahn, die Dovrebahn und andere feine Züge …

Die Highlights

Bryggen – In die Holzhäuser am Hafen von Bergen, einst Lager- und Wohnquartiere deutscher Kaufleute, ist buntes Leben eingezogen: Restaurants, anspruchsvolle Geschäfte und direkt daneben ein Markt, auf dem frische Meeresfrüchte angeboten werden.

Bergenbahn – Bahnbrechend im wahrsten Sinne des Wortes war die 500 km lange Route zwischen Oslo und Bergen, als sie 1909 eingeweiht wurde. Sie überquert das Hardangervidda, Europas größte Hochebene, und bietet beste Aussichten.

Flambahn – Die weltweit steilste Eisenbahnstrecke auf Normalspur – 20 km von Myrdal (886 m Höhe) zum Dörfchen Flam am Sognefjord – auf Meereshöhe!

Trondheim – Für Nordlandpilger auf dem Olavsweg ist der Nidaros-Dom das Ziel, Norwegens nationales Heiligtum. Für alle anderen die lebhafte Szene in der Altstadt.

Lofoten – Norwegisches Sommermärchen: bizarre Berge, bunte Häuschen an Häfen und auf Felsen. Wer in Rorbuer übernachtet, kommt der Natur am nächsten.

Nordkap – Unbedingt das Infozentrum in der Nordkaphalle besuchen.

Kirkenes – Die Stadt, 10 km vor der russischen Grenze, ist Wendepunkt der Hurtigschiffe.

Die beste Reisezeit

Der kurze Sommer – Mitte Juni bis Mitte August – ist geprägt von sonnigen Tagen, hellen Nächten und nicht selten, vor allem an der Südwestküste, auch von Regen. Außerdem von vollen Zügen, Museen und Restaurants. Auch die Hurtigruten sind in dieser Zeit gut gebucht (oft schon ein Jahr im Voraus!). Ideal sind die letzten Sommerwochen: Schon ***Ende August*** zieht das Land sein Herbstkleid an, das sich mit dem des Indian Summer in Neuengland durchaus messen kann.

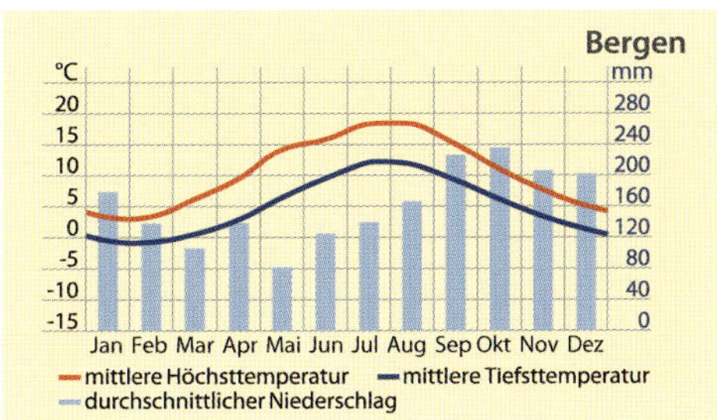

Besondere Tipps

Souvenir: Strickwaren im Norwegerstil kauft man gut in Kunstgewerbeläden (Husfliden genannt) – zum Beispiel im Hinterhof der Bryggenhäuser in Bergen.
Kultur: Das Grieg-Haus bei Bergen ist das ehemalige Wohnhaus des Komponisten, heute ein liebenswertes Museum mit kleiner Konzerthalle.
Küche: In Norwegen wird bodenständig gegessen, viel Fisch (Lachs!), Fleisch vom Rentier und vom Elch. Wer tapfer ist, probiert den Braunkäse aus Ziegenmolke.
Info: www.visitnorway.de

← Die Felsen der Lofoten sind eine Herausforderung für wagemutige Kletterer.
← Durch die Inseln und Schären steuern die erfahrenen Kapitäne der Hurtigruten ihre Schiffe.
← Das Nordkap mit seiner Weltkugel auf der Felsnase
↑ Das Polarlicht bezaubert alle Nordlandfahrer.

Verkannte Schönheit im Norden

Mit einem schlechten Image könnten die Osloer wahrscheinlich besser leben als mit einem nicht vorhandenen. Viele denken bei Skandinavien an das schöne Stockholm oder das leicht verrückte Helsinki. Dabei ist Oslo ein echter Wohlfühlplatz.

Munchs »Schrei« stammt aus Oslo. Die Kathedrale von Oslo schaut auf eine mehr als 800-jährige, sehr lebendige Geschichte zurück. Und die hiesige Oper überzeugt nicht nur weltweit Fans der klassischen Muse, ihre Architektur steht auch für das Bild, das die Osloer von einer modernen Gesellschaft haben: offen für neue Ideen, Einflüsse und Möglichkeiten. Was wie aus dem Grundwortschatz des Humanismus klingt, bricht sich in Oslo Bahn im täglichen Miteinander. Von hier stach Thor Heyerdahl mit der nachgebauten Kon-Tiki in See, woran auch heute noch stolz das gleichnamige Museum und das »Kon-Tiki« Classic Music Fest erinnern. Bei Letzterem laden Musiker aus aller Herren Länder im Maritim-Museum alljährlich im August zu einer musikalischen Reise ein, auf der man neben der exzellenten Akustik vor allem den sensationellen Blick auf den Oslo-Fjord genießt. Und natürlich dreht sich vieles in Oslo um den Winter, das Skifahren und den Holmenkollen. Die Kälte hat angeblich auch die Dramatik des berühmten Henrik Ibsen beeinflusst, dessen renoviertes Wohnhaus man besichtigen kann.

Interaktive Museen, weltweit schwer im Kommen, sind in Oslo fast schon ein alter Hut. Überhaupt ist die lokale Museumslandschaft sehr erfrischend. Bester Beweis ist das Filmmuseum, in dem es allerlei selbst zu bewegen gibt. Wahrscheinlich einmalig auf der Welt dürfte auch das Museum der Kinderkunst sein: Hier werden unter anderem Kunstwerke von Kindern und Jugendlichen aus 180 Ländern präsentiert. Auf wenigen Quadratmetern befindet sich außerdem das Norwegische Museum der Zauberkunst, und im größten Miniaturflaschenmuseum der Welt verteilen sich mehr als 50 000 Flaschen auf drei Etagen.

Wen es aber in die Kälte treibt, der findet hier die schönstmögliche. Im Osloer Winterpark mit seinen Loipen kann man sich in kleinen Hütten mit Tee aufwärmen und dazu ein Kanelbolle (Zimtbrötchen) oder frische Waffeln genießen – himmlisch! Die so erworbenen Kalorien lassen sich bei einem Spaziergang kurz vor Sonnenuntergang durch den Vigeland-Skulpturenpark wieder abtrainieren. Häufig ist Oslo eben das schönere Stockholm.

Die Highlights

Der *Dom* wurde nach einer dreijährigen Renovierung 2010 wieder eröffnet. Besonders die großartige Orgel ist sehenswert.

Der *Vigeland-Skulpturenpark* wurde von dem berühmtem Sohn der Stadt und begnadeten Bildhauer Gustav Vigeland zwischen 1924 und 1943 geschaffen.

Kon-Tiki-Museum – Dem norwegischen Forscher Thor Heyerdahl gewidmet, der mit dem Nachbau von Schiffsbauten bewies, dass die Völker viel früher als gedacht die Meere überqueren konnten.

1963 gebaut, zeigt das *Munch Museum* nicht nur die wichtigsten Werke Munchs als Dauerausstellung, sondern auch gemeinsame Sonderausstellungen mit internationalen Museen.

Filmmuseum – Aud Egede Nissen (»Das Testament des Dr. Mabuse«) findet sich hier ebenso wie Liv Ullmann. Hier wird gezeigt, dass der norwegische Film schon immer besonders war.

Das *Kinderkunstmuseum* ist wohl einmalig in der Welt. Das Museum ist für die Kinder: was sie interessiert, was Teil ihres Lebens ist und was sie selbst an Kunst entwerfen.

Holmenkollen ist die wohl berühmteste Sprungschanze der Welt. Hier gibt es alles über die Geschichte des Wintersports in Norwegen – und einen tollen Blick obendrein.

Die beste Reisezeit

Die beste Zeit für eine Reise nach Oslo ist zwischen ***Mai*** und Anfang ***September***. Trotz der nördlichen Lage sorgt die Wasserströmung für angenehm warme (nur leider nicht sehr lange) Sommer. Dabei sind 25 °C eher die Regel, und die Ostsee schafft es immer öfter, sich über 17 °C aufzuheizen. Die Winter sind wunderschön – wenn man Kälte mag und damit umgehen kann, dass die Sonne dann nur ein paar Stunden am Himmel auftaucht. Eigentlich macht das nichts, denn Oslo bietet viele Alternativen zum Sonnenbaden.

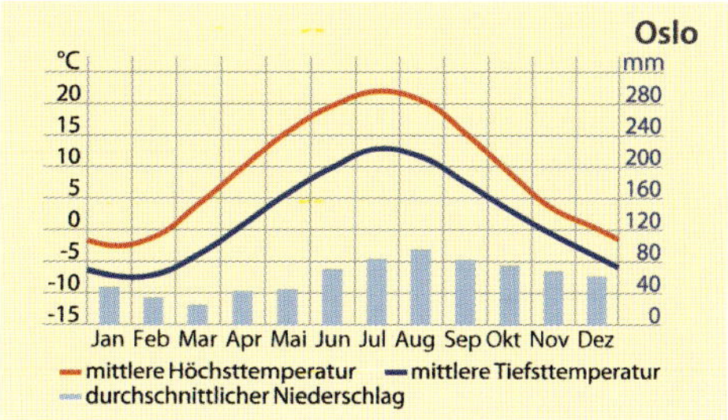

Besondere Tipps

Für den Bauch: Das »Café Celsius« ist das wohl älteste Café-Restaurant in Oslo. Zu Hause ist es in einem Gastraum aus dem Jahr 1626, in dem es spuken soll …
Für Architekturfans: Auf dem sogenannten Vulkangebiet am Westufer des Flusses Akerselv wird neu gebaut. Hier kann man moderne, nachhaltige Architektur hautnah erleben.
Für schlaue Füchse: Wer einen Oslo-Pass besitzt, fährt mit allen öffentlichen Verkehrsmitteln in der Stadt kostenlos, hat freien Eintritt zu Museen und Sehenswürdigkeiten, und erhält weitere Ermäßigungen.
Info: www.visitoslo.com/de

← Grünanlage an der Prachtstraße Karl Johans Gate
← Blick auf das moderne Opernhaus Oslos (2008)
← Der Vigeland-Skulpturenpark
↑ Viele Restaurants befinden sich auf Aker Brygge.

Grüne Stadt am Wasser

Schwedens Zentrum sind 14 Inseln, die über mehr als 50 Brücken miteinander verbunden sind: Stockholm. In der Mitte der über 750 Jahre alten Stadt liegt ein städtischer Nationalpark (Ekoparken), eine Einmaligkeit in Europa. Stockholm ist eine wunderschöne Stadt; um sie zu erkunden, fängt man am besten am Stadshus an. Vom hübschen hohen Turm des Rathauses aus kann man sich gut orientieren. Besonders reizvoll ist die Altstadt Gamla Stan mit ihren verwinkelten Gassen, kleinen Läden und Cafés, Straßenmusikern und Pantomimen. Hier stehen auch das Königliche Schloss und die mittelalterliche St.-Nikolai-Kirche. In der Storkyrkan, wie sie die Schweden nennen, wurden schwedische Könige gekrönt und Prinzenpaare getraut. Im Stadtteil Djurgården liegt das beeindruckende Vasa-Museum. Es beherbergt ein Kriegsschiff, das 1628 schon bei seiner Jungfernfahrt versank. Es wurde gehoben, restauriert und als Zeugnis für Schwedens große Schifffahrtstradition in einen großen Museumsbau gepackt. Zu Stockholm gehört aber auch auf jeden Fall ein Ausflug in die eigene Kindheit. Sicher kennen Sie diese absurde Rechnung: »Zwei mal drei macht vier, und drei macht neune.« – So konnte nur Pippi Langstrumpf rechnen. Im Junibacken auf Djurgården trifft man die bekanntesten Charaktere aus Astrid Lindgrens Büchern. Das Museum ist jedoch nur eines von fast hundert, die in Stockholm ihre Sammlungen präsentieren. Auf Lövon ist das chinesische Schlösschen Kina Slott aus dem 18. Jahrhundert besonders romantisch. Nördlich von Gamla Stan liegt das ehemalige Arbeiterviertel Södermalm. Zum lebendigen Szeneviertel avanciert, gefällt es mit moderner Kunst und Kultur, Gastronomie und Design. Einen starken Kontrast bietet dazu der »Waldfriedhof« Skogskyrkogården. Er ist nicht nur der größte der Stadt, hier liegt auch eine der größten Schauspielerinnen aller Zeiten begraben: Greta Garbo. Schön ist es in Stockholm eigentlich überall. Sei es auf Skeppsholmen im Nationalmuseum oder im Museum für Moderne Kunst, sei es auf Östermalm in der Markthalle, wo seit Ende des 19. Jahrhunderts schwedische Leckereien verkauft und vor Ort genossen werden. Und wie heißt es so passend bei Pippi Langstrumpf? »Alle groß und klein, lad ich zu mir ein.« Nehmen Sie die Einladung doch zur Sommersonnwende an, wenn zum Midsommar rund um den 21. Juni eine Art schwedischer Maibaum geschmückt, getanzt, gefeiert wird und schwedische Spezialitäten aufgefahren werden: Kartoffeln, Heringe, Erdbeeren und Schnaps dürfen dabei nicht fehlen.

Die Highlights

Ekoparken – Die grüne Lunge Stockholms und wohl der einzige Nationalpark in Europa, der mitten in einer Großstadt liegt.

Gamla Stan – Obwohl fast schon zu Tode fotografiert, ist und bleibt die Altstadt eines der schönsten städtebaulichen Ensembles in Skandinavien.

Vasa-Museum – Man kann mit der Tram hinfahren, aber auch mit dem Boot von der Altstadt übersetzen, was viel schöner ist. Wenn man den dunklen Bau betritt und plötzlich vor dem opulenten Schiff steht, ist man unweigerlich absolut fasziniert.

Junibacken – Auch wenn es um Astrid Lindgren geht, alles andere als Kinderkram. Versteht man Astrid Lindgren, dann versteht man die schwedische Gesellschaft.

Schloss Drottningsholm – Hier ist die Königsfamilie zu Hause. Das Ensemble gehört wegen des reizenden chinesischen Schlösschens Kina Slott und dem barocken Schlosstheater zum UNESCO-Welterbe.

Skogskyrkogården – Auf dem Stockholmer Friedhof liegt Greta Garbo. Der idyllische Friedhof gehört zum UNESCO-Welterbe.

Östermalmhalle – Die Markthalle aus Backstein und Gusseisen lockt als Fresstempel Stockholmer und Touristen an.

Die beste Reisezeit

Stockholm ist im Grunde zu jeder Jahreszeit schön, besonders reizvoll ist es aber im ***Juni*** und ***Juli***, wenn die Tage unendlich lang sind und das Thermometer im Mittel über 20 °C steigt. Die Badesaison dauert bis Ende ***August***, in diesem Monat bietet zudem alljährlich eine knappe Woche lang das Kulturfestival in der Hauptstadt kostenlos Kunst und Kultur für alle. Im Winter ist es in Stockholm dunkel, aber nicht allzu kalt bei durchschnittlich etwa minus 3 °C.

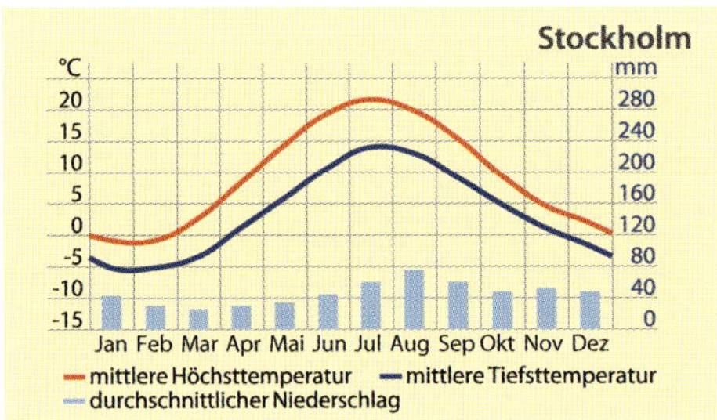

Besondere Tipps

Für Traditionsbewusste: Im Freilichtmuseum Skansen auf Djurgården stehen historische Bauernhäuser und andere Gebäude aus allen Teilen Schwedens. Das Museum wird u. a. mit Konzerten und Festen (auch zu Mittsommer) bespielt.
Für Sportliche: Der Stockholmer Stadtmarathon führt alljährlich im Juni durch eine sehr reizvolle Umgebung.
Für spannende Leseabende: Maj Sjöwall und Per Wahlöö gelten als die »Eltern« des skandinavischen, sozialkritischen Kriminalromans. 1965 erschien der erste ihrer zehn Krimis um Kommissar Martin Beck.
Info: www.visitstockholm.com

→ Gamla Stan, Stockholms Altstadt, liegt auf einer Insel.
→ Im Sommer findet das Leben draußen statt.
→ Das Vasa-Kriegsschiff im Vasa-Museum
↑ Männer in Tracht stellen einen Mittsommerbaum auf

HAVFRUEN

Traumziel Kopenhagen 43

Das Herz von Dänemark

Die Sängerin Gitte, der Vergnügungspark Tivoli und Königin Margarethe in Schloss Amalienborg sind wohl den meisten durchaus bekannt. Mitnichten aber kennt man damit Kopenhagen. Die Hauptstadt der ältesten Monarchie der Welt zeichnet sich durch eine Vielzahl an Schlössern ebenso aus wie durch jede Menge Angebote für Genießer. Und Barrierefreiheit bei der Stadtgestaltung wurde hier schon vor fast 400 Jahren großgeschrieben. Den besten Rundumblick gibt es auf dem Runden Turm, zu dessen Spitze aber keine Treppe und kein Aufzug führt, sondern ein Wendelgang. Und ein bisschen ist das typisch für die Kopenhagener. Sie haben immense kunsthistorische Schätze zu bieten, vom Rathaus, das durch die italienische Renaissance inspiriert wurde, über das Schloss Christiansborg, bis zur St.-Petri-Kirche, die schon seit 1587 für die deutsche Gemeinde reserviert ist. Andererseits leben sie auch im Hier und Jetzt. Und das macht sich auch städtebaulich bemerkbar. Der »schwarze Diamant«, der futuristische Zubau der Nationalbibliothek, wirkt, als wäre er dem iPad gewidmet. Dänisches Design hat Weltruf – und das kann man hier hautnah erleben.

Die Sommer genießen die Kopenhagener unbeschwert am Amager Beach, einem echten Sandstrand. Purer Luxus mitten in der Stadt – den sich fliegende Getränkehändler gerne vergolden lassen. Allgemein ist die Fast-Food-Kultur bemerkenswert, wenn auch kein Kulturgut. Ein Hotdog ist für manche Dänen wie ein Drei-Sterne-Menü. Und wenn man bei der Bestellung »Med det hele« sagt, wird man zwar nicht für einen Dänen gehalten, bekommt aber alles Mögliche an Zutaten (Sauce, Gewürze etc.). Da stimmt die Qualität!

Die Jungen und Hippen verbringen ihre Abende vor allem in Norsbro, einem angesagten Viertel, in dessen Bars man gut ein Gläschen trinken kann, wo aber auch gerne und viel getanzt wird. Ein außergewöhnliches Ereignis ist im Sommer auch das Jazz-Festival, das größte seiner Art in Europa. Immer in der ersten Juliwoche kommen an mehr als hundert Orten in der ganzen Stadt die Künstler zusammen, um mehr als 1000 Konzerte zu geben. Wer dem nichts abgewinnen kann, kauft sich ein Bier, spaziert einmal die Langelinie, die Uferpromenade, hin und zurück, grüßt dabei die nur 1,25 Meter kleine Meerjungfrau und lässt dann die Füße ins erfrischende Wasser hängen. Nicht selten ergibt sich bei dieser Gelegenheit das eine oder andere Gespräch mit dem dänischen Sitznachbarn. Das ist Kopenhagen.

Die Highlights

Schloss Christiansborg wurde durch 800 lange Jahre, Kämpfe, Brände und mehrfachen Wiederaufbau zum Abbild der Geschichte der Dänen.

Der *Runde Turm* wurde eigentlich als Sternwarte vor einigen Hundert Jahren errichtet und bis 1861 als solche genutzt. Heute bietet der Turm die beste Aussichtsmöglichkeit über Kopenhagen.

Die *Kleine Meerjungfrau* ist nur 1,25 m groß, aber durch den Märchenautor Hans-Christian Andersen weltbekannt. Wenigstens einmal muss man sie gesehen haben.

Die *St.-Petri-Kirche* ist nicht nur das Zentrum der deutschsprachigen Christen in Kopenhagen, sondern architektonisch und kulturhistorisch außerordentlich spannend und schön.

Der schwarze Diamant, der von den dänischen Architekten Schmidt, Hammer und Larssen entworfen wurde, wurde 1999 eröffnet und enthält auch das Buchmuseum und ein Café.

Tivoli ist der älteste Vergnügungspark in Europa. Trotz Facelift wurde der Charme erhalten – ein paar alte Fahrgeschäfte auch.

Der *Amager Beach* bietet Copacabana-Feeling an der Ostsee – wenn man auf Sommerhitze und Tänzerinnen verzichten kann. Auf jeden Fall immer gut, um Kopenhagener zu treffen.

Die beste Reisezeit

Die optimale Reisezeit ist von ***Mai*** bis ***Oktober***, denn dann kann Kopenhagen durchaus sommerliche Zeiten erleben. 30 °C sind im Juli und August schon mal drin. Insgesamt ist das Wetter in Dänemark jedoch recht kühl und niederschlagsreich, Kopenhagen erreicht eine Durchschnittstemperatur von nur 8 °C und 159 Tage Niederschlag im Jahr. Und richtig bitterkalt wird es, wenn die Ostsee anfängt zuzufrieren. Dann wehen eiskalte Winde. Mit Schnee muss man normal aber an kaum mehr als 30 Tagen rechnen.

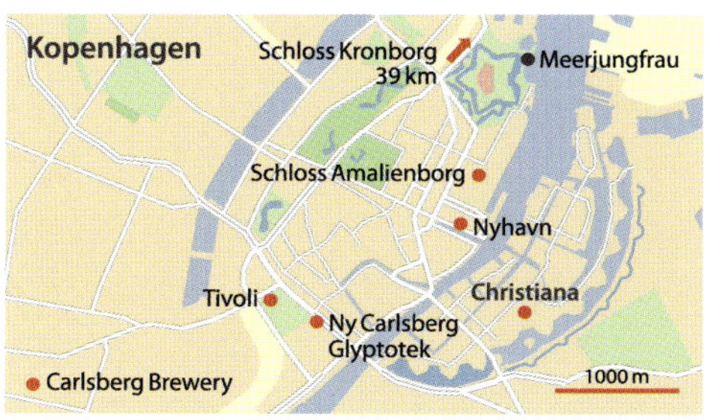

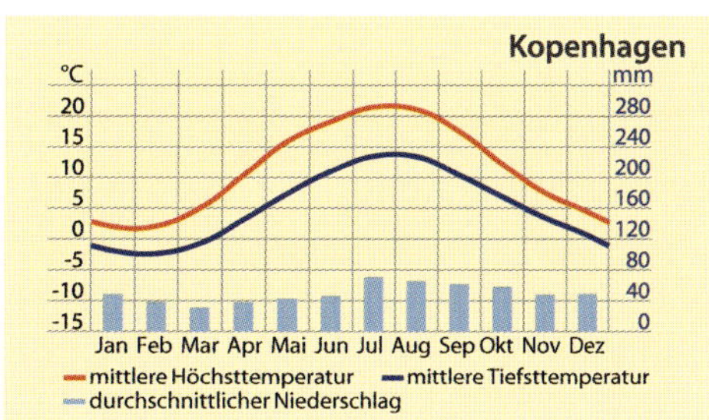

Besondere Tipps

Zum Übernachten: Das CPH Living Hotel im Zentrum Kopenhagens bietet ganz besondere Erlebnisse. Die modernen Zimmer mit den raumhohen Fenstern gehen direkt aufs Wasser; vom Sonnendeck aus hat man einen atemberaubenden Blick auf die Stadt.

Zum Lesen: Jussi Adler-Olsen: »Erbarmen«. Zweifellos einer der besten dänischen Krimiautoren.

Zum Essen: »Nimb Bar and Grill«, Eingang Bernstorffsgade. Hier gibt es eine kleine, aber feine Auswahl an Speisen. Die Fischvariationen sind sensationell, aber auch der Hotdog in seiner ganzen Frische lohnt sich.

Info: www.visitcopenhagen.de

← Typische Architektur am Nyhavn

← Blick auf den Schlossplatz mit Frederick-V.-Monument

↑ Wachen stehen vor der königlichen Amalienborg.

Traumziel Bornholm 44

Kindersommer auf der Märcheninsel

Wer vor 30 Jahren zuletzt auf dieser kleinen Ostseeinsel war, die näher an Schweden liegt als am Mutterland Dänemark, wird keine Mühe haben, sich zurechtzufinden: Alles – fast alles – bleibt auf dem Granitfelsen voller kleiner Wunder verlässlich, wie es immer war: die bunten Häuser in den Gassen der Bilderbuchstädtchen an der Ostküste, der Kuchen in den Dorfbäckereien, der Inselkobold Krølle-Bølle, der Eisbuden ziert und in der Inselzeitung auf der Titelseite das Wetter voraussagt. Die Touren zu Keramikern und Malern, zu Bildhauern und Glasbläsern, die auf ihren »hyggeligen«, das heißt gemütlichen, Höfen werkeln, die Konzerte in den Rundkirchen. Die Radtouren auf den Trassen der ehemaligen Kleinbahn, von denen aus die Segelboote plötzlich über den Wiesen zu schweben scheinen, wo »das Meer zur zweiten Landschaft wird, es liegt tief unter den Hügeln«, wie der Dichter Hans Henny Jahnn gesagt hat, der hier im Exil lebte.

Ein paar Änderungen wird man aber doch in Kauf nehmen müssen: Die Heringe, frisch aus der Hand gegessen vor den weiß geschlämmten Räuchereien, sie kommen kaum noch aus den Gewässern vor der Haustür. Die sind weitgehend leer gefischt. Und im nach wie vor kuscheligen Hauptstädtchen Rönne gibt es nun sogar McDonald's. An der Südküste hat sich, sozusagen zum Ausgleich, ein Feinschmeckerrestaurant, das »Kadeau«, etabliert. Und das erste große Wellness-Spa (im Hotel »Griffen« zu Rönne) erfreut sich munteren Zuspruchs.

Noch mehr Neumodisches? Nicht, dass ich wüsste … Die alte Pferdestraßenbahn zuckelt samstags wie eh und je durch Svanekes Gassen. Am langen Strand von Dueodde, einem der feinsandigsten und schönsten in ganz Europa, staunen die Premierenurlauber immer noch, wie viel Platz hier jeder hat, sogar in der Hochsaison.

Bornholm hat es geschafft, bei sich zu bleiben, die Massen außen vor zu lassen, die Ferienhausfamilien und die Urlauber in den vorwiegend kleineren Pensionen jeweils nach ihrer Fasson selig werden zu lassen. Die Insel bietet ein abwechslungsreiches Programm in Kirchen und Museen, das der vielgestaltigen Natur und den unterschiedlichen Neigungen der Urlauber entspricht. Kein Wunder, dass aus staunenden Neubornholmern häufig Stammgäste werden.

Die Highlights

Leuchtturm von Dueodde – Wer 196 Stufen klettert, kann aus 47 m Höhe den Blick auf Meer, Dünen und den breiten Grüngürtel genießen.

Rundkirchen – Die vier stammen aus dem Mittelalter und sind Symbole der Insel. Die Österlarskirke im Osten ist die größte, die Nykirke im Süden die kleinste, die Olskirke im Norden hat einen besonders schönen Taufstein und die Nylarskirke im Inselinnern die beste Akustik.

Rønne – Wie Küken um die Glucke scharen sich die Häuser in der Altstadt um die »Hauptstadtkirche« Sct. Nicolai. Das kleinste Haus: Vimmelskaftet 11.

Svaneke – Vielen gilt das östlichste Städtchen Dänemarks als schönstes der Insel. Im Mittelpunkt: der Hafen und der Marktplatz mit kleiner Bonbonmanufaktur, Glasbläserei und urigem Brauereilokal.

NaturBornholm heißt ein spannendes Museum im Herzen der Insel: ein lehrreiches Erlebniszentrum, geleitet von Biologen und Botanikern.

Hammershus – Einst Machtzentrum von Erzbischöfen, Königen und Lübecker Handelsherren, heute Skandinaviens größte Burgruine.

Helligdommen Kunstmuseum – Nordische Kunst, vorwiegend von Bornholmer Kreativen, zeigt dieses Haus an der nördlichen Ostküste.

Die beste Reisezeit

Die Kenner schwören eigentlich auf die Vorsaison, wenn sich die Insel in leuchtendem Rapsgelb und frischem Grün zeigt. Aber wer auf Schulferien angewiesen ist, muss in der Hochsaison weder Massen noch Hitze fürchten, nur hohe Preise für Ferienhäuser und Fährfahrten. Die Tagestemperaturen im ***Juli/August*** liegen um die 21/22 °C, Wind ist die Regel. Auf höhere Wassertemperaturen als 17 bis 19 °C darf man auch im Hochsommer nicht hoffen.

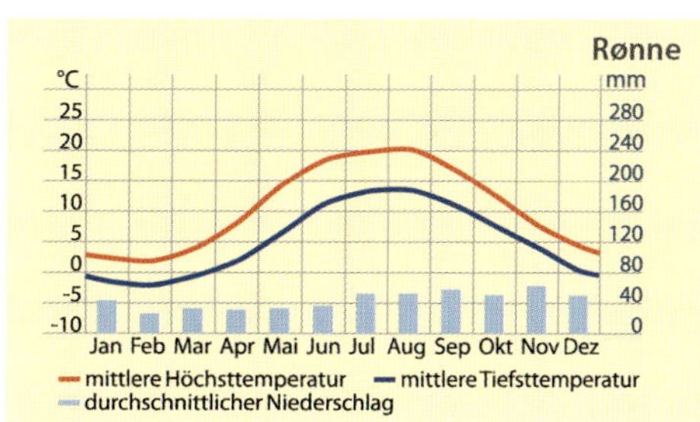

Besondere Tipps

Christiansø und Frederiksø: zwei Inselchen östlich von Bornholm, ein oder zwei Stunden mit dem Schiff entfernt. Die Insulaner sind stolz auf ihre Autonomie und ihre fröhlich-eigenwilligen Marotten.

Aarsdale: Hafendorf nördlich von Nexø mit »arbeitender« historischer Windmühle und einer guten Räucherei.

Literatur: Die Bücher von Martin Andersen Nexö, etwa »Pelle der Eroberer« (verfilmt), handeln vom früheren harten Leben der Fischer und Bauern auf Bornholm.

Info: www.bornholm.info

← Der Strand der Dünen von Dueodde im Süden der Ostseeinsel ist so fein, dass er früher für Sanduhren benutzt wurde.

↑ Niedliche rote Häuser und viel Platz für Kinder – ideal für Familienferien

↑ Frisch geräucherter Hering, eine Spezialität Bornholms

Traumziel Englands Süden

Puppenstuben am Golfstrom

Das wahre England liegt in der Provinz. *Countryside* sagen die Briten. Und meinen damit, dass dort alles konservativ, betulich und beschaulich ist. Vor den Bauernhöfen weisen handgeschriebene Tafeln auf »Eier von freilaufenden Hühnern«, »Kartoffeln aus neuer Ernte« und »saftige Äpfel« hin. Die Pferde spielen auf ihrer Koppel, Schafe und Kühe grasen auf sattgrünen Weiden. Und die Menschen tragen Kleidung nach Art des britischen *bad taste*: giftgrüne Trainingsjacken aus Glitzerpolyester zu grauen(vollen) Hosen. Man bleibt ja unter sich. Lebt sein Leben auf dem Land. In Cornwall hat keine Gemeinde mehr als 20 000 Einwohner.

Aber es gibt natürlich auch Grafschaften mit Großstädten wie Bristol, Southampton oder Bournemouth. Und es gibt Bath, eine Thermenstadt wie ein bewohntes Freilichtmuseum mit dem architektonischen Glanzlicht Royal Crescent.

Stonehenge lockt dagegen die Esoterikgemeinden aller Länder an. War es schon vor 5000 Jahren ein energetischer Kultplatz oder ein Observatorium, wie mancher aufgrund der Ausrichtung der Steine meint? Die genaue Nutzung ist bis heute ungeklärt.

Devon hat Städte wie Exeter und Plymouth mit starker Wirtschaftskraft und Industrie, während die Ortschaften im Dartmoor wie aus einer anderen Welt wirken. Schieferfassaden, Reetdächer, alles ein bisschen windschief, kennzeichnen Weiler mit Namen wie Hexworthy. Einspurige Wege schlängeln sich durch die unwirtliche und zugleich sanfte Moorlandschaft. Und nur zwei größere Straßen kreuzen dieses neblig-kühle Feuchtgebiet. Sie treffen sich bei Two Bridges. Die kleinen Brücken überspannen den West Dart River, der südlich nach Dartmouth fließt und in den Ärmelkanal mündet. Dort, wo der Golfstrom die Heizung ist, die dem Leben an der südenglischen Küste Wärme und Wonne gibt. Dort, wo schroffe Klippen aufragen, wie um Land's End und bei den Bedruthan Steps oder an jener sagenumwobenen Tintagel-Festung von König Artus.

Gleich daneben pfeifen hoch über dem Meer riesige Windräder, vermengen sich mit dem schrillen Geschrei der Möwen, die in kleinen Häfen wie Mousehole um jeden Fischkopf streiten. Dort spürt man: In dieser Region ist eine Gesellschaft zu Hause, die in der Seefahrt Geschichte geschrieben hat.

Die Highlights

Bristol ist mit 500 000 Einwohnern eine Großstadt mit hochgotischer Kathedrale und einer berühmten Kneipe: Im »Llandoger Trow« sollen sich Daniel Defoe Inspirationen für seinen »Robinson Crusoe« und Robert Louis Stevenson für seine »Schatzinsel« geholt haben.

Bath, seit 1987 UNESCO-Weltkulturerbe, gehört zu den Höhepunkten in Großbritannien. Herausragend sind die klassizistische Reihenhausstraße Royal Crescent, die Abbey und die römischen Bäder.

Stonehenge gehört zu den berühmtesten Kultstätten weltweit. Das Weltkulturerbe wird auf rund 3000 v. Chr. datiert.

Glastonbury – Am letzten Juniwochenende findet jährlich das Glastonbury Festival of Contemporary Performing Arts statt, eines der größten Open-Air-Festivals mit bis zu 200 000 Besuchern.

Bournemouth bietet Englands besten feinsandigen Strand.

Torquay ist vielleicht das berühmteste Seebad, umrahmt von steilen roten Klippen, an die sich schnuckelige Häuschen schmiegen, die von üppigem Grün umgeben sind.

Cornwall mit Land's End und König Artus' Tintagel Castle ist landschaftlich eine der schönsten Gegenden der Insel und Schauplatz fast aller Rosamunde-Pilcher-Romane.

Die beste Reisezeit

Bis Mai ist das Wetter noch unsicher, ab Juli beginnen die großen Sommerferien, und die kilometerlangen Kieselstrände von Sussex, Dorset und auf der Isle of Wight füllen sich genauso wie die kleinen Buchten von Devon und Cornwall. Also erweist sich die goldene Mitte ***Juni*** als praktischer Reisemonat mit für britische Verhältnisse angenehmen 17 °C Luft-, aber immer noch 13 °C Wassertemperatur. Dafür bietet der Juni mit nur zwölf Regentagen und durchschnittlich sieben Stunden Sonne Jahresbestwerte.

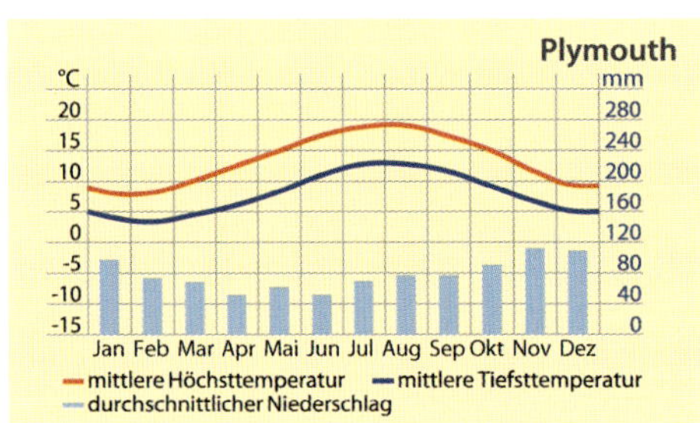

Besondere Tipps

Unbedingt probieren: Pasties, nicht zu verwechseln mit Pastries aus der Konditorei. Die Teigtaschen sind mit Gemüse, Kartoffeln und Rindfleischstückchen gefüllt. Vorteil: kann man ohne Teller und Besteck essen!

Literatur: Ein Rosamunde-Pilcher-Roman und ein Agatha-Christie-Krimi mit Miss Marple vermitteln Romantik- oder Gruselaune, in jedem Fall aber echte Südenglandatmosphäre.

Souvenir: In Craft Shops wird man schnell fündig, wenn man Krimskrams liebt.

Info: www.visitbritain.com

→ Blühendes Heidekraut auf den Klippen und ein paar Felsen im Meer – das ist Englands Südwesten!

↑ Cottages am Gold Hill

↑ Ebenfalls typisch für Südengland ist der Fünf-Uhr-Tee mit ein paar leckeren Scones.

O'NEILL'S BAR & RESTAURANT

Traumziel Irlands Westen 46

Wild Coast

Auf dem Weg von Shannon Airport Richtung Westen, wo Ortschaften wie Connemara, Achill und Mullet auf zerklüfteten Ausbuchtungen wild in den Atlantik hineinragen, kommt dem Reisenden Heinrich Bölls »Irisches Tagebuch« zügig entgegen. Die Hafenstadt Galway liegt im Regen, dann reißt der Himmel urplötzlich auf. Lichtverhältnisse, und zwar traumhafte, wechseln hier innerhalb von Sekunden. Wer mit der Kamera nur einen Moment zögert, verliert sein Motiv. Allerdings gibt es davon Unmengen, hinter jeder Ecke. Wer vom irischen Seebad Clifden der Küstenstraße folgt, steht aus diesem Grund eher mehr auf der Bremse als auf dem Gas.

Für Claire, die Wirtin des »Hoban's« im hübschen Küstenstädtchen Westport, ist deutsches Pils vom Fass einsame Spitze, und Guinness, *the black stuff*, nur dicke Suppe. 53 Kneipen gebe es hier für 4500 Einwohner, sagt sie. Nördlich von Westport malt das Dubliner Großstadtgewächs Jimmy Lawlor, was der Künstler »The Irish Feel« nennt, irische Landschaftsmelancholie vermischt mit surrealem Touch.

Anderthalb Fahrstunden nordwestlich biegt hinter der Brücke, die Achill Island mit dem Festland verbindet, der legendäre Atlantic Drive ab. Das folgende Szenario könnte dem Fahrer leicht ins Lenkrad greifen: Zerklüftete Steilwände und himmelwärts strebende Felssäulen stehen, umspült von grünlich brodelnden Strudeln und weiß tosender Brandung, im Stahlblau der See. Ein einsamer Fischtrawler dort draußen und blökende Schafe auf sattgrünen Wiesen.

Um die nächste Kurve erinnert die Achill Life Boat Station, welche Dramen sich draußen abspielen können, wenn der Himmel nicht blau, sondern schwarz ist. Böll schreibt: »An diesem Punkt der Küste, dessen Schönheit weh tut, weil man an sonnigen Tagen dreißig, vierzig Kilometer weit blicken kann, ohne eines Menschen Haus zu sehen: nur Bläue, Inseln, die nicht wahr sind, und die See.« Touristen, so der Autor, würden die kurvige Fahrt an sonnigen Tagen mit einem Schaudern genießen: Eine Unachtsamkeit auf der schmalen Fahrstraße, und das Auto erleide Schiffbruch an den Klippen tief unten, wo manches Schiff schon zerschellt sei.

Die Orte heißen hier draußen Polrunni, Dooega oder Geesala. In Doogort, zu Füßen des Slieve More (700 Meter), der wie ein Vulkankegel aus der schäumenden See sticht, wohnt Böll heute irgendwie noch. Nicht wirklich, natürlich, aber sein Geist schwebt ganz sicher über seinem reetgedeckten Cottage auf Achill Island, das durch die Heinrich-Böll-Stiftung in Köln an junge Künstler auf Zeit vermittelt wird. Bei wem sich in dieser wildschönen Umgebung die Inspiration dennoch nicht einstellen mag, dem ist nicht mehr zu helfen.

Die Highlights

Ballynahinch Castle – Das Schloss aus dem 16. Jh. liegt inmitten einer Märchenlandschaft am Salmon River und ist heute eine urtümliche Herberge.

Kylemore Abbey – Das Benediktinerkloster am Kylemore Lake, Connemara, beeindruckt mit antikem Interieur, Bildergalerien sowie dem kunstvollen Victorian Walled Garden.

Im *Connemara National Park* ist der Benbaun mit knapp 1000 m der höchste Gipfel der Twelve Pins.

Clifden – Das entzückend romantische Seebad liegt gleich neben den Twelve Pins und ist Ausgangspunkt für Touren in die Umgebung.

West-Coast-Inseln – Bildschön, aber rau: Inishbofin, Clare Island, Inishturk, Inishmore, Inishmaan, Inisheer und Caher Island warten auf abgehärtete Naturwalker.

Deserted Village – Seine Ruinen erinnern an schwierige Zeiten, die viele Iren zu Auswanderern machten. Das Dorf liegt nur einen Steinwurf von Doogort auf Achill Island entfernt.

Mullet – Wer auf dem Friedhof der Halbinsel, an der Saint-Deribles-Quelle, sitzt und auf die mächtigen Felswände Achills jenseits der Bucht und die vorgelagerten Eilande Duvillaun More, Black Rock und Inishkea blickt, findet nur schwer den Weg nach Hause zurück.

Die beste Reisezeit

Zwischen Mai und September kann man mit dem Wetter Glück haben in Irland, aber Regenschauer und frische Windböen gehen, besonders an der rauen Westküste, fast immer über das Land. Ab ***Mitte Mai bis Ende Juni*** lässt sich der Wettergott am erfolgreichsten herausfordern, wenn sich Irlands traumhafte Landschaften in ihrer reinsten Erscheinungsform zeigen: weitgehend leer. Wer zu einem späteren Zeitpunkt die Schulferien erwischt, läuft Gefahr, auch hier im stockenden Blech viel Zeit zu vergeuden.

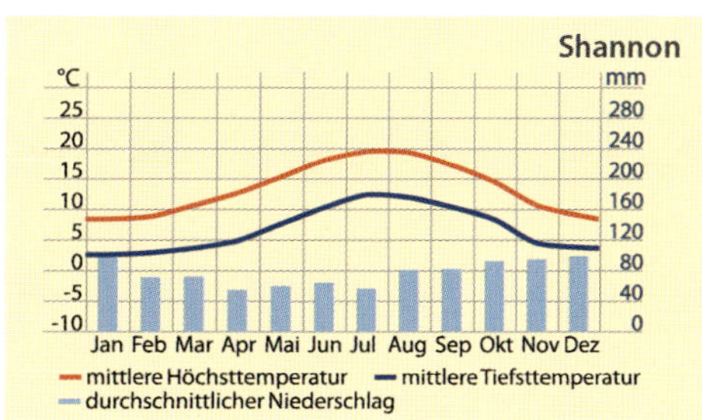

Besondere Tipps

Übernachtung: Empfehlenswert sind Irlands Bed & Breakfast-Herbergen, die bei einem opulenten irischen Frühstück auch noch die besten Reisetipps liefern.
Im Schloss: Ballynahinch Castle, www.ballynahinch-castle.com.
Literatur: Heinrich Bölls »Irisches Tagebuch«.
Für Kunstschaffende: Heinrich-Böll-Cottage im Künstlerprogramm der Heinrich-Böll-Stiftung Köln, www.heinrich-boell.de.
Info: www.gruene-insel.de/irland

← Heinrich Bölls Achill Island in der Provinz Mayo
← »O'Neill's Restaurant & The Bull Rock Pub« in Allihies auf der Beara Peninsula
← Reiterinnen auf der Küstenstraße Ring of Kerry
↑ Eine der Attraktionen von Connemara ist die Kylemore Abbey am Kylemore Lake.

Traumziel Edinburgh 47

Raue Schönheit im Norden Europas

Auch wenn Glasgow größer ist, die Historie spricht eindeutig für Edinburgh. Immerhin ist es seit 1437 die Hauptstadt von Schottland. Oberhalb der Stadt thront auf dem Castle Rock das mächtige Edinburgh Castle. In der alten Festungsanlage der schottischen Könige können heute die schottischen Kronjuwelen besichtigt werden. Vom Sitz der ehemaligen Herrscher führt die Royal Mile bis zum Holyrood Palace, zur aktuellen Residenz der britischen Königin. Genau gegenüber steht hier, am unteren Ende der Royal Mile, auch das Zentrum republikanischer Macht: das schottische Parlament.

Edinburghs Innenstadt lässt sich ganz klar in alt und neu aufteilen. Der neuere Teil, die New Town rund um die Princes Street, wurde von dem Architekten James Craig 1766 am Reißbrett geplant und umgesetzt. Nirgendwo in Schottland findet man schönere georgianische Architektur. Kunstfreunde zieht es hier zudem in die National Gallery of Scotland, um Meisterwerke unter anderem von Jan Vermeer, Tizian und William Turner zu bewundern. Den besten Blick über die New Town hat, wer auf den Arthur's Seat steigt – auch wenn die gute Kinderstube es verbietet, auf Stühle zu klettern. Tatsächlich ist dieser 250 Meter hohe »Stuhl« jedoch ein schon lange erloschener Vulkan und der höchste Berg in Edinburgh. Den Reiz der Stadt macht gerade der Gegensatz von sehr alter und relativ neuer Architektur aus. Am deutlichsten wird dies wohl beim direkten Vergleich zwischen der St. Giles Cathedral, deren Ursprünge im 9. Jahrhundert liegen, und auf der anderen Seite der St. Mary's Cathedral aus dem frühen 19. Jahrhundert. Architektonisch hat Edinburgh mit Sir Terence Conrans Shopping- und Entertainmentkomplex Ocean Terminal den Anschluss an die Moderne gefunden. Dort, im Stadtteil Leith, kann man zudem die ehemalige Königsjacht »HMY Britannia« im Hafen besichtigen. Interessierte zieht es in das »Alltagsmuseum« The People's Story, Genießer in das Whisky-Museum oder in die Natur, sei es in die schottische Hochebene oder den Royal Botanic Garden. Im August verwandelt das Edinburgh Festival »Fringe« die Stadt in eine Art offenen Zirkus. Das einzigartige Festival ist weltweit das größte seiner Art. Von großen Namen bis zu noch unentdeckten Talenten tummeln sich Künstler auf den Straßen, in Theatern und Pubs, um mit Comedy, Musicals, großer Oper und vielem anderen mehr zu unterhalten. Wann immer und warum man nach Edinburgh kommt, mit einer Herausforderung wird man stets zu kämpfen haben: Selbst wer im Englischen sattelfest ist, muss schon sehr genau hinhören, um den Dialekt der Einheimischen zu verstehen.

Die Highlights

Edinburgh Castle – Seine Entstehungsgeschich-te umspannt über 400 Jahre, von der St. Margaret's Chapel aus dem 12. Jahrhundert bis zur Großen Halle von 1510.

National Gallery of Scotland – In der Galerie und im angeschlossenen Royal Scottish Acade-my Building geht jedem Kunstfan das Herz auf.

The Scotch Whisky Experience Tour – In diesem Museum erfährt man Unterhaltsames über Geschichte und Produktion des Whiskys und darf verschiedene Sorten verkosten.

Arthur's Seat – Den Hügel im Zentrum der Stadt kann man per pedes erobern oder montags bis samstags mit dem Auto umrunden. Die Aussicht ist großartig.

Princes Street – In Edinburghs führender Einkaufsstraße bietet sich ein schöner Blick auf die Silhouette der Altstadt. Erholung bieten die Princes Street Gardens.

Royal Botanic Garden Edinburgh – Bei Inverleith bietet der über 70 ha große Botanische Garten Ruhe und das hübsche Terrace Café.

The People's Story – Das außergewöhnliche Museum widmet sich Edinburghs Alltag vom 18. Jahrhundert bis heute.

Die beste Reisezeit

Edinburgh hat ein gemäßigtes Klima mit relativ milden Wintern und kühlen Sommern. Im kältesten Monat Januar liegt die statistische Tiefsttemperatur bei 1 °C, im Juli klettert das Thermometer im Durchschnitt auf 19 °C. Am schönsten ist das Wetter zwischen ***Mai*** und ***September***, mit Regen muss man jedoch während des ganzen Jahres rechnen. Besonders reizvoll sind im Sommer die langen Tage, an denen die Abende endlos scheinen. Im dunklen, kalten Winter ist in der Stadt so viel los, dass sich ein Besuch auch dann lohnt.

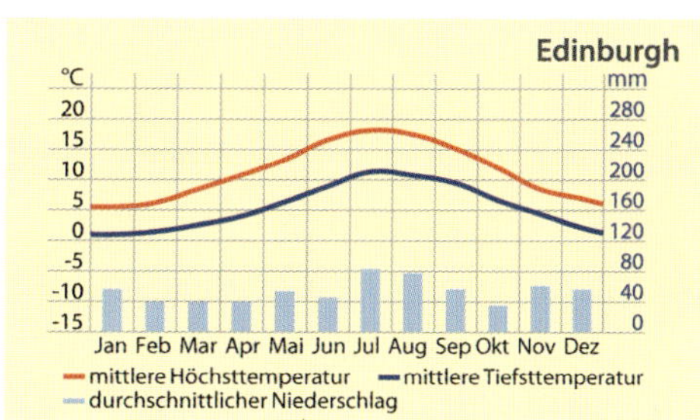

Besondere Tipps

Für Traditionalisten: Beim »Edinburgh Military Tattoo« im August vor dem Edinburgh Castle treten vor allem Militärbands auf, darunter viele Kapellen mit traditioneller Dudelsack- und Trommelmusik sowie schottische Tanzgruppen. Schottlands größtes Musikfestival ist wie das »Fringe« Teil des Edinburgh Festival.

Für Musikfans: Im Pub »The Royal Oak« nahe der Royal Mile treten jeden Abend Musiker auf.

Für müde Häupter: Direkt an der Royal Mile bietet das schöne Balmoral Hotel Luxus pur. Wenigstens einen Cocktail in der Balmoral Bar sollte man sich gönnen.

Info: www.edinburgh.org

← Edinburgh Castle, der Turm des Balmoral (rechts)
← Traditionell schottische Musiksession im Pub
← Mit Kilt und Dudelsack beim »Military Tattoo«
↑ Blick auf das »Fringe Festival« im Holyrood Park

Traumziel Brüssel 48

Europas facettenreiche Hauptstadt

Die Metropole ist ein Treffpunkt der Kulturen: von belgischen Flamen und Wallonen, von Bürgern aus ganz Europa, von Einwanderern aus Afrika und vielen anderen Teilen der Welt. Brüssel ist eine Verwaltungs- und Industriemetropole, aber auch eine Stadt der Kunst mit herausragenden Sammlungen und bedeutenden Kunstmessen. Belgiens Hauptstadt muss in Europa leider oft als Synonym für dröge Europabürokratie herhalten, jedoch könnte das Brüsseler Lebensgefühl davon nicht weiter entfernt sein. Nicht nur der klassischen Kunst, auch der Comickunst widmet man hier ein ganzes Museum und riesige Wandgemälde an Häuserfassaden entlang der »Comic Strip Route«.

In der Architektur haben über tausend Jahre wechselvolle Stadtgeschichte ihre Spuren hinterlassen: Bei einem Bummel durch die Innenstadt entdeckt man die mittelalterliche Porte de Hal, die gotische Kathedrale St. Michael und St. Gudula und wunderschöne Art-nouveau-Häuser. Weltweit einmalig ist das barocke Ensemble an der Grande Place, die alle zwei Jahre im August vom »Tapis des Fleurs« aus Millionen Blumen bedeckt wird. Das weltberühmte, kürzlich von Grund auf sanierte Atomium ist längst zu einer Architekturikone der Moderne avanciert, das Europäische Parlament tagt in einem postmodernen Glasbau.

Doch in Brüssel pflegt man nicht nur politische Beziehungen, sondern auch das gute Leben mit Musik und köstlichem Essen. In zahllosen Clubs gedeiht eine hervorragende Musikszene von Jazz bis Electronic. Und selbstverständlich ist kein Brüssel-Besuch perfekt, ohne wenigstens einmal ausgiebig zu schlemmen. Gelegenheit hat man dazu genug im zentralen Viertel Ilôt Sacré rund um die Grande Place – man muss nur die Touristenfallen mit den großen Auslagen in der Rue des Bouchers meiden.

Anfang Juli befindet sich Brüssel im Ausnahmezustand, wenn rund 2000 Geschichtsbegeisterte in authentischen Renaissancekostümen zum »Ommegang« (Umzug) auf die Grande Place ziehen. Das bunte Historienspektakel erinnert an Kaiser Karl V., der 1549 mit großem Pomp und Gefolge in die Stadt einzog: Das Fußvolk erscheint in farbenprächtigen Gewändern, Reiter halten knatternde Banner, Hofnarren treiben ihre Späße, herrschaftliche Damen tragen hoheitsvoll hübsche Ziervögel, noble Herren stolze Falken. Die Hautevolee selbst erscheint erst während der Dämmerung: Kaiser Karl im schwarzem Wams und Maria von Österreich im Samtkleid, dahinter in leuchtendem Rot die Ritter vom Goldenen Vlies.

Die Highlights

Die *Grande Place* (Grote Markt) zählt als Barockensemble zu den schönsten Plätzen Europas und zum UNESCO-Welterbe. Nicht weit davon pinkelt das Manneken Pis in der Rue de l'Etuve unverdrossen in seinen Brunnen.

Das *Rathaus* an der Grande Place stammt aus dem 15. Jahrhundert. Dieser schönste Profanbau der Stadt beherbergt zahlreiche Wandteppiche und Kunstwerke.

Die *Kathedrale St. Michael und St. Gudula* ist Belgiens Nationalkirche. Rund 300 Jahre dauerten die Bauarbeiten für die Kathedrale im Stil der Brabanter Gotik.

Tim und Struppi, Lucky Luke, die Schlümpfe – Belgien ist Europas Comichochburg. Das Comicmuseum *Centre Belge de la Bande Dessinée* huldigt Hergé und Co.

In den exzellenten *Musées Royaux des Beaux-Arts* kann man Kunst aus sechs Jahrhunderten genießen. Ein eigener Bau ist dem Surrealisten René Magritte gewidmet.

Das *Atomium* ist seit der Weltausstellung 1958 ein Wahrzeichen Brüssels. Das frisch renovierte Symbol für das Zeitalter der Wissenschaft beherbergt ein Museum.

Die hocheleganten *Galeries Royales St. Hubert* von 1847 sind die älteste Ladenpassage Europas mit schicken Geschäften und Cafés.

Die beste Reisezeit

Brüssel ist zu jeder Jahreszeit eine Reise wert, am beliebtesten sind jedoch die wärmeren Monate ***Mai*** bis ***September***. Im Gegensatz zu anderen Metropolen sind in Brüssel Unterkünfte im Juli und August preiswerter und leichter erhältlich, da zu dieser Zeit die ganzen Europapolitiker in Urlaub gehen. Dafür strömen zum »Ommegang« Anfang Juli und zum »Tapis des Fleurs« im August zahllose Besucher in die Stadt. Im Sommer kann man außerdem das Palais Royal, Wohnsitz der königlichen Familie, besichtigen.

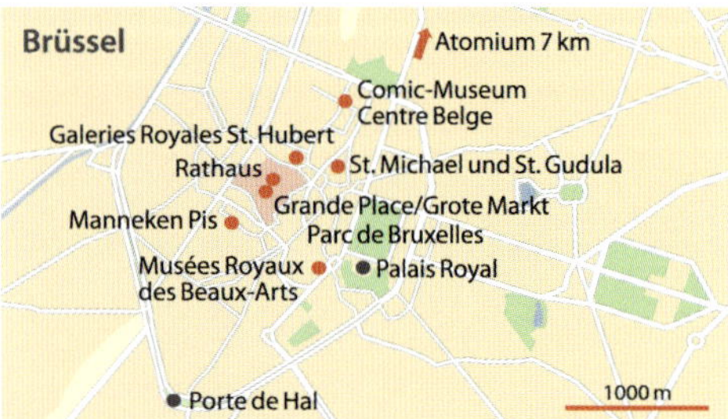

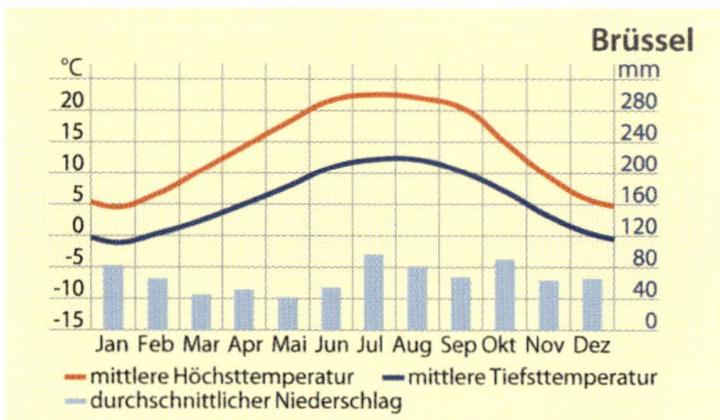

Besondere Tipps

Zum Naschen: In die delikate Welt belgischer Schokolade entführen direkt an der Place du Grand Sablon Patrick Roger Chocolatier und nahe der Grande Place in der Rue de la Tête d'Or 9–11 das Kakao- und Schokoladenmuseum Choco-Story (www.choco-story-brussels.be).
Zum Dippen: Unbedingt probieren, denn mit Fast-Food-Fritten haben belgische Pommes nichts gemein. Dazu gibt es etwa eine Million Saucen.
Zum Mitnehmen: In Geschäften rund um die Grande Place sowie in den Galeries Royales wird feinste Brüsseler Spitze verkauft.
Info: www.belgien-tourismus.de

→ Blick auf den Blumenmarkt und die Grande Place
→ Das Europäische Parlament in Brüssel
→ Belgischen Comichelden begegnet man überall
↑ Das Atomium zur Weltausstellung 1958

Exclusive U.S. Open Towboats

Traumziel Zürich 49

Die kunstsinnige Metropole der Eidgenossen

Reisende, die mit dem Zug ankommen, begrüßt der Hauptbahnhof auf typisch Zürcher Weise: effizient, geschäftstüchtig und überraschend. Mit einem Einkaufszentrum hat man gerechnet, nicht jedoch mit Kunst, die hier etwa in Form von Niki de St. Phalles Schutzengel an der Decke der Halle dem Kommerz Paroli bietet. Richtung Zürichsee führt die Bahnhofstraße durch die hübsche Altstadt und bedient mit ihren eleganten Läden und Bankhäusern all die Klischees über die Schweizer Wirtschaftsmetropole. Als Passant wandelt man hier über den heiligen Boden der Finanzwelt, lagern doch Geld, Gold und andere Schätze in den unterirdischen Tresoren der Kreditanstalten. Die Luxusmeile endet an der Schifflände, wo sich ein herrlicher Blick über den Zürichsee auf die Glarner Alpen öffnet. Wenn alljährlich im August rund eine Million Techno- und House-Fans zur »Street Parade« in die Stadt pilgern, führt der Weg der Parade-Trucks auf ihrem Weg rund um das Zürcher Seebecken genau hier vorbei.

Nicht weit entfernt ragen der Turm von St. Peter mit den übergroßen Zifferblättern und das Fraumünster mit dem berühmten Fensterzyklus von Marc Chagall auf. Auf der gegenüberliegenden Seite der Limmat wurde 1519 Ulrich Zwingli als Priester in das Grossmünster berufen – eine Entscheidung mit weitreichenden Folgen. Unter Zwingli avancierte die Kirche zum Ausgangspunkt der deutsch-schweizer Reformation. Von nun an gab man sich in der Stadt weniger sinnenfroh und deutlich strebsamer, aber auch demokratischer. Für das heutige Zürcher Selbstverständnis zählen Sinnengenüsse jedoch unabdingbar zum guten Leben. Die Stadt ist bekannt für ihre hervorragenden Restaurants und Cafés, ihre Clubszene und nicht zuletzt für ihre süßen Verführungen. Bei Sprüngli in der Bahnhofstraße z. B. fertigt man schon in der sechsten Generation feinste Pralinen. Die Stadt ist aber nicht nur ein globaler Finanzplatz, sondern auch ein weltoffenes Zentrum der Kunst. Ihre Museen sind legendär, Auktionshäuser wie Sotheby's, Christie's oder Koller erzielen jährlich Millionenumsätze. Und östlich der Limmat reihen sich in der Rämistraße und den umliegenden Gassen Kunstgalerien und Antiquitätengeschäfte aneinander. In diesem Teil der Altstadt zeigt sich auch der liberale Geist der Stadt: Hier wurde im Cabaret Voltaire der Dadaismus geboren, lebten Schriftsteller und Revolutionäre von Gottfried Keller bis Lenin.

Die Highlights

In der *Bahnhofstraße* behaupten sich Banken, Luxusläden und Beyer als ältestes Schweizer Uhrengeschäft. In den Confiserien von Sprüngli, Teuscher oder Merkur lockt Schweizer Schokolade.

Das *Schweizerische Landesmuseum* präsentiert die bedeutendste Sammlung zur Geschichte, Kunst und Kultur der Schweiz.

Das *Fraumünster* mit dem Fensterzyklus von Marc Chagall und das *Grossmünster* mit Sigmar Polkes Fenstern stehen in der Altstadt nahe der Limmat.

Das *Kunsthaus Zürich* am Heimplatz sowie die *Sammlung Emil G. Bührle* in der Zollikerstraße bergen international herausragende Kunstschätze.

Bei einer *historischen Raddampferfahrt* auf dem Zürichsee, die im Sommer angeboten wird, lernt man Stadt und See noch einmal auf besondere Art und Weise kennen.

Zürich-West, das ehemalige Industriequartier, ist derzeit das kulturell und gastronomisch aktivste Viertel der Stadt mit einer lebhaften Clubszene.

Das schöne *Museum Rietberg* in der Gablerstraße an der Westseite des Zürichsees präsentiert eine international bedeutende Sammlung außereuropäischer Kunst.

Die beste Reisezeit

Zürich hat ein gemäßigtes Klima mit heißen Sommern und sehr kalten Wintern. Die wärmsten Monate sind ***Juni*** bis ***August***, wenn die »Street Parade« die Stadt in eine Partyzone verwandelt. Der April ist noch wechselhaft, doch hält der Frühling mit Temperaturen im zweistelligen Bereich Einzug. Beim »Sechseläutenzug« ziehen dann über 3500 Zunftmitglieder in historischen Kostümen zum Sechseläutenplatz, um den »Böögg«, eine Schneemannpuppe, die den Winter verkörpert, zu verbrennen.

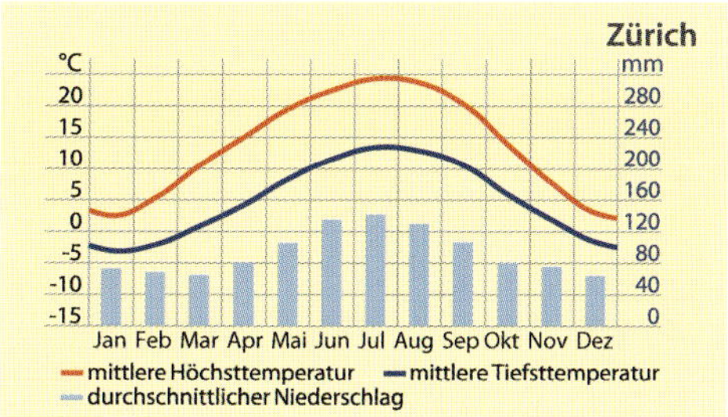

Besondere Tipps

Zum Abtauchen: Im ältesten Flussbad der Stadt, Unterer Letten, kann man sich nach Herzenslust in die Strömung werfen. Ein Auffangbecken sorgt dafür, dass der Spaß nicht zum Risiko wird.
Zum Schauen: Ein Genuss ist die steile Fahrt mit der S10 auf den Uetliberg. Der Hausberg der Stadt bietet eine herrliche Aussicht. Von dort führt der »Planetenweg« Richtung Felsenegg.
Zum Hören: Viel Lokalkolorit bieten die Zürcher Hörspiel-Krimis rund um den Privatdetektiv Philip Maloney von Roger Graf.
Info: www.zuerich.ch

← Auf der Limmat tummeln sich im Sommer immer jede Menge Freizeitboote.

↑ Am 1. August feiern die Schweizer ihren Nationaltag, und Vertreter der Kantone zeigen sich in ihren Trachten.

Traumziel Provence 50

Lavendelland am Mittelmeer

Lavendel ist ein blau blühender, aromatisch duftender Lippenblütler und ein Symbol für die Provence im Süden Frankreichs. Kein Wunder, nur wenige Pflanzen vereinen gleichermaßen Schönheit und Nutzen, etwa als Heilkraut, Grundstoff für Duftwasser, Nahrung für Honigbienen oder als Gewürz und Teil der beliebten Mischung »Herbes de Provence«. Überdies mauserte sich die Blüte der Lavendelfelder zu einer veritablen Touristenattraktion.

Dabei ist diese von Fruchtbarkeit gesegnete Landschaft ohnehin nicht arm an Attraktionen, seien es Werke der Natur wie die Verdon-Schluchten oder die Camargue mit ihren rosa Flamingos, weißen Pferden und schwarzen Stieren.

Die Römer hinterließen große Zeugnisse ihrer Baukunst, etwa in Orange, Arles, Pont-du-Gard oder Nîmes, um nur drei Beispiele zu nennen. Einige Jahrhunderte später machten die Päpste Avignon zu ihrem Sitz. Les Stes-Maries-de-la-Mer an der Camargue-Küste ist ein Marienwallfahrtsort, in dem auch Sara, die Schutzheilige der Gitans, verehrt wird. Deshalb streben alljährlich Hunderte Sinti und Roma in den kleinen Ort.

Schließlich Marseille, Frankreichs zweitgrößte Stadt und wichtigster Hafen. Hier trieben schon die antiken Griechen einen lebhaften Handel. Während der Französischen Revolution zogen Aufständische aus Marseille mit einem Lied durch Paris, das als Marseillaise zur Nationalhymne wurde. Offiziell gehören auch Cannes und Nizza zur Provence, doch die Küstenlandschaft firmiert lieber als Côte d'Azur und bezeichnet ihr bergiges Hinterland als Provence.

Die fruchtbaren Böden der Provence eignen sich besonders gut zum Obst- und Gemüseanbau, Produkte, die in der eher einfachen, aber schmackhaften Küche verwendet werden. Das provenzalische Nationalgericht Ratatouille, ein Gemüsegericht im Schmortopf, ist ein gutes Beispiel. Selbst die heute meist recht teure Bouillabaisse, eine Gemüsesuppe mit getrennten Fisch- und Krustentierbeilagen, war einst ein einfaches Gericht in Marseille. Keine Bouillabaisse ohne Rouille, eine scharfe Knoblauchmayonnaise. Dazu passt ein weißer Côtes du Provence, während das Kräuterlamm der Region ein kräftiger roter Châteauneuf-du-Pape ideal ergänzt.

Die Highlights

Orange gilt dank seines römischen Portals als das »schönste Tor zur Provence« und das römische Amphitheater als eines der besterhaltenen im einstigen Imperium Romanum.

Avignon, die »Stadt der Päpste«, wird dominiert vom mittelalterlichen Palast der Kirchenfürsten. Im Juli findet hier das Kulturfestival statt.

Sénanque – Die 1148 gegründete Zisterzienserabtei im gleichnamigen Tal verdankt ihre Popularität auch dem viel fotografierten Lavendelfeld vor ihrer Fassade.

Aix-en-Provence – Die Kathedrale erlaubt dank vieler Umbauten einen Gang durch die Architekturgeschichte. Der Flanierboulevard Cours Mirabeau ist seit 1649 die schönste Straße der Stadt.

Schlucht von Verdon, ein bis zu 700 m tiefes, gut 20 km langes Tal mit steilen, bewaldeten Flanken. An der Ringstraße um Frankreichs »Grand Canyon« liegen mehrere Aussichtspunkte.

Marseille – Notre Dame de la Garde bietet einen Prachtblick auf Stadt und Hafen. Die Canebière ist die Flaniermeile der Mittelmeermetropole, der Alte Hafen ein beliebter Treffpunkt am Meer.

Pont-du-Gard – Die dreistöckige Aquädukt-Brücke aus 52 Bögen ist eines der berühmtesten römischen Bauwerke in Frankreich und UNESCO-Weltkulturerbe.

Die beste Reisezeit

Mitte Juni bis Mitte August blüht – je nach Region – der Lavendel in der Provence. Touristisch gesehen ist das nicht die beste Reisezeit, denn zum einen kann es, vor allem im Juli und August, sehr heiß werden, zum anderen teilt man sich in der Hochsaison alle Sehenswürdigkeiten mit Tausenden anderer Touristen. Wer am Lavendel weniger interessiert ist, sollte Mai, September oder Oktober als Reisezeit erwägen. Im Herbst steigen allerdings die Regenmengen.

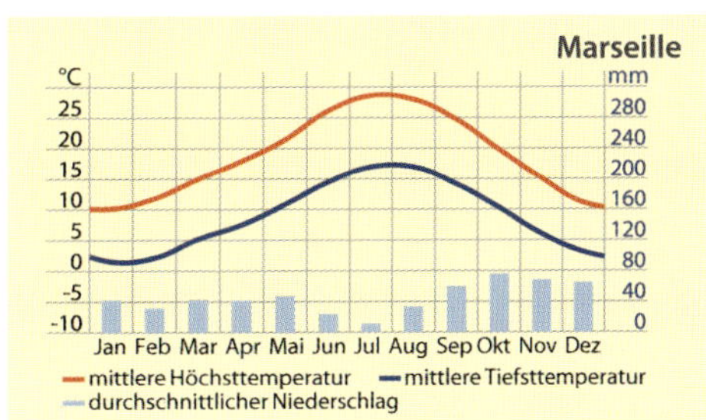

Besondere Tipps

Literatur: »Toujours Provence« von Peter Mayle. Der britische Bestsellerautor lebte in der Provence.
Küche: Die Callisons sind eine süße Spezialität aus Aix-en-Provence. Das Gebäck enthält Mandeln sowie kandierte Orangen und Melonen.
Souvenir: Die Fayencen aus dem hübschen Bergdorf Moustiers Ste Marie am Eingang zu den Schluchten von Verdon sind über Frankreich hinaus bekannt.
Info: www.decouverte-paca.fr/de/provence.html

← Wogendes Lila: Lavendelblüte vor der Zisterzienserabtei Sénanque
↑ Das Aquädukt Pont-du-Gard in Gard ist eine Hinterlassenschaft der Römer.
↑ Kulinarischer Stolz in einem Restaurant in St. Jurs

Traumziel Loiretal

Prächtige Schlösser und feiner Wein

»Einer der wunderbarsten Flüsse der Welt«, schrieb Oscar Wilde. Und der scharfzüngige Spötter meinte es diesmal ernst: Die Loire hatte es ihm angetan. Kein Wunder, reihen sich doch an keinem Strom der Welt so viele Schlösser aneinander. Warum gerade hier? Der Grund ist heute noch zu sehen, vor allem am Unterlauf, wo nicht durch Staustufen reguliert wird. Es war die Schönheit dieser Landschaft, die den französischen Adel mit der Renaissance im 16. Jh. in das Tal lockte. Es war selbstverständlich, sich im neuen Ambiente fürstliche Paläste zu errichten; zeitweise lag das politische und kulturelle Zentrum Frankreichs nicht mehr an der Seine, sondern an der Loire, da auch die Monarchen umzogen. Als »Loire-Könige« schrieben sie ein eigenes Kapitel in der Geschichte der französischen Krone.

Mehr als 400 Schlösser entstanden damals an der Loire und einigen ihrer Nebenflüsse. Viele der architektonisch und historisch wichtigsten Adelssitze konzentrieren sich auf den Abschnitt zwischen Orleans und Angers. Weshalb die UNESCO das Tal zwischen Sully-sur-Loire und Chalonnes im Jahr 2000 zum Weltkulturerbe erklärte. Amboise, Azay-le-Rideau, Blois, Chambord, Chenonceaux zählen zu den bedeutendsten Adressen. Die Schlösser sind natürlich auch motorisiert anzusteuern, aber nachdem immer mehr Touristen auf Fahrrädern im – naturgemäß einigermaßen steigungsfreien – Tal unterwegs waren, bauten die Franzosen den Loire-Radweg, der auch Abstecher in die Nebentäler einbezieht. Gut 600 Kilometer sind fertig, die Arbeiten gehen zügig voran. Die Piste im Tal der Loire soll Teil eines umfassenderen Projekts werden: Ein Radweg entlang großer Flüsse, der von der Loiremündung am Atlantik über 3600 Kilometer bis zur Donaumündung am Schwarzen Meer reichen soll.

Nicht nur Schlösser säumen den Fluss, auch an Reben und renommierten Lagen mangelt es nicht. Namen wie Pouilly Fumé oder Sancerre belegen es. Die meistangebaute Rebe ist Chenin Blanc. Der Wein daraus passt gut zum etwas kühleren Loiretal. Entlang dem Fluss sind die Weinbauern übrigens überzeugt, dass Sankt Martin höchstpersönlich den Chenin Blanc hierherbrachte. Nur Legende? Das Kloster Marmoutier begann mit dem Weinbau in diesem Teil des Loiretals. Und der Gründer von Marmoutier war der heilige Martin.

Die Highlights

Schloss Amboise ließ König Karl VIII. ab 1490 bauen. Franz I. holte 1516 Leonardo da Vinci nach Amboise.

Azay-le-Rideau, ein zweiflügeliges Renaissanceschloss, ist an drei Seiten von Wasser umgeben und in einen Park eingebettet.

Schloss Blois diente im 15./16. Jh. fast 100 Jahre lang als Residenz der Könige. Die Anlage, die nach den Plünderungen der Revolution als erste restauriert wurde, birgt heute drei Museen.

Chambord, das größte und prächtigste Schloss an der Loire, wurde zum Wahrzeichen der Region. Bauherr Franz I. wollte ein Symbol der Macht Frankreichs schaffen.

Chenonceaux ist wie eine Brücke über einem Nebenfluss der Loire gebaut. Es gilt als das – nach Versailles – meistbesuchte Schloss Frankreichs mit jährlich etwa einer Million Touristen.

Orléans wird von seiner Heiligkreuz-Kathedrale überragt. Viele Besucher empfängt das Haus der Nationalheiligen Jeanne d'Arc, die als Jungfrau von Orléans die Stadt von englischer Belagerung befreite.

Fontevraud gilt als Europas größter Klosterkomplex. Er birgt die Gräber Eleonores von Aquitanien, Heinrichs II. von England und von Richard Löwenherz.

Die beste Reisezeit

Die wärmsten Monate an der Loire sind ***Juni***, ***Juli*** und ***August***, wobei selbst im August die durchschnittliche Höchsttemperatur unter 30 °C bleibt. Mit Regen muss ganzjährig gerechnet werden, der regenärmste Monat ist der Juli, der regenreichste der Mai. Zur Zeit der Weinernte im Herbst liegen die Temperaturen meist um 20 °C (September) oder darunter (Oktober). Hauptferienmonat der Franzosen ist der August – mit dem größten Andrang in den Schlössern.

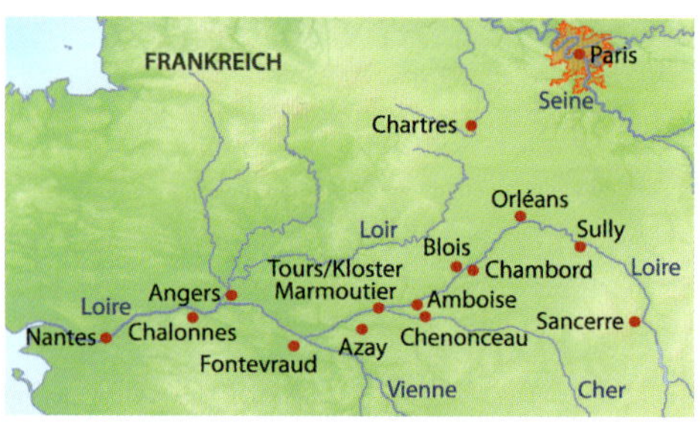

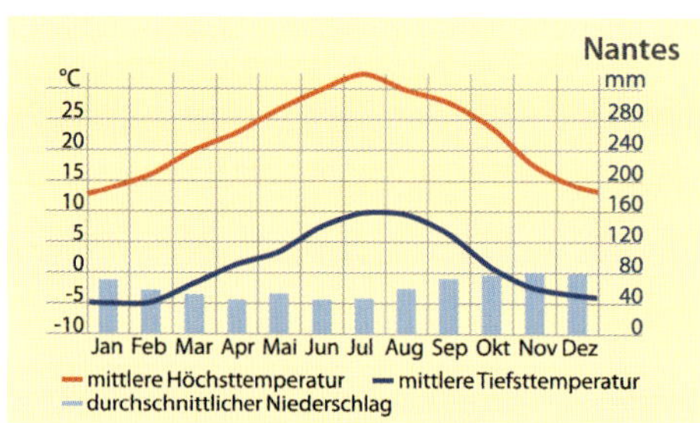

Besondere Tipps

Literatur: »Die Herrinnen der Loire-Schlösser: Königinnen und Mätressen um den Lilienthron« von Sylvia Jurewitz-Freischmidt erzählt faktentreu die Geschichte des Hofes an der Loire.

Ausflug: Nantes am Unterlauf der Loire ist dank Kathedrale und Schloss ein attraktives Ziel. Tipp: »La Cigale« gilt als eines der schönsten Restaurants Frankreichs.

Fototipp: Im Sommer tragen die Fremdenführer in einigen Schlössern historische Tracht.

Info: www.schlosser-der-loire.com, www.loire-radweg.org, www.vinsvaldeloire.fr/en

→ Das Château Chambord ist das größte und prächtigste Schloss an der Loire.
→ Das Château Valençay
→ Chenoncenaux ist wie eine Brücke gebaut.
↑ Die schön angelegten Gärten von Château Villandry

Genuss auf höchstem Niveau

Wie eine Mondsichel strömt die Garonne im weiten Bogen durch die Stadt, die deshalb den Beinamen »Port de la lune« (Hafen des Mondes) trägt. Die ausgesprochen eindrucksvolle Kulisse des historischen Zentrums mit der Place de la Bourse, Esplanade des Quinconces und Place de la Comédie schmiegt sich an das linke Ufer des Stroms. Das in seiner Geschlossenheit einmalige klassizistische Ensemble aus dem 18. Jahrhundert gehört seit 2007 zum Welterbe der UNESCO. Mit breiten, von Bäumen beschatteten Boulevards und großzügigen Plätzen sind hier die Ideen der Aufklärung städteplanerisch umgesetzt. Rund 1800 Hektar umfasst der Denkmalschutzbereich zwischen den »Cours« genannten Ringstraßen und der Garonne. Weltweit können nur wenige Städte einen so gut erhaltenen Altstadtkern vorweisen.

Der Wein und der Handel über das Meer spielten bereits in der Antike eine bedeutende Rolle in der von Kelten gegründeten Siedlung, die von den Römern »Burdigala« getauft wurde. Vom 12. bis zum 15. Jahrhundert erlebte Bordeaux eine Blütezeit unter englischer Herrschaft, als der Handel von den Märkten auf der Insel profitierte. Mit der Schlacht von Castillon, die alljährlich im Juli und August mit viel Rauch und Schwertergeklirr nachgestellt wird, fiel Bordeaux wieder an Frankreich. Ein wenig »englisch« gibt man sich in der weltoffenen Stadt aber heute noch: Rugby gehört hier zu den beliebtesten Sportarten.

Und weil die Stadt in einem der berühmtesten, größten – und besten! – Weinbaugebiete der Welt liegt, zelebriert sie den edlen Rebensaft mit einem (be)rauschenden Fest. Alle zwei Jahre widmet sich Ende Juni »tout Bordeaux« eine knappe Woche lang den Erzeugnissen des Bordelais mit all der Intensität, die man in Frankreich traditionell gutem Wein entgegenbringt. Gäste aus aller Welt besichtigen während der »Bordeaux Fête du Vin« voll Ehrfurcht die Keller der bekannten Châteaux der Weinregion, kosten sich in Bordeaux auf dem zwei Kilometer langen »Weinpfad« entlang der Garonne durch die Weine von 80 Appellationen und üben ihre Sinne in »Geschmacksworkshops«. Es liegt in der Natur der Sache, dass sich dieses Programm zwar bierernst anhört, das Fest in natura aber eine außerordentlich weinselige Angelegenheit ist. Die wunderbaren Genüsse der regionalen Küche tragen ein Übriges bei. Während die Fête du Vin in geraden Jahren stattfindet, feiert Bordeaux in ungeraden Jahren mit Feuerwerken und Kulturprogramm seine alte Handelsgeschichte und die Schifffahrt auf der Garonne mit Windjammern und Segelbooten.

Die Highlights

Die *Place de la Bourse* ist ein architektonisches Meisterwerk. Sie flankieren das Hôtel des Fermes mit dem Zollmuseum und die majestätische Börse, beide Gebäude aus dem 18. Jahrhundert.

Die *Esplanade des Quinconces* ist mit 12 ha Fläche einer der größten Plätze Europas. Ein Denkmal erinnert an die während der Französischen Revolution getöteten Girondisten.

Die zentrale *Place de la Comédie* wurde auf dem alten römischen Forum angelegt. Dort steht das klassizistische Grand Théâtre von 1870.

Die riesige romanisch-gotische *Cathédrale St. André* wurde 1096 geweiht. Wie Saint-Michel aus dem 16. und Saint-Seurin aus dem 13. Jahrhundert zählt sie als wichtige Station auf dem Pilgerpfad nach Santiago de Compostela zum UNESCO-Welterbe.

Das *Musée des Beaux-Arts* präsentiert Werke von Rubens, Matisse und anderen berühmten Künstlern.

Das *Musée d'Art Contemporain* zeigt bemerkenswerte zeitgenössische Kunst in einem alten Lagerhaus.

In der topmodernen, architektonisch einmaligen *Cité du Vin* am Quai de Bacalan 134 dreht sich alles um die guten Tropfen – für Weinliebhaber ein Muss.

Die beste Reisezeit

Bordeaux ist dank seines milden Klimas von Frühjahr bis Herbst ein beliebtes Reiseziel. In der Hochsaison im ***Juli*** und ***August*** strömen Urlauber an die nahe Atlantikküste, aber auch im Herbst stehen Bordeaux und sein Umland bei Besuchern hoch im Kurs. Noch spät im Jahr kann man hier surfen, golfen und wandern, Trüffel und Steinpilze locken Genießer an. Die neue Kultursaison mit Konzerten, Theateraufführungen und Ausstellungen beginnt, und lange Stadtspaziergänge sind bei den angenehmen Temperaturen herrlich.

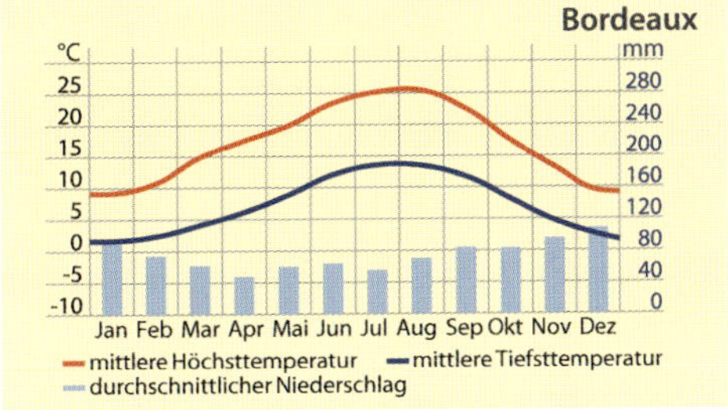

Besondere Tipps

Für Weinkenner: Bordeaux liegt in einem fantastischen Weingebiet. In der Maison du Vin de Bordeaux am Cours du XXX Juillet 1 erfahren Sie alles Nützliche über Führungen zu den Châteaux und Weinverkostungen.

Für Genießer: Die Küche von Bordeaux ist unschlagbar. Schlemmen Sie Austern und Crevetten, Perlhuhn und Lamm oder die geliebte süße Verführung Canelés.

Für Leseratten: Die spannende und für Europa folgenreiche Lebensgeschichte der Eleonore von Aquitanien beschreibt Régine Pernoud in »Die Königin der Troubadoure«.

Info: www.bordeaux-tourisme.com

← Bordeaux genießt den Sommer im warmen Nass.
← Moderne Architektur im Weinladen »L'Intendant«
← Blick auf das gut besuchte Grand Theatre am Abend
↑ Neben Wein verführen auch Canelés.

Torrie
SNACK BAI

Traumziel Lissabon 53

Grande Dame mit viel Charme

Wer das erste Mal nach Lissabon reist, trifft sofort zwei grundsätzliche Feststellungen: Die portugiesische Hauptstadt am Tejo ist zum einen fröhlich-chaotisch und liegt zum anderen definitiv auf mehr als nur sieben Hügeln. Diese Tatsache hat schon die Fuß- oder Kniegelenke so mancher Besucher arg strapaziert. Der kluge Tourist setzt deshalb bei seiner Stadterkundung auf die historischen Straßenbahnen und die für Lissabon typischen, »Elevadores« genannten Standseilbahnen. Am bekanntesten ist der Elevador de Santa Justa, tatsächlich ein frei stehender Aufzug. Er transportiert seine Fahrgäste von der schachbrettartig angelegten Unterstadt in die 32 Meter höher gelegene, verwinkelte Oberstadt. Dort angekommen, lässt man sich am besten treiben, schlendert gemächlich durch das vornehme Chiado und die hübschen Gassen des Ausgehviertels Bairro Alto – und bekommt langsam ein Gefühl vom lebhaften, quirligen und lauten Lissabon. Danach darf eine Fahrt mit der Eléctrico 28 nicht fehlen! Seit 1901 ist die elektrische Straßenbahn im Einsatz, rumpelt durch enge Gassen, quietscht sich in unglaubliche Haarnadelkurven hinein und schnauft enorme Steigungen hinauf. Touristen sollten bei solch spannenden Manövern übrigens nicht nur auf den Verkehr, sondern ebenso auf ihr Hab und Gut achten. Denn auch Lissabons Diebe schätzen das chaotische Gedränge und Gerumpel der Eléctricos. Wem fällt dabei schon ein schneller Griff in Hand- oder Hosentasche auf? Anfangs- und Endhaltestelle der Linie 28 ist der Platz Martim Moniz. Wer hier zusteigt, hat die größten Chancen auf einen der raren Fensterplätze der Bahn, aber staunenswert ist die Fahrt mit dem Nationalheiligtum von jedem Platz aus.

Viel zu bewundern gibt es in Lissabon auch beim alljährlichen Fest für den heiligen Stadtpatron San António. Bei der Festa de Santo António am 12. Juni verwandelt sich die ganze Stadt in eine einzigartige Open-Air-Bühne: Tagsüber bejubeln Einheimische und Besucher die farbenprächtigen Kostüme der Folkloretruppen bei ihren »Marchas«, den festlichen Umzügen entlang der Avenida da Liberdade. Abends geht es weiter in die Bars der Altstadt zu gegrillten Sardinen, jeder Menge Rotwein und portugiesischer Musik. Ganz Lissabon ist zu dieser Gelegenheit auf den Beinen, überall ist man umgeben von fröhlichem Lachen und lautem Stimmengewirr. Wer Lissabon am Ende seiner Reise schließlich wieder verlässt, sieht seine anfänglichen Eindrücke komplett bestätigt: Die Stadt verteilt sich auf viele, viele Hügel und ist liebenswert chaotisch!

Die Highlights

Das spätgotische *Hieronymuskloster* (UNESCO-Welterbe) beherbergt die Särge von Vasco da Gama und Mitgliedern der portugiesischen Königsfamilie. Sehenswert ist der Kreuzgang.

Torre de Belém – Einst als Verteidigungsanlage erbaut, ist der Turm (UNESCO-Welterbe) heute eines der prominentesten Bauwerke Lissabons. Unbedingt besteigen!

Die Festungsanlage *Castelo de São Jorge* thront auf einem der Hügel Lissabons. Die Aussichtsplattform bietet einen herrlichen Blick auf die Stadt und den Tejo.

Das *Ozeanarium*, Lissabons Aquarium auf dem EXPO-Gelände von 1998, beheimatet unter anderem Haie, Rochen, Pinguine und Seeotter. Ein Besuch ist vor allem für Kinder spannend.

Elevador de Santa Justa und *Eléctrico 28* – Der frei stehende Aufzug und die Straßenbahn sind gleichzeitig Verkehrsmittel und touristische Highlights.

Sintra – Der außerhalb gelegene einstige Sommersitz der portugiesischen Könige gehört mit seinen imposanten Palästen und verträumten Landsitzen zum UNESCO-Welterbe.

Die mondän-hübschen Seebäder *Estoril* und *Cascais* sind von Lissabon aus bequem mit dem Zug zu erreichen und lohnen auf jeden Fall einen Strandbesuch!

Die beste Reisezeit

Obwohl Lissabon im Süden Portugals liegt, sind die Sommer eigentlich nie zu heiß, weil der Atlantik für Abkühlung sorgt. Deshalb überschreitet nicht einmal der hochsommerliche August ein Tagesmittel von 29 °C. Perfekt für einen Städtetrip nach Lissabon ist jedoch sicher der ***Juni***, wenn sich durchschnittlich 25 °C auf elf Sonnenstunden verteilen. Laue Abende versprechen der Spätsommer und der Herbst, und auch wenn im Frühling gerade die Strandsaison beginnt, kann man sich schon vom langen Winter erholen.

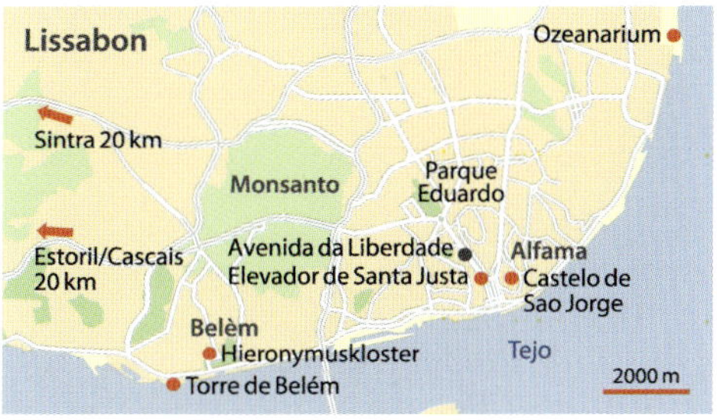

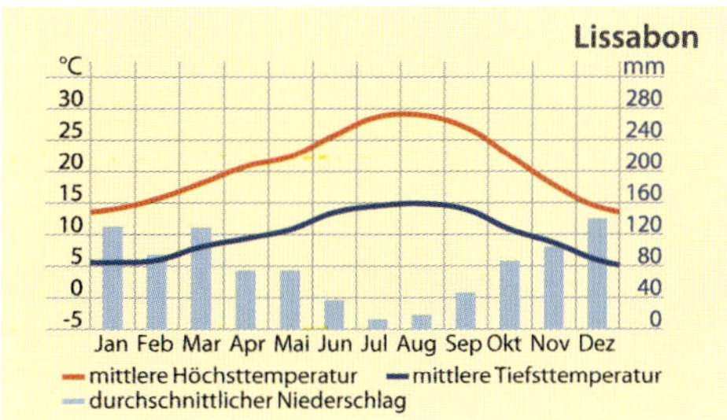

Besondere Tipps

Zum Naschen: Neben dem Hieronymuskloster backt und verkauft eine Patisserie die leckeren Blätterteig-Sahne-Törtchen »Pasteis de Belém«.

Zum Mitbringen: Die Herstellung der handbemalten »Azulejos« beruht auf einer jahrhundertealten Tradition. Am besten die Kacheln erst im Museu Nacional do Azulejo bestaunen und dann als Souvenir kaufen!

Zum Hören: Der Fado, ein Musikstil der Lisboetas mit arabischen Anklängen und vielen Molltönen, erzählt meist von unglücklicher Liebe. Unbedingt live anhören!

Info: www.visitlisboa.com

← Der Elevador da Bica erklimmt die schmalen, steilen Altstadtgassen.
← Beleuchteter, menschenleerer Bahnhof am Abend
← Ansicht des Denkmals der Entdeckungen in Belém
↑ Fado-Sängerin im Restaurant »Os Ferreiras«

Im Zentrum der Künste

Von den Ufern des Arno, der sich mitten durch die an Kunstwerken überbordende Stadt zieht, gelangt man über den Ponte Vecchio, die berühmteste Brücke von Florenz mit ihren bunten Häuschen der Gold- und Silberschmiede, vorbei an den Uffizien direkt ins Zentrum der Macht, nämlich auf die Piazza della Signoria mit dem gleichnamigen mittelalterlich-majestätischen Palazzo. Überhaupt erkundet man die gesamte Altstadt am besten per pedes, liegen doch die wichtigsten Sehenswürdigkeiten nur wenige Gehminuten voneinander entfernt: die Uffizien, die Piazza della Signoria mit der Loggia dei Lanzi und der übermannsgroßen Kopie des »David« von Michelangelo oder die Basilica di San Lorenzo. Über die schicke Via Tornabuoni geht es weiter zum Baptisterium mit seinen berühmten Bronzetüren, dem Campanile und dem prachtvollen Dom. Erlebnisreich ist der Aufstieg zwischen den beiden Kuppelschalen auf die Kuppel – eine sich lohnende Anstrengung, denn der Blick auf den Glockenturm und die Dächer von Florenz ist überwältigend.

Für den Kunstinteressierten ein Muss sind die Accademia mit den »Sklaven« und vor allem dem Original »David«, das Skulpturenmuseum im Bargello und Italiens bedeutendste Franziskanerkirche, Santa Croce. Jedes Jahr im Juni findet auf der Piazza vor dem Gotteshaus das historische Fußballturnier »Calcio Storico« statt. Bei diesem Spektakel, dem ein prachtvoller Festzug durch die ganze Stadt vorausgeht, treten Teams mit je 27 Spielern aus den vier Stadtteilen in mittelalterlichen Kostümen gegeneinander an. Nicht nur zahlreiche Touristen, sondern auch viele der rund 370 000 Einwohner wohnen diesem Schauspiel bei. Die Florentiner halten ihre oft seit Jahrhunderten bestehenden Traditionen hoch, zu sehen etwa auch beim »Scoppio del Carro«: Jedes Jahr am Ostersonntag ziehen mit Blumen geschmückte Ochsen einen Karren durch die Straßen zwischen dem Domplatz und der Porta al Prato, begleitet von historisch gewandeten Soldaten, Musikanten und Fahnenschwingern.

Wer nach einem ausgiebigen Stadtrundgang etwas Erholung braucht, sollte sich im Mercato Centrale, den Florentiner Markthallen, mit einem *panino* und frischen Früchten eindecken, sich auf die andere Seite des Arno begeben und in den prachtvollen Boboli-Gärten picknicken. Oder man bestaunt bei einem Prosecco im »Café des Parks« den fantastischen Blick über die Stadt. Genussvoller kann man kaum in das toskanische Zentrum der Künste eintauchen.

Die Highlights

Der von Filippo Brunelleschi entworfene *Palazzo Pitti* und die *Boboli-Gärten* liegen auf der südlichen Arnoseite. Der größte Florentiner Palazzo beherbergt heute mehrere Sammlungen und Museen.

Uffizien – In 45 Sälen befindet sich eine der bedeutendsten Gemäldesammlungen mit weltberühmten Werken toskanischer sowie anderer italienischer und niederländischer Meister.

Ponte Vecchio – Die 1345 errichtete und damit älteste Brücke von Florenz gilt als Wahrzeichen der Stadt.

Santa Maria del Fiore mit Campanile – Der Dom mit der Kuppel von Brunelleschi ist eine der größten Kirchen der Welt; der dreifarbige Glockenturm von Giotto gilt als einer der schönsten seiner Art.

Das *Baptisterium San Giovanni* mit seinen einzigartigen Bronzeportalen zählt zu den ältesten und vollkommensten Bauwerken der Stadt.

Santa Croce – In der Ordenskirche der Franziskaner befinden sich die Gräber großer Italiener wie Michelangelo, Dante oder Galileo Galilei.

San Lorenzo mit Medici-Kapellen – Hinter der Kirche, die nicht die sonst übliche Marmorverkleidung trägt, erheben sich die Medici-Kapellen mit der von Michelangelo geschaffenen Neuen Sakristei.

Die beste Reisezeit

Der ***Frühsommer*** ist ideal, um in die Toskana und nach Florenz zu reisen. Die Temperaturen erreichen im Schnitt zwischen 25 und 28 °C. Im Juli gibt es dann zwar nur drei bis vier Regentage im Monat, aufgrund der geografischen Lage der Stadt im Landesinneren kann es aber vor allem im Juli und August drückend heiß werden – und kühlende Lüftchen sind hier nicht zu erwarten. Während der Herbst noch mit angenehm warmen Temperaturen und geringen Niederschlagsmengen lockt, wird der Winter feuchtkalt.

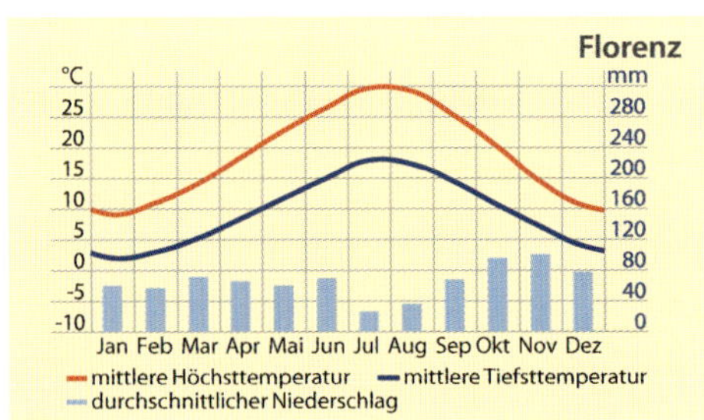

Besondere Tipps

Zum Mitbringen: Die Bögen aus dem traditionellen Florentiner Papier mit bunten Ornamenten eignen sich hervorragend zum Basteln und Dekorieren. Als Briefpapier sind sie ein beliebtes Mitbringsel.
Zum Schmökern: Der Florenz-Krimi »Stadt der Schmerzen« von Edith Kneifl ist nicht nur spannend, sondern vermittelt dem Leser en passant interessante kunsthistorische Details.
Zum Naschen: Ein Orangeneis bei »Vivoli«, dem berühmtesten Gelatiere der Stadt, ist ein Muss (www.vivoli.it).
Info: www.firenzeturismo.it, www.firenzemusei.it

→ Vom Campanile di Giotto erstreckt sich ein herrlicher Blick auf Dom und Stadt.
→ Blick von den Uffizien zum Palazzo Vecchio
→ Einer der prunkvollen Säle in den Uffizien
↑ Im »Café Gilli« an der Piazza della Repubblica

SEGATORI

Caffe

Traumziel Rom 55

Glanz, Glamour und Dolce Vita

Wie großartig ist es, an einem lauen Frühsommerabend am besten auf der Vespa, beginnend an der Piazza Venezia und dem Kapitolsplatz, über die Via dei Fori Imperiali zu brausen … Vorbei am Forum Romanum und am Kolosseum, weiter zum Circus Maximus und dem Aventin, um schließlich den Tiber zu überqueren und im Künstlerviertel Trastevere einem Open-Air-Theaterstück oder einem Konzert unter freiem Himmel zu lauschen. Dort ist für Unterhaltung und Vergnügen gesorgt, wenn das Festival »Estate Romana«, römischer Sommer, alljährlich in den Monaten Juni bis September unzählige Kultur- und Genussveranstaltungen bietet.

Viele Wege führen nach Rom, in die »Caput Mundi«, die ehemalige Welthauptstadt. Vor allem für geschichtsinteressierte Besucher führt kein Weg an der Hauptstadt Italiens vorbei. Die Stadt präsentiert sich dem Gast wie ein einzigartiges großes Freilichtmuseum: Das Forum Romanum, das Kolosseum, die antiken Thermen, die Piazza Navona und die Spanische Treppe muss man einfach gesehen haben.

Rom ist eine sehr lebendige Stadt, es locken die bunten Märkte, wie der Gemüse- und Blumenmarkt auf dem Campo de' Fiori oder der riesige sonntägliche Flohmarkt an der Porta Portese, und es laden die herrlichen Parks der Villa Borghese oder der Villa Doria Pamphili zu einem geselligen Familienspaziergang ein. Hier lässt sich wunderbar eine kleine Pause, etwa mit einem typischen Tramezzino-Sandwich, einem starken Espresso oder einem Gelato einlegen, bevor man vielleicht eine weitere der unzähligen grandiosen Kirchen dieser Stadt besucht, allen voran natürlich den Petersdom im Vatikan. Abertausende von Pilgern und Gläubigen kommen jedes Jahr hierher, um an Weihnachten oder Ostern vom Papst den feierlichen Segen »Urbi et orbi« zu empfangen, während Liebhaber der Kunst von den Vatikanischen Museen und ihren Meisterwerken, wie Michelangelos Sixtinischer Kapelle oder den Stanzen des Raffael in ihren Bann gezogen werden.

Doch ebenso wie Kunst, Kultur und Geschichte, so ist auch die Dolce Vita, das süße Leben, in Rom zu Hause. So lässt sich herrlich von der Spanischen Treppe aus über die Via dei Condotti schlendern, vorbei an all den schicken kleinen Läden und Designerboutiquen, und anschließend auf der Piazza Navona, einem der schönsten Plätze der Stadt, ein Campari schlürfen.

Die Highlights

Im *Kolosseum*, Roms einzigartigem Amphitheater (72–80 n. Chr. erbaut) und Wahrzeichen der Stadt, vergnügten sich die Menschen der Antike bei Gladiatorenkämpfen, Tierhatzen und fingierten Seeschlachten.

Das *Forum Romanum* war in der Antike das Zentrum des römischen Weltreichs. Auch seine Ruinen zeichnen noch immer ein lebendiges Bild des politischen und geschäftigen Roms jener Zeit.

Der *Campo de' Fiori* ist vor allem am frühen Morgen und am Vormittag einen Besuch wert, wenn die Piazza in ein buntes Meer von Obst- und Gemüseständen getaucht ist.

Piazza Navona – Einer der schönsten Plätze Roms mit drei imposanten Brunnenanlagen, darunter Berninis berühmter Vierströmebrunnen.

Die von der Via dei Condotti ausgehende breite *Spanische Treppe*, ein allabendlicher Treffpunkt für Verliebte, Musikanten und Flirtende, führt hinauf zur Kirche Santa Trinità dei Monti.

Villa Borghese mit Galleria Borghese – Mitten in Roms grüner Oase befindet sich eine der bedeutendsten privaten Kunstsammlungen Italiens.

Vatikan mit Petersdom – Der kleinste Staat der Erde und Sitz des Heiligen Stuhls beherbergt weltberühmte Museen und die größte Kirche der Welt.

Die beste Reisezeit

Das ***Frühjahr***, am besten nach dem Besucheransturm zu Ostern, ist für eine Romreise ideal: Die Temperaturen sind angenehm, von Regen bleibt man meist verschont, und so kann man bereits in den Straßencafés sitzen und sich von der Sonne wärmen lassen. Juni und Juli bieten mit dem Festival »Estate Romana« Konzerte und Events. Zu meiden ist der August wegen der drückend heißen Temperaturen und weil zahlreiche Läden und Restaurants vor allem rund um den 15. August (Ferragosto) geschlossen haben.

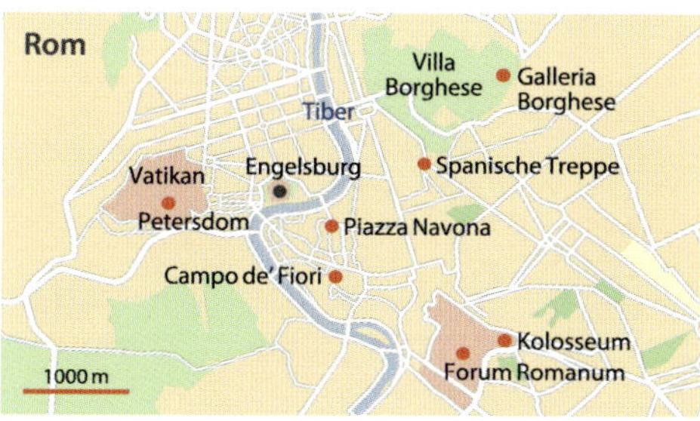

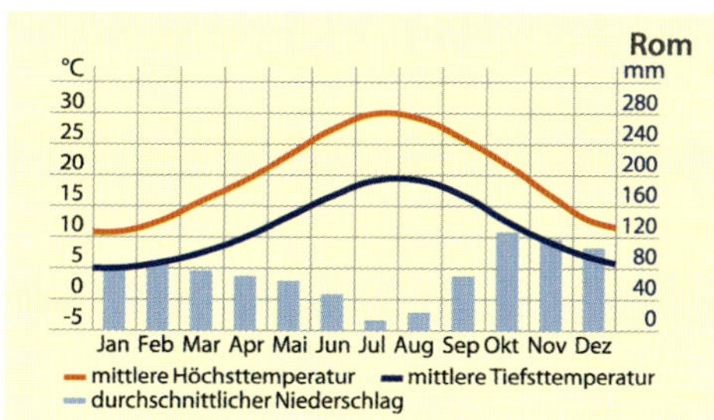

Besondere Tipps

Für Aktive: Bici & Baci vermietet nicht nur Zweiräder aller Art, sondern organisiert auch geführte Vespatouren (www.bicibaci.com).

Für Leseratten: »Spaziergänge in Rom« von Marco Lodoli beschreibt verborgene Schätze und Kuriositäten in der Ewigen Stadt.

Für Wohnkulturisten: 1995 hat Ferragamo in der Via dei Condotti ein luxuriöses Town House ins Leben gerufen, die Portrait Suites. Der Blick von der Dachterrasse ist überwältigend (www.lungarnocollection.com/de/portrait-roma).

Info: www.roma-online.de

← Nachts ist die Fontana di Trevi ein beliebter Treffpunkt.
← Beeindruckende Geschichte im Forum Romanum
← Motorrollerfahren gehört in Rom zum Lebensgefühl.
↑ Im Kolosseum starben unzählige Menschen.

Auf Tuchfühlung mit den antiken Göttern

Athen bedeutet Chaos, hupende und schreiende Autofahrer, Ruinen – alles Vorurteile! Den Göttern sei Dank wissen jedoch viele Menschen, dass man Griechenlands Hauptstadt unbedingt einmal gesehen haben muss. Besucher bezaubert Athen mit dem Gefühl, auf Anhieb willkommen zu sein. Wer sich mit dem Motorroller oder einem der günstigen Taxis auf den Weg macht, kann weit mehr entdecken als die Akropolis, das Benaki-Museum, die Nationalgalerie und den Syntagma-Platz mit dem ehemaligen Stadtschloss. Architekturbegeisterte mögen Athen vielleicht gewöhnungsbedürftig finden, gibt es hier zwar weltbekannte Denkmäler wie den Likavittos-Hügel mit der Georgios-Kapelle (wohin eine Zahnradbahn führt) und die Fatih Camii (Moschee des Eroberers), doch keine gewachsene Stadtstruktur. Athen ist aber trotzdem unglaublich reizvoll.

Wer dem unausweichlichen Staub der engen Gassen der Plaka entgehen will, kann im Nationalgarten entspannen, essen und trinken. Wer eher die Hotspots sucht, sollte am Abend den Stadtteil Kolonaki durchwandern oder sich im Studentenviertel Exarchia unters Volk mischen. Athen ist eine Stadt, um sich treiben zu lassen – zum römischen Iródion-Theater, dem Odeon des Herodes Atticus, kommt man so fast zufällig. Noch heute finden dort Veranstaltungen in einer einzigartigen Atmosphäre statt. In der Metro blenden Unmengen weißen Marmors und faszinieren kleine Ausstellungen. Die Stadtväter haben so clever zu nutzen gewusst, dass man in Athen nicht graben kann, ohne unweigerlich auf historische Relikte zu treffen. Von der Moderne zeugt hingegen unter anderem das Gebäude der US-Botschaft an der Vasilissis-Sofia-Avenue, das von dem deutschen Bauhaus-Genius Walter Gropius entworfen wurde.

Weniger bekannt als diese Attraktionen ist, dass die Griechen ein wahres Volk von Cineasten sind. Fester Bestandteil des sommerlichen Kulturangebots in Athen sind deshalb seit Langem Open-Air-Kinos, wie man sie beispielsweise nahe dem kleinen Hafen Mikrolimano findet. Die Filme werden dort in Originalversion (Synchronisationen sind eine typisch deutsche Einrichtung) gezeigt. Ein Gläschen vor oder nach der Vorstellung in der extra aufgebauten Bar ist eine der leichtesten Übungen, um aus der über 2000 Jahre alten Vier-Millionen-Stadt nicht nur schöne Bilder, sondern auch Freundschaften fürs Leben mit nach Hause zu nehmen.

Die Highlights

Akropolis – Die Wiege Athens besteht im Wesentlichen aus drei Tempelruinen auf einem flachen, 150 m hohen Hügel und gehört zum UNESCO-Welterbe. Am Fuß des Berges liegen das neue Akropolismuseum und das Odeon des Herodes Atticus (Iródion-Theater).

Kloster Daphni – Das vor allem wegen seiner Mosaiken berühmte Kloster aus dem 11. Jahrhundert im Vorort Dahpni gehört zum UNESCO-Welterbe.

Benaki-Museum – Das Museum mit mehreren Dependancen präsentiert sämtliche Epochen der griechischen Kunst und Geschichte.

Das *Archäologische Nationalmuseum* ist das wichtigste Museum zur griechischen Antike. Die Sammlung zeigt Kunstwerke und Gebrauchsgegenstände aus der Antike.

Nationalgalerie – Sie bietet eine reizvolle Renaissancesammlung mit Werken u. a. von El Greco und Tiepolo sowie Kunst des 19. und 20. Jahrhunderts etwa von Picasso.

Fatih Camii – Die Moschee am römischen Markt ist eines der ältesten osmanischen Bauwerke der Stadt.

Plaka – Der verkehrsberuhigte Stadtteil unterhalb der Akropolis zählt zu den ältesten Athens. Er bestand schon in der Antike, heute lockt er mit zahlreichen Tavernen.

Die beste Reisezeit

Wer auf Sonnencreme verzichten möchte, kommt am besten zwischen ***März*** und Ende ***Mai***, wenn in der Regel sehr schönes und mit über 23 °C angenehm warmes Frühlingswetter herrscht. Im Sommer ist Athen mit Temperaturen bis zu 45 °C teils sehr heiß und stickig. Im Herodes-Atticus-Theater bietet ein Festival von Juni bis September jedoch Theater, Musical und Konzerte. Das wohl größte und beste Festival dieser Art im Mittelmeerraum ist definitiv ein Grund, im Sommer hierherzureisen.

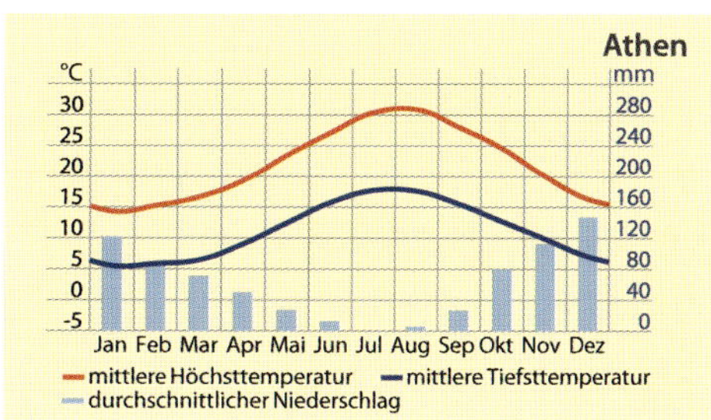

Besondere Tipps

Zum Schauen: Das Cine-Paris wurde von einem ehemaligen Friseur gegründet und ist das schönste Freiluftkino der Stadt. Es bietet einen atemberaubenden Blick auf die Akropolis.

Zum Übernachten: Das Electra Palace in der Plaka bietet frisch renovierten Fünf-Sterne-Luxus zu 4-Sterne-Preisen.

Zum Lesen: Petros Markaris hat mittlerweile sieben – unbedingt lesenswerte – Krimis geschrieben. Die Reihe beginnt mit »Hellas Channel« und endet bislang mit »Faule Kredite«.

Info: www.visitgreece.gr

← Der Parthenon-Tempel auf der Akropolis
← Der Fischmarkt bietet den tagesfrischen Fang an.
← Meeresgott Poseidon (400 v. Chr.) im Nationalmuseum
↑ Geschäft mit griechisch-orthodoxen Ikonen

Traumziel Grönland

Weite Wildnis und etwas Zivilisation

Die Arktis, ein riesiges Gebiet, das rund um den Pol von Alaska, Nunavut, Grönland, Spitzbergen bis zu den russischen Inseln im Nordpolarmeer reicht, symbolisiert den Zauber des Nordens, des Lands der Mitternachtssonne und der langen Polarnächte. Spektakulär präsentieren sich turmhohe Eisberge und zerklüftete Gletscherzungen. Unvergesslich ist das Schauspiel der Farben, wenn der Himmel von gelborange über dunkelrot bis tief violett glüht.

Die Arktis ist Wildnis pur; Eisbären, Polarfüchse und Walrosse mussten sich an die extremen Bedingungen anpassen. Die Tundravegetation, kleine Pflanzen, die im kurzen Sommer als bunte Farbtupfer zwischen Geröll leuchten, ist vielfältig.

Da das Verkehrsnetz dürftig ist, reisen mehr als 90 Prozent der Touristen mit einem Expeditionskreuzfahrtschiff – bis heute ein Abenteuer, denn keine Fahrt gleicht der anderen. Wem es neben ganz viel Natur auch nach Kultur verlangt, der entscheidet sich am besten für Grönland.

Auf einer Kreuzfahrt entlang der Westküste der größten Insel der Welt passiert man bisweilen kleine Siedlungen. Das Nachbardorf indes liegt oft hundert Kilometer entfernt. Es existiert keine Straße, im Hafen lediglich ein schmaler Steg, sodass nur mit einem Zodiak, einem Schlauchboot, angelandet werden kann.

Je weiter man nach Norden vordringt, auf desto mehr Grönländer stößt man, die noch als traditionelle Jäger und Fischer leben. Die kleinen Wohnhütten stehen auf Stelzen. Zwischen den Häusern liegen die Schlittenhunde an der Leine und warten schon auf ihren nächsten Einsatz im Winter. Robben- oder Eisbärenfelle sind zum Trocknen in Holzrahmen gespannt. Kein Grundrauschen der Zivilisation ist zu hören, kein hektisches Treiben.

Das Gefühl breitet sich aus, immer wieder in verschiedene Zeitepochen versetzt zu werden. Althergebrachtes und Modernes fließen im Alltag zusammen. Einen Tag tragen die Grönländer ihre farbenreiche Nationaltracht, am nächsten wieder bedruckte T-Shirts, Fleece und Gore-Tex; sie essen Robbenfleisch und Matac, den Walspeck, aber auch Tiefkühlpizza; sie singen alte Weisen, hören aber auch Rock-CDs. Viele Haushalte haben kein fließendes Wasser, Stromanschluss und Fernwärme sind jedoch Standard.

Die Highlights

Der *Eisfjord* südlich von Ilulissat zählt zum Weltnaturerbe der UNESCO. Wanderung durch die Tundra, Blick auf unzählige Eisberge, eine Bilderbuchkulisse.

In *Sisimiut* bietet das gleichnamige Hotel leckere grönländische Gerichte.

Uummannaq, der 1175 m hohe, herzförmige Berg liegt am Fuß der gleichnamigen Stadt. Die typischen farbig angestrichenen Häuser rahmen den Hafen ein. Im kleinen Museum sind eine Alfred-Wegener-Abteilung und Repliken der Mumien von Qilakitsoq zu sehen.

Siorapaluk ist die nördlichste Siedlung Grönlands. Hier lebt der erfolgreichste Jäger, der Japaner Ikou Oshima, der auch gerne Gäste empfängt.

Auf jedem *Brædtet* (Fischmarkt) werden fangfrische Waren angeboten. Außerdem verkaufen die Einheimischen Robbenfleisch, Walspeck und Rentierfleisch.

Longyearbyen, die Hauptstadt am Eisfjord mit ihrem See- und Flughafen, gilt als Tor nach Spitzbergen.

Ny Ålesund am Kongsfjord ist seit Roald Amundsen (1926) das Zentrum der Arktisforschung. Hier liegen alle wichtigen Forschungseinrichtungen und das nördlichste Postamt der Welt.

Die beste Reisezeit

Kreuzfahrten in die Arktis werden von Juni bis September angeboten. Mitte Juni bis Ende Juli brüten die Seevögel; die farbenfrohe, arktische Vegetation blüht unter der gleißenden Mitternachtssonne. ***Mitte August*** beginnt schon die Herbstverfärbung, ein schöner Kontrast zu den weißen Eisbergen. Die wieder unter den Horizont sinkende Sonne zeichnet ein sanfteres Licht mit farbenprächtigen Abendstimmungen. Bei klarem Nachthimmel ist schon das erste Polarlicht, die »Aurora borealis«, zu sehen.

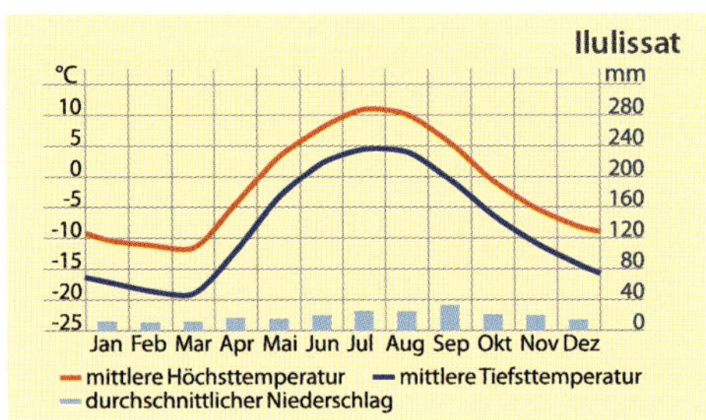

Besondere Tipps

Info: Eine Bootstour mit einem grönländischen Skipper von Ilulissat zu den Eisbergen des Kangia-Gletschers ist ein unvergessliches Erlebnis. Buchen bei: www.greenland.com/en/providers/ilulissat-water-taxi

→ Auf kleinen Kuttern erlebt man den weltberühmten Eisfjord hautnah.

↑ Auch in Grönland gehören Mobiltelefone inzwischen zum Standard.

↑ Fische werden auf solchen Gestellen an der Luft getrocknet.

Kontrastreiche Hauptstadt einer Weltmacht

In Washington beschleicht viele Besucher das Gefühl eines Déjà-vu-Erlebnisses. Das Weiße Haus, der Marmorobelisk des Washington Monument, das Kapitol mit seiner mächtigen Kuppel, die Säulenhalle des Lincoln Memorial – die Symbolbauten der USA hat jeder schon so oft in den Nachrichten, in Film und Fernsehen gesehen, dass sie merkwürdig vertraut wirken.

An der majestätischen Straßenachse der National Mall, die sich wie ein Park zwischen Kapitol und Lincoln Memorial erstreckt, reihen sich Museen von Weltrang, aber auch Gedenkstätten für die gefallenen US-Soldaten verschiedener Kriege. In Stein gefasst ist hier mit dem Vietnam War Memorial unter anderem das Vietnamkriegstrauma der USA. An der schwarzen Granitwand suchen täglich Menschen nach den Namen ihrer Freunde oder Verwandten, die in Vietnam gestorben oder vermisst sind. Die Promenade ist der Sammelplatz der Massen bei bedeutenden nationalen Ereignissen: Rund eine Viertelmillion Menschen drängten sich hier, als Martin Luther King 1963 mit seiner Rede »I have a dream« freie, gerechte USA jenseits der Rassentrennung beschwor, und sogar zwei Millionen, als Barack Obama 2009 das Amt des 44. US-Präsidenten übernahm. Hier trifft man sich aber auch zum fröhlichen Feiern, wenn Washington zum Nationalfeiertag am 4. Juli die größte Party des Landes schmeißt mit allem, was die USA lieben: mit Paraden und Patriotismus, Livemusik, Barbecues und einem gigantischen Feuerwerk, das den Himmel über dem Kapitol in buntes Licht taucht.

Ende des 18. Jahrhunderts wurde Washington als Planstadt in einem Flächenquadrat von zehn Meilen Kantenlänge entworfen. Tatsächlich brauchte man für die Hauptstadt des jungen Landes weitaus weniger Raum, und bis heute ist sie als Zentrum einer Weltmacht erstaunlich klein geblieben. Rund 670 000 Einwohner leben direkt im Stadtgebiet im District of Columbia, der unter den US-Bundesstaaten eine Sonderstellung einnimmt. Washington präsentiert sich prächtig im Zentrum zu beiden Seiten der National Mall, elegant und mit hoher Lebensqualität in historischen Vierteln wie Georgetown. In keinem Staat der USA leben mehr Menschen mit überdurchschnittlichem Einkommen als im District of Columbia, und doch ist hier auch der Anteil der Armen extrem hoch. Washington prägen führende Museen, Universitäten und Forschungseinrichtungen, und doch kann ein erheblicher Prozentsatz seiner Bewohner Englisch kaum lesen oder schreiben. So widersprüchlich und facettenreich, erfolgreich und gescheitert wie die USA, so vielfältig zeigt sich auch ihre Hauptstadt. Unbedingt sehenswert.

Die Highlights

Das *Kapitol* zählt zu den Top-Sehenswürdigkeiten in Washington. Im unterirdischen Besucherzentrum informiert eine umfassende Ausstellung über die Geschichte der USA.

Im *Weißen Haus* spaziert man über die »Korridore der Macht« – Karten für Besichtigungen erhält man im Besucherzentrum. Stehen Sie früh auf, sie werden ab 7 Uhr morgens ausgeteilt und sind schnell vergeben.

Die *National Mall* zwischen Lincoln Memorial und Kapitol ist das Herzstück des Zentrums. Sie säumen diverse Kriegsdenkmäler, der Botanische Garten der USA sowie elf der 19 Museen der Smithsonian Institution.

Die *National Gallery of Art* an der National Mall gehört zu den wichtigsten Museen der USA.

Das 2016 eröffnete *National Museum of African American History and Culture* ist ein unbestrittenes Highlight in der US-Hauptstadt.

Das *Vietnam Veterans Memorial* ist das beeindruckendste Denkmal für die gefallenen Soldaten an der National Mall.

Georgetown, Logan Circle und Adams Morgan sind malerische Viertel mit historischer Bebauung, Läden, Cafés und Restaurants mit Küchen aus aller Welt. Denken Sie abends daran, dass Washington keine besonders sichere Stadt ist.

Die beste Reisezeit

Washington hat ausgeprägte Jahreszeiten, jedoch ist das Wetter ganzjährig feucht. Im Winter fallen die Temperaturen häufig unter den Gefrierpunkt und es schneit teilweise heftig. Die beste Reisezeit sind die wärmsten Monate ***Juli*** und ***August***, wenn die Temperaturen über 26 °C klettern. Angenehm sind auch ***April*** und ***Oktober***, mit etwa 20 °C. Zu Ostern kann man beim traditionellen »White House Easter Egg Roll« zusammen mit der Präsidentenfamilie Ostereier suchen (die Tickets werden online verlost).

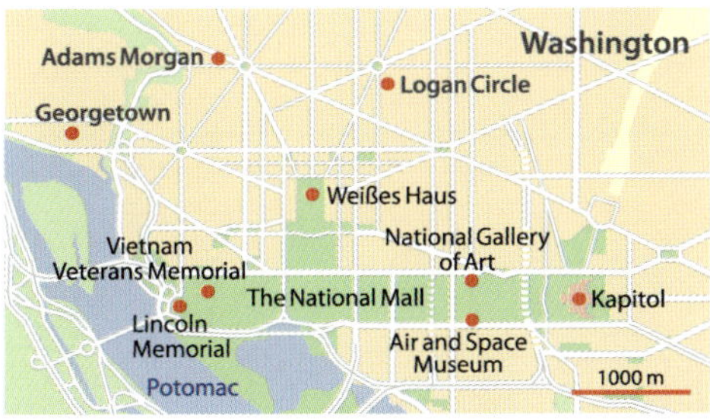

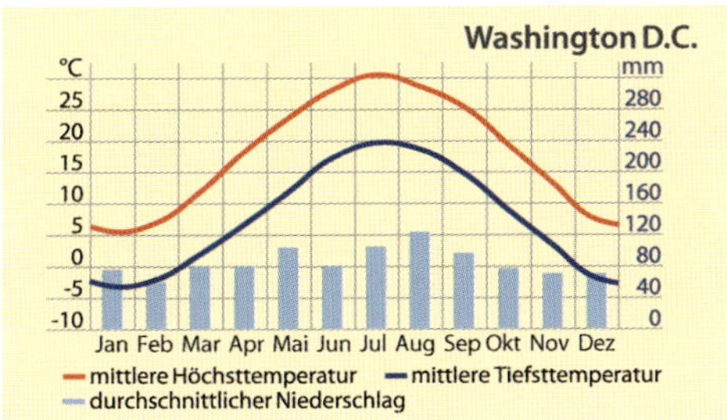

Besondere Tipps

Für Filmfreaks: »Forrest Gump« und »Independence Day« sind nur zwei Blockbuster, die hier gedreht wurden. Führungen zu den Drehorten bietet unter anderem die Washington DC TV & Movie Sites Tour: www.onlocationtours.com.
Für Zuhause: Sportfans freuen sich über ein Souvenir des Football-Teams Washington Redskins.
Für gesellschaftlich Interessierte: Die »Washington-Trilogie« (Das große Umlegen/King Suckerman/Eine süße Ewigkeit) von George P. Pelecanos beschreibt Washington im 20. Jahrhundert aus Sicht der Einwanderer.
Info: www.washington.org

← Das Kapitol der Vereingten Staaten von Amerika
← Das Lincoln Memorial ehrt den 16. Präsidenten.
← Bunte Vielfalt in den Straßen von Georgetown
↑ Ein Besuch im Weißen Haus ist nur begrenzt möglich.

Prudential

Traumziel Chicago 59

Windy City am großen See

New York mag das Empire State Building und andere berühmte Türme haben, erfunden wurde der Hochhausbau jedoch in Chicago. Tatsächlich kratzte man hier schon viel früher an den Wolken als im Big Apple an der Küste. Als 1871 ein verheerender Großbrand das Zentrum in Schutt und Asche legte, nutzte man die Chance, die Stadt mit modernster Architektur neu zu gestalten. 1884 schuf William le Baron Jenney an der LaSalle Street mit dem Home Insurance Building den ersten Wolkenkratzer der Welt in Stahlskelettbauweise. Das Gebäude wurde 1931 abgerissen und durch den Art-déco-Bau des LaSalle National Bank Building ersetzt. Die Chicago School of Architecture wurde wegweisend für die moderne Architektur. In den folgenden Jahrzehnten bis heute wurde in der Stadt immer aufregend neu und modern gebaut. Es wirkten Größen wie Ludwig Mies van der Rohe und James Lloyd Wright. Einer populären Erklärung zufolge heißt Chicago wegen des Windes in den Wolkenkratzerschluchten »Windy City« – vielleicht aber auch wegen ihrer berüchtigten korrupten Politiker und Gangster, die vor allem während der Prohibition in den 1920er-Jahren zu zweifelhaftem Ruhm gelangten. Chicagos Unterwelt kontrollierte damals ein Zugereister aus New York: Al Capone.

Facettenreich ist auch die Bevölkerung in der drittgrößten Stadt der USA. Mitte des 19. Jahrhunderts wurde Chicago zu einem bedeutenden Verkehrsknotenpunkt. Aus Irland, Deutschland, Polen und vielen anderen Staaten zogen Menschen in die Stadt, die in den Fabriken und den Schlachthöfen des riesigen Viehumschlagplatzes arbeiteten. Auch diverse asiatische Communitys haben sich in der Stadt gebildet, Hispano-Amerikaner stellen rund 20 Prozent der Bevölkerung. Etwa doppelt so groß ist der Anteil der Afroamerikaner. Sie prägten in der ersten Hälfte des 20. Jahrhunderts die lebhafte Jazz- und Bluesszene der Stadt. Seit 1929 veranstalten sie immer am zweiten Samstag im August mit der »Bud Billiken Parade« die größte und älteste afroamerikanische Parade der USA.

Ein weiteres musikalisches Highlight ist das Grant Park Music Festival. Luftballons dürfen nicht die Sicht versperren, wenn sich 11 000 fröhlich gestimmte Musikfreunde vor Frank Gehrys futuristischem Jay Pritzker Pavilion versammeln, um Beethovens »Eroica« zu lauschen. 1931 erstmals als Stimmungsaufheller während der Großen Depression organisiert, ist es heute das einzige kostenlose Freiluftfestival klassischer Musik in den USA. Alljährlich bildet es von Mitte Juni bis Ende August einen Höhepunkt in Chicagos Kulturkalender. Seit 2004 findet es im Millennium Park statt, der als grünes Gesamtkunstwerk zu den beliebtesten Sehenswürdigkeiten der Millionenmetropole am Lake Michigan zählt.

Die Highlights

Im *Grant Park* am Lake Michigan ist der Buckingham Fountain genauso sehenswert wie der Millennium Park mit dem Jay Pritzker Pavilion von Frank Gehry und Anish Kapoors schimmernde Skulptur »Cloud Gate«.

Gleich nebenan präsentiert das *Art Institute of Chicago* Kunst aus fünf Jahrtausenden, darunter eine bedeutende Impressionisten-Sammlung.

Der *Loop* ist der historische Stadtkern im Finanzdistrikt. Hier stehen architektonische Highlights wie der Willis Tower, The Rookery Building, das Reliance Buildung und das Federal Center.

An der *Magnificent Mile* der North Michigan Avenue, stehen Wahrzeichen wie das Wrigley Building, der Tribune Tower, der Old Water Tower und das Hotel Inter-Continental Chicago.

Das *John G. Shedd Aquarium* zählt mit rund 32 500 Tieren zu den größten Aquarien der Welt (www.sheddaquarium.org).

Gleich nebenan ist das *Field Museum*, eines der größten naturwissenschaftlichen und kulturwissenschaftlichen Museen der Welt.

Das *Museum of Science and Industry* ist mit seinen interaktiven Ausstellungen über Wissenschaft und Technik führend in den USA.

Die beste Reisezeit

Chicago kann in Winter bitterkalt sein und wird oft von Schneestürmen heimgesucht. Beliebter sind als Reisezeit daher die warmen Sommermonate, in denen das Thermometer schon mal auf 28 °C klettert. Da der riesige Lake Michigan wie ein Wärmespeicher wirkt, ist auch der Herbst in der Regel angenehm mild. Die meisten Open-Air-Veranstaltungen vom Chicago Gospel Festival bis zum »Oktoberfest« mit deutschen Biergärten finden denn auch zwischen ***Juni*** und ***Oktober*** statt.

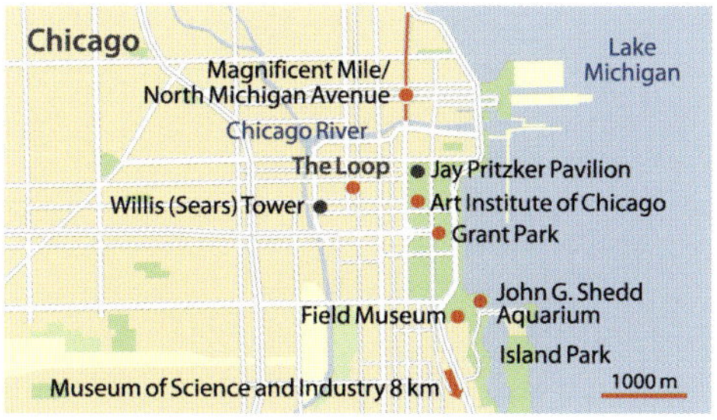

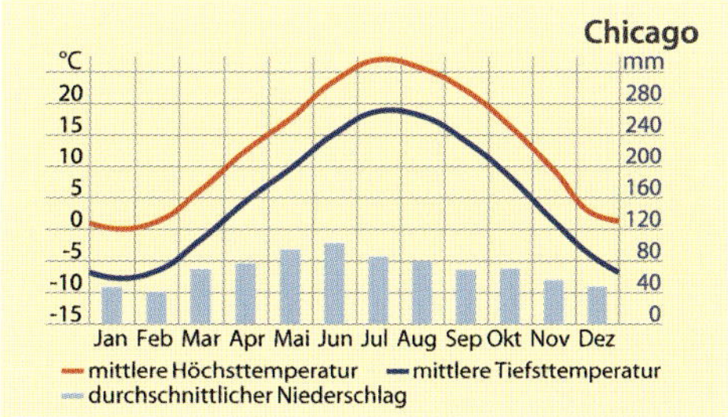

Besondere Tipps

Für Architekturfans: Die Chicago Architecture Foundation bietet Führungen nach Downtown und Bootsfahrten auf dem Chicago River an (www.architecture.org).
Für Musikliebhaber: Chicago Jazz! Einer der wichtigsten Vertreter war der legendäre Kornettist Bix Beiderbecke in den 1920er-Jahren.
Für Literaten: »Der Dschungel« von Upton Sinclair über die katastrophalen Bedingungen in den Schlachthäusern der Stadt Ende des 19. Jahrhunderts. Ebenfalls ein Klassiker ist der Film »Blues Brothers«.
Info: www.cityofchicago.org/

← Blick vom Observatory Deck des John Hancock Tower
← Der Pritzker Pavilion von Frank Gehry
← Das legendäre Chicago Theatre wurde 1921 erbaut.
↑ Bootsfahrt auf dem Chicago River durch die Stadt

Im Herzen der Rocky Mountains

Noch einmal schnuppert man in Denvers quirligem Zentrum echte Stadtluft, bummelt durch die Kneipen der »Lower Downtown«, besucht vielleicht eines der interessanten Museen und überprüft ein letztes Mal die Ausrüstung – dann geht es los in das Herz der Rocky Mountains.

Denver liegt ziemlich genau eine Meile über dem Meeresspiegel, nur eine gute Stunde weiter westlich hat man in den alten Goldgräberstädten Idaho Springs und Georgetown fast 1000 Meter Höhe gewonnen und ist in den Bergen angekommen. Etwas weiter südlich führt der Mount Evans Scenic Byway als höchste asphaltierte Bergstraße der USA auf rund 4300 Meter hinauf, atemberaubend ist auch die bis zu 3700 Meter hohe Trail Ridge Road im Rocky Mountains National Park. Dort erlebt man im alten Jagdgebiet der Ute eine faszinierende Naturlandschaft mit dichten Wäldern, klaren Flüssen und Seen und über 100 Dreitausendern. In diesem rauen Reich des 4345 Meter hohen Longs Peak leben Wapitis, Schwarzbären und Dickhornschafe.

Richtung Norden erreicht man Cheyenne, die mit rund 62 000 Einwohnern winzige Hauptstadt des menschenleeren Bundesstaats Wyoming. Nur in Alaska sind die USA noch einsamer. Weiter geht es auf der Strecke des Oregon Trail, der historischen Siedlerroute über die Rocky Mountains, nach Guernsey und Casper. Die Spuren der Planwagenräder sieht man noch heute im weichen Sandstein. Bei Guernsey wurde im Gebiet der Cheyenne und Arapaho mit Fort Laramie 1834 die erste weiße Siedlung in Wyoming gegründet. Dennoch führt die Straße weiter durch fast unbesiedeltes Land und direkt zum Grand Teton National Park, dessen granitene Bergriesen unvermittelt aus den weiten Ebenen ansteigen. Das eindrucksvolle Gesicht der über 4000 Meter hohen Bergkette ist in den USA so bekannt wie in Europa das Matterhorn. Im Nationalpark leben Bären und Bisons.

Der größten frei lebenden Bisonherde der USA begegnet man jedoch im Yellowstone National Park im Dreiländereck von Wyoming, Montana und Idaho. Dieser älteste Nationalpark der USA schützt atemberaubende Naturwunder: Berge, Wälder, Bisons, Grizzlybären … und über 10 000 heiße, mineralhaltige Quellen. Die berühmteste Fontäne heißt bezeichnenderweise Old Faithful Geyser: Pünktlich wie ein Uhrwerk schießt sie alle 90 Minuten Zehntausende Liter heißes Wasser über 50 Meter in die Luft.

Der Rückweg führt über die Rodeostadt Cody, die 1896 von dem legendären William Cody alias Buffalo Bill gegründet wurde, und zu den rund 4000 Meter hohen Bighorn Mountains. Hier liegt bei Lovell auf gut 3000 Meter Höhe ein jahrhundertealtes, großes *medicine wheel*, das Cheyenne und Sioux noch heute als zeremonielle Stätte nutzen.

Die Highlights

Colorado History Museum und *Denver Art Museum* mit Wildwest- und indianischen Exponaten lohnen einen Besuch. Beste Unterhaltung und Lokale findet man in Denver am Larimer Square und in der Lower Downtown.

Beim *Night Rodeo* in Cody erlebt man täglich Cowboykultur.

Das *Buffalo Bill Center of the West* in Cody vermittelt ebenso Frontier-Atmosphäre wie das Fort Caspar Museum in Casper, die Oregon Trail Ruts sowie Fort Laramie Historic Site in Guernsey und das Frontier Days Old West Museum in Cheyenne.

In *Idaho Springs* und *Georgetown*, beides Bergbaustädte, wandelt man auf den Spuren des Goldrauschs in Colorado.

Der *Mount Evans Scenic Byway* (4300 m) ist eine traumhafte Panoramastraße, außerdem der Bighorn Scenic Highway (ca. 3000 m), im Yellowstone National Park die Grand Loop Road und im Rocky Mountain National Park die Trail Ridge Road (ca. 3700 m).

Geysire im Yellowstone National Park, darunter Old Faithful Geyser, die Mammoth Hot Springs, die regenbogenfarbige Grand Prismatic Spring und der Grand Canyon.

Im *Grand Trenton National Park* zieht es Kanuten, Kajakfahrer und Rafter zu den Seen und zum Snake River und Arkansas River.

Die beste Reisezeit

Die Rocky Mountains sind ein Hochgebirge mit langen, bitterkalten und schneereichen Wintern. Wer nicht zum Wintersport kommt, für den ist die beste Reisezeit in den wärmsten Monaten ***Juli*** und ***August***, wenn die Bergstraßen mit größter Wahrscheinlichkeit frei sind. Doch auch dann sollte man stets auf einen plötzlichen Kälteeinbruch eingestellt und mit warmer, wind- und wasserabweisender Funktionskleidung ausgerüstet sein. Zum Wandern eignen sich auch die Herbstmonate, wenn sich das Laub dramatisch verfärbt.

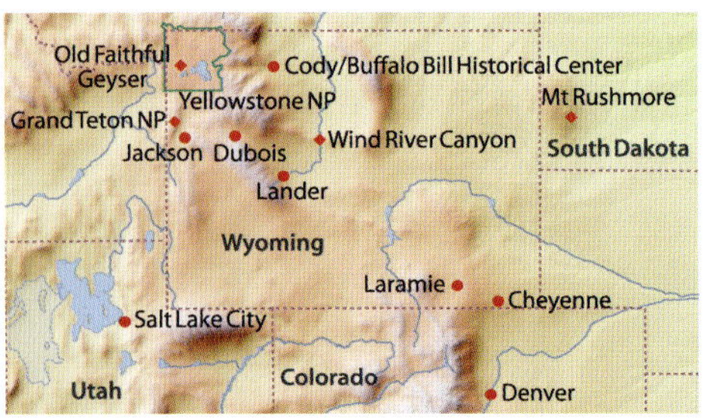

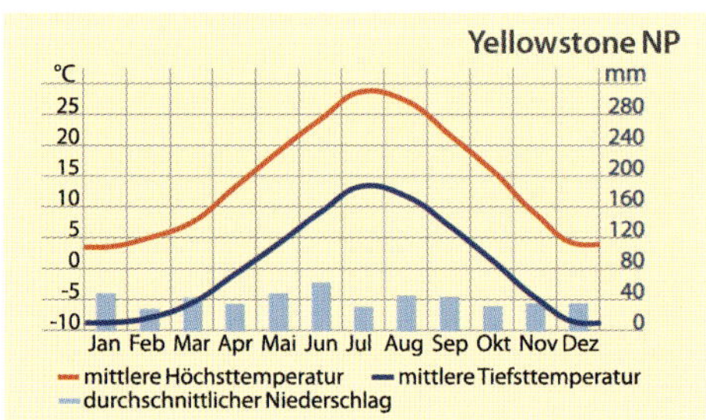

Besondere Tipps

Literatur und Film: »Brokeback Mountain«. Buch von Annie Proulx, 2006 verfilmt von Ang Lee; die Geschichte einer Liebe in Wyoming.

Planung: Eine Fahrt durch die Rockies erfordert ein gewisses Maß an Planung, da die Saison nur sehr kurz ist. In den Nationalparks, vor allem im Yellowstone, sollte man Campingplätze und Unterkünfte auf jeden Fall lange vorab buchen. Infos gibt es auf www.nps.gov.

Info: www.colorado.com

→ Die riesige Thermalquelle Grand Prismatic Spring im Yellowstone National Park

→ Mit Planwagen überquerten auch die Mormonenpioniere die Rocky Mountains.

→ Auch der Nachwuchs tanzt bei indianischen Kultur treffen.

↑ Werbefahrt für das Nite Rodeo in Cody

BROWNING

Traumziel Seattle 61

Hightech in der Smaragdstadt

Fruchtbare Wälder und fischreiche Gewässer lockten schon vor rund 15 000 Jahren Menschen an die Pazifische Nordwestküste der USA. Vor der Kulisse des mächtigen Mount Rainier lag zwischen dem Puget Sound, dem Washington Lake und den Olympic Mountains einst das Land der Duwamish. Die Stadt, die sich heute auf diesem traumhaft schönen Landstrich wie Rom auf sieben Hügeln erstreckt, heißt nach ihrem berühmtesten Häuptling: Seattle. Den tiefgrünen riesigen Wäldern der Region verdankte Seattle im 19. Jahrhundert seinen Aufstieg als Zentrum der Holzwirtschaft, ihren vielen Grünflächen seinen Beinamen Emerald City, die »Smaragdstadt«.

In der Zeit des Goldrauschs von Klondike diente Seattle ab 1897 zum Tor nach Alaska mit seinen Bodenschätzen. Heute ist sein Hafen ein bedeutendes Tor nach Asien. Seattles Verbundenheit mit dem fernen Nachbarn im Osten zeigt sich auch an seiner großen asiatischen Gemeinde, von der nicht zuletzt die ausgezeichnete Gastroszene der Stadt mit zahlreichen asiatischen Restaurants profitiert. Bei der »Seafair« sind jedoch alle Communitys der Stadt beim Feiern und guten Essen vereint. Fast den ganzen Juli bietet das bunte Sommerfest ein abwechslungsreiches Programm mit Straßenfesten in den verschiedenen Vierteln, Sportveranstaltungen, der Wahl der Miss Seafair und einem Fackelumzug in Kostümen. Ein weiterer Höhepunkt ist die Vorführung der »Blue Angels« genannten Kunstfliegerstaffel der US-Army.

Seattles ältestes Viertel ist der Pioneer Square im Südwesten der Downtown. In dem denkmalgeschützten Quartier reihen sich Buchhandlungen, Kunstgalerien, Cafés und Nachtclubs aneinander. Hier stehen neoromanische Ziegelhäuser aus dem 19. Jahrhundert und der 1914 erbaute Smith Tower. Vom ältesten Wolkenkratzer der Stadt ist es nicht weit zum traditionsreichen Pike Place Market, wo ein Kaffeehaus namens »Starbucks« in den 1970er-Jahren eine Weltkarriere startete. Bekannter ist die Stadt jedoch als Hightechmetropole, schließlich steht im Vorort Redmonton die Zentrale des Softwareriesen Microsoft und der Luftfahrtkonzern Boeing lässt hier Flugzeuge bauen. Unter Musikkennern ist Seattle dagegen Synonym für Grunge und Indie Rock, in der Geburtsstadt von Jimi Hendrix begeistert aber auch alljährlich am Memorial Day Ende Mai Folk und Weltmusik beim kostenlosen Northwest Folklife Festival. Seattle überzeugt – dank seines breiten Kulturangebots, seiner fantastischen Sport- und Freizeitmöglichkeiten und seiner lässigen Atmosphäre. In den USA rangiert es in puncto Lebensqualität an der Spitze, als Besucher muss man sich hier einfach wohlfühlen.

Die Highlights

Das *Seattle Center* ist das Gelände der Weltausstellung von 1962. Hier stehen unter anderem das Pacific Science Center für Raumfahrt und Astronomie und die berühmte Space Needle. Vom Drehrestaurant des Turms hat man einen herrlichen Blick über die Stadt und den Hafen.

Ebenfalls im Seattle Center steht das *EMP Museum für Rockmusik und Science Fiction.* Das Gebäude von Frank Gehry schaut aus wie eine geschmolzene Gitarre.

Auf dem malerischen *Pike Place Market* werden seit 1907 frisches Gemüse und Meeresfrüchte verkauft. Er ist einer der ältesten bestehenden Produzentenmärkte der USA.

Das *Seattle Art Museum* präsentiert Kunst aus allen Kontinenten von der Antike bis zur Gegenwart. Zum Museum gehören auch der *Olympics Sculpture Park* und das *Seattle Asian Art Museum.*

Das hochinteressante *Seattle Aquarium* ist dem Umweltschutz verpflichtet.

Das Burke Museum of Natural History and Culture präsentiert eine riesige natur- und kulturgeschichtliche Sammlung, darunter exzellente Kunst der Nordwestküstenindianer.

Im *Washington Park Arboretum* gedeihen auf rund 90 ha über 4500 Pflanzenarten – ein faszinierendes lebendes Pflanzenmuseum.

Die beste Reisezeit

»In Seattle regnet es neun Monate im Jahr!«, bemerkt Meg Ryans Filmbruder in »Schlaflos in Seattle«. Aber etwas besser als sein Ruf ist das Wetter doch. Tatsächlich regnet es nicht mehr, aber häufiger als in vielen anderen Städten der USA. Zwischen Oktober und April kann es tagelang neblig sein, nieseln und regnen, im Mai wird das Wetter schon etwas besser. Der ***Juli*** ist in der Regel der trockenste, sonnigste und wärmste Monat des Jahres, dicht gefolgt vom ***August***. Auf Regen sollte man jedoch immer eingestellt sein.

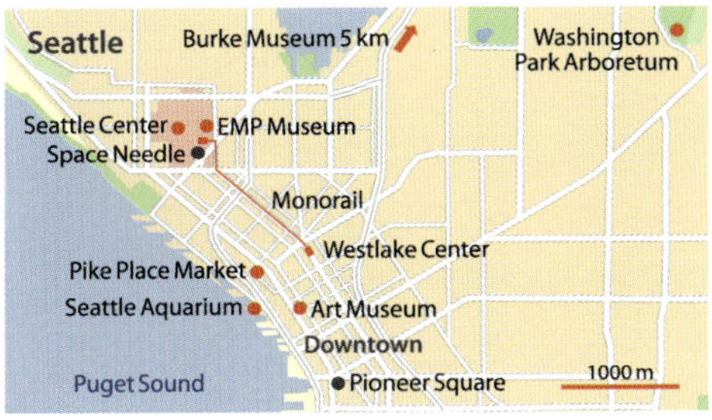

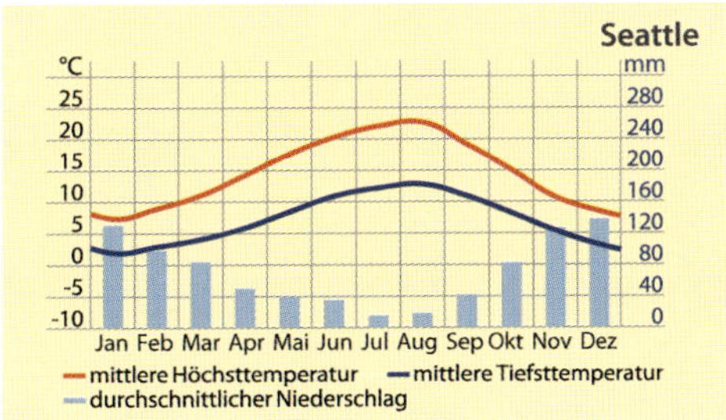

Besondere Tipps

Für Architekturfans: Die Seattle Central Library in der 4th Avenue 1000 beeindruckt durch ihre Ausstattung und durch ihre Architektur. Der elfgeschossige Bau aus Stahl und Glas wurde von Rem Koolhaas entworfen.

Für Eisenbahnfreunde: Pendeln Sie auf jeden Fall mit der Monorail zwischen Downtown und Seattle Center. Der Blick ist großartig.

Für Auge und Ohr: Seattle ist die Stadt des Avantgarde-Jazz, von Grunge und Indie Rock. Zudem dient es für zahlreiche Filme und Fernsehserien als Kulisse.

Info: www.seattle.gov

← Blick auf die Skyline bei Abendsonne
← Marine und Hausboote auf dem Lake Union
← Das Experience Music Projekt: ein Besuchermuss
↑ Segelboot im Puget Sound vor Downtown Seattle

Traumziel Kanadas Westen 62

Lockruf der Wildnis

Die große Freiheit. Das ist es, was die Kanadaurlauber im Westen des riesigen Landes suchen. Viele von ihnen sind mit Campmobil oder Mietwagen unterwegs, nur wenige schließen sich einer Gruppentour mit dem Bus an. Aber sie alle bekommen schnell einen Eindruck, was die Natur in den Staaten British Columbia, Alberta und im Yukon-Territorium vor allem prägt: Wald, dichter Wald. Es ist ein Wald, wie er seit den Büchern von Jack London die Fantasie und die Sehnsucht anregt. Stundenlang, tagelang rollt der Wagen durchs Grün und Blau der Wald- und Wassereinsamkeit.

Am Wegesrand: umgestürzte und verfilzte Baumriesen, Seen und Flüsse, Sumpfwüsten, Wasserfälle, Gletscher, die bis an die Fahrbahn reichen. Unterkünfte auf der Suche nach Bär und Biber, nach heiler Natur und der Romantik des Lagerfeuers sind urige Lodges oder hervorragend ausgestattete Campingplätze. Sie sind oft so großzügig angelegt, dass man nur durch die Büsche das Feuer des Nachbarn sieht. Der aber ist nie so weit entfernt, dass man sich nicht abends gern auf ein Bier oder ein Steak zusammensetzt, Erfahrungen austauscht und Tipps für die nächsten Tage sammelt. Wer fern der Zivilisation unterwegs ist, gewöhnt sich schnell an das hilfsbereite Miteinander, das Kanadier und ihre Gäste gleichermaßen auszeichnet.

Das Abenteuer beginnt in der Regel in einer der beiden großen Städte des Westen, in Calgary, Provinz Alberta, oder – spannender und abwechslungsreicher – in Vancouver. Die Zwei-Millionen-Stadt, erst vor 150 Jahren im Zuge des Goldrausches gegründet, gehört zu den schönsten der Welt. Die Skyline spiegelt sich in den Fjorden, die bis ins Zentrum reichen. Die Kette der Nordküstenberge rahmt die grandiose Kulisse ein. Ein buntes Völkergemisch mit einem sehr hohen Anteil an Asiaten gibt der Stadt ein multikulturelles Gepräge.

Nach spätestens drei Tagen aber wollen die kanadischen Urlaubsnomaden raus, zum Beispiel auf den Icefield Parkway, eine der Traumstraßen in Nordamerika, wo schon bald der erste Bär den Weg kreuzt. Immer weiter nach Norden, in den Wells Gray National Park bis nach Whitehorse, eine der legendären Goldgräbersiedlungen an der Grenze zu Alaska. Der Ruf der Wildnis kann weit tragen.

Die Highlights

Vancouver Island – Küstenregenwald prägt die Landschaft, ein Paradies für Bären, Wölfe, Elche und Kojoten, das allerdings durch die Holzindustrie gefährdet ist.

Vancouver – Zum Sonnenuntergang am Sunset Beach ins Westend fahren: Es ist fast immer voll dort, aber die Stimmung bleibt locker, und die Sonne geht oft genug postkartenmäßig unter.

Wells Gray Provincial Park – Auf 5000 km^2, doppelt so groß wie das Saarland, bietet dieser Park alles, was Westkanada ausmacht: Wald, Wasserfälle, Seen und Unterkünfte.

Icefield Parkway heißt die schönste Straße Kanadas. Sie verbindet Banff mit Jasper, beides Zentren gleichnamiger Nationalparks in Alberta.

Rocky Mountaineer – Eine Fahrt mit diesem noblen Panoramazug durch die Wälder zwischen Vancouver und dem Banff-Nationalpark gehört zu den schönsten Bahnreisen der Welt.

Whitehorse – Die Hauptstadt des Yukon-Lands liegt bei Kilometer 1476 des Alaska Highways. Schon der Name weckt Erinnerungen an die Pionierzeiten. Einige Bars halten den Geist jener Tage wach.

Dawson City – Noch immer wird in »Gertie's Gambling Hall« gezockt wie damals, als die Goldgräber ihre letzten Nuggets verspielten.

Die beste Reisezeit

Der kanadische Norden ist im ***Sommer*** keine Region von Eis und Schnee. Zwar kann es Anfang Juni vorkommen, dass an den Rändern der großen Straßen noch Schneereste liegen. Am besten, man fliegt Mitte Mai nach Vancouver, macht einen Abstecher auf die gleichnamige (regenreiche) Insel und startet dann nach Norden. Ab Mitte Juni sind Tagestemperaturen von 25 °C keine Seltenheit, Schneefälle aber schon im September möglich, je nördlicher, desto früher.

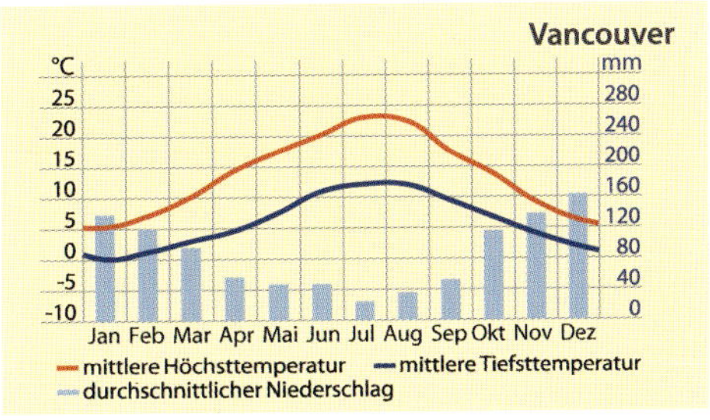

Besondere Tipps

Ausgehen in Vancouver: Granville Island im Meeresarm False Creek gilt als coolstes Szeneviertel dieser beliebten Stadt: Galerien reihen sich an »verrückte« Läden, Theater an angesagte Clubs.

Camping: Die Campgrounds, die von der amerikanischen KOA-Organisation betreiben werden, sind besonders großzügig ausgestattet.

Souvenir: Beim Ausflug von Stewart nach Hyder in Alaska Grüße aus dem kleinsten Postamt der USA versenden.

Info: www.meinkanada.com, www.britishcolumbia.travel

← Wald, Wasser und schneebedeckte Gipfel im Jasper National Park in der Provinz Alberta

← Zu den Bewohnern des kanadischen Westens ge hören Wapiti-Hirsche genauso wie Schwarzbären.

↑ Mammutbäume, hier ein 800 Jahre altes Prachtexemplar, ragen auf Vancouver Island auf.

Traumziel Peru 63

Im Reich der Inka

Lima trägt viele Beinamen. Nicht alle schmücken, aber alle spiegeln einen Teil der Realität wider: Die »Stadt der Könige« und »das goldstrahlende Lima« machen sich gut in den Empfehlungen der Reisebranche. Aber auch das Etikett »La Horrible«, die Schreckliche, klebt nicht zu Unrecht an der Hauptstadt Perus. Von den »Serros«, den Hügeln der Armen, streben jeden Tag Heerscharen in die City: Schuhputzer, Hausmädchen, Taxifahrer, Tagelöhner, die meisten von ihnen Indios und Mestizen. Sie alle tragen dazu bei, dass die glänzende Seite der Acht-Millionen-Metropole funktioniert.

Wer als Tourist diese Stadt besucht, will sich auf die nächsten Tage im Reich der Inka vorbereiten oder auf den Spuren der Conquistadores, der spanischen Eroberer, durch die Altstadt bummeln. An der Plaza Mayor schlägt das Herz des kolonial geprägten Limas: Der Platz wird flankiert von der Kathedrale, dem Regierungspalast, dem Palast des Erzbischofs, dem Rathaus und, bis in die Seitengassen, von Straßencafés und den *balcones y rincones*, den charakteristischen Balkonen.

Nirgendwo lässt ich die Gier der Spanier, die das Land über Jahrhunderte ausgebeutet haben, so beklemmend nachvollziehen wie im Museo de Oro, dem eindrucksvollen Goldmuseum. Ebenso wichtig für die Vorbereitung einer kulturhistorischen Reise durchs Land ist das Anthropologische Museum. Dort läuft man über alle Stufen der vorkolumbianischen Epochen: Chavin, Mochica, Nazca, Chimú und natürlich Inka, die Ära, die als einzige bei uns berühmt geworden ist. Auf ihren Wegen wird man in den nächsten Tagen staunen: vielleicht auf dem Inka-Trail, einer Art historischer Pilgerroute, bestimmt aber in den Ruinen von Machu Picchu, das seit hundert Jahren zu den neuen Weltwundern gehört.

Peru spricht alle Sinne an: in der herben Natur des Andenhochlands, im dampfenden Regenwald bei Iquitos, auf den bunten Märkten und bei den Relikten versunkener Kulturen, von den Pyramiden bei Tucumè im Norden bis zu den rätselhaften Linien von Nazca an der Südküste. Es ist – allen möglichen Beschwernissen zum Trotz – ein unglaublich vielfältiges Reiseland, in dem sich Bildungsreisende und Abenteurer, Naturliebhaber und Individualisten auf der Suche nach dem Ursprünglichen leicht in einer Person wiederfinden.

Die Highlights

Limas Goldmuseum – Nicht nur Waffen und Kultgegenstände aus vorkolumbianischer Zeit, sondern auch Exponate aus der Ära der spanischen Eroberer werden hier ausgestellt.

Inka-Trail – Nur Trekker mit guter Kondition sollten sich die 40-Kilometer-Tour zutrauen. Sie führt über vier heiße Tage und drei kalte Zeltnächte bis auf 4200 m. Ohnehin muss man sich einer geführten Gruppe anschließen.

Machu Picchu – Höhepunkt jeder Südamerika-Reise. Wer nicht wandern will, fährt mit dem Zug von Cusco oder von Ollantaytambo bis zur gipfelnahen Station.

Cuzco – Vom goldenen Glanz der Inka ist wenig geblieben. Dafür aber prächtige Kirchen, zum Beispiel Santo Domingo und ein Dominikanerkloster, die mit den Resten des Sonnentempels einen Komplex bilden.

Nazca – Seltsame Linien und Kreise, vor 2000 Jahren als Botschaften an Außerirdische entstanden? Die Gebilde in Pampa Colorado lassen Touristen und Wissenschaftler weiterhin rätseln.

Ayacucho – Schöne Kolonialstadt im Hochland mit sehr entspannter Atmosphäre.

Titicacasee – Peru und Bolivien teilen sich den höchstgelegenen schiffbaren See der Welt. Er wird im Osten von den Schneegipfeln der Königskordillere begrenzt.

Die beste Reisezeit

Die ***Sommermonate***, das sind die nördlichen Wintermonate, sind die ideale Saison für Andentouren. Dann ist im Hochland nur selten mit Regen zu rechnen. Die Tage sind meist sonnig und klar bei Temperaturen um die 20 °C, die Nächte aber oft sehr kalt, nicht selten unter 0 °C. An der Küste, also auch in Lima, herrscht dann häufig neblig-feuchtes Klima mit Tagestemperaturen um 16 °C – ideal für Museumsbesuche und Stadtbesichtigungen.

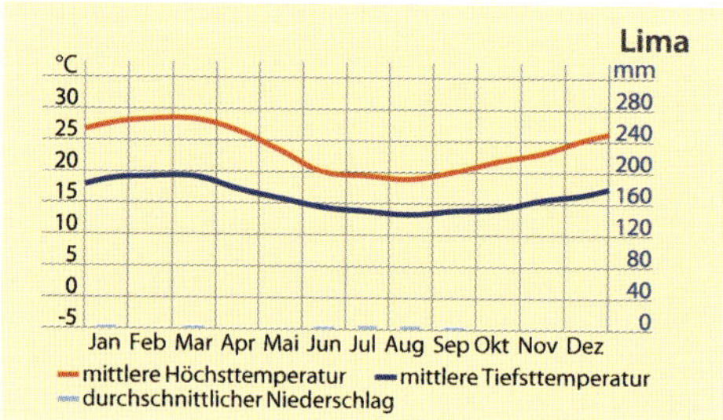

Besondere Tipps

Souvenir: Ein ebenso lustiges wie nützliches Mitbringsel sind die farbigen Wollmützen der Indios, die überall auf der Welt gut vor Kälte schützen.

Pisco Sour: Das Nationalgetränk wird aus Muskateller-Weinmost, Limonensaft, Zucker, Eiweiß und gestoßenem Eis gemixt.

Literatur: Die Werke des Nobelpreisträgers von 2010, Mario Vargas Llosa, etwa »Der Tod in den Anden«.

Info: www.peru.info

→ Machu Pichhu, die geheimnisvolle Ruinenstadt, besteht aus mehr als 200 Bauten in über 2300 m Höhe.

→ Am 28. Juli, dem Nationalfeiertag, wird auf dem Hauptplatz von Cuzco gefeiert.

→ Eine farbenfroh gekleidete Indiofrau mit ihrem Lama

↑ Eines der typischen Schilfboote, hier auf der peruanischen Seite des Titicacasees

4312-7858
SAMSUNG
SAMSUNG

CAMINITO
TANGO

Traumziel Buenos Aires 64

Willkommen im »Paris Lateinamerikas«

Buenos Aires ist ein Paradies für Nachtschwärmer. Die Porteños, wie die Bewohner der Stadt genannt werden, plaudern, tanzen und flirten liebend gern bis in die frühen Morgenstunden. Restaurants, Cafés und Discos gibt es dazu genug. Viele Lokale servieren erst frühestens ab 21 Uhr das Abendessen, und die Happy Hour dauert mancherorts bis Mitternacht. Nachdem Buenos Aires die Wirtschaftskrise von 2001 überstanden hatte, sind Palermo und andere historische Viertel wieder saniert worden. Ein ganz neuer, schicker Bezirk entstand in der Hafengegend von Puerto Madero an den Ufern des Río de la Plata. Dort verwandelten sich alte Lagerhäuser in hypermoderne Mehrzweckgebäude mit Nachtclubs, Geschäften und Restaurants. Der französische Designer Philippe Starck gestaltete zum Beispiel das Faena Hotel + Universe. Im ganz in Weiß und Rot gehaltenen Bistro des wohl extravagantesten Hotels der Stadt prangen weiße Einhornköpfe an den Wänden und werfen überdimensionale Kronleuchter strahlendes Licht in den Raum. Gleich in der Nähe serviert die »Cabaña de las Lilas« das beste Steak des ganzen Landes. Es ist so zart, dass es sich mit dem Löffel schneiden lässt.

Zu Recht wird Buenos Aires oft als »Paris Lateinamerikas« beschrieben. Kilometerweit reihen sich hier Belle-Époque-Häuser mit eleganten Mosaikfassaden und anmutig geschwungenen Balkonen aneinander. Sie stammen aus der Zeit um die Wende zum 20. Jahrhundert, als sich die Haute Bourgeoisie dank eines gigantischen Exportbooms eine Stadtlandschaft bauen lassen konnte, die Georges-Eugène Haussmann zur Ehre gereicht hätte. In Altstadtvierteln wie San Telmo scheint die Uhr um 1900 stehen geblieben zu sein. Dort bieten auf dem sonntäglichen Flohmarkt Händler buntglasige Sodaflaschen mit Siphonverschluss an und aus den mahagonigetäfelten Bars an der Plaza Dorrego erklingen sehnsüchtig-sinnliche Tangorhythmen. Damen in Netzstrümpfen und Herren mit Al-Capone-Hüten wiegen sich dazu gekonnt im Takt. Zeitgenössisches zeigt hingegen das Museum für moderne Kunst mit einem guten Überblick über lateinamerikanisches Schaffen im 20. und 21. Jahrhundert. Evita Peróns Mythos wird dagegen in dem nach ihr benannten Museum am Leben erhalten. Angesichts ihrer formvollendeten Dior-Roben kann man sich gut vorstellen, wie eindrucksvoll die zierliche Präsidentengattin auftrat. Ein Besuch des opulent gestalteten Teatro Colón sollte auf jeder Liste stehen: Das erste Opernhaus des Landes zählt weltweit zu den fünf Bühnen mit der besten Akustik.

Die Highlights

Avenida de Mayo – An der Prachtstraße stehen bedeutende Gebäude, an der Plaza de Mayo der Präsidentenpalast Rosa Casada und die Hauptkirche Catedral Metropolitana.

Avenida 9 de Julio – An der mit 127 m und 16 Fahrspuren breitesten Straße der Welt sieht man den berühmten Obelisken und die weltbekannte Oper Teatro Colón.

Evita Perón Museum – Es residiert in einem Palais, das Evita Perón in ein Heim für ledige Mütter umwandeln ließ. Im nahen Friedhof von La Recolata liegt Evitas Grab.

La Boca – Das Hafenviertel am Río Riachuelo leuchtet gelb und blau in den Farben des Fußballclubs Boca Juniors. In der Fußgängerzone von El Caminito tanzen Tangokünstler.

Museo Nacional de Bellas Artes – Das Museum besitzt eine der bedeutendsten Kunstsammlungen Lateinamerikas.

Museo de Arte Latinoamericano de Buenos Aires – Das topmoderne Museum ist eine der wichtigsten Adressen für lateinamerikanische Kunst des 20. Jahrhunderts.

Manzana de las Luces – Zu dem kolonialzeitlichen Ensemble südlich der Plaza de Mayo gehören die Kirche Iglesia de San Ignacio, weitere historische Gebäude sowie ein Tunnelnetz aus dem 18. Jahrhundert.

Die beste Reisezeit

Buenos Aires ist zu jeder Jahreszeit eine Reise wert, nicht zuletzt weil die Temperaturen in der Millionenmetropole selten unter 17 °C sinken. Am besten empfiehlt sich jedoch ein Besuch in Argentiniens Hauptstadt im Frühjahr zwischen ***Oktober*** und Anfang ***Dezember***. Zu dieser Zeit schwanken die Höchsttemperaturen zwischen 20 und 25 °C, außerdem finden mehrere Tangofestivals statt. Wenn von Mitte Dezember bis Ende Februar die heißen Winde von Brasilien einfallen, steigen die Temperaturen auf bis zu 35 °C an.

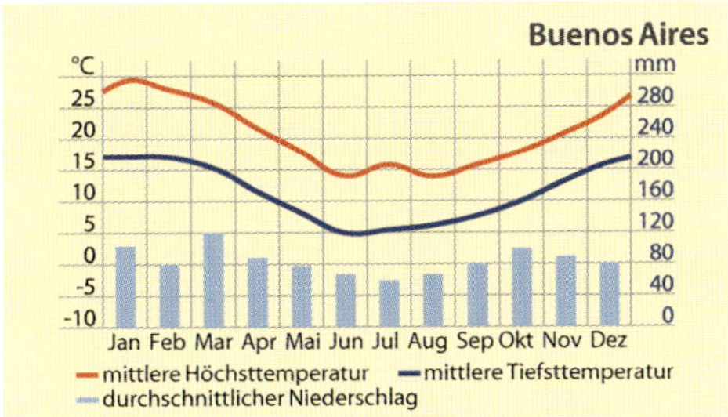

Besondere Tipps

Zum Hören: Als Einstimmung auf einen Tangourlaub eignet sich eine der vielen CDs des Komponisten und Bandoneonspielers Astor Piazzolla, dem Begründer des »Tango Nuevo«.

Zum Lesen: In seinem Roman »Santa Evita« erzählt der argentinische Schriftsteller Tomás Eloy Martínez, wie der einbalsamierte Leichnam der Präsidentengattin auf skurrile Reisen ging. Beruht auf Tatsachen!

Zum Genießen: Ein Ausflug in die Weinberge von Mendoza gefällig? Die Vino-Reise-Agentur www.aventurawine.com macht es möglich.

Info: www.buenosaires.gob.ar/

← Blick auf die Prachtallee, Avenida 9 de Julio
← In La Boca spielen Straßenbands Tango.
← Farbenfröhlichkeit in der Caminito Street, La Boca
↑ Das imposante National Congress Building

In der Mitte des Dreiecks

Im berüchtigten Bermudadreieck ist schon eine Menge verschwunden: wertvolle Gold-, Waffen- und Diamantenladungen, ganze Schiffsbesatzungen, sogar Flugzeuge. Möglicherweise sind die versunkenen Schätze längst wieder aufgetaucht: Die reichste Insel der Welt rangiert auf Augenhöhe mit Luxemburg und der Schweiz, und die VIP-Liste ist lang. Bekannte Größen wie Silvio Berlusconi, Gert Rudolph Flick, Rupert Murdoch und Georg Soros stehen darauf, aber auch ganz »normale« VIP-Bermudianer wie Robert De Niro oder Michael Douglas.

Der geldschwere Mikrokosmos schwimmt auf dem Rand eines erloschenen Vulkankraters, um den sich prospektreife Korallenriffe aufs Schönste gruppieren. Das Inselparadies samt seiner geschäftigen Hauptstadt Hamilton liefert noch andere Superlative: Die älteste englische Kolonie (seit 1614) hat neben der größten Golfplatzdichte auch die größte Dichte an Regenwasserzisternen, weil es kein Grundwasser und deshalb auch kein reguläres Leitungsnetz gibt. Und die größte Dichte winzigster Zugbrücken verbindet den Archipel aus sieben Haupt- und 131 kleineren Inseln zu einer 35 Kilometer langen, kaum handtuchbreiten Miniaturwelt, die an ihrer höchsten Stelle weniger als 100 Meter aus dem Ozean ragt.

Wäre noch der erstaunliche Einfallsreichtum anzumerken: Wer 1000 Kilometer vom Festland entfernt auf einer Hälfte von Sylt ohne Trinkwasser eine Nachfrage schafft, die Milch und Honig zum Fließen bringt (was sich auch in den Preisen niederschlägt: Falschparken 50 Dollar, Überschreiten der Höchstgeschwindigkeit 150 Dollar, Krankenhausbett 530 Dollar, Präsidentensuite 4000 Dollar), kann nicht auf den Kopf gefallen sein. Wobei jedem Haushalt strikt nur ein Automobil zusteht, was auch den Multimilliardär von nebenan zuweilen auf die Vespa bringt. Während früher Kapital in Form von Schiffsladungen auf den gefährlichen Riffen ganz von allein anlandete, sind die Überlebensstrategien der Bermudianer, deren Vorfahren vielfach als Piraten ihr Auskommen hatten, heute subtiler gestaltet. Hauptsächlich das Know-how einer hocheffizienten Finanzwelt schafft Wirtschaftskraft durch eine interessante Offshore-Gesetzgebung, über 10 000 Firmen sind auf Bermuda registriert. Im Banken- und Versicherungssektor arbeiten mit mehr als 5000 Angestellten ebenso viele wie in den Hotels und Restaurants. Und: An Stränden verwandelt sich viel Kapital in Traumbesitz. Da wundert es niemanden, wenn die Immobilienanzeigen mit »Schnäppchen« zwischen zwei und 20 Millionen locken.

Die Highlights

Gibbs Hill Lighthouse ist mit einer 35 m hohen Aussichtsplattform ausgestattet, von der aus sich Bermuda beinahe komplett überblicken lässt.

Royal Naval Dockyard, einst ein bedeutsamer Kriegshafen, lädt heute zum Besuch des dortigen Maritim-Museums ein. Es lohnt sich.

Front Street und *Walker Arcade* – hier unbedingt im Arcade Restaurant vorbeischauen – bieten erstklassiges Shopping.

Gosling's, Bluck's, Trimingham's und *Smith's*, Hamiltons altehrwürdige Geschäfte aus dem frühen 19. Jh. bieten Rum, Porzellan, Kaschmir und allerlei Kolonialwaren feil.

Albuoy's Point – Zur Lunchzeit ein lebendiger Treffpunkt für Städter, abends versammeln sich Romantiker hier gerne zum Sonnenuntergang.

Golfplätze – Die weltweit meisten pro Quadratkilometer machen die Bermudas zu einem herausragenden Abschlagspektakel auf landschaftlich spektakulären Anlagen.

Die *Strände der Südküste* mit ihrem rosafarbenen Sand und dem türkisblauen Wasser sind ein absolutes Muss für jeden Besucher, nur zum Schauen schon ein Traum!

Die beste Reisezeit

Der Golfstrom bestimmt das subtropische Klima, karibische Verhältnisse gibt es hier nicht: Die Hochsaison liegt in unserem Sommer, während sich die Wintermonate unbeständig gestalten, vor allem dann kann der Atlantik etwas frisch sein. Frühjahr und Herbst hingegen bieten sehr angenehme 22 °C. Der ***Juni*** ist deshalb eine wunderbare Zeit, weil die Schulferien noch nicht begonnen haben und wohlige Sommerwärme mit bis zu 30 °C und angenehmer Brise das Strandleben erleichtert.

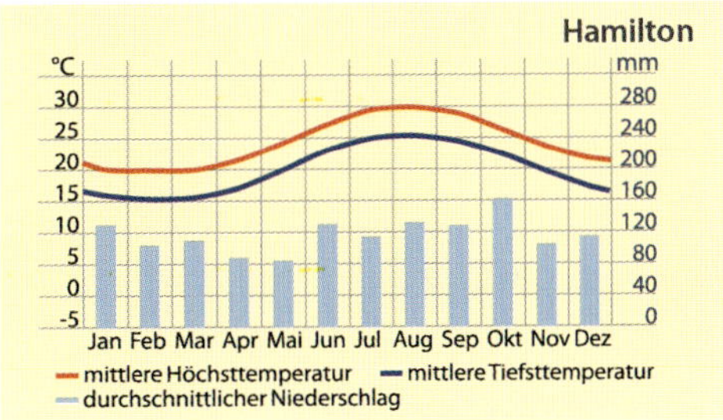

Besondere Tipps

Wandern: In Somerset Village beginnt der 23 km lange Railway Trail auf einer stillgelegten Eisenbahnstrecke.
Verkehr: Der öffentliche Nahverkehr ist hervorragend ausgebaut, die überaus pünktlichen Busse erreichen die schönsten Winkel ebenso wie die auf Bermuda beliebten Scooter, die preiswert gemietet werden können.
Literatur: Darwin Portera: »Frommer's Bermuda 2011«.
Musik: Bermuda Music Festival im Oktober.
Info: www.traveltobermuda.com, www.bermudagolf.org

← Jobson's Cove in Bermudas Warwick Parish bleibt im Gedächtnis.
← 1620 kam Bermudas erstes Parlament in der St. Peter's Church in St. George zusammen.
← Top-Spot: Terrasse des Waterloo House in Hamilton
↑ Abschlag auf Hamiltons Ocean View Golf Course

Traumziel Seychellen 66

Einmal im Leben Robinson sein

Geografisch teilen sich die Seychellen in die Gruppe der Inner Islands, die mit über 30 Inseln fast die Hälfte der gesamten Landfläche ausmachen. Zu ihnen gehören die Hauptinsel Mahé, die direkt benachbarten Perlen Praslin und La Digue sowie die etwas entfernter liegenden Inseln Silhouette, Île du Nord und Frégate. Sie stellen die am dichtesten bevölkerten Gebiete der Inselnation.

Berühmt sind sie alle für ihre gewaltigen Granitblöcke, die wie riesige rundgeschliffene Skulpturen feinsandige Strände markieren. Zu den sogenannten Outer Islands zählen die Amiranten, die Alphonse-Gruppe, Aldabra Island, außerdem noch einige weit abgelegene Atolle.

Filmreife Traumstrände, eingebettet in eine verschwenderische Vegetation, umspült von glasklaren Wassern, gekrönt von pittoresken Berggipfeln, an denen der grün wuchernde Regenwald emporklettert, das ist wahrlich ein Traum – und zwar einer, der seinen Preis hat. Trotzdem steigen die Besucherzahlen ständig, wobei die Bundesdeutschen in Sachen Luxusreisen kräftig mitbieten. Einer Gesamtzahl von knapp 100 000 Einwohnern stehen jedes Jahr rund 150 000 Touristen gegenüber – mehr als 20 000 davon kommen aus Deutschland.

Die Einnahmen bringt man weitgehend wohltätig unters Volk gebracht: Es gibt ein kostenfreies Schulsystem, freie Kranken- und Altersversorgung sowie sozialen Wohnungsbau. Arbeitskräfte sind im gastronomischen Bereich kaum zu bekommen, eine Planungsbehörde betreibt einen eindrucksvollen Landschaftsschutz, Kläranlagen sind Bedingung selbst für kleine Hütten im Busch, strenge Bauvorschriften und Kontrollen verhindern den Aufkauf von Grundstücken und somit ungewollte, schnelle Veränderung. Und natürlich sind auch die Hotelbauten sanft der Natur angepasst.

Die meisten Insulaner haben es längst erkannt: *Paradise is here*. Die traumhaften Eilande sind inzwischen zu einem beliebten Heiratsparadies für junge Paare geworden. Was man dazu braucht, sind ein Pass, eine beglaubigte Ledigkeitsbescheinigung und eine Geburtsurkunde. Ihren Heiratsantrag stellen die Paare dann im Independence House in Victoria, der Hauptstadt des Archipels auf Mahé, und schon nach wenigen Tagen kann die Trauung stattfinden. Das Beste kommt gleich danach: Die Flitterwochen können sofort beginnen!

Die Highlights

Frégate Island ist eine echte Robinson-Insel: Nur die Angestellten des »Plantation House« leben auf dem winzigen Eiland, die sich um den Anbau von Vanille, Zimt, Papaya, Tabak, Zuckerrohr, Bananen und Süßkartoffeln kümmern und um die wenigen auserwählten Gäste des Inselresorts.

La Digues werbewirksame Ochsenkarren und die bekannten riesigen Granitbrocken, die die bekannt exotischen Traumstrände umrahmen, finden sich auf jeder Werbebroschüre.

Silhouette entspricht flächenmäßig gerade einmal dem winzigen Pellworm, ist aber die drittgrößte(!) Insel des Archipels.

Auf *Praslin* präsentiert sich die Natur in einer unglaublichen Exotik: Flora und Fauna weisen zahllose Arten auf, die ausschließlich hier auf den Inseln beheimatet sind.

Mahé, die Hauptinsel, ist die Drehscheibe für internationale Besucher des Archipels.

Victoria, die einzige Stadt (30 000 Einwohner), präsentiert den Clocktower, der Big Ben in London nachempfunden ist, sowie eine Handvoll weiterer Insignien aus der Kolonialzeit.

Seychelles International Carnival of Victoria – Der Karneval der Inselhauptstadt wird Anfang März drei Tage lang mit farbenprächtigen Umzügen gefeiert.

Die beste Reisezeit

Das gleichbleibende Klima zeigt eine geringfügige Wetterveränderung nur beim Wechsel der Monsunwinde: Zwischen Mai und September bläst es kräftig, was Segler und Surfer erfreut sowie ein kühleres Temperaturgefühl produziert, zwischen Oktober und März gibt es weniger frische Brisen. Wind und Wasserbewegung sind wichtig für Schwimmer, Schnorchler und Taucher: Die beste Zeit liegt zwishen ***April/Mai*** und ***Oktober/November***, wenn die Wassertemperatur bis zu 29 °C und die Unterwassersicht mehr als 30 m beträgt.

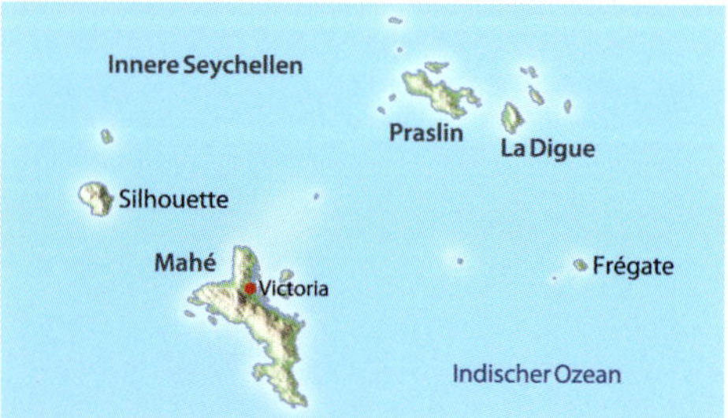

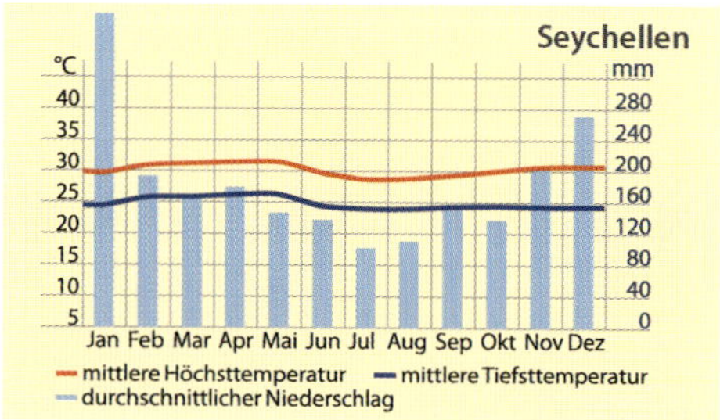

Besondere Tipps

Wandern: Über ein Dutzend »Walks and Trails« führen auf Mahé und Praslin durch Tropenlandschaften.
Island-Hopping: Fähren zwischen Mahé und Praslin verkehren viermal täglich, zwischen Praslin und La Digue bis zu achtmal.
Übernachten: Very charming und eine gute Alternative zu luxuriösen Resorts sind die kreolischen Gästehäuser.
Für Luxusverwöhnte: Das Fünf-Sterne-Resort »Labriz« auf Silhouette, www.hiltonseychelleslabriz.com.
Info: www.seychelles.travel

→ Selbst Mahé birgt immer noch Traumbuchten, hier der Takamaka Beach.
→ Nicht nur Pralins Vallée de Mai Nature Reserve ist toll für Ornithologen: Feenseeschwalben etwa …
→ … trifft man auch auf Bird Island.
↑ Seychellen-Schönheit »made in La Digue«

Wo Elefanten und Flusspferde planschen

Weil das botswanische Maun die Eintrittskarten zum vielbegehrten Okavango-Delta sowie zu den Tierparadiesen Chobe National Park, Moremi National Park, die Makgarikgari Pans und die Kalahari verteilt, hat sich das stetig wachsende Provinzstädtchen zum quirligsten touristischen Zentrum Botswanas entwickelt. Weshalb sich Übernachtungsherbergen, Reiseagenturen, Charter-Airlines und Safarianbieter, Supermärkte sowie Outlets von Fast-Food-Ketten inmitten eines kuriosen Mixes aus modernen Betonbauten, baufälligen Baracken und traditionellen Rundhütten aus Lehm wiederfinden.

Die meisten Reisenden werden Maun kaum zu sehen bekommen, weil sie auf der 2000 Meter langen Runway zwar landen, aber im nächstmöglichen Moment schon wieder abheben. Dutzende Ein- und Zweimotorige starten von hier zu den Lodges da draußen, was den emsigem Flugbetrieb zwischen den Zapfsäulen und den Pisten der Wildnis erklärt.

30 Flugminuten sind es von hier bis zum Wildcamp Xigera. Unten ziehen endlos glitzernde Wasserflächen vorbei, unterbrochen von Bauminseln. Dann weite trockene Flächen, die aus der Vogelperspektive wie herrlich gepflegte Golfplätze aussehen, aber hier und dort dick durchzogen von Hufspuren sind. Der Anflug ist schon die reinste Safari: Würdevoll stolzieren Giraffen über die Ebene, Elefantenherden durchziehen planschend das Nass, Flusspferdfamilien dümpeln wie dicke Klöpse im Wasser, und sicher lauern überall gefräßige Krokodile.

Versteckt auf einer Bauminsel residiert die Lodge inmitten der Moremi Game Reserve. Das nach dem Batawana-König Moremi III. benannte Naturschutzgebiet im Herzen des Okavango-Deltas umfasst mit 5000 Quadratkilometer Fläche ein Drittel des gesamten Deltas und zählt mit seinen Feuchtgebieten, Trockeninseln, bewaldeten Flussauen, Marschen, Lagunen und Wasserstraßen zu den Top-Destinationen Botswanas. Denn die bezaubernde Wildtieroase wartet mit der dichtesten Population aller Dschungelbuchkollegen auf, Schwarzes Nashorn und seltene Wildhunde inklusive.

Fischadler und Reiher steigen mit klatschenden Flügelschlägen auf, riesige Krokodile tauchen lautlos ab, wenn ihnen das Boot zu nahe kommt, wild blühende Seerosen bedecken beinahe die gesamten Wasserflächen. Meist sind es nur wenige Flugminuten bis zu den nächstfolgenden Naturreservaten wie dem Jao Game Reserve mit der luxuriösen Jao-Lodge, einem balinesisch inspirierten Prachttempel, der aus feinsten Hölzern und mit handverlesenen südostasiatischen Interieurs zweistöckig zwischen gewaltigen Baumriesen thront.

Die Highlights

Mombo Camp – In neun luxuriös ausgestatteten Zelten logieren die Gäste; verbunden sind Unterkünfte und Hauptcamp mit 2 m hohen Stegen, unter denen die Tiere freien Durchgang haben.

Little Mombo (drei Zelte) liegt wie Mombo Camp an der nordwestlichen Spitze von Chief's Island. Hier findet das anerkannt beste *game viewing* Botswanas statt.

Kwetsani Camp – Das ausladende Plankendeck ist auf Höhen einer Bauminsel errichtet. Mit Blick auf weite Wasserflächen und kleinere Inseln lassen sich die Raubtiere bei der Jagd mit bloßem Auge beobachten.

Tubu Tree Camp führt ein animalisches Bühnenstück im Programm mit prickelnden Walking Safaris; aber weil Tubu privat ist, beruhigenderweise mit bewaffneten Guides. *Nxabega Okavango Safari Camp* westlich von Chief's Island bietet Nachtsafaris an, mit den besten Chancen, ein jagendes Löwenrudel zu beobachten.

Mokoro – In dem traditionellen Einbaum aus afrikanischem Ebenholz auf Augenhöhe mit Krokodilen und Flusspferden lautlos durch ein Gewirr von Kanälen zu fahren, lässt die Adrenalinproduktion auf Hochtouren laufen.

Viktoriafälle – Ein Abstecher per Air-Charter von Maun aus zu den nahen Wasserfällen gehört zu jedem Botswana-Besuch.

Die beste Reisezeit

Am schönsten präsentiert sich das Okavango-Delta im ***Juli und August***, wenn der Wasserstand hoch und das Delta nur noch mit Booten zu erkunden ist. Die beste Zeit zur Tierbeobachtung ist aber gegen Ende der Trockenzeit zwischen September und Oktober, den heißesten Monaten, wenn sich die Wildtiere an den Wasserlöchern versammeln. Im Winter versinkt das Delta im Morast, und einige der Lodges müssen schließen. Der Sommer ist mit gemäßigten Temperaturen auch die beste Zeit für die botswanische Kalahari.

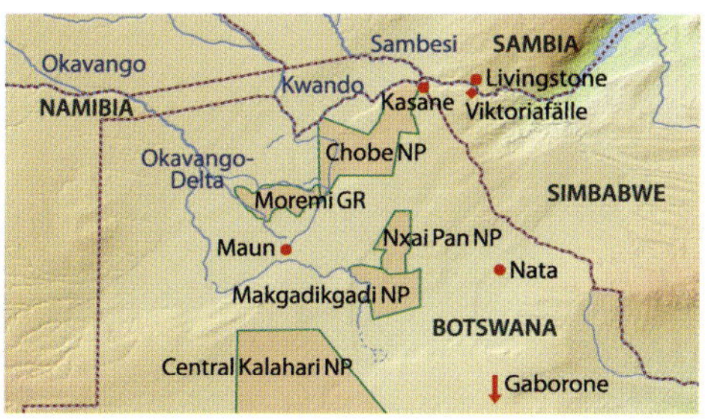

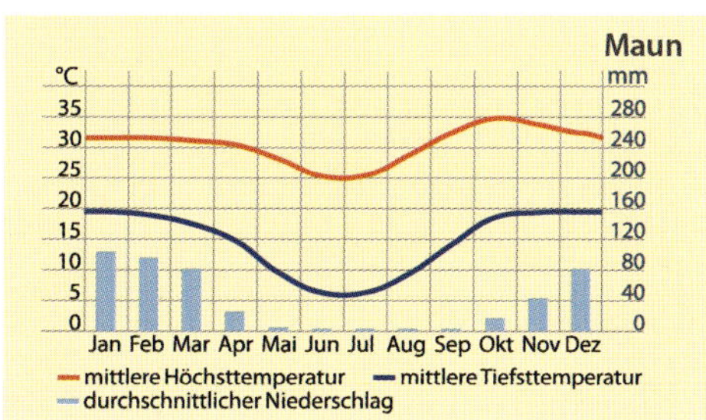

Besondere Tipps

Anreise: Anderthalb Flugstunden sind es von Johannesburg oder Windhoek bis nach Maun.
Kombi mit Viktoriafällen: South African Airways fliegt nach Livingstone in Sambia, Air Namibia nach Victoria Falls in Simbabwe.
Reiselektüre: »Namibia & Botsuana« von Lonely Planet, »Zeit für Safari«, Bruckmann Verlag.
Lodge-Info im Okavango-Delta: www.wilderness-safaris.com/camps/

← Im Okavango-Delta scheint die beste Perspektive jene von oben zu sein, doch nur Überfliegen reicht nicht.
← Der Mokoro, der traditionelle Einbaum, gleitet laut los durch das Reich der wilden Tiere.
← Elefanten lieben Schlammbäder.
↑ Der Schein trügt: Niedlich, aber eben doch ein Löwe!

Traumziel Krüger-Nationalpark 68

Visite bei den Big Five

Exakt 173 Säugetierarten leben im Krüger-Nationalpark, aber alle Safaritouristen warten auf die Big Five: Elefant, Nashorn, Büffel, Löwe und Leopard. Großwildjäger haben einst die »Großen Fünf« erfunden, aber heute dürfen die Besucher natürlich nur noch mit ihren Zoomobjektiven auf die Herrscher des Parks zielen. Bei rund 29 000 Büffeln, 12 000 Elefanten, mehr als 7000 Nashörnern, 1500 Löwen und 1000 Leoparden sind auch die Chancen nicht schlecht, alle fünf vor die Linse zu bekommen. Allerdings sind die Leoparden Meister der Tarnung – noch schwerer ist es allerdings, auf Geparde zu stoßen. Die schnellsten Landtiere der Welt (von 0 auf 100 km/h in drei Sekunden) sind die seltensten Großkatzen im Park.

Sehr selten sind auch die Wildhunde, während Zebras und Antilopen fast überall anzutreffen sind. Das gilt auch für die zahlreichen und naturgemäß unübersehbaren Giraffen. In den Wasserläufen sind die Flusspferde zahlreich vertreten, an Nilkrokodilen mangelt es zwar auch nicht, aber die oft nur mit den Augen aus dem Wasser ragenden Reptilien sind schwer auszumachen.

Mit nahezu zwei Millionen Hektar Fläche ist »Kruger«, wie der südafrikanische Park in der englischsprachigen Welt genannt wird, einer der größten Afrikas. Er zieht sich am Limpopo hin, dem Grenzfluss zu Mosambik, und soll noch größer werden: Mosambik und Simbabwe, der Nachbar im Norden, wollen ihre grenznahen Nationalparks in das Gemeinschaftsunternehmen »Great Limpopo Transfrontier Park« einbringen. Es gibt auch bereits Übergänge nach Mosambik, aber ansonsten gilt die Devise: Gut Ding will Weile haben …

Die meisten Touristen konzentrieren sich in dem rund 350 Kilometer lang gestreckten Park auf den Süden, er ist wasserreich und hat dadurch mehr Tiere, einschließlich der Big Five. Der Norden ist ruhiger, hat aber auch eine weniger dichte Infrastruktur. Insgesamt verteilen sich auf den knapp 20 000 Quadratkilometern mehr als 30 Camps und Lodges, vom einfachen Zeltlager bis zum Hauptcamp mit 9-Loch-Golfplatz oder zu Luxusherbergen. Die meisten Besucher sind zwar in Autos unterwegs, aber es gibt auch sieben Trails, auf denen man die Wildnis zu Fuß erkunden kann – unter Führung bewaffneter Ranger, versteht sich.

Die Highlights

Nachtsafaris im Geländewagen, die Ranger in manchen Camps des Krüger-Parks (Provinz Limpopo) anbieten, zeigen den Teilnehmern tagsüber verborgen bleibende, nachtaktive Tiere.

Skukuza ist das größte Camp im Park und hat die beste Infrastruktur. Im Amphitheater werden unter freiem Himmel Tierfilme gezeigt.

Golf spielen in Skukuza – Hier lädt ein 9-Loch-Platz zum Verbessern des eigenen Handicaps ein.

Mapungubwe ist ebenfalls ein Nationalpark in der Provinz Limpopo an der Grenze zu Botswana und Simbabwe. Hier wurde eine Königssiedlung aus den Jahren 900 bis 1400 freigelegt.

Massingir-Stausee – Hier beginnen Kanu- und Wandertouren in eine nahezu unberührte Wildnis. Wer es etwas weniger anstrengend mag, kann sich in einen der Allrad-Jeeps setzen und zu Ausflügen in die Umgebung starten.

Pretoria, mit Kapstadt die Hauptstadt Südafrikas, ist ein Ausgangspunkt für Limpopo-Reisen. Die Millionenstadt birgt viele historische Bauten, berühmt ist sie für ihre Jakaranda-Alleen.

Sabi Sand – Das private Wildreservat grenzt im Westen an den Krüger-Nationalpark und bietet Besuchern mit außergewöhnlichen Tierbegegnungen und der Unterbringung in exklusiven Camps und Lodges ein ganz besonderes Erlebnis. Vogelliebhaber kommen hier voll auf ihre Kosten.

Die beste Reisezeit

Im ***September*** geht im Krüger-Nationalpark normalerweise der Winter zu Ende – und damit auch die Trockenzeit. Die Vegetation im Park ist dann – abgesehen von den größeren Flussläufen – ziemlich ausgedörrt. Das Gras der Savanne liegt dann trocken danieder. Das heißt, die Tiere sind leichter zu beobachten, zumal sie sich auch an die verbliebenen Wasserlöcher begeben müssen, um ihren Durst zu stillen. Ein weiterer Vorteil ist das geringere Malaria-Risiko, das mit den ersten Regenfällen stark ansteigt.

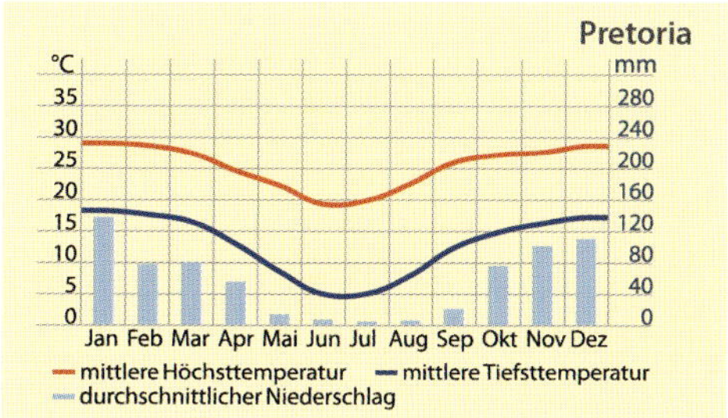

Besondere Tipps

Literatur: Kobie Krüger: »Ich trage Afrika im Herzen: Unser Leben im Krüger-Nationalpark«. Bericht über die Jahre einer Ranger-Familie in der Parkwildnis.
Küche: Kein Camp im Krüger-Park (und in Südafrika) ohne Braaistand (Grill). »Braaivleis«, »gebratenes Fleisch«, ist ein Barbecue mit Steaks und »Boerewors« (Bauernwurst).
Souvenir: Eine Flasche Monkeygland-Sauce, die in Südafrika zu jedem Fleisch gehört. Die Sauce hat mit Monkeys (Affen) nichts zu tun.
Info: www.sanparks.org/parks/kruger (auf Englisch)

← Die Welt aus einer anderen Perspektive: Eine Giraffe schreitet durch den Krüger-Park.
← Weitere tierische Bewohner des berühmten Wildparks in Südafrika: Leoparden, Flusspferde …
↑ … Büffel und Nashörner.

Jenseits von Afrika

Landung in Antananarivo, der Hauptstadt einer sehr großen, sehr fernen Insel, die wohl die meisten nur aus dem alten Seemannslied »Wir lagen vor Madagaskar …« kennen. Es war ein langer Flug durch die Nacht, von Nord nach Süd über Afrika hinweg. Die Sonne war über dem Kilimandscharo aufgegangen, und irgendwann war die Küste Madagaskars am Horizont aus dem Meer aufgestiegen, wie eine Schatzinsel aus alten Geschichten.

Madagaskar, das riecht nach Pfeffer und Vanille. Es ist ein Kontinent zwischen den Kontinenten, einige Hundert Kilometer jenseits von Afrika, viele Tausend Kilometer weit entfernt von Asien und Australien. Eine Welt am Rande der Welt: viele Klimazonen, viele Landschaftsbilder – Seen, die wie Spiegel im Hochland funkeln, breite Ströme, die sich durch Mangrovenwälder wälzen, ein Hochplateau, auf das sich die madagassischen Könige schon in alter Zeit und die französischen Beamten und Pflanzer noch vor 50 Jahren zurückzogen, wenn sie das Fieber und die Hitze der tropischen Küsten abschütteln wollten.

Madagaskar, ein Puzzle aus sehr unterschiedlichen Völkern: hellhäutige Merina und Betsileo, die nach Millionen zählenden Menschen des Hochlandes. Indische Händler allerorten und muslimische Fischer auf den vorgelagerten Inseln in der Straße von Mosambik. Negroide Stämme im Westen und Süden. Viele Chinesen, Nachfahren jener Kulis, die vor dem Ersten Weltkrieg unter Strapazen und Opfern eine Eisenbahn durch den Dschungel bauten.

Diese Insel voller Überraschungen ist ein Land zum Herumreisen. Seine Menschen, obwohl mehrheitlich bitterarm, erleichtern mit ihrer Liebenswürdigkeit, ihrer natürlichen Offenheit die Annäherung an das Fremde, das zuweilen sogar etwas befremdlich wirkt. Da werden Feste zelebriert, bei denen die Toten nach Jahren wieder ins Leben zurückgeholt werden. Die Gebeine der Ahnen werden bei solchen Ritualen aus ihren Gräbern gegraben und durchs Dorf getragen, um ihnen alles Neue zu zeigen …

Bunte Märkte, wunderschöne Inseln weitab von ausgeprägter touristischer Infrastruktur, Bahnfahrten voller fröhlicher Begegnungen, Naturschutzgebiete mit Tieren, die nur hier und nirgendwo sonst auf der Welt leben: Madagaskar, eine Insel für Entdecker, gibt dem Staunen noch sehr viele Möglichkeiten.

Die Highlights

Antananarivo – Der Botanische und Zoologische Garten am Rande der Hauptstadt bietet eine hervorragende Einstimmung auf die sehr besondere Flora und Fauna mit ihren vielen endemischen Vertretern.

Zoma heißt der exotische Freitagsmarkt im Stadtteil Analakely von Tana, wie die Metropole von ihren Einwohnern genannt wird.

Ranomafana – Nationalpark im dschungelgrünen Osten der Insel, erst 1989 eingerichtet und bevölkert unter anderem von bambusfressenden Lemuren, die es nur hier gibt, und von verschiedenen Makis, beides Primatenarten.

Eisenbahn-Abenteuer – Sehr empfehlenswert ist die Reise von Tana nach Tamatave an der Ostküste.

Ambohimanga – Alte königliche Residenz und danach Grabstätte madagassischer Könige, seit 2001 UNESCO-Weltkulturerbe, 30 Autominuten von Tana entfernt.

Nosy Boraha, mit kolonialem Namen Ste. Marie, ist eine Insel mit sehr schönen Stränden. Der einstige Piratenschlupfwinkel liegt vor der nördlichen Ostküste und ist ideal zum Ausspannen.

Nosy Bé – Die Insel im äußersten Nordwesten ist landschaftlich abwechslungsreich und bietet an ihren gepflegten Stränden einige Hotels aller Kategorien.

Die beste Reisezeit

Der weitaus größte Teil der Insel liegt innerhalb des Tropengürtels. Die zerklüftete Oberfläche und verschiedene Luftströmungen sorgen für unterschiedliche Klimazonen. Im Hochland herrschen ganzjährig gemäßigte Temperaturen vor, mit viel Regen zwischen November und April. An der Ostküste ist es im Winter heiß und feucht. Wer die Vielfalt der Insel kennenlernen will, muss im ***Sommer*** reisen. Dann ist es nahezu überall nicht zu heiß und nicht zu nass.

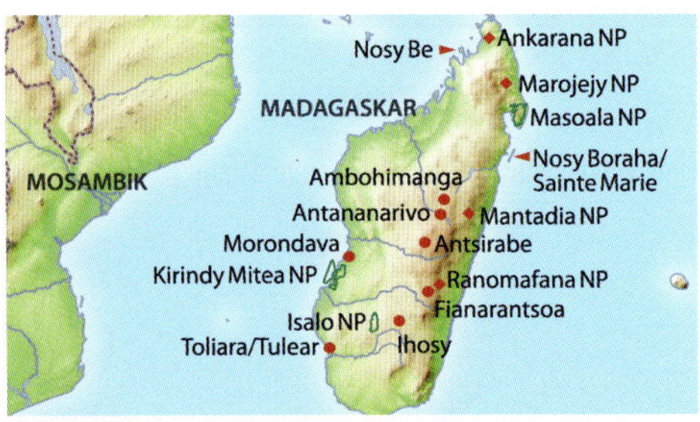

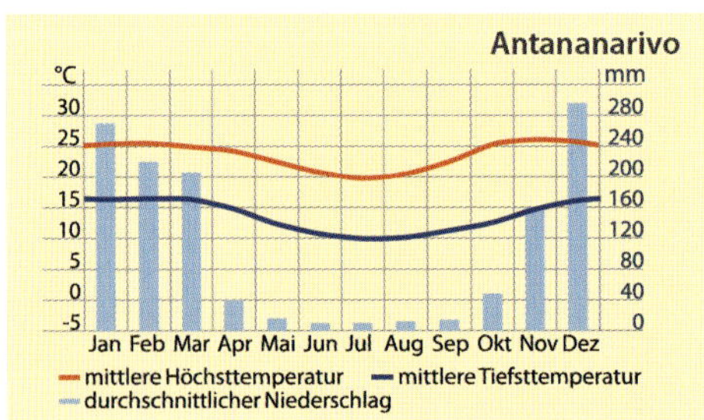

Besondere Tipps

Fortbewegung: »Pousse-Pousse« heißen die Rikschas, die einst von Chinesen hergebracht wurden. Wen es nicht stört, sich von Menschen ziehen zu lassen, setzt sich in so ein Gefährt, das die Einheimischen gern benutzen.
Souvenir: Vanilleschoten, aber man darf nicht mehr als 100 g ausführen.
Literatur: Die historische »Reise nach Madagaskar. Die Verschwörung im Regenwald« von Ida Pfeiffer (1856).
Info: www.madagaskar.info

→ Lemuren, eine Primatenart, trifft man auf Mada gaskar häufig an.
→ Bemalte Mädchen aus dem halbnomadischen Volk der Vezo
→ Gewaltige Baobab-Bäume findet man vielerorts auf dieser Trauminsel.
↑ *Beauty in Green:* eine madagassische Echse

Die ungleichen Schwestern

»Mauritius was made first«, schrieb ein begeisterter Mark Twain 1897 in sein Reisetagebuch, »and heaven was copied after it!« So wird der Schriftsteller zitiert auf dem Label lokaler Rumflaschen, Marke Green Island, und ein Bild vom Paradies wird gleich mitgeliefert: Bizarre Berge umschließen eine malerische Bucht, in der eine Dreimastbark vor Anker liegt, nicht weit davon lockt ein pittoreskes Hafenstädtchen.

Die Holländer und Franzosen wurden von britischen Kolonialherren abgelöst, die sich mit einem Theater, der größten Pferderennbahn außerhalb Europas und einem sehenswerten Regierungspalast verewigten. Feste wurden gefeiert wie im fernen London, die berühmten Mauritius-Briefmarken waren bereits gedruckt und erzielten auf Auktionen sensationelle Preise.

Mauritius war und ist eine Schatzkiste, heute vor allem seiner Traumstrände wegen, die sich um die gesamte Insel ziehen. Mit luxuriösen Beachresorts, einer erstklassigen kreolischen, indischen und internationalen Küche sowie einem hohen Dienstleistungsstandard kann Mark Twains tropischer Garten Eden heute nur so protzen, was die bildschöne Zuckerrohrinsel zu einer der beliebtesten Reisedestinationen weltweit macht.

Ganz speziell auch in Kombination mit ihrer ungleichen Schwester: Ein kurzer Island-Hopper nur ist es bis nach Réunion hinüber, das sich mit seinen Vulkangebirgen wie eine Fata Morgana aus dem Indischen Ozean erhebt. Was sich da über dem Meeresspiegel auftürmt, ist feuerspeiend vor drei Millionen Jahren entstanden: bizarre Canyons, senkrechte Felswände, schwindelerregende Höhen, grün überwucherte Hochplateaus, liebliche Almen, herausragende Berggipfel. Und ganz oben: qualmende Krater in einer Mondlandschaft aus schwarzen Lavafeldern und feinem Staub. Die Hexenküche des Piton de la Fournaise brodelt auf 2650 Meter Höhe. Glühende Lava dringt in feurigen Rinnsalen über den äußeren Kraterrand und ergießt sich nach einer zäh fließenden Reise abwärts zischend ins Meer. Immer wieder kommt es zu heftigen Ausbrüchen, aber Bergwanderern, Bergsteigern und Extremsportlern aller Couleur kommt solch ein Naturspektakel gerade recht.

Die bildhübsche Gebirgsinsel hat auch sonst noch einiges zu bieten: In der Hauptstadt Saint Denis pulsiert das Leben in frankophiler Intensität, schließlich ist das französische Staatsgebiet auch flugtechnisch direkt mit Paris verbunden. Stattliche Kolonialbauten bezaubern durch die Vielzahl verspielter Architekturelemente, weitläufige Parks und Boulevards prägen das urbane Bild ebenso wie historische Gassen und romantische Innenhöfe, die mit flotten Bistros besetzt sind.

Die Highlights

Bergwandern/Vulkan-Trekking in den weit abgeschiedenen Hochgebirgsregionen zieht Wanderlustige aus aller Welt an.

Adrenalinsportarten wie Bungee, Abseiling, Bergsteigen, Drachenfliegen gehören zu den absoluten Highlights auf Reunion.

Helikopterrundflug – Im Mini-Chopper geht es an dunklen Abgründen entlang, durch wasserfallsprühende Felsschluchten bis hinauf in die feuerspeiende Vulkanregion.

Royal Palm Hotel – In der legendären Luxusherberge logierten VIPs wie Yves Montand, Rajiv Gandhi, Nabila Khashoggi und Prinzessin Stéphanie. Doch es geht auch ohne Luxus. Mit seinen grün wogenden Zuckerrohrfeldern und einer Landschaft zum Malen kommt auf Mauritius die Entspannung wie von selbst.

Waterfront – Die beliebteste und umtriebigste Flaniermeile in der pulsierenden Hauptstadt Port Louis mit Blue Penny Museum, zahllosen Shops, Boutiquen und Restaurants.

Sightseeing-Segeltörn – Die Katamarane für den Bootsausflug entlang der Küste legen von der Hafenmole ab.

Markthallen – Unabdingbar ist ein Besuch der vier großen Märkte, auf denen Berge tropischer Früchte, Obst und Gemüse, Gewürze, Fleisch und frische Meeresfrüchte angeboten werden.

Die beste Reisezeit

Während des ***europäischen Sommers*** findet jahreszeitenverdreht der insulare Winter statt, mit erfrischenden Passatwinden und Temperaturen um 25 °C, was ideale Verhältnisse für Aktivurlauber schafft. Zumindest Mauritius ist dann angenehm leer und zu günstigen Konditionen zu haben. Auf Réunion sollte man den französischen Ferienmonat August tunlichst meiden. Das schwülheiße Tropenklima beginnt ab Oktober, wenn die ersten kurzen Regengüsse einsetzen. Trotzdem diktiert der europäische Winter dann die Hauptsaison.

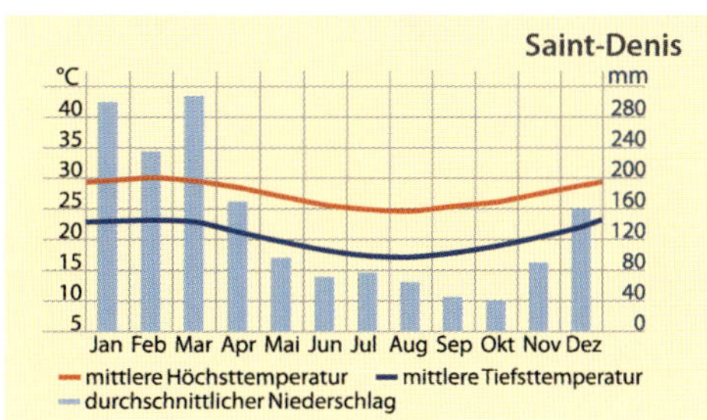

Besondere Tipps

The Royal Palm: Sonnenuntergang auf Mauritius bei einem Cocktail zu Chopin »live« am Klavier, www.royalpalm-hotel.com.

Übernachten: Von der einfachen Berg- und Wanderhütte über einfache kreolische Gästehäuser bis zum Luxusresort ist auf Réunion alles möglich.

Gourmet-Tipp: Original kreolisch schlemmen bei »Escale Créole«, hoch oben in der zauberhaften Bergwelt von Moka, www.escalecreole.net.

Info: www.tourism-mauritius.mu; www.mauritius.net, www.reunion.fr

← Die Luftaufnahme vom 556 m hohen Le Morne Bra bant zeigt traumhafte Natur.

← Der feuerspeiende Vulkan Piton de la Fournaise ragt 2631 m aus der bizarren Bergwelt Réunions.

↑ Sega-Tanz im luxuriösen »Trou aux Biches Resort«

Traumziel/ Seidenstraße 71

Auf Marco Polos Spuren

Sie war der älteste, der längste und der legendärste Handelsweg aller Zeiten. Sie war die berühmteste Kulturbrücke zwischen Abend- und Morgenland. Sie ist bis heute ein Mythos geblieben. Aber ihren Namen – die Seidenstraße – hat sie erst 1877 bekommen. Da prägte der deutsche Forschungsreisende Ferdinand Freiherr von Richthofen diesen Begriff, der seither für jegliche Magie des abenteuerlichen Reisens, für Gefahren und kulturelle Glanzlichter steht. Es war freilich nie nur ein einziger Weg, sondern schon zu Zeiten Alexanders des Großen und später Marco Polos und noch später Sven Hedins, die alle auf Teilstrecken dieser »Straße« gereist sind, ein verbindendes Geflecht zwischen Ost und West.

Nie haben die Karawanen nur Seide transportiert, nie nur Gewürze, seltene Hölzer, Naturlacke, Medizin, Tee oder – in umgekehrter Richtung – Weihrauch und Rohrzucker aus Indien und Persien nach China. Zu allen Zeiten gelangten über die Seidenstraße auch Weltanschauungen von einem Kulturkreis in den anderen, die heiligen Schriften und die großen Lehren des Buddhismus, Christentums und Islams. Ihre Gedankengebäude und sagenhaft gewordenen Denkmäler sind bis heute zu bewundern.

Und ebenfalls bis heute gehören die beiden wichtigsten Etappen zu den Sehnsuchtszielen aller Reisenden mit ausgeprägtem Fernweh: Da sind die magischen Orte Zentralasiens mit Samarkand und Buchara in Usbekistan, deren zauberischer Klang auch nach Jahrzehnten kommunistischer Herrschaft nachhallt. Und da sind die – nicht zuletzt durch die Berichte der frühen Reisenden – bekannt gewordenen Orte im fernen Westen Chinas, »am seidenen Faden« aufgereiht an den Rändern der Wüste Taklamakan, zum Beispiel Kashgar, Turfan, Dunhuang mit seinen Höhlentempeln und natürlich Xi'an, die alte Hauptstadt im Reich der Mitte.

Aber auch die westliche Fortsetzung der Seidenstraße mit Palmyra und Aleppo in der Nähe der Mittelmeerhäfen, von denen die begehrten Güter einst nach Rom verschifft wurden, kommt mehr und mehr ins Bewusstsein der modernen Seidenstraßen-Pilger. Ebenso die fernöstlichen Ausläufer, die über Korea letztendlich bis nach Japan führten. Und dazwischen – »nächste Ausfahrt: 1001 Nacht« – die Abzweigungen durch das Karakorumgebirge, nach Indien, bis ins heutige Pakistan.

Die Highlights

Buchara – Sandfarbene Minarette und türkisblaue Kuppeln ragen aus der sagenumwobenen Stadt, steinerne Chronik einer über tausendjährigen Geschichte.

Samarkand – Der Registanplatz, der schönste in Zentralasien, ist mit seinen Meisterwerken islamischer Architektur das Topziel aller Besucher.

Kashgar – Ohne Rücksicht auf historische Dimensionen und touristische Interessen sind die Chinesen dabei, die Altstadt dieses legendären Handelsorts zu zerstören. Nur der Sonntagsmarkt hat sich noch die Atmosphäre vergangener Zeiten bewahren können.

Urumqi – Als Vorbereitung einer Reise durch die Uiguren-Provinz Xinjiang lohnt hier vor allem das Provinzmuseum einen Besuch.

Turfan – Sehr orientalisch wirkende Stadt am Rand der Turfansenke, der tiefsten und wohl heißesten Region der Welt.

Dunhuang – Zwei herausragende Sehenswürdigkeiten: die Sanddünen mit der Oase am Mondsichelsee und die Mogao-Grotten, die weltgrößte Schatzkammer buddhistischer Wandmalereien.

Xi'an – Absolutes Muss: die Terrakotta-Armee des Kaisers Quin Shi Huangdi, etwa 2200 Jahre alt, aber erst 1974 durch Zufall entdeckt.

Die beste Reisezeit

Mindestens 10 000 km umfasst das »Streckennetz« der Seidenstraße und ihrer Nebenwege. Eine einheitliche Idealsaison lässt sich also nicht empfehlen. Generell gilt für Usbekistan, die anderen Länder Zentralasiens und die Ost- und Westränder der chinesischen Seidenstraße der ***Frühsommer*** (Juni) als gute Reisezeit mit erträglichen Temperaturen und wenig Regen. Juli und August sind extrem heiße Monate, ganz besonders in der und um die Taklamakanwüste.

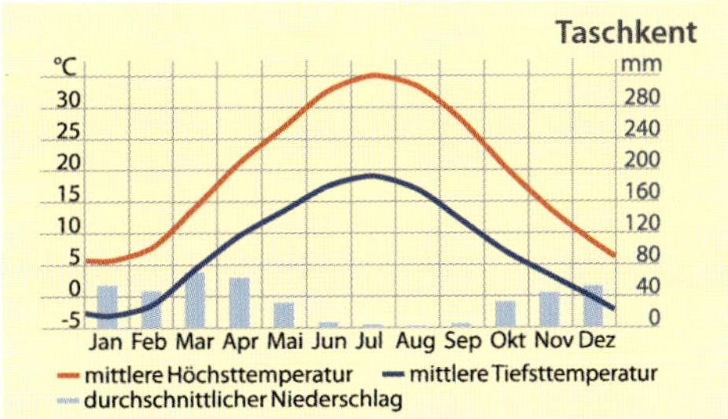

Besondere Tipps

Große Mauer: Fast so eindrucksvoll wie die restaurierten Abschnitte bei Peking sind die Relikte bei Jiayuguan, wo einst für die Chinesen die Welt zu Ende war.

Literatur: Marco Polo beschreibt im Buch »Die Wunder der Welt« seine Reise nach China.

Souvenir: Wohl nirgendwo lässt sich Seide nicht nur bester Qualität, sondern auch mit so hohem »Legendenfaktor« kaufen wie an der Seidenstraße selbst, zum Beispiel in den Basaren von Kashgar und Buchara.

Info: www.abenteuer-seidenstrasse.de

← Oase am Mondsichelsee in der Wüste Gobi, nahe der buddhistischen Höhlentempel von Dunhuang

← Usbekische Volkstänze in farbenfrohen Trachten im Zentrum von Samarkand

↑ Seidenhändler im Basar von Kashgar

↑ Seidenraupen am Rande des uralten Handelswegs

Märchen aus Tausendundeiner Nacht

Mit geschätzt 16 Millionen Einwohnern ist Istanbul heute eine der größten Städte der Welt und zudem einmalig gelegen: Keine andere Metropole kann sich rühmen, auf zwei Kontinenten zu liegen. Dazwischen bildet der Bosporus, eine der gefährlichsten und am dichtesten befahrenen Seestraßen, die Verbindung zwischen Schwarzem und Mittelmeer. Zwei imposante Hängebrücken verbinden den traditionsverbundenen asiatischen und den modernen europäischen Teil der Stadt. Die meisten Sehenswürdigkeiten findet man auf der europäischen Seite rund um die lang gestreckte Bucht des Goldenen Horns. Hier lockt die faszinierende Altstadt, in ihrer Gesamtheit ein Teil des UNESCO-Welterbes. Ein ausgedehnter Spaziergang führt durch verwinkelte Gassen und über offene Plätze zu den wichtigsten Attraktionen, gute Kondition vorausgesetzt. Ansonsten nimmt man besser ein Taxi oder die Straßenbahn, denn die Distanzen zwischen den verschiedenen Highlights sind oft groß. Der perfekte Ausgangspunkt für eine Besichtigungstour ist das antike Hippodrom unweit der Blauen Moschee, der Hagia Sophia und der Yerebatan-Zisterne. Damit hat man gleich vier der wichtigsten Sehenswürdigkeiten der Stadt auf einen Streich abgehakt. Übrigens: Auch wenn die Blaue Moschee als berühmtestes Gotteshaus der Stadt gilt, ist die gewaltige Süleymaniye-Moschee doch die schönste.

Kulturjunkies dürfen den Topkapi-Palast mit seiner prachtvollen Schatzkammer, dem ehemaligen Harem und den prachtvollen Gärten nicht verpassen. Fashion Victims dagegen kommen auf der Einkaufsmeile İstiklal zwischen Tünel und Taksimplatz auf ihre Kosten. Von dort ist es nur ein Katzensprung zum Galata-Turm mit seiner offenen Aussichtsplattform. Der große Basar ist in jedem Fall einen Besuch wert – auch wenn es hier eher touristisch zugeht. Am Abend genießt man nach dem hektischen Trubel der Altstadt bei einem Spaziergang am Bosporus die unvergleichliche Atmosphäre dieser märchenhaften Stadt.

Einmal im Jahr wird die Meerenge zum Schauplatz der »Cross-Continental Competition«. Dabei stürzen sich im Juli oft mehr als 1000 wagemutige Freizeitschwimmer zwischen 14 und 80 Jahren aus über 40 Nationen in die Fluten. Teilweise legen sie die rund 6,5 Kilometer lange Strecke zwischen dem Schwarzmeerfährhafen Kalinca am asiatischen Ufer und dem Kuruçesme Cemil Park im europäischen Teil der Stadt in weniger als 45 Minuten zurück. Wer nicht schwimmen mag, kann die Distanz auch im Ruder- oder Segelboot zurücklegen. Rund um den Wettbewerb findet auf beiden Seiten des Bosporus ein ausgelassenes Volksfest statt.

Die Highlights

Hagia Sophia – Das weithin sichtbare Symbol religiöser Toleranz thront über der Altstadt. Das mehr als 1400 Jahre alte Monument war einst Kirche, dann 500 Jahre Moschee und ist seit 1935 ein Museum.

Yerebatan-Sarnici – Der antike Säulenwald in einer unterirdischen Zisterne aus byzantinischer Zeit ist atemberaubend schön!

Süleymaniye-Camii – Das dominierende architektonische Bauwerk in der Silhouette der Stadt konkurriert mit der Blauen Moschee um den Titel des schönsten Gotteshauses Istanbuls.

Kapali Çarşi – Bei der Souvenirjagd auf dem größten Basar der Welt darf man das Handeln nicht vergessen!

Topkapi-Sarayi – In dem einstigen Epizentrum des Osmanischen Reiches staunen Besucher heute in dem Sultanspalast über die Pracht vergangener Tage.

Galata Kulesi – Auf dem 1348 von den Genuesern errichteten Turm im Stadtviertel Karaköy bietet die offene Galerie einen wunderbaren Blick auf die Altstadt.

İstiklal – Die Fußgängerzone im Stadtteil Beyoğlu präsentiert sich mit unzähligen Geschäften und Restaurants als pulsierendes Herz des europäischen Teils der Stadt. Nicht verpassen: eine Fahrt in der historischen Straßenbahn.

Die beste Reisezeit

Istanbul hat ein mildes Seeklima, doch klettert im Juli und August das Thermometer oft auf über 30 °C. In dieser Zeit machen viele die Nacht zum Tag, und die Stadt kommt bis in die frühen Morgenstunden kaum zur Ruhe – ideal für Nachtschwärmer. Im ***Frühjahr*** und ***Herbst*** bietet Istanbul angenehm warme Tage und laue Nächte. Im April lockt das »Tulpenfest« im Emirgan-Park oberhalb des Bosporus. Mit etwas Glück kann man schon im Februar und bis weit in den November hinein in den Straßencafés im Freien sitzen.

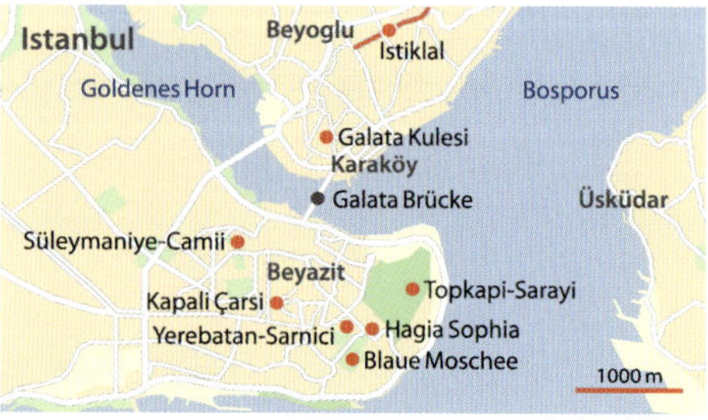

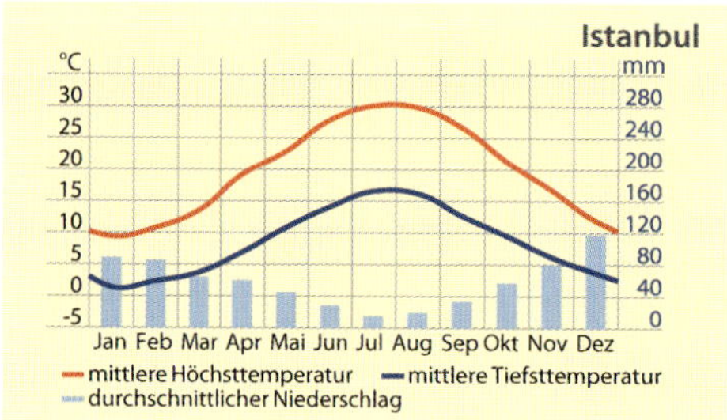

Besondere Tipps

Zum Lesen: »Istanbul. Erinnerungen an eine Stadt«: Autobiografische Essays des türkischen Literaturnobelpreisträgers Orhan Pamuk. Eine ergreifende literarische Hommage.

Zum Schlemmen: Frische Baklava – die süßeste Versuchung der Stadt, aber nur von »Karaköy Güllüoglu«. Einfach den Taxifahrer fragen – kennt jeder.

Zum Sehen: Der einfühlsame Autorenfilm »Hamam – Das Türkische Bad« erzählt über ein vom Verfall bedrohtes Badehaus und eine ungewöhnliche Liebe.

Info: www.istanbul.com

→ Blick in die gewaltige Hagia Sophia
→ Die Straßenbahn ist ein beliebtes Transportmittel.
→ Der riesige Säulenwald in der Yerebatan Sarnici
↑ Blick auf den Süleymaniye-Camil

TURKCELL
MİLLİ PİYANGO
223

Wo das Gras singt und der Sand strömt

Abenteuerreise in das Land des weiten Himmels. Das bedeutet halbwilde Kamele in der Wüste Gobi, große Herden edler Pferde in der Steppe und Yaks an der Grenze zu Sibirien, lange Fahrten im Geländewagen, Besuche in den Jurten, den typischen Rundzelten der einheimischen Nomaden, Begegnungen mit buddhistischen Mönchen in Klöstern, in die nach dem Ende der kommunistischen Herrschaft wieder religiöses Leben zurückgekehrt ist.

Die Mongolei, ein noch längst nicht alltägliches Reiseziel, von dem auch fortgeschrittene Globetrotter nicht allzu viel wissen – ein Ziel mit hohem Sehnsuchtsfaktor für alle, die es auf den Spuren des legendären Dschingis Khan und seiner Nachfolger in die Steppe drängt. Das Land ist fast fünfmal so groß wie Deutschland. Mehr als eine Million Mongolen leben in der Hauptstadt Ulan Bator, die täglich ein paar Meter weiter in die Steppe wuchert, die restlichen anderthalb Millionen verlieren sich mit ihren Tieren in der Einsamkeit zwischen der russischen Grenze und der Inneren Mongolei, die zu China gehört.

Und so gestaltet sich eine Tour durch dieses gewaltige Land: Übernachtet wird in Jurtencamps, einfach und doch komfortabel eingerichtet, mit Holzbetten, ein, zwei Stühlen und einem Bullerofen, wie ihn die Einheimischen benutzen. Zwei schmale Holzsäulen tragen das Dachgestänge aus 64 Latten, das mit einer dicken Plane belegt ist. Holzscheite und Briketts aus getrocknetem Kameldung liegen in Kartons bereit. Duschen und Toiletten sind in einem Holzhaus untergebracht, ein paar Schritte von den Zelten entfernt. Den Strom liefert ein Generator.

Mittags kreisen Milane und Falken über den Picknickplätzen. Springmäuse schauen in der Wüste beim Essen zu, und am Hüvsgül-See im Norden, eine Tagesreise mit Flugzeug und Auto von Ulan Bator entfernt, trampeln schon mal Yaks durchs Camp. Die blumenreichen Wiesen, krasser Gegensatz zum nahezu vegetationslosen Süden, duften im kurzen Sommer nach Wermut und Thymian.

Am Lagerfeuer wird die charakteristische Pferdekopfgeige gespielt. Legenden von großen Schamanen, deren geheimnisvolles Wissen bei den einfachen Menschen wieder gefragt ist, machen die Runde. Die Mongolei ist ein sehr armes Land. Aber Zeit und Raum sind im Überfluss vorhanden.

Die Highlights

Transsibirische Eisenbahn – Die meisten werden mit dem Flugzeug anreisen. Wer dem Abenteuer die Krone aufsetzen will, benutzt die Transsibirische Eisenbahn, deren Nebenlinie von Irkutsk aus nach Ulan Bator fährt.

Ulan Bator – Schnell wachsende Hauptstadt, die sich heute Ulan Bataar nennt, mit überraschend vielen sehenswerten Museen, etwa dem Nationalmuseum für Mongolische Geschichte und dem Klostermuseum des Chojin-Lama.

Die *Dünen von Mongol Els* gehören mit über 250 m zu den höchsten der Welt. Sie ziehen sich über 80 km durch eine Region, 250 km südwestlich von Ulan Bator.

Karakorum – Zwei große steinerne Schildkröten erinnern hier an die einstige Residenz des Dschingis Khan. Sie sollen vor fast 800 Jahren die Stützpfeiler seiner Jurte getragen haben.

Im *Naturpark Khulstayn*, im Zentrum des Landes, sind die Nachfahren des mongolischen Urpferds geschützt. Außerdem leben hier Wölfe und Luchse.

Erdene-Tsuu – Ältestes buddhistisches Kloster (1586). In der kommunistischen Zeit Museum, heute wieder Wohnort einiger Dutzend Mönche.

Der *Hüvsgül-See* ist der größte See in traumhafter Landschaft, umrahmt von Taigawald und schneebedeckten Bergen.

Die beste Reisezeit

Die sonnige Saison, geprägt durch das Kontinentalklima Zentralasiens, dauert von Ende Mai bis Ende September. Im ***Juli***, wenn an vielen Orten das Naadam-Fest gefeiert wird, ist es am schönsten, in der Gobi aber auch tagsüber extrem heiß. Gleich danach beginnt die regenreiche Zeit, die die Landschaft, sogar die Wüste, lindgrün färbt. Dann sind viele Pisten verschlammt, und im Norden rund um den Hüvsgül-See muss mit reichlich Mücken gerechnet werden.

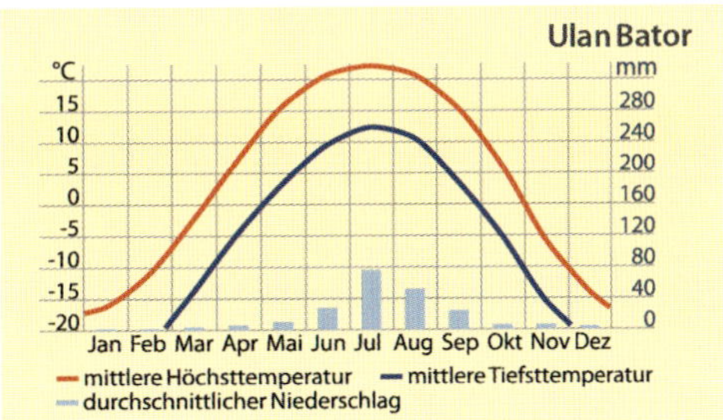

Besondere Tipps

Essen und Trinken: Khorkhog (Schaf in der Milchkanne), Lieblingsspeise der Nomaden: eine Schicht Fleisch, eine Schicht glühend heißer Steine, eine Schicht Hammel, wieder eine Schicht Steine. Nach einer Stunde in der Glut wird das Fleisch in Fetzen geschnitten, verteilt und mit Wodka heruntergespült.

Feste: Das Naadam-Fest, Reiterspiele aus der Zeit der großen Khane, findet alljährlich im Juli statt, am spektakulärsten in Ulan Bator.

Info: www.mongolei.de

← Pferde sichern den Nomaden die Existenz.
← Das buddhistische Kloster Erdene-Tsuu
← Am traditionellen Nomadenleben, zu dem tragbare Jurten gehören, halten die Mongolen fest.
↑ Reitkünste prägen die Nadaam-Feste, deren größtes im Juli in Ulan Bator gefeiert wird.

Wunderwelten zwischen Nias und Neuguinea

Was für ein Land: Das größte Inselreich der Erde – es sollen 13 677 Eilande sein, die da über und unter dem Äquator auf touristische Erweckung warten. So große wie Sumatra, Kalimantan – das frühere Borneo – oder Neuguinea, von dem Indonesien den westlichen Teil besetzt hält. So dicht besiedelte wie Java, so spannende wie Sulawesi, in den alten Büchern als Celebes beschrieben. So geheimnisvolle wie Kodi, so unbekannte wie Bandaneira oder die Luciparas. Nur Bali hat einen festen Platz in den Katalogen und im Kopf aller Inselträumer, doch diese Heimat so vieler Götter gilt eher als eigener Mikrokosmos denn als Teil Indonesiens.

Entdeckerland also, über drei Zeitzonen und 5000 Kilometer weit reicht es von der Insel Nias im Westen, wo seit Generationen die jungen Männer über hohe Steinpyramiden springen, um sich und ihren Gegnern die Kraft des Kriegers zu beweisen, bis ins Hinterland von Jayapura, der Hauptstadt von Indonesisch-Neuguinea. Dazwischen reizvolle Städte mit großer Vergangenheit wie Yogyakarta, Kulturdenkmäler von Weltrang wie das buddhistischen Heiligtum Borobodur auf Java und, ganz in der Nähe, Prambanan, der hinduistische Tempelkomplex. Naturattraktionen wie der Toba-See auf Sumatra, die Warane auf Komodo, Vulkanlandschaften wie das Dieng-Plateau oder den großen Nationalpark rund um den Bromo, beides auf Java.

Fast 350 Jahre lang behaupteten die Holländer ihren Einfluss in der Region. Erst 1945 wurde aus Niederländisch-Ostindien, von Schriftstellern und den frühen Reisenden auch gern Insulinde genannt, der Staat Indonesien. Er gilt als größtes islamisches Land der Welt. Die Muslime folgen mehrheitlich einer sunnitisch-moderaten Richtung. Je weiter östlich von Java der Reisende in entlegene Welten vordringt, desto häufiger wird er auf Völker stoßen, die Naturreligionen anhängen, und auf große christliche Gemeinden, die schon vor langer Zeit missioniert wurden.

Nirgendwo – von Balis Südstränden abgesehen – hat sich in diesem Archipel der großen und kleinen Wunder bislang ein Tourismus der großen Zahl etablieren können. Eine vielerorts überwältigend schöne Natur, Zeugnisse große Kultur und überaus freundliche Menschen warten auf Reisende, die das Staunen noch nicht verlernt haben.

Die Highlights

Batavia nannten die Kolonialherren die Hauptstadt, die heute Jakarta heißt. Die Spuren der alten Zeit lassen sich gut im Hafen Sunda Kelaba verfolgen, wo noch immer Buginesenboote (Holzfrachter) beladen und gelöscht werden. Nicht weit davon: das ehemalige Stadhuis und holländisch anmutende Häuser.

Bandung – Millionenstadt mit dem Flair eines Luftkurorts; in der Nähe Teeplantagen und das Wanderrevier um den Vulkan Tangkuban Perahu.

Yogyakarta – Eine angenehm-wuselige Großstadt, deren wichtigste Sehenswürdigkeit der Sultanspalast (Kraton) ist.

Borobodur – Der Tempelkomplex aus dem 8. Jh. gilt als größtes buddhistisches Bauwerk der Welt. Es lohnt sich, unterhalb des Heiligtums zu übernachten und am frühen Morgen den Sonnenaufgang zwischen den Buddhastatuen zu erleben – unvergesslich!

Komodo – Nur auf dieser kleinen Insel westlich von Flores leben die gefürchteten Riesenwarane, die als die letzten lebenden Drachen bezeichnet werden.

Sulawesi – Heimat der Toraja-Stämme, berühmt für ihre farbenprächtigen Feste und Totenkulte.

Bandaneira – Kleine Molukken-Insel im Osten des Archipels mit bestens erhaltenen Bauten aus der Kolonialzeit.

Die beste Reisezeit

Vereinfachend lassen sich zwei »Jahreszeiten« unterscheiden: die Regenzeit des Winter- oder Westmonsuns mit ergiebigen Niederschlägen zwischen Oktober und April und die »trockene« Zeit des Sommermonsuns zwischen ***Mai*** und ***September***. Letztere kann als ideale Reisezeit für die meisten Teile Indonesiens gelten. Es versteht sich, dass bei der riesigen Ausdehnung des Archipels sehr viele Kleinklimazonen von dieser Einteilung zum Teil erheblich abweichen.

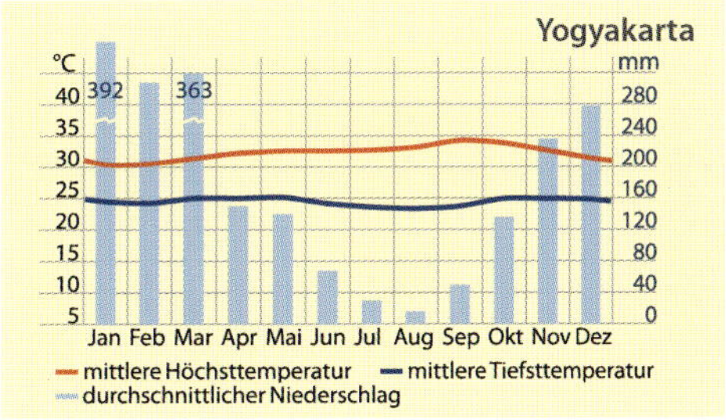

Besondere Tipps

Souvenir: Handgemalte und aufwendig gefärbte Batikstoffe sind ein hochwertiges Mitbringsel; ihre Motive sind oftmals Figuren aus dem Wayang Kulit (Schattenspieltheater).

Zeitreise: Nostalgisch veranlagte Reisende werden gern im legendären »Café Batavia« im Kolonialviertel von Jakarta einkehren.

Wandern: Trekkingtouren in der abwechslungsreichen Vulkanlandschaft des Bromo-Tengger-Semeru-Nationalparks in Ostjava.

Info: www.tourismus-indonesien.de

← Der Tempelberg von Borobodur Java gilt als größtes buddhistisches Sakralbauwerk.

↑ Toraja-Kinder auf Sulawesi

↑ Makaber, aber wahr: Totenkulte und Beerdigungszeremonien gehören zu den Attraktionen Sulawesis.

Traumziel Französisch-Polynesien 75

Archipel der Sehnsucht

Auf der Suche nach dem Paradies landen die meisten sehr rasch in der Südsee, auf Tahiti, Bora Bora, auf Moorea, Hiva Oa und den anderen Inseln Polynesiens – jedenfalls im Traum. Die Südsee, das ist weniger ein geografisch korrekter Begriff als ein Mythos. Es ist schlicht die Metapher für die Sehnsucht nach immerwährender Sonne, nach weißen Stränden, über die sich Palmen biegen, nach schönen, unverbildeten Menschen, die sich vorwiegend der Musik und der Liebe hingeben, nach einem Garten Eden mit tropischen Früchten, die Einheimischen wie Gästen einfach in den Mund wachsen.

Solche Träume haben schon vor Jahrhunderten Seefahrer und Dichter, Maler und Lebenskünstler auf die Atolle des Südpazifiks geführt. Robert Louis Stevenson, der Autor der »Schatzinsel«, hat behauptet: »Kein anderer Erdteil übt einen ähnlichen Zauber auf den Besucher aus.« Und Paul Gauguin, dessen Bilder weltweit zur Verbreitung des Mythos Polynesien beigetragen haben, war nach seiner Ankunft auf Tahiti zunächst begeistert: »Die Landschaft mit ihren reinen starken Farben blendete mich …« Aber er war nicht nur glücklich, als er um die vorvorige Jahrhundertwende erst auf Tahiti, später auf Hiva Oa lebte.

So ergeht es auch manchen Touristen, die unverzagt ihrer Sehnsucht folgen: Sie landen auf tropischen Inseln, die zu den schönsten der Welt gehören, sie tragen bei der Ankunft voller Stolz die Blütenkränze, die ihnen umgehängt werden. Sie tauchen ein ins Strandparadies, und sie tauchen unter in den Lagunen und vor den Riffen, um die Wunderwelt in den Korallengärten zu bestaunen. Sie lassen sich von der Lebenslust der polynesischen Tänzerinnen anstecken, und sie genießen den Luxus in den Bungalows, die auf Stelzen ins glasklare, lauwarme Wasser der Lagunen gebaut wurden.

Spätestens dann wird allen klar: Dieses Paradies hat einen hohen Preis. Es ist weit weg, es wirkt an einigen Stellen so künstlich wie Disneyland, Wirbelstürme zerstören immer wieder, was gerade aufgebaut wurde, und es gehört zu den teuersten Urlaubszielen weltweit. Aber, und das ist für alle Südseeträumer das Wichtigste: Es ist dennoch eine Art Paradies, auf Erden vielleicht das letzte. Machen Sie sich also auf den Weg. »Ia Orana maeva« – herzlich willkommen in der Südsee!

Die Highlights

Tahiti – Bester Ort zur Einstimmung auf Geschichte und Kultur Polynesiens ist das »Museum von Tahiti und den Inseln« am Rand der Hauptstadt Papeete.

Moorea – Schon Captain Cook war begeistert von Tahitis Nachbarinseln. Nach ihm ist die Cook's Bay benannt – eine Postkartenidylle.

Bora Bora – Die Lagune, die die Insel weltberühmt gemacht hat, ist atemberaubend schön. Entsprechend viele Touristen kommen, das Preisniveau ist extrem hoch.

Huahine – Die Insel wirkt noch ursprünglich. Sie birgt archäologische Schätze: Maraes, Kultstätten aus der Frühzeit.

Raiatea – Noch sind Fischfang und Vanilleanbau wichtiger als Tourismus. Einzige kulturelle Sehenswürdigkeit sind die Ruinen der größten Marae-Anlage Polynesiens (Taputapuatea).

Rangiroa im Tuamoto-Archipel zieht mit seiner Lagune Taucher aus aller Welt an: Haie und Mantarochen sind die Sehenswürdigkeiten unter Wasser. Auf der Nachbarinsel Manihi werden die berühmten schwarzen Perlen gezüchtet.

Hiva Oa gehört zur Inselgruppe der Marquesas und ist berühmt geworden, weil der Maler Paul Gauguin hier während seines zweiten Polynesien-Aufenthalts gelebt hat und 1903 hier gestorben ist.

Die beste Reisezeit

Die bei Weitem schönste und niederschlagsärmste Zeit dauert von Mai bis Mitte September. Folgt man der Statistik, soll es im ***Sommer*** höchstens an sechs oder sieben Tagen (kurz) regnen, aber acht Stunden pro Tag darf man mit Sonnenschein rechnen. Die Tagestemperaturen liegen mit knapp unter 30 °C etwas niedriger als im übrigen Jahr, die Wassertemperaturen auch – immerhin noch bei 26 °C! Abends kann es zuweilen überraschend kühl werden.

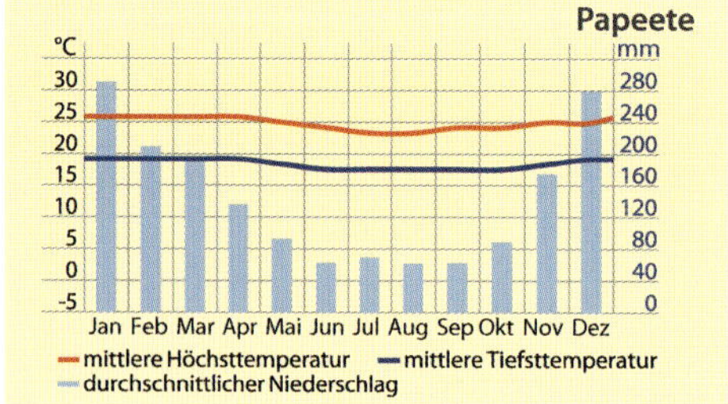

Besondere Tipps

Fortbewegung: Der Frachter »Aranui« fährt auf einem Zwei-Wochen-Törn von Tahiti regelmäßig abgelegene Inseln auf den Marquesas und Tuamotus an und nimmt dabei auch Passagiere mit.
Museé Gauguin: Auch wenn hier kein Original seiner Südseebilder hängt, bietet das Museum auf Tahiti einen guten Überblick über Gauguins Jahre im »Paradies«.
Literatur: »Silbermond und Kupfermünze« – Gauguins Leben in Romanform, von William Somerset Maugham.
Info: www.tahiti-tourisme.de

→ Die blaue Lagune von Bora Bora – ein Südseetraum
→ Vanilleschoten werden zum Trocknen ausgelegt.
→ Tätowieren ist eine uralte Kunst auf Polynesien.
↑ Stelzen-Bungalows sind die Lieblingsunterkünfte betuchter Südsee-Reisender.
↑ Schwarze Perlen vom Tuamotu-Archipel

Traumziel Papua-Neuguinea

Ausflug in die Steinzeit

Ein sonnendurchglühter Platz im Zentrum eines Dorfs, tief im Urwald bei Goroka. Ein älterer Mann, den Körper weiß geschlämmt, auf dem Kopf eine Maske aus Lehm, führt ein Kind an der Hand, das ähnlich ausstaffiert daherkommt. Der Alte bringt dem Jungen bei, wie sich Feuer nur durch das Reiben eines Stöckchens entzünden lässt. Grauweißer Rauch steigt auf. Dann treten immer mehr »Schlammmenschen« auf, schwingen Messer und Knüppel. So müssen die Männer des Asaro-Volks im Hochland von Neuguinea einst ihre Nachbarn erschreckt und in die Flucht geschlagen haben, wenn die auf Raubzug bei ihnen auftauchten.

Ortswechsel: Im Hafen von Wewak an der Nordküste hat ein Kreuzfahrtschiff festgemacht. Tänzer und Trommler, geschmückt mit den Federn des Paradiesvogels, geben sich in ihrer Begeisterung über die Besucher ekstatischen Freudenausbrüchen hin. Solche Szenen lieben die Touristen in Papua, solche Begegnungen haben sie erwartet. Sie erinnern an die Legenden von Kopfjägern, an die Geschichten über Völker, die erst vor ein paar Jahrzehnten im Dschungel entdeckt worden sind. Neuguinea, nach Grönland zweitgrößte Insel der Erde, 800 verschiedene Stämme und Sprachen, größter Tropenwald der östlichen Hemisphäre, mächtige Flüsse, die durch die Urwaldregionen mäandern. Die zweigeteilte Insel ist noch immer eine der am wenigsten erforschten Regionen der Erde.

Der kleinere Westteil gehört zu Indonesien; immer wieder kommt es dort zu Bestrebungen der Einheimischen, einen Anschluss an den Nachbarstaat zu erzwingen. Papua Niugini, wie die Einheimischen in ihrer Lingua franca, dem Pidgin-Englisch, ihr Land nennen, ist erst seit 1975 souverän, von Australien unterstützt. Australier stellen denn auch den größten Teil der Touristen, die auf abenteuerlichen Wegen in entlegene Dörfer vorstoßen oder in den Gewässern der Inselwelten tauchen.

Noch kommen nur wenige deutsche Besucher. Vor allem die älteren unter ihnen haben eventuell auch ein historisches Reisemotiv. Denn der heutige Staat Papua war von 1899 bis 1914 Teil des deutschen Kolonialreichs. Zu Deutsch-Neuguinea gehörten seinerzeit auch Inselgruppen wie die Karolinen und der Bismarck-Archipel sowie die reizvollen Trobriand-Inseln in der Salomonsee.

Die Highlights

Port Moresby – Die Märkte Koki und Gordon sowie das Parlamentsgebäude im Stil eines traditionellen Kulthauses sind die einzigen nennenswerten Sehenswürdigkeiten in der Landeshauptstadt.

Wewak – Sympathische Hafenstadt, ideal für Ausflüge in die umliegenden Dörfer und auf einen Missionshügel. Dort findet man Erinnerungen an die deutsche Zeit und an die Schlachten des Zweiten Weltkriegs.

Madang – Die Hafenstadt an der Nordküste ist Ausgangspunkt für Abstecher ins Hochland, zum Beispiel nach Goroka.

Mount Hagen – Die »Metropole« des westlichen Hochlands. Hier treffen sich jedes Jahr im August Tausende Tänzer aus verschiedenen Völkern zum großen Sing-Sing, das nach wie vor als authentisches Festival einheimischer Kultur gilt.

Sepik-Fluss – Papuas größter Strom ist mit 1126 km so lang wie der Rhein. Der Flussdampfer »Sepik Spirit« befährt Teilstrecken – eine komfortable Art, die Wildnis zu genießen.

Goroka – Das Zentrum des östlichen Berglands ist Ausgangspunkt für Abstecher zu den Schlammmenschen aus dem Stamm der Asaro.

Trobriands – Inselgruppe in der Salomonsee. Die Bevölkerung lebt noch weitgehend nach den Riten ihrer Vorfahren.

Die beste Reisezeit

Das ganze Jahr über herrscht feuchtheißes Tropenklima. Im ***Sommer*** regnet es an der Nordküste etwas mehr. Dann aber herrschen bessere Bedingungen an der Nordküste, die von den wenigen Kreuzfahrtschiffen, die es bis in diese entlegenen Welten schaffen, sowieso eher angelaufen werden (zum Beispiel Madang). Auch für das Hochland (zum Beispiel Goroka) und die Inseln im Osten sind die regenärmeren Monate Mai bis September empfehlenswerte Reisemonate.

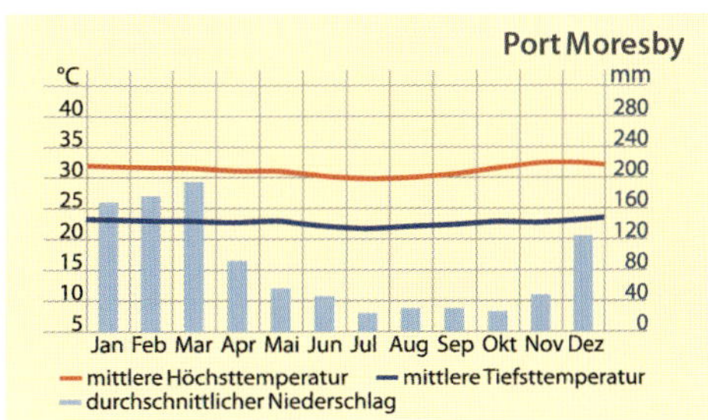

Besondere Tipps

Souvenir: Der Paradiesvogel, das nationale Symbol von Papua, wird auf T-Shirts und in Holzplastiken angeboten. Die Ausfuhr seiner bunten Federn ist streng verboten.

Louisiaden-Inseln: Auf dieser Gruppe von 90 Inselchen im Südostzipfel von Niugini locken Südseeromantik und grandiose Tauchreviere.

Literatur: »Leben im Regenwald«, Erinnerungen einer Missionarin aus den letzten Jahrzehnten des 20. Jahrhunderts; schlichte Sprache, interessante Fakten.

Info: www.papuanewguinea.travel

← Nicht nur zu den traditionellen Singsings schmücken und bemalen sich Frauen wie Männer in Neuguinea.

← Die Federn im Kopfschmuck stammen meist vom Paradiesvogel, dem Symboltier der Insel.

↑ An der Tierwelt, hier ein Baumkänguru, ist die Nähe zum australischen Kontinent zu erkennen.

Traumziel München 77

Mit Laptop und Lederhose

Punkt 12 Uhr legen alle Touristen ihren Kopf in den Nacken und starren am Marienplatz gebannt nach oben zum Glockenspiel im Rathaus. In München, der Weltstadt mit Herz, Laptop und Lederhose, findet der Gast alles plakativ Schöne wie extra für ihn zusammengestellt: die Zwiebeltürme der Frauenkirche, das dekorativ aufgebaute Obst und Gemüse auf dem Viktualienmarkt samt Männern, die aus Ein-Liter-Krügen gemütlich im Freien ihr Bier trinken. Zwischen derber Stimmung im »Hofbräuhaus« und versnobter Eleganz auf der Maximilianstraße, zwischen dem weltbekannten FC Bayern und den ebenso weltberühmten Pinakotheken hat sich die Millionenstadt ein unverwechselbares Image aufgebaut: so lebensfreudig wie sympathisch, so modern wie traditionsbewusst und so weltoffen wie münchnerisch. München ist – wie Paris oder Venedig – eine Marke, mit der jeder sofort konkrete Vorstellungen verbindet. Die Biergärten zum Beispiel: ob im Hirschgarten, am Chinesischen Turm, im »Seehaus« am Kleinhesseloher See – auf dem 1906 die Weltmeisterschaft im Eiskunstlauf stattfand! – oder beim weitgehend touristenfreien »Aumeister«. Das ist München! Im Englischen Garten baden die Leute nackt. Am Monopteros macht ein Pfeifchen die Runde, als wäre Uschi Obermeier auch noch da. Und ganz nebenbei hat man einen der schönsten Blicke auf die Stadt, mit der Theatinerkirche im Vordergrund.

Nur das berühmte Schwabing schwächelt. Es ist bis heute immer noch ein schönes Viertel, aber schon längst keine Weltanschauung mehr wie früher. Wer nach Weltanschauungen sucht, nimmt heutzutage die fünfte Jahreszeit in Anspruch, wenn mit Beginn der Fasten- auch die Starkbierzeit und das »Derbleck'n« auf dem Nockherberg beginnt. Dann knöpft sich Bruder Barnabas mit spitzer Zunge die Politiker vor und kommentiert knallhart und trotzdem charmant die Lage.

Oder man geht mit der globalisierten Welt, wenn gegen 21 Uhr auf der Wiesn die Stimmung in den 14 Festzelten mit jeweils bis zu 10 000 Sitzplätzen brodelt. Manchmal kocht sie schon auch über. Zu Besuch sind Amerikaner und Japaner, Schotten im Rock und Italiener aus dem Wohnmobil, es kommen gepiercte Mädchen im Dirndl und jung gebliebene Opas mit Charivari. Auf der Wiesn werden Scheidungen revidiert und Tausende von One-Night-Stands angeleiert. Es herrscht freudiger Ausnahmezustand zwischen Bier und Blasmusik, Lämpchen und Zuckerwatte, Achterbahn und Schaubuden mit Enthauptungen auf offener Bühne.

Die Highlights

Das Zentrum Münchens ist der gut 20 000 m² große *Marienplatz* mit Rathaus, Glockenspiel und Münchner Kindl. Dort feiert der FC Bayern Meisterschaften, finden Großdemonstrationen und der Weihnachtsmarkt statt.

Die *Frauenkirche*, die korrekt Dom zu unserer lieben Frau heißt, ist mit ihren Zwiebeltürmen ein Symbol der Stadt und bietet 20 000 stehenden Menschen Platz.

Eine Maß Bier im weltberühmten *Hofbräuhaus* darf bei keinem München-Besuch fehlen.

Die *Residenz* ist so groß, dass allein drei Theater untergebracht sind: das National-, das Residenz- und das atemberaubend schöne Cuvilliéstheater.

Die *Maximilianstraße* – Auf diesem halben Kilometer gibt's Hochkultur und Szenebars, Edelboutiquen, Luxushotels und ein hohes Promiaufkommen …

Das *Deutsche Museum*, eines der größten, bedeutendsten und am häufigsten besuchten Museen für Technik und Naturwissenschaften der Welt, ist ein Muss.

Und natürlich ist das Königsschloss *Nymphenburg* sehenswert, eine symmetrische Anlage mit herrlichem Park, deren Mittelpavillon ab 1664 errichtet wurde.

Die beste Reisezeit

München ist eine Großstadt, die man das ganze Jahr über bereisen kann. Von ***Mai*** bis kurz nach der Wiesn, also bis ***Oktober***, liegt man wettermäßig recht sicher (trotz Schauern im August). Ist Föhn, also ein glasklarer Tag mit Alpenpanorama, an dem warme Fallwinde aus dem Süden strömen, dann kann's sogar im November kurzzeitig Frühling werden. Die Temperaturunterschiede sind enorm: 30 °C im August sind keine Seltenheit, minus 10 °C im Januar aber auch nicht …

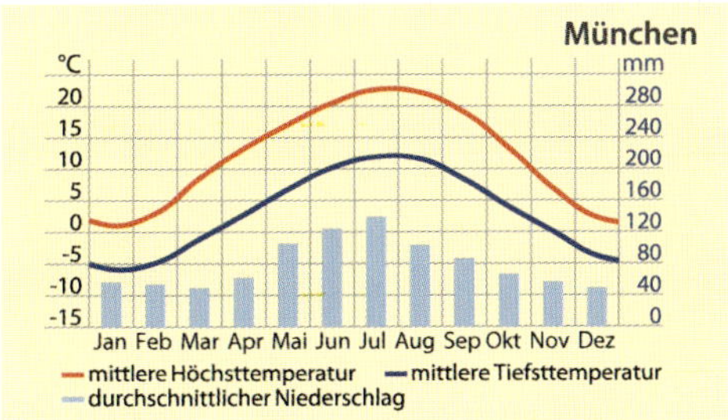

Besondere Tipps

Zum Essen: Bayerische Wirtshäuser, in denen man typische Münchner Weißwürste probieren sollte: »Andechser am Dom«, »Augustiner«, »Donisl« und »Weißes Bräuhaus«.

Zum Mitnehmen: Ein Hut mit Gamsbart? Schnupf tabak? Ein Münchner Kindl? Charivari? Oder nur ein Bayern-Trikot? Es gibt alles in allen Größen, Formen, Farben – außer den FCB in Blau.

Zum Erleben: Der Englische Garten, der größte Stadtpark der Welt mit 372 ha und bis zu 250 000 Besuchern an Spitzentagen, lockt nicht nur im Sommer.

Info: www.muenchen.de

← Stadtansicht mit Frauenkirche und Rathaus
← Das Cuvilliéstheater: feierliches Rokoko
← Junge Leute feiern auf dem Oktoberfest.
↑ Der Englische Garten bietet Erholung in der Stadt.

Traumziel Rügen 78

Wenn die Kraniche ziehen

Nachsaison im Bauernland zwischen Vaschvitz und Natzevitz. Stille liegt über den abgeernteten Feldern. Auf dem Rassower Strom gleitet ein Segelboot scheinbar ins Nirgendwo. Kähne dümpeln am Ufer. In verschlafenen Dörfern kuscheln sich Fachwerkhäuser um alte Backsteinkirchen. Radler rumpeln übers Kopfsteinpflaster und durch die grünen Tunnel der Alleen, womöglich kreist auch noch ein Milan wie bestellt am Himmel, und Wolkengebirge türmen sich am Horizont auf.

Der Herbst ist die ideale Zeit für Wanderungen durch den stillen Westen der Insel, der zwar keine nennenswerten Strände aufweist, aber gesprenkelt ist mit liebevoll renovierten Dorfkirchen wie St. Jacobi in Gingst, die Kulturkiche von Landow, St. Katharinen in Trent mit ihrem Barockaltar, Maria Magdalena in Neuenkirchen mit einer Glocke aus dem 14. Jahrhundert, St. Johannes in Schaprode mit ihrem Triumphkreuz, über 500 Jahre alt.

Auch auf den im Sommer so lebhaft frequentierten Wanderwegen ist Ruhe eingekehrt, zum Beispiel auf dem Hochufer am Königsstuhl, zwischen den berühmten Kreidefelsen, die zum Wahrzeichen für Rügen geworden sind. Das gilt sogar für die beliebten Seebäder, die sich im Osten der Insel wie Perlen an einer Schnur aufreihen, allen voran Binz, Sellin und Göhren. Jetzt lässt es sich wieder mit Muße eintauchen in die Welt der weißen Villen. Es fällt leicht, die Gedanken auf nostalgische Zeitreise zurück in die 1920er-Jahre zu schicken, als unter den Türmchen und auf den ziseliert gestalteten Balkonen die feine Gesellschaft aus Berlin die Sommerfrische genoss, gern auch bis weit in den Herbst hinein.

Entdeckungstouren machen in der Nachsaison besonders viel Spaß: etwa zu den Zickerschen Höhen auf der Halbinsel Mönchsgut oder durch die alten Straßen der Inselhauptstadt Bergen. Oder einmal rund um den romantischen Wreecher See in der Nähe der wieder zu neuem Leben erweckten Residenz von Putbus. Oder durch den farbenprächtigen Granitzer Wald zum Jagdschloss. Und erst recht zur Beobachtung der Kraniche, die im September und Oktober zu Tausenden auf ihrem Weg von Skandinavien in den Süden für ein paar Wochen Rast auf Rügen machen – ein Naturerlebnis der Extraklasse.

Die Highlights

Die *Rügenbrücke* über den Strelasund verbindet seit 2007 als markante Konstruktion das Festland mit der Insel.

Kraniche beobachten – Zum einen am Udarser Wiek auf der Nachbarinsel Ummanz, zum anderen im Jasmunder Nationalpark, mit Schiffchen von Breege aus zu erreichen.

Kap Arkona – Gleich zwei Leuchttürme ragen aus Rügens Nordkap, der Schinkelturm von 1827, der älteste an Deutschlands Ostseeküste, und der wesentlich größere von 1902. Sehenswert ist auch das Dörfchen Vitt unterhalb vom Kap.

Kreidefelsen – Wer kennt nicht das Gemälde des Romantikers Caspar David Friedrich, das seit 1808 unser Rügenbild prägt. Bis zu 120 Meter hoch sind die Klippen, deren fragile Pracht am besten von der Seeseite zu bewundern ist.

Prora – Ein Relikt aus der nationalsozialistischen Zeit, das wegen seiner monströsen Größe – 5 km lang – bis heute Aufsehen erregt. Es sollte 20 000 Urlaubern Quartier bieten.

Rasender Roland – Die »Rügensche Kleinbahn« dampft seit 1895 zwischen Putbus und Göhren.

Putbus – Einst fürstliche Residenz, heute Kulturdenkmal mit einem »Circus« genannten Platzrondell im Zentrum, einem Schlosspark mit altem Baumbestand und einem bespielten Theater in klassizistischem Stil.

Die beste Reisezeit

Rügen hat zwar, wie die Rügener zu Recht behaupten, immer Saison: warme Sommer, oft von stabilen Hochs über Russland beeinflusst, milde Frühlingstage (Rapsblüte), Winterwochen, mal regenreich, aber auch tagelang frostig-klar. Am schönsten aber sind die Monate ***September*** und ***Oktober*** (16–22 °C), wenn die Kraniche ziehen und die Wälder farbenprächtig leuchten. Selbst wenn in dieser Zeit mit zum Teil heftigen Herbststürmen gerechnet werden muss.

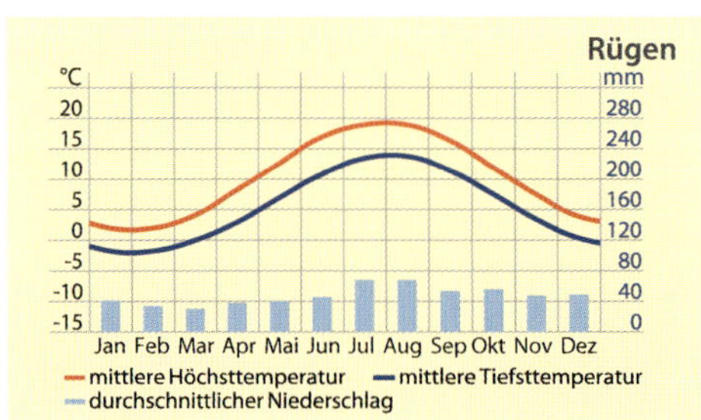

Besondere Tipps

Souvenir: Im Herbst werden die Sanddornbeeren am Strauch von Hand ausgepresst – »gemolken«, wie es auf Rügen heißt. Daraus wird Marmelade und Likör.

Insel Hiddensee: Rügens kleine Schwester ist von Schaprode mit der Fähre zu erreichen. Viele Spuren von Künstlern aus früherer Zeit.

Störtebeker-Spiele: Familienspaß auf der Freilichtbühne Ralswiek von Mitte Juni bis Anfang September.

Info: www.ruegen.de, www.seebad-insel-hiddensee.de, www.stoertebeker.de

→ Die Seebrücke in Sellin, ein Symbol für Rügen
→ Der Zug der Kraniche lockt im Herbst Naturfreunde an.
→ Kreidefelsen im Nationalpark Jasmund
↑ Die Dampfeisenbahn »Rasender Roland« rattert über die Insel.

Reben und Marillenbäume

Als Meister des antiken Straßenbaus haben natürlich schon die Römer den Wert des Donautals als Transportroute erkannt und genutzt, für die Schifffahrt, aber auch für eine Straße, die aus ihren Gebieten in Germanien durch den Balkan bis ans Schwarze Meer führte.

Die Straßen entlang den Ufern des großen Stroms haben – im Gegensatz zur Wasserstraße – heute zwar nur noch regionale Bedeutung, aber diese Einschätzung gilt nicht für Radfahrer. Ihr »Donauradweg« folgt rund 2900 Kilometer weithin der einstigen »Via Istrum«, von der Quelle bis zur Mündung.

Die etwa 330 Kilometer zwischen Passau und Wien bilden das Herzstück der Route, gelten als meistbefahrener Radfernweg in Europa und bieten eine gute Infrastruktur mit Unterkünften, die auf Radler eingestellt sind. Es ist also kein Zufall, dass hier die meisten Urlauber in die Pedale treten und auch die meisten Flusskreuzfahrtschiffe auf diesem Donauabschnitt pendeln, mit Abstechern nach Bratislava, Esztergom und Budapest.

Warum? Weil die Flusslandschaft besonders reizvoll ist – die Wachau gilt als eine der schönsten der Welt – und weil beiderseits des Stroms viel Geschichte und Kultur zu erleben ist, einschließlich hoher Küchenkultur. Die Nibelungen zogen hier entlang, die Kreuzritter nutzten die Donau als Weg ins heilige Land, umgekehrt drangen türkische Heere vor bis Wien. Alle hinterließen eine breite Spur an historischen Zeugnissen und einen reichen Schatz an Sagen und Legenden.

Beides vereinigt sich an Orten wie der Burg Dürnstein, in der Englands König Richard Löwenherz gefangen gesetzt worden war. Die Kirche schuf eindrucksvolle Bauten wie den Stephansdom in Passau, Stift Wilhering, die Wallfahrtsbasilika Pöstlingberg in Linz, das Stift Melk oder den Stephansdom in Wien.

Passau, der Startort, ist eine Hauptstadt auf dem bayerischen Bieratlas, aber je weiter die Räder – weithin steigungsfrei – gen Osten rollen, umso deutlicher wird es: Das Donautal ist zumindest in diesem Abschnitt ein Weinland. Immer wieder locken am Wegesrand Schilder zur Weinprobe in nahe Fasskeller. Und wo keine Trauben reifen, blühen die Marillenbäume – »Aprikosen« für Nordlichter. Und natürlich sind die Wachauer Marillenknödel die besten Österreichs. Ach was, der ganzen Welt!

Die Highlights

Passau, die »Dreiflüssestadt« (Donau, Ilm und Ilz), verdankt ihre mediterran wirkende Altstadt italienischen Baumeistern. Der Stephansdom besitzt eine der größten Orgeln der Welt.

Historische Kirchen prägen das Bild von Linz, zur Wallfahrtskirche auf dem Pöstlingberg führt die steilste zahnradlose Bergbahnstrecke der Welt.

Stift Melk war schon im 11. Jh. ein geistliches Zentrum, seine prachtvolle Barockgestaltung erhielt das Kloster im 18. Jh.

Burg Dürnstein – Die Burgruine und der himmelblaue Turm der Stiftskirche am Donauufer sind die weithin sichtbaren Erkennungszeichen des Orts. Von der Burg in etwa 400 m Höhe kann man fast die gesamte Wachau überblicken.

Die *Altstadt von Krems* ist Teil des Weltkulturerbes der UNESCO, das Steiner Tor wurde zum Wahrzeichen dieses historischen Gassengewirrs.

Wien – Die Stadt ist voller Attraktionen. Nur einige »Highlights«: Stephansdom, Hofreitschule, Schloss Schönbrunn, Riesenrad im Prater, Burgtheater, Museum Albertina.

Grinzing ist das bekannteste Heurigenviertel in Wien. In den Straußenwirtschaften dürfen Winzer ihren Wein ausschenken und kalte Speisen servieren.

Die beste Reisezeit

Die beste Reisezeit für das Donautal sind die Sommermonate – aber sie sind, wie so oft, auch die Zeit mit den meisten Touristen. Deshalb radeln viele gerne im ***Herbst***, einer noch klimatisch angenehmen Zeit, die überdies am Strom gerne zu Winzerfesten genutzt werden. In der Wachau herrscht ein – weinbaufördernde s– Mikroklima mit etwas höheren Temperaturen als in der Umgebung. Generell wirkt die Donau als Ausgleich zwischen den Tag- und Nachttemperaturen.

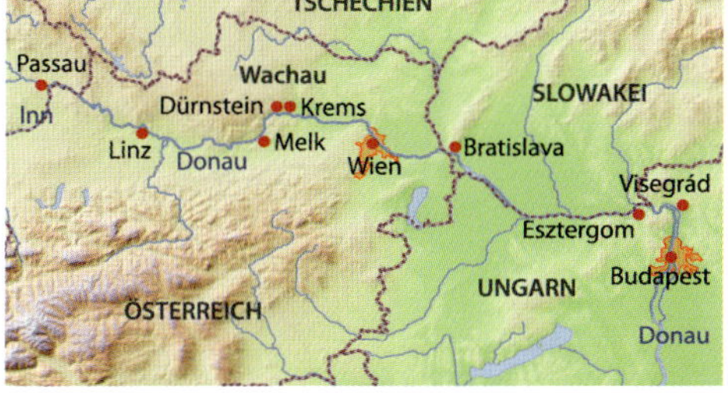

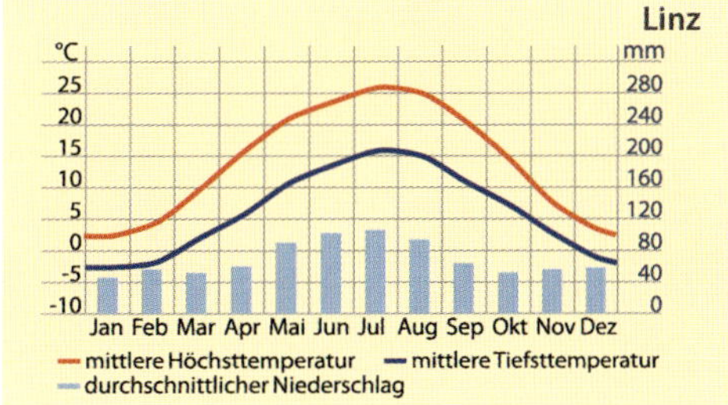

Besondere Tipps

Literatur: »Donau: Biographie eines Flusses« von Claudio Magris. Eine umfassende Kulturgeschichte des europäischen Stroms.

Rundgänge: Wien, die selbsternannte »Welthauptstadt der Musik«, bietet auf seiner Website (www.wien.info) gratis Rundgänge auf den Spuren berühmter Komponisten wie Mozart und Johann Strauß zum Download an.

Souvenir: Alles aus echten Wachau-Marillen, Spezialitäten sind Marillenbrand, -marmelade und -essig.

Info: www.radtouren.at/de/radwege/genussradtouren/donauradweg.html

← Herbstliche Weinberge bei Spitz in der Wachau, dahinter fließt die Donau.

↑ Gemütliche Radtour am großen Strom, am anderen Ufer thront das Stift Melk.

↑ Lecker und typisch für die Region: reife Marillen

Traumziel Helsinki 80

Die Leningrad Cowboys trinken Sahti

Helsinki ist spätestens seit den Filmen von Akis Kaurismäki nicht mehr nur als die finnische Hauptstadt bekannt. Es gilt als liebenswert, aber ein bisschen abgedreht. In Helsinki darf prinzipiell erst mal jeder, wie er will. Und das hat eine bunte und sehr lebendige Mischung gedeihen lassen. Und sie sind modern, die Finnen. Ein interaktiver Stadtführer ist im Angebot, ebenso eigene Apps über die Stadt.

Was natürlich zum Alltag gehört, ist eine Sauna. Das merkt man, wenn man die älteste öffentliche Sauna Finnlands besucht. Sie ist in einem Arbeiterwohnblock untergebracht und hat so gar nichts von modernen Wellnessanlagen. Authentizität ist das Zauberwort. Zum Abkühlen duscht man kalt und setzt sich dann auf einen Plastikstuhl direkt am Bürgersteig, weshalb ein Handtuch dringend zu empfehlen ist. Und da darf es ruhig auch das relativ günstige Dosenbier dazu sein. Die Eigenbehandlung mit Birkenzweigen ist übrigens kein erotisches Ritual, sondern dient der besseren Durchblutung. Wer aber unbedingt schwimmen statt nur duschen will, kann das ja im Winter völlig textilfrei im Jugendstilbad Yrjönkatu oder im Sommer an den wunderschönen Stränden Helsinkis tun (z.B. auf der Insel Pihlajasaari).

Natürlich hat Helsinki Sehenswürdigkeiten wie den beeindruckenden Senatsplatz, das Olympiastadion oder das Denkmal für den Komponisten Jean Sibelius. Aber diese erscheinen einem während eines Besuches irgendwie nur als Beiwerk. Beiwerk zum Baltikabier in der »Moskva Bar«, der »Jääbaari« (Eisbar) oder der Bar der Leningrad Cowboys. Die Finnen wollen niemandem etwas beweisen. Sie leben im Hier und Jetzt, mit einem klaren Blick in die Zukunft. Das hat ihnen auch für 2012 den Titel »Designhauptstadt« eingebracht. Eine unglaublich innovative Destination mit hohem »Fun-Faktor«.

Beim »Baltic Herring Market«, der jedes Jahr Anfang Oktober auf dem Marktplatz stattfindet, wird hingegen Tradition gelebt! Mit Heringen und Sprotten beladene Kähne fahren in den Hafen ein, wo der Fang verkauft wird. Schon im Jahre 1743 wurde der Markt unter schwedischer Aufsicht als Teil des Friedens zu Turku durchgeführt. Heute handelt es sich zwar immer noch um einen Delikatessen-Fischmarkt, aber mit Tausenden Besuchern wird das Ganze auch zum großen Fest. Einheimische und Gäste genießen im sonnigen Herbst Livemusik, Straßenkünstler, wärmende Getränke und natürlich die Fischdelikatessen.

Die Highlights

Die Domkirche *Tuomiokirkko* am Senatsplatz von 1850 überstrahlt nicht nur die Innenstadt, sondern ist auch das weltweit bekannteste Denkmal Helsinkis.

Das Weltkulturerbe *Suomenlinna* ist die größte Meeresfestung Skandinaviens. Heute findet man hier Museen, die Marineschule und ganz viel Natur direkt vor dem Hafen von Helsinki.

Die *Kotiharju Sauna* ist die älteste öffentliche Sauna Finnlands mit großen Teilen der Originaleinrichtung von 1928. Nicht stylisch, aber sehr authentisch.

Eila Hiltunen hat das *Sibelius-Monument* entworfen und gebaut – zu Ehren des finnischen Komponisten Jean Sibelius (1865–1957).

Die 1969 fertiggestellte *Felsenkirche* wurde direkt in einen Felsen gesprengt. Die Kirche verfügt über eine exzellente Akustik.

Yrjönkadun uimahalli ist das älteste Hallenbad Finnlands. Das Gebäude wurde 1928 von dem finnischen Architekten Väinö Vähäkallio im Stil römischer Thermen entworfen.

Die *Esplanade* ist die Shopping- und Flaniermeile Helsinkis. Sie beginnt am Marktplatz und lockt mit Modeboutiquen und Design-Möbelgeschäften Kunden an.

Die beste Reisezeit

Die beste Zeit, um Helsinki zu bereisen, ist sicher der ***Sommer***. Saison ist zwischen ***Juni*** und Ende ***August***. Der Polartag sorgt in dieser Zeit für besonders lange Tage, und auch mit sonnigem Wetter kann man rechnen. Der Herbst wird zwar schon deutlich kühler, kann aber auch noch mit sonnigen Tagen aufwarten. Der Winter ist nicht empfehlenswert. Die Sehenswürdigkeiten mit Außenbereich schließen, die Temperaturen klettern nur selten über den Gefrierpunkt und die Tage werden sehr kurz.

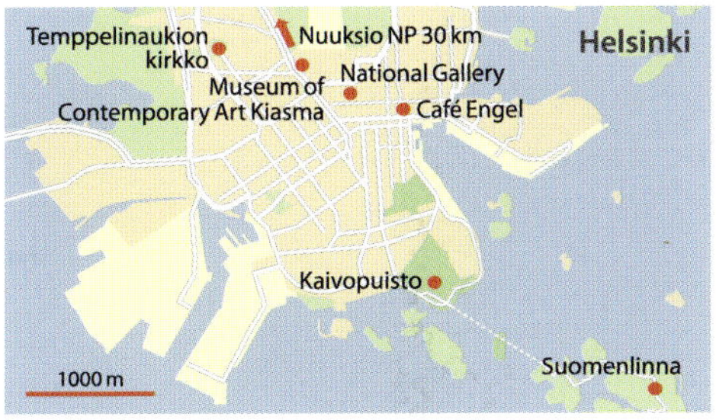

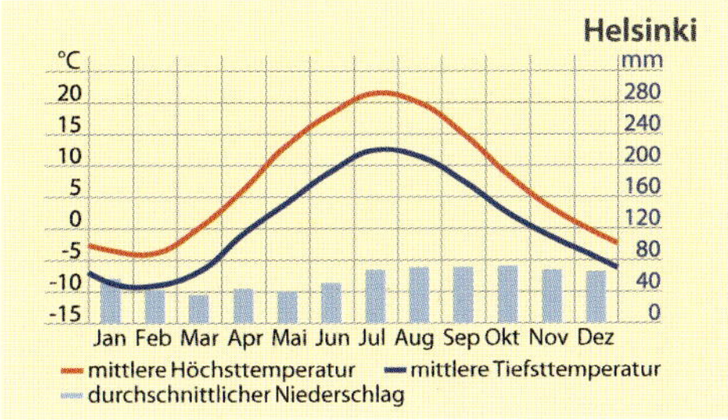

Besondere Tipps

Zum Trinken: Die Bar »Zetor« gehört der finnischen Kultband Leningrad Cowboys. Traktoren der Marke Zetor und große Pappkühe bestimmen das Bild. Hier wird auch das bekannte finnische Bier Sahti serviert.

Zum Sehen: »The Helsinki School« (2005). Junge dänische Fotografen präsentieren ihre besten Bilder. Ungewöhnliche Blicke auf Stadt, Land und Leute.

Zum Essen: Makkaraperunat besteht traditionell aus Bratkartoffeln, klein geschnittenen Brühwürstchen, eingelegten Gurken und Zwiebeln.

Info: www.helsinki.fi/en

← Blick über den Hafen mit der Orthodoxen Kirche
← Die Uspenski-Kathedrale am Abend
← Beleuchtetes Hafenbecken und Dom von Helsinki
↑ Regierungspalais am Senatsplatz mit Zar-Alexander-Denkmal

Traumziel Südtirol 81

Auf den Spuren der Weinrebe

Vorbei an knackig reifen Reben, bei bestem Herbstwetter. Mit Tagen, an denen es noch richtig warm, aber nie zu heiß werden kann. Romantische Routen über Wiesen und Weinfelder, vorbei an plätschernden Bächen und durch lauschige Wälder.

Die Südtiroler Weinwanderwege, ausgezeichnet ausgeschildert, gehören zum Schönsten, was die autonome deutschsprachige Region in Norditalien zu bieten hat. Und besonders verlockend: Weinwandern mit Verkostungen bei verschiedenen Winzern.

Die »Strada del Vino dell'Alto Adige«, die Südtiroler Weinstraße – bereits 1964 ins Leben gerufen – ist eine der ältesten Italiens und damit schon fast eine Institution. Sie kann bequem mit dem Pkw abgefahren werden, aber die einzelnen Teilstrecken durch die Natur zu Fuß zu erkunden, ist tausendmal schöner.

Rund 4200 Hektar Rebflächen deckt die Weinstraße ab und damit 84 Prozent des gesamten Südtiroler Anbaugebiets. Sie beginnt in Nals und zieht sich über die Bozen durch das Überetsch und Unterland bis nach Salurn. Wobei die Ortschaften Terlan, Eppan, Kaltern, Kurtatsch und Salurn nicht nur zu den reizvollsten touristischen Zielen zählen, sondern auch zu den wichtigsten Produktionsstätten des berühmten Südtiroler Rebensafts.

Der Herbst ist in Südtirol traditionell die Zeit des Törggelens, eines uralten Brauchs, bei dem man jungen Wein verkostet und dazu herzhaften Speck, Brot, Käse, Nüsse und geröstete Kastanien isst. Das Törggelen findet nicht nur in Schenken und Weinstuben statt, sondern auch immer mehr Winzer bieten es an.

In Kaltern, nicht weit vom gleichnamigen See, beginnt einer der schönsten Weinwanderwege der Region. Er ist relativ lang, kann aber bequem in Teilstrecken zurückgelegt werden. Und die sollte man genießen, denn schließlich geht es nicht nur darum, von einem Ort zum anderen zu gelangen, sondern auch um edle Tropfen und genussvolle Speisen.

Zum Beispiel auf dem bekannten Weingut Manincor. Täglich finden Kellerführungen und Verkostungen statt. Oder auf dem Weingut Dominikus Morandell. Auch dort können die Anlagen besichtigt und die hauseigenen Weine, die internationale Auszeichnungen erhielten, probiert werden.

In Kaltern selbst lohnt sich ein Besuch des Südtiroler Weinmuseums, und außerdem verführen verschiedene Enotechen, Weinstuben, dazu, ausgiebig und mit Muße den mehr oder minder süßen Saft der Reben zu genießen.

Doch nicht nur rund um Kaltern lässt sich die Region per pedes erkunden. Fast jede Ortschaft in Südtirol, die sich dem Weinanbau verschrieben hat, bietet ausgedehnte Weinwanderwege. Teilstrecken stellen auf Wunsch die lokalen Tourismusämter zusammen.

Die Highlights

Rosengarten – Eines der eindrucksvollsten Bergmassive Südtirols, etwa 20 km östlich von Bozen. Höchster Gipfel ist der 3004 m hohe Kesselkogel.

Pragser Wildsee – Auf rund 1500 m Höhe gelegener, wildromantischer Bergsee. Wird beherrscht vom 2810 m hohen Seekofelmassiv.

Meran – Zauberhafte Kurstadt im Tal mit mediterranem Klima und Flair; ausgestattet mit prächtigen Gründerzeitgebäuden und eleganten Promenaden.

Bozen – Hauptstadt der Region, die neben einer historischen Altstadt mit barocken Palästen und gotische Kirchen glänzt.

Glorenza – Die Ortschaft gilt als eine der schönsten Südtirols, vor allem aufgrund ihres malerischen, komplett erhaltenen mittelalterlichen Stadtkerns, umgeben von einer intakten Wehrmauer.

Brixen – Eine der an historischen Gebäuden reichsten Städte der Region. Besonders schön: die Laubengassen und der Dom nebst Hofburg.

Seiseralm – Eine der faszinierendsten Hochebenen der Dolomiten, mit kleinen reizvollen Urlaubsorten wie Kastelruth und ausgedehnten Ski- und Wandergebieten.

Die beste Reisezeit

Das ist unbestritten der Herbst. Das Wetter ist in Südtirol bis in den Oktober hinein durchschnittlich gut. Schließlich gehört man zum Sonnenland Italien. Im ***September*** ist die ideale Reisezeit, vor allem wenn man nicht mit dem Auto, sondern zu Fuß die Region entdecken will. Denn es ist angenehm warm und nie heiß und regnet relativ wenig. Was sich dann im Oktober schnell ändern kann.

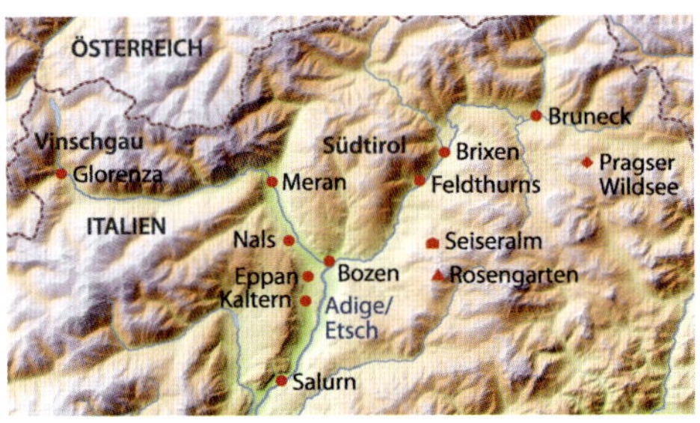

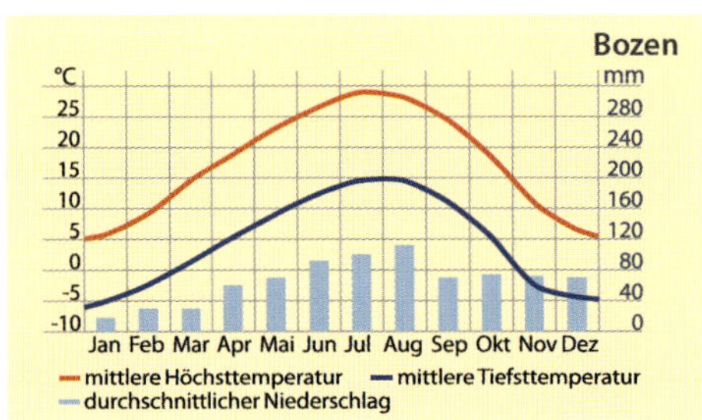

Besondere Tipps

Literatur: Die beiden wohl bekanntesten Autoren sind der mittelalterliche Barde Oswald von Wolkenstein und der zeitgenössische Autor Herbert Rosendorfer. In ihren Werken findet sich immer wieder Bezüge zur Südtiroler Landschaft.

Wanderweg: Seiseralm – Schlern. Von Compatsch aus 6 Stunden, Höhenunterschied 1500 m, maximale Wanderhöhe 2655 m.

Souvenier: Holzskulpturen religiöser und profaner Art, in allen Größen und handgemacht von Kunstschnitzern.

Info: www.enit-italia.de

→ Schloss Lebenberg bei Tscherms: traumhafte Aussicht

→ Die Massive des Schlern, des Rosengartens und des Oberkasers im Sonnenlicht

↑ Bei einer Wanderung im Weinberg laden reife Trau ben zum Naschen ein.

Traumziel Gardasee 82

Ein Traum von einem See

Italien und Erotik gehören zusammen wie Italien und flotte Autos, Spaghetti al dente, Sonne, Seen und Meer. Und gerade der Gardasee verkörpert besonders entlang der Gardesana orientale noch ein Stück Italien, wie es war, als das Land für die Deutschen noch einen Traum und nicht ein Reiseziel wie viele andere bedeutete.

Da saßen die Fräulein am Ufer bei strahlender Sonne und wurden romantisch besungen von einem liebeshungrigen Italiener mit schwarzem Haar und Ringel-T-Shirt. Das Leben war heiter und unbeschwert, kein Wölkchen trübte den Himmel.

»La Dolce Vita« an der Gardesana orientale im 21. Jahrhundert ist so unterschiedlich nicht von den touristischen Anfängen in den 1960er-Jahren. Entlang der Staatstraße SS 249, die vom Norden geradewegs über Malcesine und Brenzone nach Torri del Benaco führt, bestimmen Olivenbäume und Zypressen das Bild, Eros oder »Azzurro« wirken gar nicht kitschig und die 40 grandiosen Kilometer am Gardaseeufer entlang wie ein ganzer Urlaub.

Riva und Torbole machen zusammen die schmale Nordküste des Sees aus, wo er wie ein skandinavischer Fjord beginnt. Nur stehen statt Tannen Palmen am Ufer, und statt Anorak trägt man ärmelfrei. Das große Riva trumpft mit historischer Grandezza, das kleine Torbole mit junger Surfelite auf. Für beide Ortschaften regelt der Wind den Tagesablauf. Vormittags bläst der Pelér von Norden, nachmittags die Ora von Süden. Als ob man seine Uhr danach stellen könnte.

Die Gardesana occidentale, die Staatstraße SS 45, verbindet mit 74 Tunneln den Norden, über Limone, Gargnano, Maderno, Gardone, mit Salò. Die Westküste wird häufig als die schönere und vor allem als die italienische Seite des Gardasees bezeichnet – was nicht unbedingt nachvollziehbar ist. Der Ausblick vom Kirchlein am Monte Castello jedenfalls ist immer noch einer der faszinierendsten am See. Der Pfarrer dankt Gott jeden Tag, dass er dort arbeiten darf.

Kein Ort. Nirgends. Das gilt häufig für den Lago mit seinem bekannten Dunst. Als ob er ein Meer wäre, ist am dickbauchigen Untersee bei typischen Gardaseewetter manchmal kein Dorf am anderen Ufer zu erkennen. Dabei reiht sich in Halbkreisform ein Touristenort an den anderen. Im Westen beginnt es mit San Felice del Benaco über Desenzano, Sirmione, Peschiera, Lazise, Bardolino und Garda bis an die mondäne Punta San Vigilio. Dort, unter den roten Markisen am kleinen Hafen, könnte die Sehnsucht nach Arkadien gipfeln: roter Wein und rote Lippen – ein mondäner Lebensgenuss, üppig wie Zuckerguss und Schlagsahne, abgehoben wie »La Dolce Vita«, Fellinis zeitloses cineastisches Meisterstück. Wenn das dortige Hotel und Restaurant nur nicht so teuer wären.

Die Highlights

Torbole ist das Zentrum der Surfer und der beste Spot unter allen europäischen Binnengewässern. Dort macht sogar nur Zuschauen Spaß.

Malcesine und seine Scaligerburg faszinierten Goethe sowie Hunderttausende nach ihm. Der Ort gehört mit seinem mittelalterlichen Flair zu den schönsten Dörfern am See.

Monte Baldo ist am besten per Seilbahn ab Malcesine erreichbar: ein Dorado für Wanderfans. Wunderbare Ausblicke, und im Winter kann man Ski fahren.

Madonna di Monte Castello ist, oberhalb von Campione gelegen, dem Monte-Baldo-Massiv gegenüber, eine Wallfahrtskirche mit Traumblick auf den See. Bei klarer Herbstluft sieht man problemlos bis Sirmione.

Punta San Vigilio – Die Landspitze hat Poeten und Künstler inspiriert, Adlige und Prominente gelockt. Die kleine Kirche San Vigilio scheint aus dem See zu wachsen.

Sirmione hat mit seiner Landzunge eine außerordentliche Lage, an deren Spitze sich die Grotten des Catull befinden, Ruinen einer 2000 Jahre alten römischen Villa.

Verona wird immer in einem Atemzug mit seiner Arena und den Opernfestspielen genannt. Aber auch die Altstadt ist *bella*, besonders die Piazza dell'Erbe und das Castelvecchio.

Die beste Reisezeit

Im ***September***, wenn die Schulferien vorüber sind, und besonders im ***Oktober*** atmet der See durch und macht sozusagen selbst Urlaub. Der September bringt bis in die Mitte des Monats noch Badewetter bis 28 °C, während der Oktober viele Sonnenstunden und auch noch Temperaturen um 20 °C hat. Allerdings lädt der See dann nicht mehr zum sommerlichen Baden ein. Dies ist vielmehr die ideale Reisezeit für Ausflüge, ob per Schiff oder mit dem Auto, in die Berge oder nach Verona.

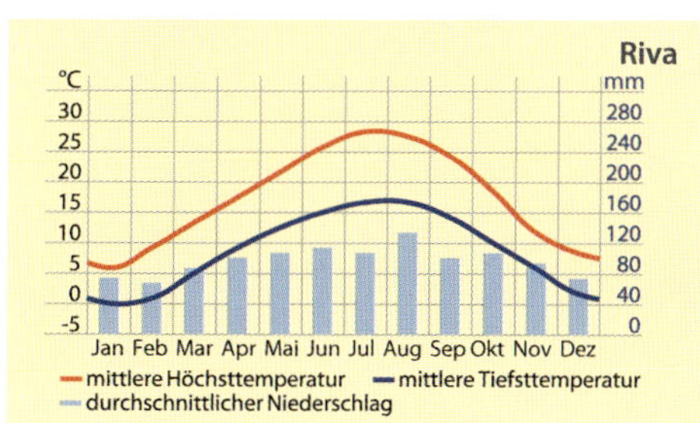

Besondere Tipps

Rundfahrt: In der Nachsaison mit dem Auto an einem Tag machbar. 160 km Gesamtstrecke. Die Westküste sollte man morgens und die Ostküste für den Nachmittag einplanen. So hat man den ganzen Tag Sonne.
Gardasee für zu Hause: Limoncello selbst machen; er besteht nur aus Zitronenschalen (von drei Zitronen pro Liter), nach Gusto Zucker und 90-prozentigem Alkohol.
Tipp: Wer in Gargnano in der Villa Florida an der Bar einen Kaffee bestellt, der bekommt gratis einen Song vom alten Plattenspieler auf der Theke abgespielt.
Info: www.enit.de

← Das bekannteste Bild des Lago zeigt Malcesine mit seiner Scaligerburg.

← Oben ohne ist es am Gardasee am schönsten, ob mit dem Alfa-Oldtimer in Sirmione …

← … oder auf dem Motorrad in Lazise.

↑ Abendstimmung in Gargnano

Traumziel Neapel 83

Eine Bühne des Lebens

Neapel ist eine Stadt, die niemanden kalt lässt und einst schon Goethe faszinierte: »Neapel ist ein Paradies, jedermann lebt in einer Art von trunkner Selbstvergessenheit. Mir geht es ebenso, ich erkenne mich kaum, ich scheine mir ein ganz anderer Mensch.« In der Stadt im Bannkreis des Vesuvs lebt man noch heute zwischen Glaube und Aberglaube, geht in die Kirche ebenso wie zu den Lottozahlendeutern, die Träume in vermeintlich reale Gewinnchancen umwandeln. Zweimal im Jahr – am ersten Maiwochenende und am 19. September – kommen die Menschen im Dom San Gennaro zusammen und hoffen auf das »Blutwunder« des heiligen Januarius. Verflüssigt sich das in zwei Ampullen aufbewahrte Blut des Schutzpatrons der Stadt, ist Neapel ein weiteres Jahr vor Unheil geschützt und die Gläubigen jubilieren.

Besucher lieben die Millionenmetropole am Golf von Neapel wegen ihrer Mischung aus Eleganz und Energie. Neapel ist lebendig, ob an den Märkten rund um das Viertel Forcella, wo die Marktschreier frische Schwertfische und Muscheln ebenso anpreisen wie sexy Dessous oder Kinderspielzeug, oder in der schicken Shoppingmeile der Galleria Umberto I; sei es hoch oben im eleganten Viertel Vomero, zu dem die berühmte Zahnradbahn »Funiculare« hinauffährt, oder unten am Hafen, wo die Schiffe zu den Inseln Capri, Ischia und Procida ablegen.

Als Fremder erkundet man die Stadt am besten zu Fuß – die wichtigsten Sehenswürdigkeiten liegen nah beieinander – und lässt sich von ihren Schwingungen beflügeln. Das pulsierende Herz der Metropole ist die schnurgerade Straße Spaccanapoli, die die Altstadt in zwei Teile teilt. Sie ist die Hauptbühne eines einzigen großen Volkstheaters, in dem coole Jungs mit gegeltem Haar und dunkler Sonnenbrille auf Rollern durch enge Gassen knattern, dicke Mammas bunte Heiligenbildchen und Zigaretten ungewisser Herkunft verkaufen und elegante Geschäftsmänner Pizza aus Pergamentpapier essen und gleichzeitig wild gestikulierend mit dem Handy telefonieren. Zu ihrer größten Inszenierung zieht sie in der Adventszeit ihren Vorhang auf, wenn die berühmten Krippenbauer in der Via San Gregorio Armeno ein Schauspiel wie aus dem Märchenbuch aufziehen. Gezeigt werden dann aus Holz geschnitzte Szenen des hiesigen Handwerks ebenso wie Politiker in drastischer Pose. Hier kann man den geschnitzten Berlusconi auf dem Schafott sehen, aber auch traditionelle Krippenspiele mit echten Darstellern, die nach alter Überlieferung von der Geburt Jesu erzählen.

Die Highlights

Castel Nuovo – Die seit Baubeginn 1279 mehrfach umgebaute Stadtburg mit den vier Rundtürmen diente einigen Königen als Festung und Residenz.

Santa Chiara – Kirche und Kloster aus dem 14. Jahrhundert sind vor allem wegen des Kreuzgangs mit bunten Majolikafliesen aus dem 18. Jahrhundert sehenswert.

Museo e Galerie Nazionali di Capodimonte – Es ist eine der größten Pinakotheken der Welt mit Werken u. a. von Michelangelo, Rembrandt und Raffael.

Museo Nazionale Archeologico – Weltweit ist es eines der bedeutendsten Museen zur klassischen Antike.

Centro storico – Die lebhafte Altstadt gehört zum UNESCO-Welterbe. Rund um die Spaccanapoli drängen sich kleine (oft skurrile) Läden, Cafés, Märkte und Pizzerien.

Cappella San Severo – In der Barockkirche sind eine filigrane Skulptur des »Verhüllten Christus« sowie in der Krypta zwei Skelette mit vollständig erhaltenem Adern- und Venengeflecht aus dem 18. Jahrhundert zu sehen.

Duomo San Gennaro – Neapels Dom wurde 1315 dem im Jahr 305 geköpften Märtyrer Januarius geweiht. Die Reliquien des Heiligen fanden hier ihre letzte Ruhestätte.

Die beste Reisezeit

In der Adventszeit lockt Neapel mit zahlreichen Krippenspielen sowie üppig geschmückten Straßen. Daneben sind vor allem ***Spätsommer*** und ***Herbst*** ideal für einen Besuch. Die Temperaturen liegen im September deutlich, im Oktober noch knapp über 20 °C – ideal für längere Besichtigungstouren. Regenfälle sind eher selten und treten meist in Form von kurzen Gewitterschauern auf. Auch für einen Badeausflug auf die Inseln oder an die Amalfiküste eignet sich der Herbst bestens, da das Meer noch angenehm warm ist.

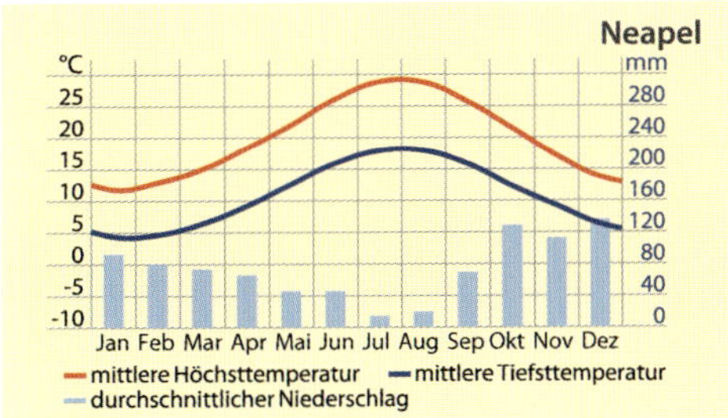

Besondere Tipps

Zum Lesen: Einen Einblick in die Seele der Neapolitaner bietet Luciano de Crescenzos unterhaltsamer Roman »Also sprach Bellavista: Neapel, Liebe, Freiheit«.

Zum Mitbringen: Neapolitaner wappnen sich mit einem »Corno« oder »Curniciello« (Hörnchen) gegen den bösen Blick. Viele Läden verkaufen es aus Plastik, Korallen, Gold oder Silber. Funktioniert nur als Geschenk!

Zum Sehen: Anna Bucchettis Film »Die Träume Neapels« beschreibt den Mikrokosmos eines Lottoladens und den Glauben der Neapolitaner an die Zahlenmagie.

Info: www.comune.napoli.it

← Blick über den Jachthafen mit Vesuv im Hintergrund
← Das Castel Novo im Stadtzentrum
← Blut von St. Januarius, dem Patron von Neapel
↑ Erotische Kunst in den Ruinen von Pompeji

Frankreichs faszinierendes Zentrum

Mode, Kunst, Philosophie, Architektur, Küche, Revolution – und Romantik: Paris löst bei jedem andere Assoziationen aus, sein elegantes Savoir-vivre bezaubert jedoch jeden gleich. Die faszinierende Metropole ist Frankreichs unbestrittener politischer, kultureller und wirtschaftlicher Mittelpunkt. In kaum einem anderen Flächenstaat der Welt spielt die Hauptstadt eine solch überragende Rolle. Über zwölf Millionen Menschen leben in der Pariser Metropolregion, fast ein Fünftel aller Bewohner des Landes.

Seit Jahrhunderten entscheiden sich die Geschicke Frankreichs in der Weltstadt an der Seine, deren altes Herz in der Mitte des Stroms auf der Ile de la Cité schlägt. Vom Wasser vor Überfällen geschützt, siedelten auf der Insel vor über 2000 Jahren die keltischen Parisii, die der Stadt ihren Namen gaben. Heute strömen Besucherscharen aus aller Welt über den Pont Neuf, um einige der berühmtesten Bauwerke Europas zu bestaunen. Von der gotischen Kirche Notre-Dame blicken hier freche Chimères (Wasserspeier) auf die Menschenmassen herab, in der Sainte-Chapelle schaffen die Buntglasfenster einen Raum aus farbigem Licht.

Am linken Ufer, der Rive Gauche, führt der Boulevard St-Michel zum Quartier Latin, Zentrum der Pariser Kommune 1871 und der Studentenrevolte von 1968. Im Schatten der altehrwürdigen Sorbonne lockt das reizende Viertel mit Cafés, Restaurants und Nachtclubs. Heute ist es jedoch weitaus schicker als in früheren Jahrzehnten, als hier und im anschließenden St-Germain Künstler und Intellektuelle das legendäre Leben der Pariser Bohème genossen. Richtung Westen ragt seit der Weltausstellung 1889 der Eiffelturm auf. Vom Aussichtsdeck des filigranen Stahlriesen reicht der Blick weit über die Stadt und ihr Umland: Man entdeckt Montmartre im Osten und die Wolkenkratzer von La Défense im Westen. Jenseits der Seine sieht man auf dem Straßenstern der Place de l'Étoile den monumentalen Arc de Triomphe, folgt mit den Augen den prächtigen Champs-Élysées und der eleganten Rue de Rivoli bis zum Louvre. An der gläsernen Eingangspyramide des riesigen Komplexes stehen täglich Tausende Schlange, um einmal der »Mona Lisa« entgegenlächeln zu können. Die Kunst wird in Paris jedoch nicht nur in den über hundert Museen gefeiert. Zur »Nuit Blanche« Anfang Oktober verwandeln Künstler aus aller Welt den öffentlichen Raum der Stadt mit Installationen, Performances und Objekten eine Nacht lang in eine grandiose, unbedingt sehenswerte Kunstausstellung.

Die Highlights

Die Kathedrale *Notre-Dame* und die *Sainte Chapelle*, architektonische Meisterwerke der Gotik, stehen auf der Ile de la Cité.

Der *Eiffelturm* ist in Wirklichkeit riesiger, als er auf Bildern erscheint. Der Blick von der weltberühmten Architekturikone reicht bei klarem Wetter bis nach Chartre.

Der *Louvre* war im Mittelalter eine Festung und wurde in den folgenden Jahrhunderten aus- und umgebaut. I. M. Peis Glaspyramide von 1989 ist mittlerweile ein weiteres Wahrzeichen der Stadt.

Das *Centre Pompidou* mit dem Museum für moderne Kunst wirkt wie nach außen »gekrempelt«. Auch das Musée d'Orsay und das Musée du Quay Branly sind architektonisch äußerst interessant.

Über die *Champs-Élysées* zum Arc de Triomphe – ein Spaziergang der Superlative auf einem der prächtigsten und berühmtesten Boulevards der Welt mit exzellenter städtebaulicher Achse.

Das malerische *Montmartre* mit seinem Wahrzeichen der »Zuckerbäckerkirche« Sacré-Cœur ist das berühmteste Pariser Künstlerviertel.

Schloss und Gärten von *Versailles* sind der Inbegriff einer Palastanlage des Absolutismus.

Die beste Reisezeit

Verliebte zieht es angeblich immer im Frühling nach Paris, auf den Mai sollten sie jedoch besser schon warten. Auch wenn es in diesem Monat relativ häufig regnet, klettern die Temperaturen schon wieder auf rund 20 °C. Dann kann man die Parks und Straßencafés wunderbar genießen. Am schönsten ist Paris von ***Juni*** bis ***Anfang Oktober***, wenn es sommerlich warm und relativ trocken ist. Zur »Nuit Blanche« und zu den Festen und Militärparaden am Nationalfeiertag, dem 14. Juli, ist das Wetter meist sehr angenehm.

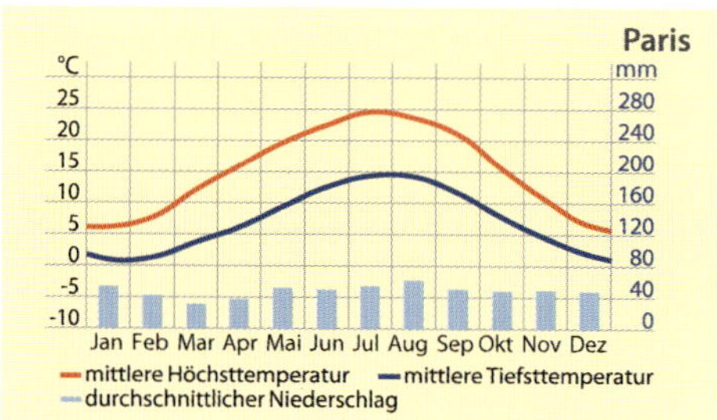

Besondere Tipps

Zum Flanieren: Die öffentlichen Verkehrsmittel sind effizient und unterhaltsam. In der Métro spielen Musiker; von der Standseilbahn auf den Montmartre hat man einen schönen Blick.
Zum Gedenken: Auf dem Parkfriedhof Cimetière du Père Lachaise ruhen u. a. Heinrich Heine, Oscar Wilde und Marcel Proust.
Zum Genießen: Cafés sind fester Bestandteil des Pariser Lebensgefühls. Im »Café de Flore«, im benachbarten »Deux Magots« und im »Café Procope« kehrten große Denker und Schriftsteller ein.
Info: www.parisinfo.com

→ Im prestigeträchtigen Kaufhaus »Galeries Lafayette«
→ Die Champs-Élysées führen zum Arc de Triomphe
→ Die zur »Nuit Blanche« beleuchtete Notre-Dame
↑ Früher bei Literaten beliebt: »Café de Flore« in St. Germain

Traumziel Barcelona 85

Boomtown und Kulturmetropole

Barcelona ist Spaniens kosmopolitisches Tor zur Welt und ein Wirtschaftsmotor des Landes. Die katalanische Metropole am Mittelmeer bietet zudem ein reiches Kulturleben und blickt auf eine wechselvolle Geschichte zurück. Besucher führt ein erster Weg meist in den mittelalterlichen Kern der Stadt. Dort, im Barri Gòtic, wartet die gotische Catedral de Santa Eulàlia mit einer Oase des Friedens auf: einem Kreuzgang mit üppigem Palmengarten und plätschernden Brunnen. Nahebei erstreckt sich das berühmte Picasso-Museum über mehrere Paläste. Ein Muss für Fans des Architekten Antonio Gaudí ist der Passeig de Gràcia und der Parc Güell. Die Wohnhäuser und der Parkentwurf sehen fast aus wie lebende Organismen. Gaudís Meisterstück aber ist die Kirche La Sagrada Família. Barcelonas Wahrzeichen blieb bis zum heutigen Tage unvollendet. Das größte Naherholungsziel der Millionenmetropole ist der Haushügel Montjuïc. Er bietet einen großartigen Blick über die Stadt, auf dem Gelände stehen zudem zwei spannende Museen. Die Fundació Joan Miró präsentiert Werke des katalanischen Meisters und zählt zu den wichtigsten Kunstmuseen Spaniens. Das Museu Nacional d'Art de Catalunya ist mit einzigartiger Kunst von der Romanik bis zur Moderne bestückt.

Jedes Jahr in der letzten Septemberwoche ist »Land unter« in der katalanischen Metropole – die größte Party der Stadt beginnt: »La Mercè«! Fünf Tage wird in der ganzen Stadt zu Ehren der Schutzpatronin Barcelonas gefeiert, einer Jungfrau, die den Sarazenen trotzte. »Castellers« versuchen, gewaltige Menschenburgen aufzutürmen, wobei am Schluss ein Kind auf die Spitze klettern muss – hoffentlich schwindelfrei. Wenn man die Correfoc-Feuerdrachen sehen will: besser Schutzkleidung tragen. Aus monströsen Wunderkerzen schwarz-rot geschminkter Horden, die sich »Teufel« nennen, ergießen sich Sprühregen aus Glut in die Menge. Vergleichsweise sanft geht es bei der Parade der »Gigantes« zu. Kolossale Statuen, die Könige und Adelige darstellen, werden dabei tanzend und sich im Kreis drehend quer durch die Stadt getragen. Krönender Abschluss der ausgelassenen Tage ist das Feuerwerk am Hafen, bei dem die Pyrotechniker sich gegenseitig zu übertrumpfen suchen. »La Mercè« findet zum Großteil auf den Ramblas statt, der Flaniermeile, und mit ihren Kiosken, Blumenhändlern, Musikanten und Imbissständen das platanengesäumte Reich der Fußgänger. Schräges gibt es auch zum San-Jordi-Fest im April. Wildfremde Menschen tauschen auf der Straße Rosen und Bücher aus! Und im Juni werden überall auf der Straße Freudenfeuer zu Ehren des heiligen Johannes entfacht – und sei es mit alten Möbeln …

Die Highlights

Las Ramblas – Der Boulevard wird gerne »Spaniens berühmtester Kilometer« genannt. Er lädt zum Flanieren bis hinunter zur Kolumbussäule am Hafen ein.

Barri Gòtic – In der verwinkelten Altstadt steht die gotische Catedral de Santa Eulàlia mit prächtig geschmücktem Chor und lauschigem Kreuzgang.

Museu Picasso – Das Museum residiert in Stadtpalästen aus dem 14. und 15 .Jahrhundert. Es besticht durch seine Räumlichkeiten fast ebenso wie durch die vielen Exponate des katalanischen Meisters.

Passeig de Gràcia – Ihn säumen die bedeutendsten Wohnhäuser, die Antonio Gaudí entworfen hat und er gehört zum UNESCO-Welterbe. Ebenso bedeutend ist der von Gaudí konzipierte beschauliche *Park Güell.*

La Sagrada Família – Die surreal anmutende Kirche ist eine Ikone der Modernisme-Architektur und gehört zum UNESCO-Welterbe.

Fundació Joan Miró – Das Museum zeigt Werke von Joan Miró, eines bedeutenden Vertreters des abstrakten Surrealismus.

Museu Nacional d'Art de Catalunya – Die unvergleichlichen Exponate der romanischen Abteilung des Museums zählen weltweit zu den bedeutendsten dieser Kunstepoche.

Die beste Reisezeit

Barcelona ist eine Stadt, die zu jeder Jahreszeit zu bereisen ist. Allerdings sind vor allem ***Frühjahr und Herbst*** empfehlenswert, dann ist es weder zu heiß noch zu kühl. Im Winter kann es zu ergiebigen Regenfällen kommen, nicht umsonst ist Katalonien eine vergleichsweise grüne iberische Region. Im Juli und August legt sich die Sommerhitze mit teilweise über 30 °C bisweilen drückend über die Stadt, ein wenig Erfrischung bringen dann kühlende Brisen vom Meer und vom Hausberg Montjuïc.

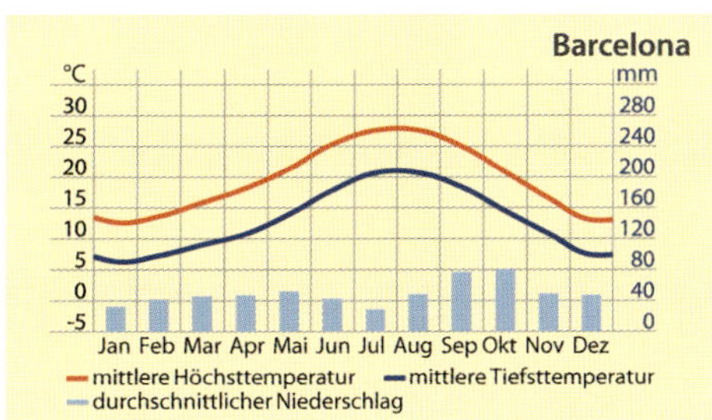

Besondere Tipps

Zum Lesen: »Der große Roman über Barcelona« – die Kurzgeschichten von Sergi Pàmies porträtieren mit provokantem Blick das Stadtleben.
Zum Ausgehen: Das »Café de l'Opera« ist ein bis spät in die Nacht geöffnetes Jugendstilcafé mit Tischchen an den Ramblas. Das Traditionslokal »Los Caracoles« besteht seit 1786. Am besten vor den spanischen Essenszeiten kommen.
Zum Übernachten: Das Oriente und das Montecarlo sind Jugendstilklassiker unter den Hotels. Das hat seinen Preis.
Info: www.barcelona.de

← Bei der Festa de la Merce bilden Menschen einen Turm.
← Gaudí belebt das Stadtbild mit kunstvollen Fassaden.
← Ansicht der berühmten Sagrada Familia von Gaudí
↑ Blick über den Parc Guell, ebenfalls von Gaudí

Okzident? Orient? Beides!

Markante Männer mit Cordobés-Hüten, schwarzhaarige Frauen mit Fächern und zarten Schleiern, Schimmel, die durch rote Mohnfelder fliehen, und Stiere, schnaubend und echt in der Stierkampfarena oder als Reklamefiguren am Straßenrand, dazu der unvergleichliche Klang der Kastagnetten, des Flamenco, dieser unwiderstehlichen Mischung aus Tanz, Erotik und Musik: Das alles ist Andalusien, der südwestliche Vorposten des spanischen Königreichs zum Atlantik. Nicht nur die Gitanos, die Zigeuner, sprechen dort anders, als sich das Schulspanisch anhört. Wenn ein Andalusier nicht verstanden werden will, verschluckt er einfach die Hälfte der Wörter, spricht schnell und lässt selbst einen Muttersprachler verständnislos in der prallen Sonne stehen.

Die Andalusier sind stolz wie ihre Städte, ob die Regionalhauptstadt Sevilla oder Córdoba im Hinterland, ob Granada in den Bergen oder Málaga am Meer. Aus den Bodegas von Jerez de la Frontera bestellt man gerne einen Sherry oder Brandy. Und die Kunst, guten Chorizo (Wurst) und besten Jámon (Schinken) zu machen, hat sich bis heute in der Region erhalten.

Letztlich gibt es nur eine Stadt in Andalusien, die nicht andalusisch ist: Marbella, die Stadt der Schönen und Reichen, des Adels und der Stars (wie Sternchen …). Marbella ist wie Cannes ein Mythos, unterfüttert durch einen der mondänsten Jachthäfen am Mittelmeer, dem Puerto Banus, wo sich der Jetset und in dessen Schlepptau die Paparazzi ein Stelldichein geben.

Eine Rundreise durch die Region sollte man wie ein Oval planen. Ausgehend zum Beispiel von Jerez, weil dort viele Billigairlines landen, geht's über die Hauptstadt Sevilla, Córdoba und die Kulturmetropole Granada mit ihrer Alhambra bis nach Almeria, wo man 3000 Sonnenstunden pro Jahr zählt. An der Costa del Sol entlang führt der Weg nach Málaga und in die Partyzone Marbella. Von dort lohnt ein Abstecher zu den »Pueblos blancos«, den weißen Dörfern, und nach Ronda mit der ältesten Stierkampfarena von 1785 sowie der überaus pittoresken, fast hundert Meter hohen rundbogigen Tajo-Brücke. Das Oval schließt sich mit einem Abstecher in die britische Enklave Gibraltar, dem Surfer-Treffpunkt Tarifa und Europas ältester Stadt Cádiz, unweit von Jerez de la Frontera.

Die Highlights

Sevilla trumpft mit seiner Kathedrale, an der rund 200 Jahre lang gebaut wurde. In der Nähe liegen der Palast Reales Acázares und die schmalen Gassen des Barrio de Santa Cruz.

Córdoba ist mit seinen Moscheen und der Moschee-Kathedrale Mezquita die maurischste Stadt Andalusiens.

Granada und die *Alhambra* suchen auf europäischem Boden ihresgleichen. Der Palast symbolisierte den Reichtum der islamischen Herrscher.

Málaga steht bei Kunstliebhabern auf dem Zettel: Im Haus an der Plaza de la Merced 6 wurde 1881 Pablo Picasso geboren. Den schönsten Blick auf Stadt, Hafen und Meer gibt's vom Gibralfaro.

Marbella ist im Herbst ruhiger. Es lohnt ein Bummel durch die Altstadt.

Gibraltar, seit 1704 britische Enklave auf der Iberischen Halbinsel, bietet eine Grenze mit Passkontrolle, freche Affen, eine Flugzeuglandebahn, die auch als Straße benutzt wird, Fish'n' Chips und Afrika in Sichtweite.

Cádiz ist die älteste Stadt Europas: Es wurde um 1000 v. Chr. von den Phöniziern gegründet. Die Altstadt wird von drei Seiten vom Atlantik umspült.

Die beste Reisezeit

Im ***Oktober*** und ***November***, wenn in Europa fast überall die Saison beendet ist, darf in Andalusien noch im Meer gebadet werden – bei Wassertemperaturen von 18 bis 20 °C sowie 20 °C plus in der Luft. Und vor allem lässt es sich nach der Sommerhitze bestens reisen: Das in der Hochsaison oftmals vergebliche Anstellen nach Eintrittskarten für die Alhambra entfällt im Herbst, dafür erlebt man an der Küste, besonders um Tarifa, Top-Surfer, die in den Herbstwinden ihre Künste zeigen.

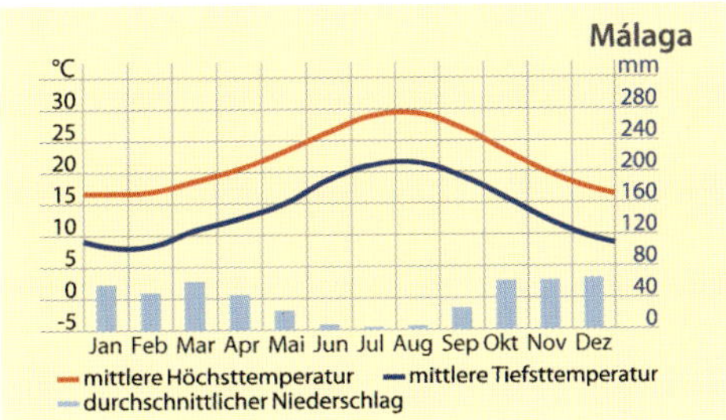

Besondere Tipps

Ausflug: Nirgends in Europa ist man Afrika näher als vor Tarifa – unbedingt einen Ausflug nach Tanger in Marokko machen! Fünf Schnellfähren pro Tag bringen einen in 30 Minuten hin. Reisepass nicht vergessen!

Für die Anfahrt: Die CDs »Flamenco« oder »Pasión Gitana« von dem in Córdoba geborenen Joaquín Cortés vermitteln intensive Andalusienatmosphäre.

Flamenco live: Etwa im »Los Gallos« in Sevilla.

Info: www.spain.info

← Kulinarische Genüsse, etwa in einer Tapas-Bar …

← … und kulturelle Reize, z. B. beim Flamenco, künden von der spanischen Lebenslust.

← Die prächtige Alhambra von Granada

↑ Andalusischer Ferienspaß im Herbst: ein Ritt über den einsamen Strand

↑ Detail in der berühmten Mezquita von Córdoba

Traumziel Portugals Süden 87

Von Lissabon ans Ende der Welt

Morbide Schönheit am Rande Europas, leicht angestaubt und in die Jahre gekommen. So wurde Lissabon noch vor 30 Jahren beschrieben. Und die Algarve? Ach, sie galt dem Literaten Luís Forjaz Trigueiros 1968 als »Blauer Traum«: Von einer »sanft schlummernden Landschaft« konnte er damals guten Gewissens schwärmen, deren »maßvolle Harmonie … (nur) zerrissen wird und in zerklüfteten Felsen erdachte Ungeheuer und legendenumwobene Burgen schafft …«.

Aus der »maroden Diva« am Tejo, auch so ein Prädikat aus der vorrevolutionären Zeit, ist eine Trend-City geworden. Lissabon zählt ohne Zweifel zu den schönsten und somit beliebtesten Metropolen Europas. Und der Blaue Traum? Die Algarve gilt älteren Portugalliebhabern als verlorenes Paradies, lieblos verbaut an allzu vielen Stellen, dem Massentourismus preisgegeben.

Wer sich dennoch auf den Weg an die langen Sandstrände und die bizarren Felsbuchten macht, wird aber längst nicht überall enttäuscht sein. Die östliche Algarve zum Beispiel, zwischen der spanischen Grenze und Faro, gibt sich zwar nicht unerschlossen, aber ruhig und gelassen. Entdeckungen sind gut möglich. Etwa in Tavira mit seinen vielen Gotteshäusern, oder im Fischerdorf Santa Luzia, einem Zentrum des Tintenfischfangs.

Aber sogar dort, wo die spektakuläre Felsenküste seit Jahrzehnten immer mehr Urlauber anlockt, rund um Albufeira und weiter westlich, zwischen Carvoeiro und Lagos, finden sich Minibuchten und kleine Traumstrände, die in der Nachsaison fast an die »schlummernden Landschaften« einer vergangenen Epoche erinnern.

Es bietet sich an, die neue Goldküste und die alte Hauptstadt, die sich so sympathisch dem Europa von heute geöffnet hat, auf einer Reise miteinander zu kombinieren. Hier eine Metropole durchwandern, die vor Lebenslust vibriert und sich zugleich den Charme ihrer Altstadtviertel bewahrt hat. Dort eine Küste entlangbummeln, aus der in der Nachsaison im Herbst die überhitzte Atmosphäre gewichen ist. Der Duft von Rosmarin und Thymian überlagert wieder deutlich den Geruch von Sonnenöl und Fritteusenfett. Und die Golfer können in Ruhe ihr Handicap verbessern – auf sage und schreibe 40 Plätzen allein an der Algarve.

Die Highlights

Alfama – Lissabons ältestes Viertel hat viel Charme. Mit der Straßenbahn anreisen und vom Aussichtsplatz Portas do Sol das Panorama der Stadt genießen.

Belem – Von diesem Vorort an der Mündung des Tejo sind einst die Entdecker fremder Welten aufgebrochen. Sehenswert: Belem-Turm und Jeronimos-Kloster.

Alentejo – Die Provinz »jenseits des Tejo« ist geprägt von Korkeichen und Olivenbäumen, stillen Dorfplätzen und von Menschen, denen die Nelkenrevolution von 1974 Selbstbewusstsein gebracht hat.

Faro – Ankunftsort für die meisten Algarve-Urlauber und lohnendes Ausflugsziel: schöne Altstadt rund um die Kathedrale Largo de Sé.

Albufeira – Ein charmanter Rummelplatz mit noch immer malerischen Buchten ganz in der Nähe. Einsamkeit darf man dort nicht erwarten.

Monchique – Kleiner Gebirgszug im Hinterland der Seebäder. Schönes Wanderrevier rund um das gleichnamige Städtchen. Immer am 1. September findet dort eine Kunsthandwerkermesse statt.

Cabo Sao Vicente – Die 75 m hohe Steilküste galt zu Zeiten von Heinrich dem Seefahrer als Ende der alten Welt. Ein 150 Jahre alter Leuchtturm markiert die äußerste Südwestecke Europas.

Die beste Reisezeit

Zwar kann es in den Sommermonaten sehr heiß werden, aber auch dann macht an den meisten Tagen ein kühlender Wind vom Atlantik selbst Temperaturen von über 30 °C erträglich. Für Rundreisen und ausgiebige Stadtbummel in der Kombination mit Badeferien an den schönsten Stränden Europas eignen sich aber die Nachsaisonmonate ***September und Oktober*** am besten. Es sind zugleich die Monate, in denen es am wenigsten regnet, in Lissabon wie an der Algarve.

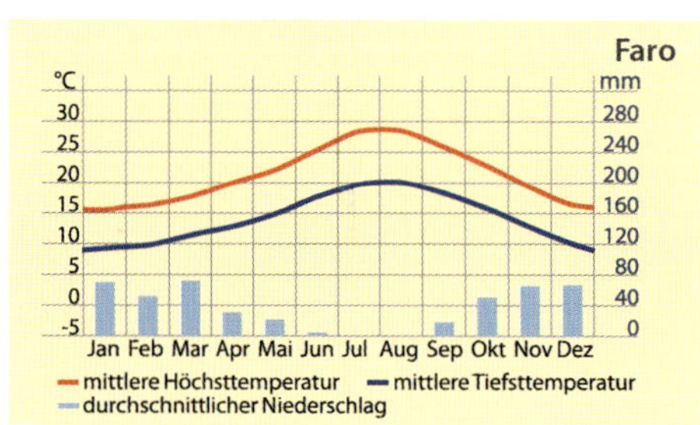

Besondere Tipps

Fado: Die wehmütigen Lieder von Sehnsucht und Liebe führen zur Seele Portugals. Auf hohem Niveau allabendlich im »Clube de Fado« in der Alfama.

Bacalhau: 365 Rezepte für den getrockneten und gesalzenen Kabeljau soll es geben. Fangen Sie mit Pastéis an, Fischsnacks für den kleinen Hunger. Bom apetite!

Pousadas heißen die noblen Herbergen in ehemaligen Klöstern und Palästen. Beispielsweise: Estoi und Tavira.

Info: www.visitportugal.com, www.algarve-live.de

→ Der Elevador da Bica, im Hochsommer oft überlaufen, ist im Herbst ein Ziel für Genießer.

↑ Fado-Sängerin im Restaurant »Os Ferreiras«

↑ Trambahn in Lissabons Altstadt

THE POW
LIVE TV
Sprint

Traumziel New York 88

Am Nabel der Welt

»I want to get to the center of things«, verkündet der Neuankömmling Bud Korpenning in John Dos Passos' Roman »Manhattan Transfer«, als er frisch von der amerikanischen Provinz nach New York zieht. Er nimmt gar nicht wahr, dass er bereits im Zentrum aller Dinge, am Nabel der Welt, angelangt ist. New York ging in den letzten hundert Jahren als das führende Finanz-, Kunst- und Medienzentrum in die Geschichte ein. Bebop, Disco, Hip-Hop, abstrakter Expressionismus und Pop-Art wurden hier erfunden. 17 000 Restaurants servieren schmackhafte Spezialitäten aus Ländern wie Äthiopien, Albanien, Afghanistan und Armenien. Küchenchefs wie Jean-Georges Vongerichten, Thomas Keller, Daniel Boulud, David Bouley und Jungstars wie Daniel Angerer zaubern Gourmetgerichte aus ihren Töpfen, die die Welt vorher noch nicht erschmeckt hat. Einen »Nationalpark der Wolkenkratzer« nannte Schriftsteller Kurt Vonnegut die Insel Manhattan. Unter den 100 architektonisch wertvollen Stein- und Betonriesen stechen das Empire State Building, das Chrysler Building, das Rockefeller Center und das Lipstick Building hervor. Selbst nach dem Einsturz der Zwillingstürme am World Trade Center am 11. September 2001 stieg die Stadt binnen kurzer Zeit wie ein Phönix aus der Asche wieder auf.

Angesichts der vielen modernen Bauwerke mag es vielleicht verwunderlich klingen, dass die Weihnachtszeit als eine der besten Reisezeiten in den Big Apple gilt. Doch im Advent gibt sich New York romantisch, lässt Millionen Lichter leuchten und Hunderte Bäume im rechtwinkeligen Straßennetz mit elektrischen Glitzerkleidern schmücken. In den Auslagen von Macy's, Saks Fifth Avenue, Lord & Taylor und anderen Nobelkaufhäusern lassen Designer zum Thema »Christmas« ihrer Fantasie freien Lauf. Vor dem Rockefeller Center prangt ein prächtiger Weihnachtsbaum, vor dem Eisläufer ihre Runden drehen.

Einheimische und Besucher veranstalten im Central Park eine Schneeballschlacht, im Metropolitan Museum of Art sind 300 Jahre alte Krippenfiguren aus Neapel zu bewundern und weihnachtliche Klänge erklingen. In der Radio City Music Hall in der Nähe des Broadway schwingen die Rockettes beim »Christmas Spectacular« ihre langen Beine in die Luft. Die größte Party des Landes steigt jedoch in der Silvesternacht am Times Square, wo alljährlich eine gigantische Kristallkugel an einer Stange hinunterrutscht und über eine Million Menschen von 10 bis 0 den Jahreswechsel herbeizählen. Dann wird das neue Jahr mit Pomp und Trara begrüßt und Stars wie Mariah Carey und Beyoncé Knowles singen leicht bekleidet »Happy New Year« auf der Freilichtbühne am Broadway. Und das gratis!

Die Highlights

Manhattan – Manhattan und seine Stadtteile wie Chinatown, Little Italy und TriBeCa allein nehmen einige Tage in Anspruch.

Brooklyn – Jenseits der Brooklyn Bridge locken u. a. das Brooklyn Museum of Art sowie Coney Island mit den Vergnügungsparks, dem Strand und den hervorragenden Blinis der russischen Gemeinde.

Harlem – Das Viertel ist mit seinen 100 Jahre alten Brownstone-Reihenhäusern, dem Studio Museum und den Gottesdiensten in der Abyssinian Baptist Church wieder en vogue.

Rockefeller Center – Von dort hat man die beste Aussicht auf die Stadt sowie auf das Empire State und das Chrysler Building.

Metropolitan Museum of Art – Weltweit zählt es zu den wichtigsten Museen für moderne und zeitgenössische Kunst. Ein Besuch ist immer ein Erlebnis.

Central Park – Der weitläufige Stadtpark bezaubert zu jeder Jahreszeit. Besonders empfehlenswert ist er im bunten Blätterkleid Mitte Oktober.

Statue of Liberty National Monument – Dazu gehören die Freiheitsstatue auf Liberty Island (sie zählt zum UNESCO-Welterbe) sowie die Einwandererstation, heute ein Museum, auf Ellis Island.

Die beste Reisezeit

New York liegt in der gemäßigten Klimazone mit warmen ***Sommern*** und kalten Wintern. In den wärmsten Monaten Juli und August klettert das Thermometer oft über 30 °C, im kalten Januar fällt es in der Regel häufig weit unter 0 °C. Wenn im ***Dezember*** Tausende Lichter zur Weihnachtszeit aufleuchten, gibt sich die Stadt am romantischsten. Die Temperaturen mögen dann zwar manchmal ins Minus rutschen, doch da Wollmützen hier als »fashion statement« gewertet werden, kann man sich gut wappnen.

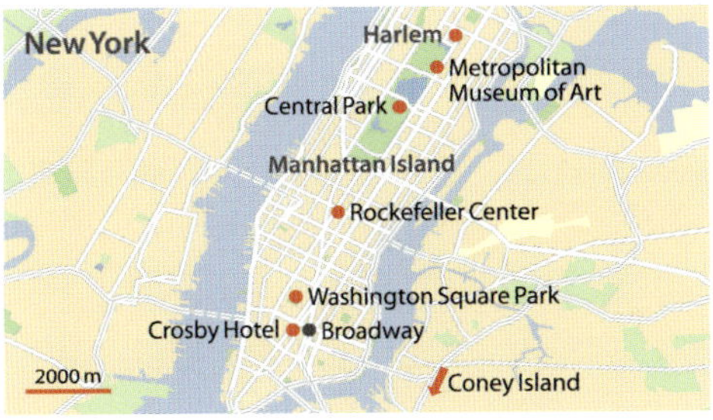

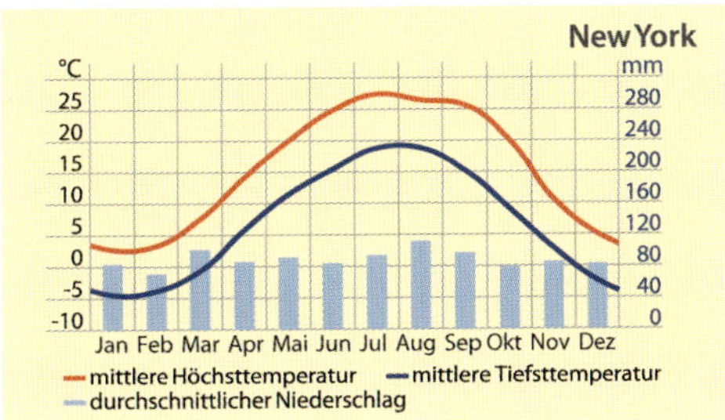

Besondere Tipps

Zum Hören: Zum Einstimmen und zum Erinnern eignen sich »Take the A Train« von Duke Ellington Orchestra und das Debütalbum »On the 6« von Jennifer Lopez (1999).

Zum Lesen: Der New-York-Roman »Manhattan Transfer« von John Dos Passos ist ein zeitloser Klassiker über den »Großstadtdschungel«.

Zum Genießen: Bagels, die urtypischen New Yorker Brötchen, schmecken besonders gut in »Murray's Cheese Shop« in der 254 Bleeker Street im West Village. Sie eignen sich auch gut als Mitbringsel.

Info: www.nycgo.com

← Blick vom Central Park auf Manhattans Skyline
← Manhattan Bridge mit Empire State Building
← Der viel belebte Times Square bei Nacht
↑ Bei der bunten Thanksgiving Parade

Traumziel Neuengland 89

Wälder in Flammen

Leaf Peepers, Blattgucker, nennen die Amerikaner jene Tausende von Touristen, die sich alljährlich im Herbst aufmachen, um den Farbenrausch der Laubfärbung zu erleben. Ihr bevorzugtes Ziel sind die sechs Neuengland-Staaten in der Nordostecke der USA. Warum zieht es sie gerade in den Landstrich zwischen Connecticut und Maine, obwohl auch andernorts die Bäume ein Abschiedsspektakel bieten, ehe sie sich gänzlich kahl in den Winter verabschieden?

Zum einen, weil es nicht weit ist von den Millionenstädten New York und vor allem Boston. Zum anderen, weil die Wälder in diesem Teil des Kontinents – den Staat New York und Ost-Kanada kann man hier mitzählen – eine besondere Artenvielfalt mit entsprechendem Farbspektrum bieten. Hauptakteur ist der Ahorn, genauer: der Zuckerahorn, der es als »Maple« sogar auf Kanadas Nationalflagge brachte.

Doch was wäre das alles, wenn nicht hinzukäme, was Neuengland so einzigartig macht in der Neuen Welt: seine kleinen Dörfer voll weißer Holzhäuser und spitztürmiger Kirchlein? Hier, in der Heimat der Yankees, steht die Wiege der Vereinigten Staaten, und die Historie ist überall spürbar. New England gegen England, eine Revolution, die den Globus veränderte.

Der Nährboden der Revolution präsentiert sich bis heute als ländliche Region, kongenial ergänzt durch kleine Häfen mit Seebärencharme. Ein Ambiente, das Superreiche wie die Vanderbilts schätzten und in denen sich Dynastien wie die Kennedys formten. Natürlich ist nicht alles pure Romantik, aber man findet doch immer wieder eine Idylle, wenn man von den Interstates, den Fernstraßen, abbiegt. Selbst McDonald's packt hier mancherorts die Nationalkost Hummer zwischen seine Brötchen.

Die *fall foliage*, das flammende Blattwerk in Gelb, Orange und Rot, beschert Neuengland neben Sommer und Ski-Winter im »Indian Summer« eine dritte Saison. Einen Kassenfüller. Zumindest fürs Wochenende sollte man sein Bett vorab buchen, will man nicht im Auto schlummern. Und wann sollte man buchen? Oktober ist meist ein Treffer. Aber alle Neuengland-Staaten zeigen auf ihren Websites auch, wie die Laubfärbung von Nord nach Süd fortschreitet. Blatt für Blatt.

Die Highlights

Boston, Amerikas »europäischste« Stadt hat viel Historie (»Freedom Trail«) und gute Museen zu bieten. Auch das Nobelviertel Beacon Hill sollte man sich unbedingt anschauen.

Cambridge – Bostons Nachbar mit Top-Universitäten, der Harvard-Campus ist offen zugänglich.

Cape Cod – Halbinsel mit langen Stränden, Nationalpark National Seashore, Fähren zu den Urlaubsinseln Nantucket und Martha's Vineyard.

Newport – Sehr sehenswert sind hier die Mansions, die prächtigen »Cottages« der einstigen Superreichen, etwa Vanderbilts »Breakers« oder das »Marble House«.

Old Sturbridge Village – Ländlich-historisches Freiluftmuseum, *living history* mit kostümierten Guides.

White Mountains – Wanderrevier, Dampf-Zahnradbahn am Mt. Washington (1917 m), dem höchsten Berg im Nordosten.

Acadia National Park, 192 km² an der Maine-Küste, wartet auf mit dem Cadillac Mountain (505 m), den jeden Tag die ersten Sonnenstrahlen in den ganzen USA treffen.

Die beste Reisezeit

»Im Frühling habe ich binnen 24 Stunden 136 verschiedene Arten von Wetter gezählt«, sagte Mark Twain. Ja, Frühling ist mit seiner Schneeschmelze nicht die beste Saison für Neuengland. Aber der Rest des Jahres ist zu empfehlen, mit dem ***Oktober*** als blattbuntem Höhepunkt. Im ***September*** kann das Farbenspiel im Norden, in Maine, schon beginnen. Und dann geht es mal im Zeitlupentempo, mal flink gen Süden, durch New Hampshire, Vermont, Massachusetts und das kleine Rhode Island bis Connecticut.

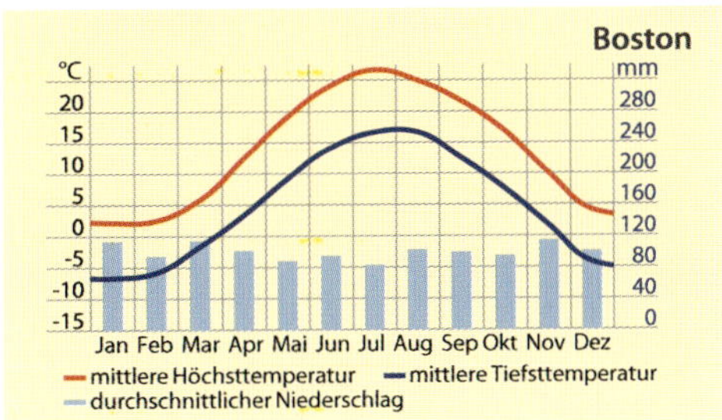

Besondere Tipps

Literatur: Nathaniel Hawthorne, »Der scharlachrote Buchstabe«. Spielt im Neuengland der Puritaner; einer der wichtigsten Romane Amerikas.

Küche: Beim »New England Clambake« werden Muscheln, Hummer und andere Meeresfrüchte mit Kartoffeln und Gemüse im Dampf von Algen und heißen Steinen gegart.

Souvenir: Echter Ahornsirup (Maple Syrup), im späten Winter abgezapft von Zuckerahornbäumen.

Info: www.discovernewengland.org (auf Englisch)

← Indian Summer in East Bethel, Vermont
← Postkartenmotiv: der Leuchtturm Portland Head in Maine
← Abendsonne am Millinocket See in Maine
↑ Der Lobster ist Maines kulinarisches Wahrzeichen.

Traumziel San Francisco 90

Das »goldene Tor zum Pazifik«

»If you are going to San Francisco, be sure to wear some flowers in your hair.« Mit diesem Lied sang sich Scott McKenzie im Jahr 1967 in die Hitparaden. Er konnte nicht ahnen, dass sein Song zur inoffiziellen Hymne der Stadt avancieren würde, fühlen sich doch nicht nur die Blumenkinder zu der nordkalifornischen Metropole hingezogen. Da in San Francisco jahraus, jahrein angenehme Temperaturen herrschen, sieht man zu jeder Zeit in einem der 200 Parks der Stadt Pflanzen in Blüte stehen. Was den New Yorkern der Central Park, ist San Francisco der Golden Gate Park, 412 Hektar groß und direkt am Meer gelegen. Und wie seine Stadt, so ist auch der Park ein faszinierender Schmelztiegel der Kulturen. Hier finden sich unter anderem der älteste japanische Teegarten in den Vereinigten Staaten sowie ein nach der niederländischen Königin Wilhelmina benannter Tulpengarten. Nicht allzu weit entfernt überspannt das berühmteste Wahrzeichen der Stadt das »goldene Tor zum Pazifik«, wie die Bucht von San Francisco im 19. Jahrhundert genannt wurde. Seit 1937 führt die über zwei Kilometer lange Golden Gate Bridge über die Meerenge von San Francisco nach Marin County. Bis 1964 war sie mit einer Hauptstützweite von 1280 Metern die längste Hängebrücke der Welt.

San Francisco ist das Tor zum Pazifik, durch das zahllose Einwanderer auch aus Asien strömten. Abertausende chinesische Immigranten, die im 19. Jahrhundert beim Bau der transkontinentalen Eisenbahn schufteten, gründeten San Franciscos Chinatown. In dieser in Rot und Gold glänzenden Stadt in der Stadt laben sich heute Besucher in 300 Restaurants an Dim Sum und Peking-Ente und kaufen so manch kitschiges Souvenir. Die vermögenden Bewohner der Stadt zog es seit jeher aufgrund der herrlichen Aussicht auf einen der über 70 – nicht nur sieben! – Hügel, auf denen San Francisco erbaut wurde. Erkunden lassen sich die Viertel der Wohlhabenden unter anderem auf einem Spaziergang im eleganten Nob Hill oder im schicken Russian Hill. Mancher begüterte Bewohner San Franciscos lässt seine Stadt an seinem Reichtum teilhaben. So überließ zum Beispiel Carl Djerassi, der Erfinder der Antibabypille, dem San Francisco Museum of Modern Art 85 Werke aus seiner Paul-Klee-Sammlung. Für viele genauso interessant sind das alternativ geprägte, alte Hippieviertel Haight-Ashbury und The Castro. Das Homosexuellenviertel der Schwulenhauptstadt der USA ist seit den 1970er-Jahren ein Besuchermagnet. Ein Höhepunkt im Veranstaltungskalender der Stadt ist alljährlich am letzten Juniwochenende die »San Francisco Pride«. Rund um die Parade der Lesben, Schwulen und Transgender steigt zudem ein zweitägiges Fest.

Die Highlights

Cable Car – Die historischen Straßenbahnen fahren zu Wahrzeichen wie der Lombard Street, der kurvenreichsten Straße der Welt, und zum touristischen Hafenviertel Fisherman's Wharf.

Alcatraz – In dem Inselgefängnis, heute ein Museum, schmorte einst Mafia-Boss Al Capone in einer Einzelzelle.

Mission District – Hier leben viele Einwanderer aus Mexiko, Nicaragua, El Salvador und Guatemala, erhält man lateinamerikanische Köstlichkeiten wie Tacos und Tamales im Bananenblatt. Das älteste Gebäude der Stadt ist die hiesige Mission Dolores von 1776.

Fairmont Hotel – Nach dem Nachmittagstee in dem Traditionshaus erkundet man die nahen Designerläden und das Edelkaufhaus Neiman Marcus.

Berkeley – Die Universität brachte bis jetzt über 70 Nobelpreisträger und 100 Olympiasieger hervor. Genießen Sie die entspannte Atmosphäre in den Cafés und Restaurants.

Highway 1 – Bei einer Fahrt nach Monterey, Carmel und Big Sur genießt man von der Steilküste eine herrliche Aussicht.

Winzer – Unternehmen Sie einen Abstecher in das Napa und Sonoma Valley und den dortigen Weingütern. Francis Ford Coppolas Weingut in Geyserville steht Besuchern offen.

Die beste Reisezeit

In San Francisco herrscht ein mediterranes Klima mit sehr milden, niederschlagsreichen Wintern und angenehm warmen, relativ trockenen Sommern. Die durchschnittlichen Höchsttemperaturen liegen aufgrund der Lage am kalten Pazifik zwischen ***Juni und Oktober*** bei nur rund 21 bis 23 °C, zudem ist es häufig neblig. Den meisten Niederschlag verzeichnet die Stadt von November bis März. Dies sollte einen jedoch keinesfalls abhalten, das chinesische Neujahr in San Franciscos Chinatown im Februar mitzufeiern.

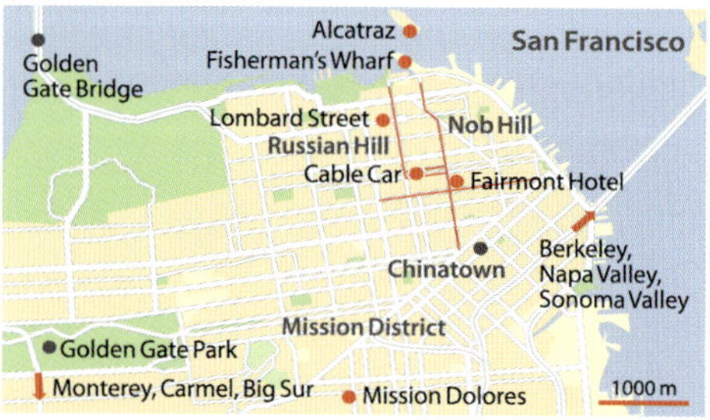

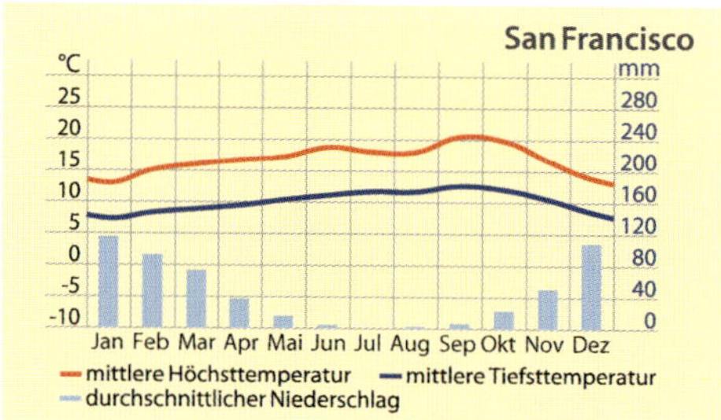

Besondere Tipps

Für Gourmets: Im »Chez Panisse« in Berkeley lehrte Küchenchefin Alice Waters mittlerweile Tausende Köche, dass nur taufrische Zutaten in den Topf kommen sollen.

Für müde Häupter: Das Four Seasons San Francisco steht im kulturell aktiven Quartier Yerba Buena. Von hier aus lassen sich Galerien und Museen leicht erreichen.

Für Weintrinker: Weinliebhaber genießen die Weine aus dem Keller von Robert Mondavi, aber auch im Supermarkt sind gute, preiswerte Tropfen erhältlich.

Info: www.sanfrancisco.travel

→ Die Golden Gate Bridge, das Wahrzeichen der Stadt
→ Der Pier 39 in der Fisherman's Warf
→ Typische Architektur am Alamo Square
↑ Blick die grüne Lombard Street hinauf

Dreyer's
NBA

TREASURE ISLAND
ALADDIN
EXCALIBUR

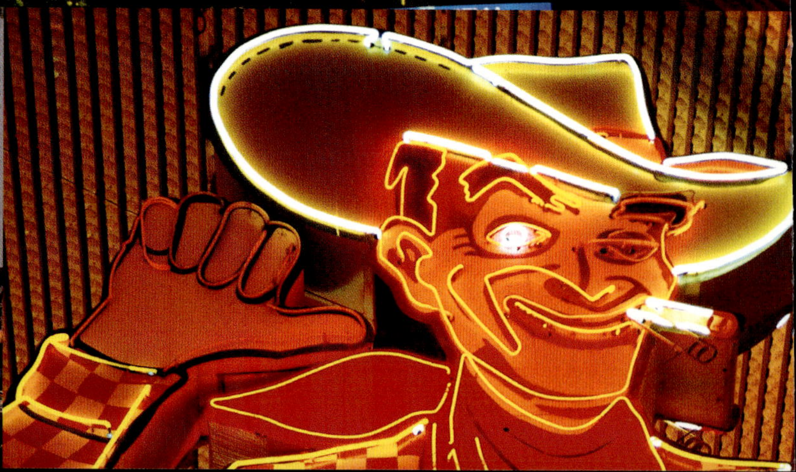

Traumziel Las Vegas 91

Spielplatz in der Wüste

Mitten im Nirgendwo der staubtrockenen Mojave-Wüste sorgten in einem weiten Becken unterhalb der Spring Mountains einige Quellen für auffälliges Grün im grauen Braun der weiten Landschaft. *Las Vegas*, »die Wiesen«, tauften vorbeiziehende Spanier den Ort – der Name hatte Bestand. Heute kommen jährlich rund 40 Millionen Besucher nach Las Vegas, die sich während ihrer Zeit in der Stadt für Wiesen höchstens in Form von Golfrasen interessieren.

Seitdem 1931 das Glücksspiel in Nevada legalisiert wurde, lockt die »Sin City« verheißungsvoll mit fantastischen Versprechungen auf schnelles Geld und (verbotene) Genüsse. Rund um die Uhr wird in der »Stadt der Sünde« gezockt, gefeiert und sogar geheiratet – ein Riesenspaß für alle, die sich darauf einlassen, aber nicht den Kopf verlieren. Denn die großen Gewinne streichen bis heute nicht die Spieler ein, sondern die Investoren hinter den Kulissen. Kein Wunder, dass die Stadt in ihrer Geschichte auch immer das organisierte Verbrechen anzog – und sich sogar im »Mob-Museum« diesem Aspekt ausführlich widmet.

Las Vegas lebt von der Hoffnung und von der Lust am Risiko, wenn die Würfel fallen und die Roulettekugeln rollen. Nervenkitzel kann man hier aber auch auf andere Art erfahren: Beim höchsten Sky Jump der Welt stürzen sich Wagemutige aus 60 Meter Höhe, an Gurten gesichert, vom Stratosphere Tower im freien Fall in die Tiefe. Von dort oben sieht Las Vegas in der Nacht wie ein Teppich aus glitzernden Lichtern aus, am hellsten leuchtet im gleißend bunten Neonlicht der Strip mit seinen farbig illuminierten Hotelbauten und wahnwitzigen Casinos. An seinem Südende ist das 1959 von Betty Willis entworfene Schild »Welcome to fabulous Las Vegas« eine Ikone der Stadt und ihr beliebtestes Fotomotiv.

Knapp zwei Millionen Menschen leben in Las Vegas und seinem breiten Speckgürtel, die meisten arbeiten wie eh und je direkt im oder im Dunstkreis von Glücksspiel, Showgeschäft und Tourismus. Mit fantastischen Shows und Konzerten ist der Eventkalender der Stadt bis zum Bersten gefüllt, Einiges zum Sehen, Hören und Staunen bietet aber auch die »Super Run Classic Car Show« im September im Vorort Henderson. Dort treten hervorragende Livebands auf, die Hauptattraktion sind jedoch die grandiosen Oldtimer, die dort vor den bewundernden Augen der Zuschauer in den Straßen paradieren. Ein Highlight ist die Roaring Engine Competition – für Autonarren ist der Wettbewerb der dröhnenden Motoren ein Muss.

Die Highlights

Die *Casinos* sind ein Erlebnis, solange man sich strikt an sein Budget hält. Getränke gibt es für Spieler oft umsonst. Scheint sich zu rechnen.

Die *Shows* sind professionelles Entertainment auf höchstem Niveau: im »Caesar's Palace« spielt Elton John, im »TI Treasure Island« kämpfen Piraten gegen spärlich bekleidete Sirenen etc.

Der *Stratosphere Tower* mit 350 m Höhe bietet einen fantastischen Blick und Nervenkitzel pur. Hier kann man sich in die Schwerelosigkeit schleudern lassen, im freien Fall in die Tiefe stürzen und in einem Karussell über dem Abgrund fliegen.

Die *Bellagio Fountains* sind ein Klassiker. Bei dem 300 m langen Wasserspiel tanzen die Fontänen untermalt von einer Lightshow zu Musik.

Mit Musik und Licht aus Millionen LEDs wird die Fremont Street jeden Abend zur *Fremont Street Experience* in die größte Videoshow der Welt verwandelt.

Der Vulkan vor dem *Hotel Mirage* schleudert nach Einbruch der Dunkelheit alle 15 Minuten grollend und Feuer speiend seine »Lava« 40 m hoch in die Luft – ein wahres Spektakel.

Das *National Museum of Organized Crime and Law Enforcement* – das Mob-Museum – bietet einen Einblick auf den Einfluss der organisierten Kriminalität in der Geschichte von Las Vegas, aber auch im Rest der USA und in anderen Ländern weltweit.

Die beste Reisezeit

Am angenehmsten sind die Monate ***April*** und ***Mai*** sowie ***September*** und ***Oktober***. Der Sommer ist Nebensaison, denn in der trockenen Wüstenstadt kann das Thermometer zwischen Juni und August auf über 40 °C klettern. Die Tagestemperaturen im September betragen immer noch um die 30 °C. Die Wintertemperaturen liegen knapp über 0 °C, aber es fiel auch schon Schnee in Las Vegas. Ansonsten spielt das Wetter jedoch keine herausragende Rolle, da man sich vorwiegend in klimatisierten Räumen aufhält.

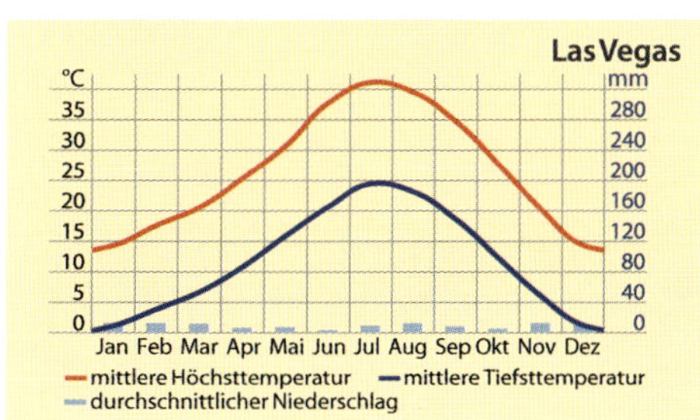

Besondere Tipps

Zum Spielen: Viele Hotels bieten Kurse zu Poker, Roulette und Co., oft auch auf hoteleigenen Videokanälen. Für Anfänger sind diese Einführungen wirklich hilfreich.

Zum Schauen: Barry Levinsons »Bugsy« handelt von dem Mobster Benjamin »Bugsy« Siegel und schildert die Anfangsjahre der Stadt. Martin Scorseses »Casino« spielt im Mafiamilieu in den 1970er- und 1980er-Jahren in Las Vegas.

Zum Lesen: Kult, Wahnsinn – und 1998 von Terry Gilliam verfilmt: »Fear and Loathing in Las Vegas« von Hunter S. Thompson.

Info: www.lasvegas.com

← Der Las Vegas Boulevard, »The Strip«
← Blick auf das Excalibur Hotel und Casino
← Knallige Leuchtreklame auf der Freemont Street
↑ Anlaufpunkt für Spontane: die Wedding Chapel

Traumziel Hawaii 92

Aloha im freien Fall

Sie sind Monster. Unvermittelt zeigen sie ihre Zähne. Und nicht umsonst bekreuzigen sich selbst die weltbesten Surfer und werfen Blumen ins Wasser, bevor sie für einen Ritt auf den höchsten Wellen der Welt aufs Board steigen. Den haushohen Wasserfall im Rücken, schießen sie mit 50 Kilometer pro Stunde der Küste entgegen. Dort bleibt mit weichen Knien am Strand zurück, wer nicht zu den Surfprofis zählt. Surfen im Norden Oahus ist wie ein Tanz auf dem Vulkan. Im Vergleich sind die Wellen am Strand von Waikiki süße kleine Schaumröllchen.

Tom geht weiter runter, die Passagiere des achtsitzigen Helikopters atmen tief durch. »Das ist erst der Anfang, Leute! Das Beste kommt doch noch«, schreit der Pilot in sein Mikrofon. Dann dreht er Richtung Kauai ab, zur vielleicht schönsten Küste der Welt. »Na Pali« bedeutet übersetzt schlicht Klippen. Es sind bizarre Gebirgsfalten, Täler und Spitzen, die bis obenhin dicht grün bewachsen sind. Na Pali ist eine Küste im 3D-Format und unvergleichlich.

Auf Maui wartet mit dem Krater des Haleakala der größte der Erde. Und Tom will jetzt endlich etwas von sich zeigen. Er war, wie viele der Ausflugspiloten auf Hawaii, in Vietnam Kampfpilot – und lässt sein Fluggerät auf einmal wie einen Stein senkrecht in die Tiefe des Kraters fallen. Tom scheint die 800 Meter Kratertiefe vollends auszukosten und zieht den Heli wieder blitzschnell nach oben. Achterbahnfahren ist dagegen wie ein Kinderkarussell.

Doch der echte Tanz auf den Vulkanen, dem Mauna Kea – mit 4205 Metern so hoch wie kein anderer auf diesem Globus – und dem Mauna Loa mit 4169 Metern und seinem stets aktiven Krater Kilauea, folgt noch zum Finale. Alle sieben Gäste sind immer noch schneeweiß im Gesicht, als der Mauna Kea näherrückt. Addiert man die 4205 Meter sichtbare Höhe mit dem 5500 Metern Sockel, die vom Pazifik umspült sind, ist der Vulkan sogar der größte Berg der Welt. Zusammen mit dem Mauna Loa bedeckt er fast drei Viertel von Big Island. Dann ist die erste rot fließende Lava des Kilauea zu sehen. Der Maui-Sturzflug ist vergessen. Alle Augen blicken nur noch auf die gewaltige, träge fließende und glutheiße Lavamasse, die dampfend im Ozean verschwindet.

Die Highlights

Honolulu und Waikiki auf Oahu – Das klingt wie Musik. Und ist auch genauso schön: bei einem Mai Tai auf der Terrasse des Royal Hawaiian Hotel, bei einer Hula-Show oder beim Abhängen am Strand.

Hanauma, die Bucht auf Oahu, bei der man nur im Wasser stehen muss, und schon ist man umzingelt von Fischen. Elvis Presleys »Blue Hawaii« wurde dort gedreht.

Lanikei, im Osten von Oahu bei Kailua, dürfte der schönste Strand auf allen Hawaii-Inseln sein. Ein Pazifik-Palmen-Traum, der nur durch schmale Zugänge erreichbar ist.

Na-Pali-Küste – Schlicht die schönste der Welt! Am besten zu Fuß, per Boot und mit dem Heli: drei Tage, drei Touren, drei unterschiedliche Perspektiven von Kauais Schmuckstück.

Der *Haleakala-Krater* ist der weltweit größte seiner Art. Hierher sollte man kommen, um den Sonnenaufgang über Maui zu bewundern.

Im *Hawaii Volcanoes National Park* auf Big Island gibt's Lava in allen Formen und Farben, von schwarz versteinert bis rot und flüssig!

Island Hopping geht nicht nur mit dem teuren Helikopter. Täglich werden mehr als hundert Flugverbindungen ab 50 Euro/Strecke zwischen den sechs Hauptinseln angeboten. Niihau hat – wie 130 weitere Inselchen – keinen Flughafen.

Die beste Reisezeit

Hauptsaison ist von Dezember bis April mit den höchsten Zimmerpreisen. Deshalb ist der ***Oktober*** als Spätsommermonat nahezu ideal. Nur die Buckelwale können dann noch nicht beobachtet werden. Dafür darf man bei einem der schwierigsten Ausdauerwettkämpfe der Welt zuschauen, dem Triathlon »Ironman Hawaii«, der jährlich im Oktober stattfindet. Die Temperaturen liegen jahrein, jahraus zwischen 25 und 28 °C, das Pazifikwasser ist nur geringfügig kälter.

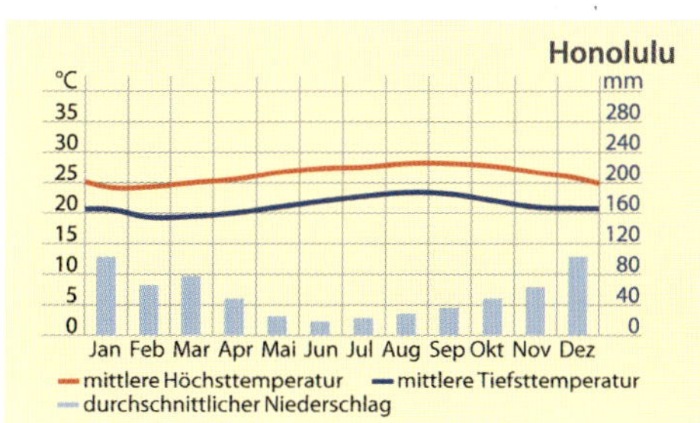

Besondere Tipps

Souvenir: Wichtigstes Mitbringsel aus Hawaii ist neben einem Aloha-Shirt eine Aloha-CD. »Aloha Oe« und »Blue Hawaii« sollten darauf nicht fehlen.

Musik: Vor Ort nicht verpassen: ein Konzert der Royal Hawaiian Band, freitags um 12 Uhr im Park des Iolani Palace von Honolulu sogar kostenfrei.

Sitten: Der Aloha-Gruß wird gern mit einem Handzeichen verbunden: gespreizter Daumen und kleiner Finger, aber eingeknickte mittlere Finger. So macht man dann mit dem Handgelenk drei, vier Drehbewegungen.

Info: http://int.gohawaii.com/de/

← Hawaii strotzt vor Superlativen. Die Na Pali etwa ist die imposanteste Küste der Welt.
← Aloha-Girl mit Delfinen im Sealife Park, Oahu
← Im Volcanoes National Park fließt die Lava in Strömen.
↑ Ritt auf Hawaiis berühmten Wellen

Machos, Mythen und ein Käfer

Der Autovermieter hat keinen alten mehr, keinen der insgesamt 21 529 464 buckligen original VW Käfer, die keine 200 Kilometer südlich in Puebla hergestellt wurden. Es wird also der neue Retro-Beetle. Er röhrt zwar nicht wie ein Hirsch, muss sich aber trotzdem quälen. Mexico Citys täglicher Verkehrsinfarkt, der Smog, Lärm und Abgasgestank einer der größten Städte der Welt mit geschätzten 20 Millionen sind kaum auszuhalten. D. H. Lawrence schrieb einmal: »Mexiko besaß eine unterirdische Hässlichkeit und eine Bösartigkeit, gegen die Neapel fast wie eine elegante Stadt wirkte …«

Ganz anders Tula, das kulturelle Zentrum der Tolteken, wo die knapp fünf Meter großen Kriegerstatuen und der Ballspielplatz einen Vorgeschmack geben auf Teotihuacàn, die einstige Aztekenmetropole mit damals 120 000 Einwohnern. Die Azteken schufen Großartiges wie die 65 Meter hohe Sonnen- und die 45 Meter hohe Mondpyramide. Das Besteigen ist beschwerlich, im Herbst jedoch ohne Hitzschlaggefahr machbar. Ein erhabener Blick ist dafür garantiert.

Über die VW-Stadt Puebla geht's in die Kolonialstadt Oaxaca. Die Fassade der Kathedrale am Zócalo – jeder Hauptplatz in Mexiko heißt so – wurde von indianischen Künstlern gestaltet. Die Klosterkirche Santo Domingo zeigt sich im barocken Gewand, und die meisten Gebäude der Innenstadt tragen spanisch-koloniale Züge.

Ein weiterer Kontrast wartet in Monte Alban, dem Zentrum der Zapoteken, wo mehrere Pyramiden eine architektonisch einmalige Anlage umrahmen, für die eine ganze Bergkuppe abgetragen wurde. Auch die Totenstadt Mitla liegt nicht fern und lohnt einen Abstecher, ehe die Wellen des Pazifiks rufen.

Acapulco, welch ein Name! Wer denkt dabei nicht sofort an die Felsenspringer, die aus 40 Metern Höhe in eine nur fünf Meter breite Bucht springen. Ein Macho-Ritual, das den Weltruhm der heutigen Jetset-Metropole begründete. Die wunderschöne Bucht, 350 Sonnentage im Jahr und das legendäre Nachtleben festigten den Ruf.

Zurück nach Mexiko-Stadt wird ein Überlandbus überholt, dessen Chauffeur sich während der Fahrt inbrünstig bekreuzigt, weil er am Straßenrand ein Madonnenbild ausfindig gemacht hat. Göttlicher Beistand scheint ihm wohl sicher – so ohne Hand am Steuer.

Die Highlights

Mexico City ist ein Moloch, aber dennoch lohnt die Megastadt einen mehrtägigen Aufenthalt. Unbedingt ins Museo Nacional de Antropología gehen und danach nebenan den »Voladores«, den tanzenden Vogelmenschen, bei ihren 13 Umrundungen in die Tiefe zusehen.

Tula, das Tolteken-Zentrum mit seinen Steinskulpturen, wurde erst 1938 entdeckt.

Teotihuacán steht mit seinen grandiosen Pyramiden auf einer Stufe mit Gizeh in Ägypten.

Puebla ist nicht nur Produktionsstätte für VW, sondern auch bekannt für seine »Azulejos«, die handbemalten Kacheln, die an vielen Häusern zu sehen sind, und für seine Lage: Die Stadt auf 2000 m Höhe ist umgeben von vier Vulkanen, darunter dem Popocatépetl, mit 5452 m der zweithöchste Berg Mexikos.

Oacaxa gilt als Stadt der Kontraste, der verschiedenen Kulturen und Heimat eines der buntesten Märkte des Landes.

Monte Albán wurde mit seinem Zeremonialplatz und den Pyramiden – wie Teotihuacán – 1987 in die Weltkulturerbeliste aufgenommen.

Acapulco hat einen Namen wie ein Programm: Sonnenbaden am Tag, Nachtschwärmen, wenn's dunkel wird, und natürlich den Felsenspringern zusehen.

Die beste Reisezeit

Die Regenzeit liegt zwischen Mai und Oktober. Zwischen November und April regnet es immer wieder, aber wesentlich weniger. Zieht man nun die Hauptsaison zwischen Dezember und Februar mit horrenden Preisen, vor allem in Acapulco, ab, bietet sich der ***November*** als Reisemonat an: Es ist trocken, warm, aber nicht mehr heiß und noch günstig. Wegen der Höhendifferenz – zwischen Mexico City und Acapulco 2240 m – warme Kleidung mitnehmen. 20 °C Unterschied zwischen Tag und Nacht sind keine Seltenheit.

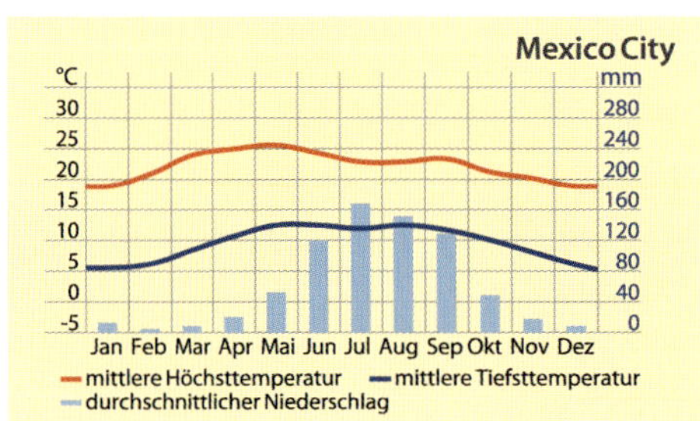

Besondere Tipps

Festtage: Am Dia de los Muertos, am Tag der Toten am 1. November, wird nicht geweint, sondern gefeiert. Zu bestaunen in Häusern, auf den Straßen und Friedhöfen.

Souvenir: Keine Heimreise aus Mexiko ohne eine Mariachi-CD! Wer es nicht so schwülstig mag: Juan Gabriel macht mexikanische Volksmusik von Mariachi bis Bolero (»El Concierto de Bellas Artes«).

Literatur: »Das Labyrinth der Einsamkeit« von Nobelpreisträger Octavio Paz, eine kritische Auseinandersetzung mit seinen Landsleuten.

Info: www.visitmexico.com

→ Monte Alban ist quasi die kleinere Version von Teotihuacán.

→ Mit dem roten VW Käfer zu bunten Fiestas …

→ … wie dieser ausgelassenen Feier in Oaxaca.

↑ Die Kriegerstatuen von Tula, ein Muss für Urlauber

Traumziel Amazonas 94

Der größte Strom der Erde

Die Angaben sind unterschiedlich: Zwischen 6400 und 6800 Kilometer misst der Amazonas, vielleicht ist er etwas länger als der Nil, vielleicht etwas kürzer. Wie auch immer, der Titel des größten Stroms der Erde ist dem Fluss der Amazonen gewiss: Im Durchschnitt transportiert er pro Sekunde 209 000 Kubikmeter Wasser. Zwei Quellflüsse aus den peruanischen Anden und mehr als 11 000 Nebenflüsse speisen ihn, aus einem Gebiet, das 40 Prozent der Landfläche Südamerikas einnimmt. Eine dünn besiedelte Region mit wenigen Städten, selbst wenn man Manaus und Belém mitzählt – beide liegen an Nebenflüssen.

Die größte Stadt am Amazonas ist somit das peruanische Iquitos (420 000 Einwohner). Die meisten Kreuzfahrtschiffe fahren bis hierher, die größten unter ihnen wenden jedoch in Manaus, rund 1700 Stromkilometer vom Ozean entfernt. Immer mehr Kreuzfahrtpassagiere entdecken den Reiz dieses – zuvor meist Rucksackreisenden vorbehaltenen – Reviers, insbesondere, wenn ihr Schiff Zodiacs an Bord hat. Mit den flachen Motorschlauchbooten lassen sich auch kleine Wasserwege mit reichem Tierleben erobern. Das Reiseziel Amazonas ist ideal für Naturfreunde. Andere Attraktionen sind eher dünn gesät.

Belém – es liegt an der Mündung des Rio Guamá in den Rio Para, unweit der Amazonasmündung – ist jedem Kreuzfahrer einen Stopp wert, auch wenn der Kurs dann nicht stromauf führt, sondern zurück in den Atlantik. Die 1,5-Millionen-Stadt, die am alten Hafen und unter den Mangobäumen in den Straßen der Innenstadt recht beschaulich wirkt, bietet eine Reihe von Sehenswürdigkeiten. Santarém ist dagegen touristisch ein Mauerblümchen, obschon im mehr als 350 Jahre alten Hafen noch architektonische Spuren des Reichtums durch den Kautschukboom Ende des 19. Jahrhunderts zu sehen sind. Selbst Henry Ford hatte, an seinen Reifenbedarf denkend, hier einst eine Kautschukplantage – sie ist immer noch aktiv, allerdings unter anderen Besitzern. Manaus ist, obwohl tief im Urwald gelegen, über die Grenzen von Brasilien hinaus bekannt. Und wer weiter möchte ins peruanische Iquitos, muss spätestens hier umsteigen auf andere lokale Schiffe. Keine Sorge, die Strecke ist frei. Kein Schiff muss übern Berg, »Fitzcarraldo« ist nur Kino. Alles wird gut.

Die Highlights

Belém – Jeder Tourist landet hier auf dem »Ver-o-Peso« (»Achte auf das Gewicht«), einem pittoresken Markt am Ufer. Dort wird auch Pflanzenmedizin (»Natur-Viagra«) angeboten.

Marajo Island, die größte Flussinsel der Welt, liegt gegenüber von Belém. Ausländische Touristen verirren sich kaum in die Orte des Eilands, zu denen man sich individuelle Überfahrten organisieren muss.

Círio (de Nossa Senhora) de Nazaré, das größte religiöse Fest Brasiliens, wird seit 1790 am zweiten Oktoberwochenende in Belém gefeiert.

Alter do Chão, die »Karibik Amazoniens«, liegt bei Santarém. Das Dorf am Rio Tapajós vereint klares Flusswasser mit weißem Sandstrand und touristischer Infrastruktur.

Das *Teatro Amazonas*, eine Oper im Stil der Neorenaissance, ist das Wahrzeichen von Manaus. Sie wurde 1896 eröffnet.

Der *Mercado Adolpho Lisboa* in Manaus entstand 1883 in der Fabrik von Gustave Eiffel. Die Halle im Art-Noveau-Stil wurde sichtlich inspiriert von Les Halles, dem einstigen Markt in Paris.

In *Iquitos* erinnern einige Kolonialbauten an den Wohlstand des Kautschukbooms. Heute setzt die Stadt auf Ökotourismus.

Die beste Reisezeit

Kühl wird es zwar nie am Amazonas, und feucht ist es auch immer. Aber es gibt einen Unterschied zwischen feucht und sehr feucht: Im März, zum Höhepunkt der Regenzeit, verzeichnen die Statistiker mehr als 300 mm Regen, im ***September/Oktober*** sind es im Durchschnitt nur etwa 100. Dafür liegen die Temperaturen auch etwas höher als die ansonsten üblichen 30 °C. Viel macht das in der Hitze nicht mehr aus, in Äquatornähe machen vornehmlich die mehr oder minder üppigen Regenschauer den Unterschied.

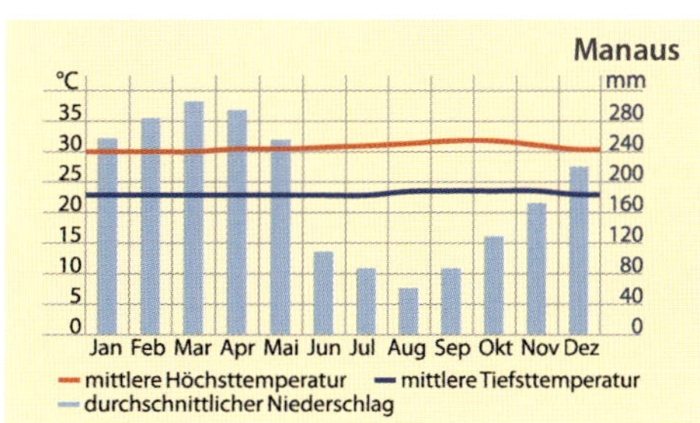

Besondere Tipps

Surfen: »Pororoca« nennen die Indios die Flutwelle, die im März/April bis 4 m hoch in den Amazonas drückt. Surfer haben sie schon mehr als 12 km weit geritten.

Fußball: In Macapá an der Amazonasmündung heißt es beim Fußball immer: Nord gegen Süd. Die Mittellinie liegt nämlich genau auf dem Äquator.

Literatur: »Das grüne Haus« von Mario Vargas Llosa. Der Amazonasroman gilt als eines der wichtigsten Werke des Literaturnobelpreisträgers von 2010.

Info: www.amazonas.de

← Eine Besonderheit des Amazonas-Gebiets sind die Riesenblätter der Seerosenart Victoria regia

↑ Geschmückte Tariano-Indianerinnen am Oberlauf des Stroms

↑ Zwei der selten gewordenen Amazonas-Delfine

Traumziel Santiago de Chile 95

Chiles nonchalante Hauptstadt

Die Lage von Santiago de Chile ist einmalig, erreicht man doch von dort genauso schnell die Strände des Pazifiks wie die Skiberge der Anden. Auch kulinarisch profitieren die Hauptstädter: von den exzellenten Weinen des umliegenden Valle Central und den köstlichen Meeresfrüchten aus dem Ozean. Seit Ende der Militärdiktatur 1990 hat Santiago erfolgreich den bleiernen Mantel der Unterdrückung abgeworfen, der das öffentliche Leben der Stadt lähmte. Heute bietet Santiago spannende Kunst und Kultur sowie eine lebhafte Restaurant- und Clubszene. Mittlerweile besitzt kaum eine andere Metropole in Südamerika mehr Lebensqualität als Chiles Hauptstadt.

Rund sieben Millionen Menschen, über ein Drittel der gesamten Bevölkerung, leben in Chiles ausufernder Metropolregion. Das Herz der Stadt schlägt seit ihrer Gründung 1541 an der Plaza de Armas. Hier erbauten die spanischen Eroberer den Gouverneurspalast, das Gericht, die Catedral Metropolitana und die Wohnsitze der Conquistadores. Auch heute pulsiert das Leben rund um den hübschen Platz, auf dem Kleinkünstler die Passanten unterhalten. Rundum stehen bedeutende Gebäude, präsentieren Museen die Geschichte der Stadt, des Landes und der präkolumbischen Ära.

Verlässt man die Plaza, gelangt man zum quirligen Mercado Central und durch lebhafte Einkaufsstraßen zum Präsidentenpalast La Moneda, dem ein topmodernes Kulturzentrum angeschlossen ist. Nur einen Katzensprung entfernt liegt der Finanzdistrikt La City mit der eleganten Börse. Westlich des Zentrums widmen sich im baumreichen Parque Quinta Normal fünf Museen der Kunst, Natur und Technik. Ein Spaziergang führt von dort durch Santiagos älteste Wohnviertel mit gefälligen neoklassizistischen Gebäuden Richtung Süden zum Parque Bernardo O'Higgins. Santiagos zweitgrößter Park ist zu den Fiestas Patrias am 18. und 19. September das wichtigste Ziel der Hauptstädter. Dann wird Chiles Unabhängigkeit ausgelassen mit Pisco, dem Nationalgetränk der Chilenen, oder Chicha, einer Art Bier, Asados (auf Deutsch »Gegrilltes«), Empanadas, gefüllten Teigtaschen, Livemusik und Tanz gefeiert. Den schönsten Blick über die Stadt und bis zu den Anden hat man auf der anderen Seite des Río Mapocho im Parque Metropolitano auf dem Cerro San Cristobal. Verlässt man die Hauptstadt des schmalen Chile, muss man sich entscheiden zwischen der staubtrockenen Atacama-Wüste hoch im Norden und dem windigen Kap Hoorn tief im Süden.

Die Highlights

Die *Plaza de Armas* ist von bedeutenden Gebäuden umgeben: dem neoklassizistischen Justizpalast, dem Rathaus, der Hauptpost Correo Central, der roten Casa Colorada und dem Palacio de la Real Audiencia.

Die *Catedral Metropolitana* an der Plaza des Armas ist Chiles bedeutendste Kirche. Die Barockperle aus dem 18. Jahrhundert wurde mehrfach umgebaut.

Das *Museo Chileno de Arte Precolombino* im Palacio Real de la Casa Aduana zählt zu den besten Museen für präkolumbische Kunst weltweit.

La Moneda, der imposante Präsidentenpalast, beherbergt ein exzellentes Kulturzentrum.

Der hügelige *Parque Metropolitano* umfasst auch einen Zoo und ein Weinmuseum (mit Verkostung!). Von den Seilbahnen auf den Cerro San Cristobal hat man einen herrlichen Blick.

Die *Casa Museo La Chascona* am Parque Metropolitano war das Wohnhaus von Pablo Neruda. Sehenswert sind im Umkreis das Museo de la Moda und der Skulpturenpark.

Das *Museo de la Memoria y los Derechos Humanos* in der Maucana 501 erinnert an die Gräuel der Militärdiktatur. Der grün verglaste Kubus ist nicht zu übersehen.

Die beste Reisezeit

Santiago de Chile genießt ein mildes Klima mit ganzjährig warmen Temperaturen und vielen Sonnenstunden. Die meisten Niederschläge verzeichnet der Juli, doch selbst dann klettern die Temperaturen in der Stadt durchschnittlich auf rund 15 °C. Zu den Fiestas Patrias im ***September*** ist das Wetter in der Regel frühlingshaft warm und trocken. Am heißesten ist es in den Hochsommermonaten Januar und Februar, wenn zahlreiche Theatertruppen beim Festival Internacional Teatro a Mil in Santiagos Straßen auftreten.

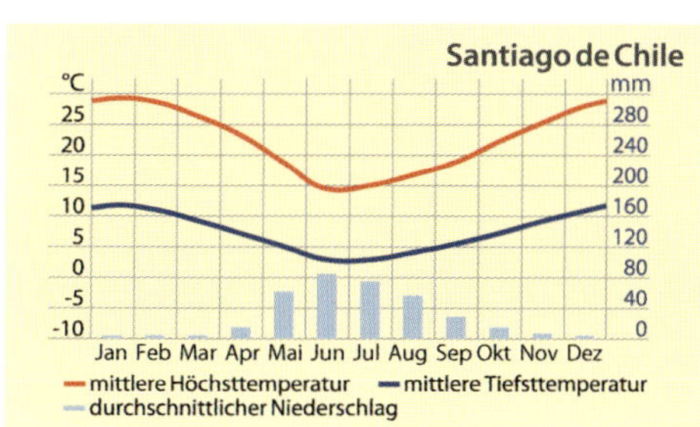

Besondere Tipps

Zum Mitnehmen: Chile gehört zu den größten Abbauregionen für Lapislazuli. Hübsche Schmuckstücke aus dem Halbedelstein finden Sie in vielen Läden.
Zum Hören: Chiles originärer Beitrag zur lateinamerikanischen Musik ist die Nueva Canción Chilena. Sie entstand in den 1960er-Jahren und verbindet Andenrhythmen mit sozialkritischen und politischen Texten.
Zum Lesen: »Das Geisterhaus« von Isabel Allende erzählt Chiles Entwicklung von den 1920er-Jahren bis zur Militärdiktatur ab 1973.
Info: www.ciudad.cl

← Blick auf die Plaza de Armas
← Andengipfel ragen hinter der Stadt auf.
← Wasserspass im Parque Forestal
↑ Die herrschaftliche Plaza Cerro Santa Lucia

Traumziel Ecuador

Zwischen Anden und Amazonas

Rauchende Vulkane, sprudelnde Thermalbäder, exotische Dschungelflusslandschaften mit abgelegenen Indianerdörfern, charmante Haziendas mit bezaubernden Interieurs sowie Quitos historische UNESCO-Altstadt machen aus Ecuador, dem Land auf der Äquatorlinie, einen südamerikanischen Bilderbogen. 24 Stunden Anreise nehmen Adrenalinverrückte in Kauf, bis sie am Ort ihrer aufregenden Träume sind.

Der bekannteste heißt Baños de Agua Santa und liegt einige Busstunden von Quito, der Zwei-Millionen-Hauptstadt Ecuadors, entfernt: zwischen bis zu 6000 Meter aufragenden eisbedeckten Vulkanriesen des Andenhochlands und der nach Osten abflachenden Amazonasregion. Von ganz weit oben sprudeln Bergbäche herunter, werden zu reißenden Flüssen, die sich tief in den Vulkanbasaltschluchten um Baños eingraben, um irgendwo im ecuadorianischen Rio Napo zu verschwinden, der zusammen mit seinen Brüdern in Peru den größten Fluss der Welt auf die Beine bringt, den Amazonas.

Ein solches Naturszenario produziert fragile Spannbrücken über atemberaubenden Canyons, Felsnasen über horrenden Tiefen, schwindelerregende Fahrwege an steilen Abhängen, Wasserfälle, die sich donnernd in gischtschäumende Strudel verwandeln, sowie kalte – manchmal auch glühend heiße – Lavaströme, die ihre schwelenden Krater in graue Ödnis einbetten. In schnittigen Longboats geht es auf dem Rio Napo durch verwirbelte Strömungen flussabwärts, an winzigen Dschungelsiedlungen vorbei, die aus dichtem Regenwaldgrün ragen: Kapok- und Ficusbäume, Zedern und andere exotische Baumriesen treiben riesige Blätterkronen himmelwärts. Rot blühende Feuerbäume leuchten aus den urtümlichen Flusslandschaften des ecuadorianischen Amazonasgebiets, in deren Wassermassen über 600 Fischarten zu Hause sind. Schildkröten, Echsen, Affen, Gürteltiere, Tapire, seltene Jaguare und Bären bietet die Fauna hier auf und natürlich giftige oder »nur« würgende Schlangen wie die Boa Constrictor und die Anakonda. Außerdem leben in der einzigartig archaischen Vogelwelt über 900 Vogelarten.

In der Hauptstadt Quito zeigt sich, dass Ecuador sein Potenzial für die Zukunft erkannt hat: Ein neuer Großflughafen soll bald Direktflüge aus Europa möglich machen. Und die maroden Gleisanlagen einer kolonialen Andeneisenbahn werden demnächst saniert und reaktiviert. Sie verbinden die Küste mit der Hauptstadt und diese mit dem fotogenen Vulkanmagneten Cotopaxi, was sie für Besucher zu einem der fantastischsten touristischen Eisenbahnabenteuer der Welt werden lässt. Bisher wackeln wenige antike Dampf- oder Dieselloks über marode, aber noch funktionierende Teilstrecken zum Sightseeing, etwa der Riobamba-Express.

Die Highlights

Quito und sein bildschönes Centro Histórico haben es auf die Liste des UNESCO-Weltkulturerbes geschafft. Die Gondelseilbahn Teleférigo fährt bis 4100 m Höhe und bietet damit den besten Blick auf City und Cotopaxi.

Calle Morales im Künstlerviertel La Ronda, eine der schönsten Straßen Quitos, zieht mit Bars, Cafés, Geschäften und Galerien die Touristen an.

La Mariscal, das Vergnügungsviertel Quitos, lockt mit schrillen Bars, schrägen Nightclubs, schicken Restaurants und dröhnenden Discos.

Chimborazo – 6310 m hoch und ein Muss für Liebhaber bildschöner Vulkankegel. Auf 4000 m Höhe hat sich Marco Cruz, eine ecuadorianische Bergsteigerlegende, mit der Berglodge Estrella des Chomborazo sein Berghüttenrefugium geschaffen.

Baños de Agua Santa – Dank ihrer schwefelhaltigen Thermalquellen bietet die Badestadt hervorragende Spaqualitäten. Und vieles für Extremsportler: Abseiling, Canyoning, Wildwasser, Klettern, Bergsteigen, Bungee- und Pendelsprung.

Cotopaxi – Ecuadors zweithöchster Gipfel reckt sich bis auf 5897 m. Von Schnee und Eis bedeckt, bietet das Gebiet fantastische Wanderwege.

Galápagos-Inseln – Sie gehören zu Ecuador und sind von hier aus am einfachsten zu erreichen.

Die beste Reisezeit

Das Klima Ecuadors wird von der Höhenlage, den geografischen Regionen (Küste/Inland) sowie der Regen- und Trockenzeit bestimmt. Im Hochland liegt die Trockenzeit zwischen Juni und September, aber selbst während der Regenzeit scheint bis zum späten Nachmittag die Sonne. ***September bis November*** sind sehr schöne Reisemonate, die außerhalb der Ferienzeiten liegen. Die Galápagos-Inseln sind zu der Zeit zwar trocken, aber auch oft kühl und dunstig. Zwischen Juli und Oktober ist die See dort sehr rau.

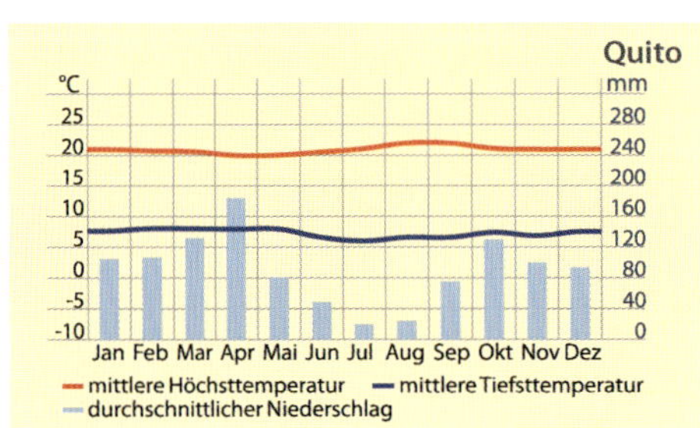

Besondere Tipps

Literatur: »Schlaglichter Ecuador«, Daniel Kempken.
Essen: Im kulinarischen Szenerestaurant »Mea Culpa« im UNESCO-geschützten Bischofssitz Quitos.
Übernachten in Quito: Patio Andaluz und Plaza Grande direkt an der Plaza Historica (www.plazagrandequito.com).
Übernachten auf stilvollen Haziendas: www.tierradelvolcan.com; www.incahacienda.com; www.haciendalaalegria.com; www.expediciones-andinas.com.
Info: www.vivecuador.com, www.quito.com.ec, www.visitecuador.travel

→ Der berühmte Cotopaxi: dem Himmel so nah
→ Riesenschildkröten auf Santa Cruz Island
→ Galápagos-Blaufußtölpel auf Seymour Island
↑ Mönch im Kloster Convento de Sant Francisco in Quito

Traumziel Nilkreuzfahrt 97

Kurs auf die Pharaonengräber

Unter Segeln unterwegs auf dem längsten Strom der Erde. Wer an Bord keinen Coffeeshop, keinen 5-Uhr-Tee und keinen Mitternachtssnack braucht, wohl aber Muße und Nähe zu Land und Leuten, wird die klassische Route auf einem »Goldenen Boot« genießen. So wird der Begriff »Dahabeya« übersetzt. Gemeint sind komfortable und zugleich sehr ursprüngliche Zweimaster, wie sie die Sultane und Paschas früherer Jahrhunderte aus den schlichten Feluken der Fischer und Bauern entwickelten.

Die »Samira« ist so ein Boot. Ein sanfter Wind bläht ihre Segel. Er trägt die Geräusche von den Feldern und aus den Dörfern an Deck: die Schreie der Esel, das Lachen der Kinder, die Rufe des Muezzin. Mit dem rechten Fuß, der die Pinne umklammert, hält der Rudergänger Kurs. Sein linker Fuß ruht auf der Reling, eine Hand hält die Leine zum Mast, die andere eine Zigarette der Marke Kleopatra.

Wie alle Crewmitglieder trägt er die Galabija, das lange und luftige Traditionsgewand der Ägypter. Streng genommen ist dieser Rudergänger gar kein Ägypter. Er und die anderen Besatzungsmitglieder verstehen sich als Nubier, Angehörige der dunkelhäutigen Volksgruppe Oberägyptens. Sie alle sind auf Elephantine geboren, der Nilinsel vor Assuan; bereits ihre Väter und Großväter haben Feluken und Dahabeyas gesteuert, immer schon, vielleicht seit den Zeiten der Pharaonen, aus denen immer neue Spuren erster Besiedlung auf Elephantine gefunden werden.

Ob Traumschiff oder Kabinenkreuzer unter Segeln – Reisemotiv und Reiseroute sind identisch: Es ist der Mythos Nil, der Lebens-Lauf durch eine der ältesten Hochkulturen der Welt. Diesem Strom haben wir Ägypten und seine Weltwunder zu verdanken: die Pyramiden von Gizeh, die Tempel von Luxor und Karnak, Theben-West mit dem Tal der Könige und den Gräbern der Noblen und andere gigantische Zeugnissen aus 34 Jahrhunderten.

Und an den Ufern empfangen einen Bilder von zeitloser Schönheit: Fischer, die im Halbrund ihre Netze auswerfen – in Karnak haben wir diese Szene schon einmal gesehen, auf einem Relief aus den Anfängen der menschlichen Kultur. Ein Bauer, der mit dem Holzpflug den trockenen Boden aufreißt – vor fast 5000 Jahren wurde sein Ebenbild in Saqqara, der Pyramidenstadt südlich von Kairo, in Stein gehauen.

Die Highlights

Kairo – Neben den Pyramiden sind der Basar Khan al-Khalil, das Koptische Museum und die Moscheen Ibn Tulun und al Azhar wichtige Sehenswürdigkeiten. Das Nationalmuseum hat bei den Unruhen im Februar 2011 gelitten.

Luxor – Der Stadttempel und das Heiligtum von Karnak sowie die restaurierte Sphingenallee sind Attraktionen von Weltrang.

Tal der Könige (Theben-West) – Die ältesten Königsgräber reichen bis in die Zeit vor 3500 Jahren zurück. Hier wurden auch Ramses IV. und Tutanchamun auf die Reise in die Ewigkeit geschickt.

Edfu – Kein anderes Heiligtum ist so gut erhalten wie dieser dem falkenköpfigen Gott Horus geweihte Tempel.

Kom Ombo – Der Tempel, malerisch am Ufer einer Nilschleife gelegen, ist sowohl dem krokodilköpfigen Gott Sobek, dem Herrscher über das Wasser, als auch Horus, Gott der Könige und des Himmels, geweiht.

Assuan – Sehenswert sind die Staudämme von 1902 und 1911, der Isis-Tempel auf der Insel Philae und das Nubische Museum.

Abu Simbel – Der Abstecher zu den vier Kolossalstatuen von Ramses II. gehört zu den besonders intensiven Erlebnissen einer Reise an den Nil.

Die beste Reisezeit

Oktober und November sind ideale Monate für eine Nilreise. Vorher ist es entschieden zu heiß, danach oft regnerisch und diesig. Im November kann es in Luxor und erst recht in Assuan durchaus noch Tage mit über 30 °C geben. In den Herbst fallen auch keine großen Feste, zu denen die Preise erheblich steigen. Wer am Leben der Einheimischen teilhaben will, sollte sich rechtzeitig nach den Terminen für Ramadan, die muslimische Fastenzeit, erkundigen.

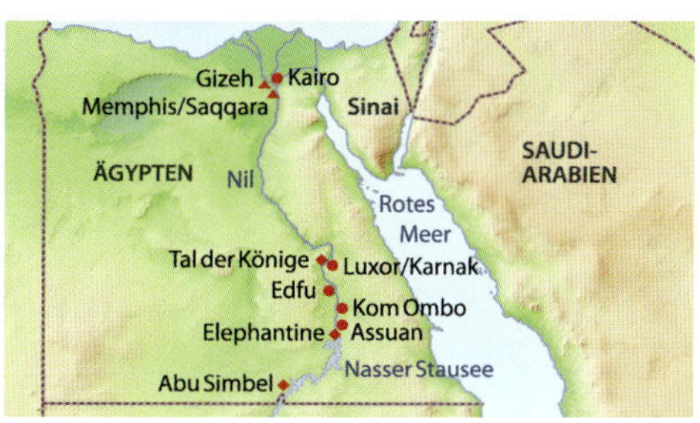

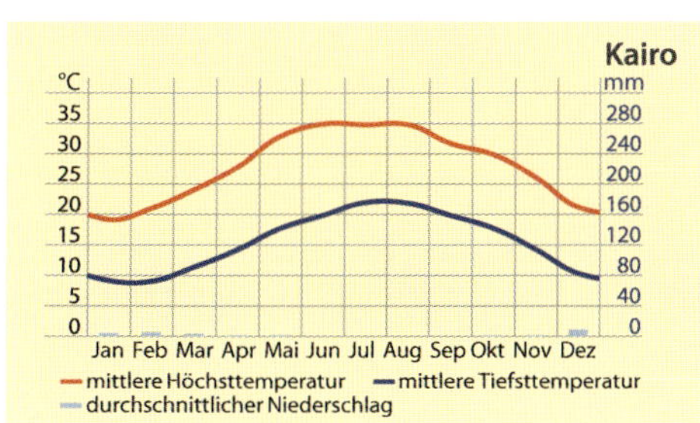

Besondere Tipps

Sicherheit: Seit dem Militärputsch im Spätsommer 2013 gilt die Situation in Ägypten als instabil. Man erkundige sich vor der Abreise nach der aktuellen Lage, z. B. unter www.auswaertiges-amt.de.
Entspannung: Teestunde auf der Terrasse des traditionsreichen Hotels Winter Palace in Luxor. Ein Vergnügen, das sich schon Agatha Christie gerne gönnte.
Buch/Film: Agatha Christies amüsanter Krimi »Tod auf dem Nil« wurde mehrfach verfilmt, am besten 1978 mit Peter Ustinov in der Rolle des allwissenden Meisterdetektivs Hercule Poirot.
Info: www.egypt.travel

← 18 Säulen tragen die Vorhalle des Edfu-Tempels.
↑ Dahabeyas heißen die klassischen Segelschiffe, die den Nil befahren.
↑ Der Besuch der Pyramiden von Gizeh bei Kairo steht am Anfang oder Ende jeder Ägyptenreise.

Zwischen Tanganjikasee und Sansibar

Nach achteinhalb Stunden taucht sie auf, die Runway, die sich »Kilimanjaro International« nennt: Wer hier aussteigt, findet sich in einem der aufregendsten Naturparadiese des Kontinents, denn gewaltige 945 087 Quadratkilometer machen Tansania mit beinahe der dreifachen Fläche Deutschlands zu einer opulenten afrikanischen Filmbühne – mit beeindruckenden Bergszenarien, Savannen, Seen, Inseln sowie ozeanischen Traumstränden. Gleich nebenan türmt sich der Kilimandscharo fast 6000 Meter hoch, an die 30 000 »Kili«-Verrückte quälen sich jährlich hinauf.

Aber es gibt sie, die Argumente, den schnee- und eisbedeckten Riesen einfach stehen zu lassen, und stattdessen in eine Cessna zu steigen. Gleich nach dem Start zeigt sich im wuchernden Grün des benachbarten 4566 Meter hohen Mount Meru das ehemalige Farmhaus der Deutsch-Ostafrika-Pionierin Margarete Trappe, deren aufregendes Afrikaschicksal mit Christine Neubauer in der Hauptrolle verfilmt wurde.

Unten zieht bis zum Horizont trockenes Savannenland vorbei, das sich hier Tarangire National Park nennt. Beim Anflug auf Lake Manyara zieht die Cessna über Weiß- und Pastelltöne des mit Tausenden pinkfarbener Flamingos besetzten Sees hinweg. Vor 50 Jahren rasten Hardy Krüger und John Wayne als Tierfänger mit ihren Filmjeeps hier an den Ufern entlang.

Unten zieht der berühmte Ngorongoro-Krater mit seinen steil abfallenden, grün überwucherten Wänden vorbei. Seronera Airstrip liegt im Zentrum der Serengeti. Hier hat das Parkhauptquartier seinen Sitz, wie auch die Zoologische Gesellschaft Frankfurt. »Die Serengeti darf nicht sterben!« war der unvergessene Appell von Professor Bernhard Grzimek an die Welt, weshalb der berühmte Tierforscher vor einem halben Jahrhundert in seiner zebragestreiften Einmotorigen in der Wildnis unterwegs war, um sie für uns zu retten.

Kogatende Airstrip liegt nur wenige Kilometer vor der kenianischen Grenze. Neben der staubigen Landepiste tummeln sich an den Ufern des Mara River wenigstens hundert Flusspferde. Ebenso viele grauenerregende Krokodile dürften es sein. Hier finden sie statt, die alljährlichen Migrationsbewegungen der riesigen Herden von Gnus, Zebras, Antilopen, mit zahlreichen Löwen, Leoparden, Hyänen, Schakalen und Geiern dicht auf den Fersen.

Von Traumstränden hat Sansibars Ostküste unendlich viele. Kilometerweit schlanke Palmen, schillernde Riffe, feinster Korallensand. Abends geht es von der Tauchbasis direkt ins Nachtleben, wobei sich Sansibars Inselhauptstadt Stone Town von der Seeseite her wie in einem Märchen aus Tausendundeiner Nacht erhebt.

Die Highlights

Tanganjikasee – Der mit 700 km längste und 1470 m zweittiefste See der Welt und einer ihrer artenreichsten Orte.

Bootsfahrt – Entweder mit einer Segel-Dhau oder dem Passagierdampfschiff »Liemba«, 1914 in Papenburg gebaut, zerlegt, in Kisten verpackt und am See wieder zusammengebaut.

Mahale Nationalpark – Die Heimat einer der letzten großen Schimpansenpopulationen Afrikas, die auf Trekking-Exkursionen des Greystoke Mahale Camps besucht werden können.

Kilimandscharo – Die Besteigung von Afrikas höchstem Berg verlangt Bergsteigern keine hohen technischen Anforderungen, dafür aber immense körperliche ab.

Hatari-Lodge – Einst Drehort des Filmklassikers »Hatari« und später im Besitz Hardy Krügers. Die Terrassen des heutigen Buschhotels bieten einen einzigartigen Blick auf den Kilimandscharo und den Arusha National Park.

The Africa House – In Sansibar zum Sundowner auf die Terrasse des bombastischen Kolonialhauses des ehemaligen Britischen Klubs.

Stone Town – Der von der UNESCO geschützte Altstadtkern Sansibars ist stark arabisch geprägt. Alte Apotheke, Livingstone-Haus, Palastmuseum und arabische Festung zählen zu den ersten Adressen.

Die beste Reisezeit

Von Mitte März bis Mitte Mai herrscht die große Regenzeit mit täglichen teils kräftigen Schauern, ansonsten bietet Tansania verschiedene klimatische Verhältnisse je nach Ort und Höhenlage. Für Safaris in der Serengeti ist der ***Herbst*** mit seinen mäßigen Temperaturen ideal, zudem finden ab Oktober die Migrationswanderungen riesiger Tierherden von Tansania ins nördliche Kenia statt. Auch für die Besteigung des Kilimandscharo sowie für Sansibar und den Tanganjikasee bieten September und Oktober die besten Bedingungen.

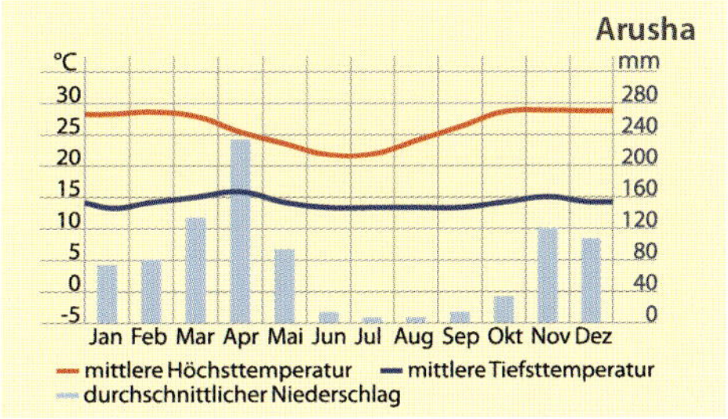

Besondere Tipps

Anreise: Condor ab Frankfurt nonstop nach Arusha/Kilimanjaro Airport, ab Sansibar wieder zurück.
Reiseplanung: Die vorliegende Reise hat die Hatari-Lodge zusammengestellt, www.theafricanembassy.com.
Reiselektüre: »Reise-Know-how Tansania« von Jörg Gabriel; »Meine Farm in Afrika« von Hardy Krüger; »Eine Frage der Zeit« von Alex Capus; »Schnee auf dem Kilimandscharo« von Ernest Hemingway.
Filme: Margarete Trappe: »Momella – eine Farm in Afrika«, Hardy Krüger & John Wayne: »Hatari«.
Info: www.tanzaniatouristboard.com

← Bei Sonnenuntergang besonders romantisch: Schirm akazie in der blutrot erleuchteten Savanne
← Grzimeks Serengeti ist ein Paradies für Wildtiere aller Art.
↑ Der Kilimandscharo, von Tansania aus betrachtet

Traumziel Kenia 99

Zu Besuch im Garten Eden

Wenn »Lunchtime« ist in Nairobi, bewegt sich alles – oder eben fast nichts: Virtuos windet sich der Verkehr der mit glitzernden Hochhäusern bestückten City durch Lücken im Blech. Hier muss man sich unbedingt Zeit nehmen für einen Kaffee im legendären »Thorn Tree Café«, gleich neben dem kolonialen Stanley Hotel, das über hundert Jahre alt ist. Man kann genau dort sitzen, wo Papa Hemingway einst seinen Kenya Coffee schlürfte – den starken, den für richtige Männer. Sicher hatte er die doppelläufige Flinte dabei schussbereit auf den Knien.

Beim Eintreten in den Luftraum über einem der meistbesuchten Tierreservate der Welt, dem Masai Mara, das auf kenianischer Seite Grzimeks tansanische Serengeti fortsetzt, werden alle Erwartungen übertroffen: Nach einer Stunde Flugzeit brummt die Cessna über den Mara River hinweg. Hier findet alljährlich im Herbst die Wanderung Hunderttausender Gnus und Zebras statt. Das noble Zeltcamp Cottars zählt zu den ersten Adressen, weshalb nicht nur Brad Pitt und Angelina Jolie auf der VIP-Gästeliste stehen.

Calvin Cottar, Nachfahre einer alteingesessenen Safari-Familie, hat sich für sein Camp eine überwältigende Naturperle herausgepickt, mit fantastischen Landschaften ringsum, die eine beeindruckende Kulisse bieten aus weiten Ebenen, durchzogen von grün strotzenden Rolling Hills, gerahmt durch sanfte Bergkämme, mit verwunschenen Tälern, durch die sprudelnd Bäche und Flüsse fließen. Zahlreich leben hier die wilden Exoten, Büffel und Löwen, Zebras und Gnus, Giraffen und Hyänen, Leoparden und Geparden in einem Garten Eden.

Kenias Amboseli-Nationalpark, seit 1974 unter dem Schutz der UNESCO, ist spezialisiert auf Elefanten: An die 2000 der Großohren ziehen im ansonsten extrem trockenen Land an kilometerlangen Sumpflandschaften entlang, die ihr kostbares Nass durch Gletscherabflüsse des fast 6000 Meter hohen Kilimandscharo beziehen. Setzt sich das Abschmelzen der Kilimandscharo-Eismassen durch die globale Erwärmung fort, so befürchten Naturschützer, könnten die Leben spendenden Sümpfe austrocknen und mit ihnen die Existenzgrundlage der Elefanten, zu denen sich Nilpferde, Büffel, Hyänen, Geparden, Löwen und reichlich Schlangen gesellen.

Die Liste der kenianischen Nationalparks und Wildschutzgebiete ist lang und enthält so berühmte Namen wie das Loisaba Game Reserve, den Amboseli National Park, das Shaba National Reserve und den Mount Kenya National Park. Auch das Schutzgebiet des Methews Forest gehört dazu, wo einst Corinne Hofmanns Buch »Die Weiße Massai« verfilmt wurde.

Die Highlights

Crossing – Der von allen Safari-Besuchern ersehnte Augenblick, wenn unfassbare Tiermengen während ihrer Wanderung den Fluss durchqueren, lässt sich am besten bei einem Rundflug über den Masai Mara betrachten.

Ballonsafaris zählen zu den stillen, beschaulichen und erstklassigen Naturerlebnissen in Kenia.

Nachtsafaris und *Bush Walks* durch die Wildnis, die in einigen privaten Schutzgebieten angeboten werden, sollte man mitmachen. Es kann aufregend werden.

Nairobi – Die Acht-Millionen-Metropole und Hauptstadt Kenias hat einiges zu bieten, was sich am besten auf einer Stadtrundfahrt erkunden lässt: Nationalmuseum, -theater und -bibliothek etwa, das Langatta Giraffe Center oder das Elefantenwaisenhaus Daphne Sheldrick's Orphanage und den Schlangenpark.

Das *»Thorn Tree Café«* in Nairobi ist seit mehr als hundert Jahren der Treffpunkt für Reisende. An die Akazie – es ist die dritte seit Bestehen des legendären Cafés – pinnen sie seit jeher ihre Nachrichten.

Karen Blixen Museum – Am Fuß der Ngong-Berge etwas außerhalb der City. Die Dänin Karen Christence von Blixen-Finecke veröffentlichte unter dem Pseudonym Tania Blixen den Bestseller »Jenseits von Afrika«.

Die beste Reisezeit

Das Klima Kenias ist je nach Region sehr unterschiedlich, und präsentiert alle in Afrika vorkommenden Erscheinungsformen: vom tropisch schwülwarmen Wetter an den Küsten des Indischen Ozeans und am Viktoriasee bis zu extrem trocken-heißen, wüstenähnlichen Zonen im Norden, zum Beispiel am Turkana-See. Im Hochland, in dem die meisten Tierschutzgebiete liegen, bestimmen die Trockenzeiten im Frühjahr und Herbst die besten Perioden zur Tierbeobachtung, wobei die spektakulären Migrationsbewegungen im ***Herbst*** stattfinden.

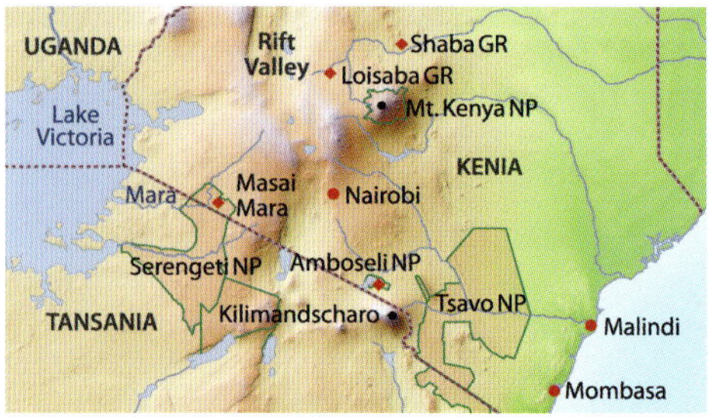

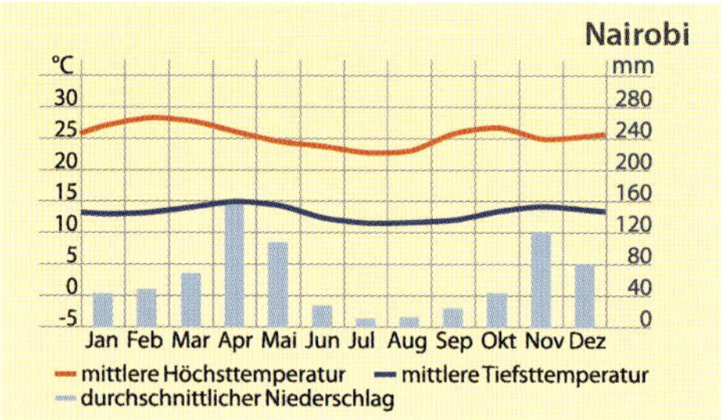

Besondere Tipps

Anreise: Mit Swiss ab Zürich oder Brussels Airlines ab Frankfurt nach Nairobi.
Schöne Camps & Lodges: www.loisaba.com; www.elewanacollection.com; www.kitichcamp.com; www.lewasafaricamp.com; www.elsaskopje.com; www.cottars.com; www.tortilis.com sowie www.chelipeacock.com
Lesestoff: Ernest Hemingway, »Schnee auf dem Kilimandscharo« und »Die Grünen Hügel Afrikas«; John le Carré, »Der ewige Gärtner«.
Infos: www.magical-kenya.de, www.magicalkenya.com

→ Eine Herde Gnus trinkt am Mara River im Wildschutzgebiet Masai Mara.
→ Tanzende Maasai-Krieger in Samburu im Norden von Kenia
↑ Champagnerfrühstück nach einem spektakulären Ballonflug über der Masai Mara

National Theatre of Namibia
National Archives
Old Windhoek Prison
Parliament Building
Windhoek Tourism Information

Traumziel Windhoek 100

Namibias windiges Zentrum

Ein bisschen existiert Namibia im Windschatten des großen Nachbarn Südafrika. Das gilt auch für Windhoek, das politische und wirtschaftliche Zentrum des Landes. Nur gut 450 000 Menschen leben in Namibias kleiner Hauptstadt, die in einem Talkessel fast 1700 Meter hoch gelegen ist. Windhoek wirkt noch immer stark geprägt durch das deutsche Kolonialerbe, auch wenn mittlerweile einige Straßen umbenannt wurden. Die Kaiserstraße zum Beispiel heißt heute Independence Avenue. Monumentale Gebäude wie das Neue Gericht und das Bürgerzentrum sollen dem Städtchen etwas Metropolenflair verleihen, das jedoch gerade durch seinen charmant kleinstädtischen Charme Besucher bezaubert. Eine Hauptattraktion ist nahe der Robert Mugabe Avenue (eine Umbenennung wäre heute wohl wünschenswert) der sogenannte Tintenpalast. Das sehenswerte Parlamentsgebäude wurde 1912 von dem deutschen Architekten Gottlieb Redecker im Kolonialstil erbaut. Der dazugehörige Parlamentsgarten ist eine Oase mitten in der Stadt. Nicht weit entfernt steht die Christuskirche auf einer Anhöhe. Ihre Altarfenster wurden von Kaiser Wilhelm gestiftet, und ihre Orgel in Ludwigsburg bei Stuttgart gebaut. Aufgrund seiner fremdbestimmten Geschichte wartet Windhoek zudem mit mancher Überraschung auf, unter anderem mit den drei Stadtburgen Sanderburg, Heinitzburg und Schwerinsburg. Letztere wurde in eine Gaststätte und später von einem ostdeutschen Adeligen zu einem Schloss umgebaut.

Während andere Hauptstädte »hip« sein müssen, genießt Windhoek das Privileg, heute noch nett sein zu dürfen. Hier ist alles überschaubar geblieben – auch die Sehenswürdigkeiten wie der Uhrtum der ehemaligen Africabank, das Nationalmuseum, die Nationalgalerie oder das TransNamib-Museum. Etwas außerhalb der Stadt liegt der »Heldenacker«. Diese große Gedenkanlage wurde von einer nordkoreanischen Firma gebaut und ist geschmacklich ein schlimmer Unfall. Tatsächlich mutet sie an, als würde gleich Diktator Kim (inzwischen dessen Sohn) um die Ecke kommen.

Daneben hat Windhoek auch wirklich Modernes zu bieten. Wer sich für zeitgenössische afrikanische Kunst interessiert, besucht die Bushman Art Gallery. Aktuelle Kulturtrends erlebt man im lebhaften Kulturzentrum in der Old Brewery in der Stadtmitte. Gute Musik bietet Mitte September zudem das Windhoek Music Festival. Bei diesem dreitägigen Open-Air-Festival lassen sich rund 20 000 Besucher von nationalen und internationalen Top-Acts begeistern.

Die Highlights

Tintenpalast – Das sehr deutsche Parlamentsgebäude ist aus Quarzsandstein gebaut, da bis auf Eingangstür und Altar nur regionale Materialien verwendet werden sollten.

Independence Avenue – Hier kann man entspannt in Läden mit individueller Beratung und meist auf Deutsch shoppen.

Christuskirche – Windhoeks zentrale lutherische Kirche ist im Stil der Neoromanik gestaltet. Allerdings haben sich während der Bauzeit bis 1910 einige Jugendstilanteile darin verirrt.

Schwerinsburg – Sie ist eine von Windhoeks drei Burgen. Der ursprüngliche einfache Verteidigungsturm wurde erweitert und schon bald zum Gasthaus umfunktioniert.

Old Brewery – Auf dem Gelände der einstigen Namibia Breweries befindet sich heute ein Kulturzentrum. Hier kann man auch sehr gut essen, trinken und einkaufen.

Bushman Art Gallery – Wohl die größte Kunstgalerie in Namibia, die afrikanische Kunst der jüngsten Vergangenheit und Gegenwart präsentiert und verkauft. Auch Nippes und Mitbringsel können hier erworben werden.

TransNamib Eisenbahnmuseum – Das Museum präsentiert im historischen Bahnhofsgebäude die Geschichte der Eisenbahn im Südwesten Afrikas.

Die beste Reisezeit

Auch wenn Namibia im Süden Afrikas liegt, ist Hitze nicht immer tonangebend. In der Hauptreisezeit, im Südsommer zwischen ***Ende September*** und ***Anfang April***, wird es zwar oft brütend heiß bei weit über 30 °C, doch weht – wie der Name schon sagt – meist ein angenehmes Lüftchen durch Windhoek. Zwischen Mai und Ende August kann das Thermometer nachts bisweilen in die Minusgrade rutschen. Allgemein ist es trocken, selbst in der Regenzeit von Januar bis März ist häufig mit Sonnenschein zu rechnen.

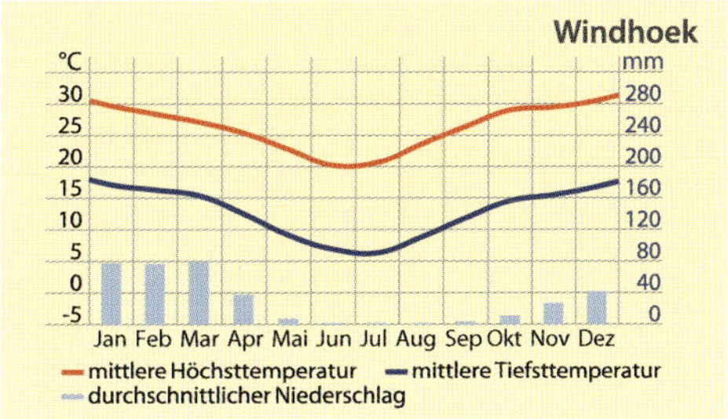

Besondere Tipps

Zum Essen: Das Restaurant »Gathemann« an der Indepence Avenue wird von Schweizern geleitet. Hier überzeugen der Service und die exzellente Küche.

Zum Sporteln: Raus aus Windhoek und rein in die Wüste. Namibias Veranstalter bieten rasante Ski- und Boardfahrten auf den hohen Sanddünen an. Eine faszinierende Alternative zum kalten Schnee.

Zum Übernachten: Das zentral gelegene Heinitzburg ist mit vier Sternen nicht das luxuriöseste Hotel Windhoeks, bietet aber einen fantastischen Blick über die Stadt.

Info: www.windhoekcc.org.na

← Die Christuskirche ist ein Wahrzeichen der Stadt.
← Den schönsten Blick auf Windhoek bieten diese großzügigen Villen.
↑ Perfekter Service im Olive Grove Guesthouse

Traumziel Peking 101

Ostasiens Hauptstadt der Kunst, Kultur und Musik

Nein, Peking ist nicht mehr einfach nur die monumentale Hauptstadt der Volksrepublik China und Zentrum der weltgrößten Kommunistischen Partei. Die moderne 19-Millionen-Metropole ist kultureller Mittelpunkt zumindest der ostasiatischen Welt geworden. Die Pekinger mögen sich zwar als Bewahrer der chinesischen Kultur – auch der chinesisch-kommunistischen – fühlen, aber sie sind gleichzeitig die Avantgarde neuer Entwicklungen und das zeigen sie auch auf anderen großen Festivals wie dem Jue Music and Art Festival für alternative, kreative und progressive Kunst und Musik im März oder dem Midi Festival im Mai, dem größten Musikfestival der Stadt neben Modern Sky.

Zudem beherbergt Peking eine der größten Künstlerkommunen der Welt mit vielen Tausend Künstlern, die in alten verlassenen Fabriken wie der Factory 798 oder dem benachbarten Caochangdi ihre kreative Heimat gefunden haben und dort ihre Werke in Hunderten von Galerien ausstellen.

Zahllose herausragende Museen, darunter das Nationalmuseum am endlosen Platz des Himmlischen Friedens oder das Capital Museum laden zu weiteren Entdeckungen ein. Am faszinierendsten ist freilich das Palastmuseum in der Verbotenen Stadt mit seinen atemberaubenden Kunstschätzen. Jenseits der Palastmauern führen die typischen Pekinger Gassen, die *Hutongs*, zu mächtigen kaiserlichen Anlagen wie der Kaiserlichen Akademie, dem Konfuzius-Tempel oder dem benachbarten Lama-Tempel. Doch hie und da trifft man in den engen Gassen mit den typischen Vier-Harmonien-Höfen auch noch auf das alte Peking, das man am besten mit dem Fahrrad erkunden sollte. Am schönsten ist die Gegend um die Drei Hinteren Seen, in deren *Hutongs* man noch zahlreiche alte Prinzenpaläste oder Residenzen berühmter Pekinger Künstler und Schriftsteller des frühen 20. Jahrhunderts besuchen kann.

Sensationell ist Chinas größtes Outdoor-Musikfestival Modern Sky, das 2011 aus Platzmangel vor die Tore der Stadt umziehen musste. Doch weiterhin strömt Pekings Jugend in Scharen zu ihren musikalischen Idolen, die von den Nöten und Ängsten angesichts der rasanten Veränderungen des Landes und der damit verbundenen Orientierungslosigkeit singen. Jedes Jahr Anfang Oktober rocken bis zu 120 Bands aus China und aller Welt auf mehreren Bühnen – nirgendwo sonst bekommt man einen besseren Eindruck von Chinas lebhafter Musikszene und von Pekings gut gelaunter Jugend. Und wenn die Großen der Branche, seien es die Retros, Carsick Cars, Brain Failure oder Haya loslegen, dann ist nichts mehr zu spüren vom Ruf der Hauptstädter, derb, plump und zurückhaltend zu sein, denn dann feiern und singen sie drei Tage lang.

Die Highlights

Die *Verbotene Stadt* galt als Nahtstelle von Himmel und Erde und ist das steingewordene Monument chinesischer Kosmologie und Philosophie.

Der *Himmelstempel* war die private Begegnungsstätte des Kaisers mit dem Himmel. Heute ist er ein quirliger Treff der Pekinger, die hier singen, tanzen und spielen.

Lamatempel – Zentrum des tibetischen Buddhismus in der Hauptstadt. Eindrucksvoll ist die Statue des Zukunftsbuddhas, die aus einem riesigen Baumstamm geschnitzt wurde.

Die *Drei Hinteren Seen* waren im alten Peking ein nobles Wohnviertel. Heute haben sich die Ufer zum malerischen Zentrum der Nachtschwärmer gemausert.

»Vogelnest« wird das *Olympiastadion* liebevoll genannt. Mit dem eindrucksvollen Nest haben die Architekten Herzog & de Meuron eine »bekletterbare öffentliche Skulptur« geschaffen.

Nein, man sieht die *Große Mauer* nicht vom Mond aus. Sie bleibt dennoch das imposanteste Bauwerk Chinas, auf dem man auch noch herrlich wandern kann.

Die *Fabrik 798* war die Keimzelle für Pekings Aufstieg zur Weltmetropole der Kunst. Noch heute ist es avantgardistisch, mutig und voller Fantasie.

Die beste Reisezeit

Die Pekinger sind stolz auf ihre vier ausgeprägten Jahreszeiten und diese erleichtern auch die Auswahl der Reisezeit. Die Stadt hat ein gemäßigtes Kontinentalklima mit sehr heißen, schwülen Sommern. Zusätzlich fallen dann in der Regenzeit 70–90 Prozent der gesamten Niederschläge. Im Winter, in Peking von November bis März, wird es vor allem eins – eisig kalt. Es bleiben der milde Frühling von ***März bis Mai*** und der angenehme Herbst von ***September bis Oktober***, wenn die Westberge im satten Rot der Ahornbäume glühen.

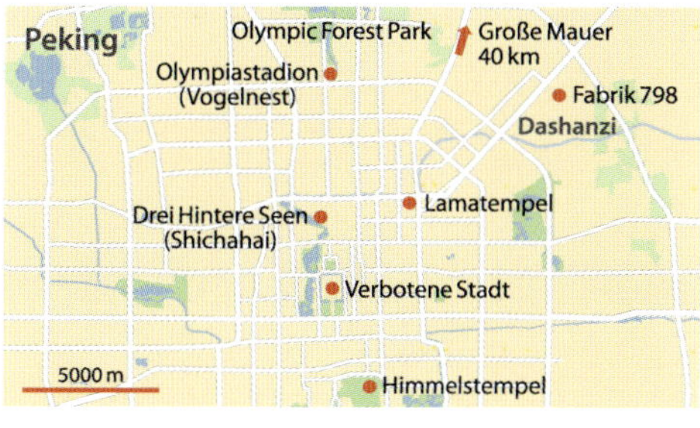

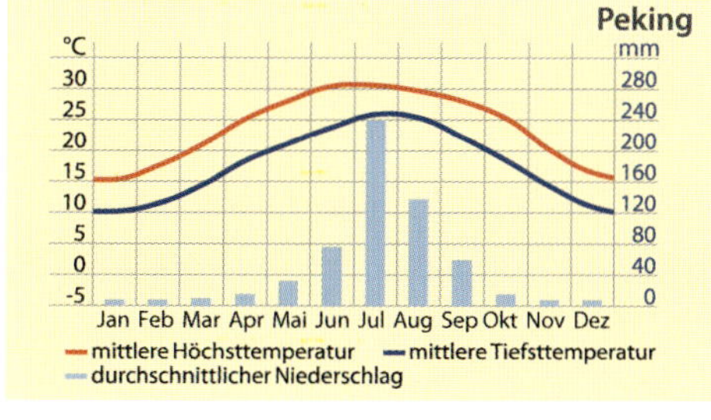

Besondere Tipps

Für den Mund: Die beste Peking-Ente bekommt man im »Dadong Roast Duck Restaurant« in der Nanxincang Int'l. Plaza, 22A Dongsi-10-Tiao: fettarm, kross und unglaublich zart.

Für Auge und Ohr: »China – Das Hörbuch« von Antje Hinz führt seine Hörer in 20 Kapiteln durch die chinesische Welt von Ahnenkult bis Peking-Oper.

Für zu Hause: Papierdrachen aus Peking gehören zu den besten Chinas. Sie sind handgemacht und selbst die kleinsten können fliegen.

Infos: www.modernsky.com

← Chinese Ethnic Culture Park mit Olympiastadion
← Morgensport im Jingshan Park am Nordtor
← Perfekt restauriert – der Lama Tempel (Yonghe Gong)
↑ Traditionelle Zitherspielerin im Belhai Park

Ein Feuerwerk an Leben

Shanghai ist cool, aufregend und anstrengend. Die Stadt besticht nicht gerade durch ihren Charme, aber sie ist Chinas Trendsetterin in Sachen Lifestyle. Der Bund, die lange Uferpromenade, ist der Stolz und heimliche Mittelpunkt Shanghais. Selten findet man in einer chinesischen Stadt so viel Freiraum, der noch dazu einen Blick in die Seele des Ortes ermöglicht. Die Seele Shanghais – das bedeutet Geschäftsmäßigkeit, Wohlstand und berstender Stolz. Bis heute ziehen die Shanghaier ihr außerordentliches Selbstbewusstsein daraus, dass ihre Stadt immer moderner, besser, modischer, fortschrittlicher und schneller war und ist als alle anderen Städte Chinas. Da spielt es keine Rolle, dass sich die großen Sehenswürdigkeiten rar machen. Aber einige Highlights gibt es dann doch. So gehört der Yu-Garten zu einem der schönsten klassischen chinesischen Gärten im Yangzi-Delta, das Shanghai Museum ist eines der besten Museen des Landes zur Geschichte Chinas. Die herrlichen, mit Platanen bestandenen Straßen der ehemaligen französischen Konzession entführen in eine Welt, in der man sich noch heute ganz dem Savoir-vivre hingibt, und Dutzende Künstlerviertel wie das M50 oder Tianzifang sollen demonstrieren, dass sich selbst in der Bankenmetropole nicht alles nur ums Geld dreht. Mit dem Shanghai International Filmfestival im Juni hat man darüber hinaus erfolgreich an Shanghais alte Bedeutung als Hollywood Chinas angeknüpft, auch wenn man zähneknirschend einräumen muss, dass die großen Blockbuster in Peking gedreht werden.

Sensationell ist auch das Shanghai International Music Fireworks Festival in der ersten Oktoberwoche. Bei der wichtigsten Show für internationale Feuerwerkskünstler in Asien verwandeln die weltbesten Pyromanen Schwarzpulver in grandiose und fantasievolle Lichtershows, farbgesättigte Funkenkaskaden am nächtlichen Himmel, die sich, begleitet von Musik, zu immer neuen Gemälden entfalten. Wer auf die Musik verzichten kann, bewundert das Spektakel von der lang gezogenen Bundpromenade aus und genießt dann als Zugabe die bunt flimmernde, himmelstürmende Skyline des spektakulären Finanzviertels Lujiazui mit den beiden Wahrzeichen Jinmao Tower (421 m) und World Financial Center (472 m). Jede Lichteruption erleuchtet auch die den Bund prägenden alten neoklassizistischen Prunkbauten, allen voran die ehemalige Zentrale der Hongkong and Shanghai Bank und das benachbarte Zollamt.

Die Highlights

Die *Skyline* des Bund, das Denkmal alten und neuen Glanzes, ist die Trumpfkarte Shanghais und eine Promenade zum Bummeln und Staunen.

Der *Yu-Garten* ist der schönste klassische chinesische Garten der Stadt, ein faszinierendes, begehbares, dreidimensionales Gesamtkunstwerk.

Einst zum Abriss freigegeben, ist das *Fabrikgelände M50* von Kreativen, Galeristen und Kuratoren zum avantgardistischen Künstlerviertel umgestaltet worden.

In den verwinkelten Gassen von *Tianzifang* findet man Galerien neben Teeläden, japanische Imbisse neben Ateliers, Boutiquen neben Cafés.

Finanzmetropole Shanghai – im *Bankenviertel Lujiazui* stehen die machtvollen Wolkenkratzer der großen Geldhäuser und Chinas größte Shopping-Mall.

Das *Shanghai Museum* beeindruckt durch die Qualität seiner Ausstellung, die von alten Bronzen über Skulpturen bis hin zur chinesischen Malerei reicht.

Ein Bummel durch die Straßen der ehemaligen *französischen Konzession* gehört zu jeder Shanghai-Reise. Besonders reizvoll sind die Nanchang Lu und Huaihai Zhonglu.

Die beste Reisezeit

Die schlechte Nachricht: Das feuchte, subtropische Klima in Shanghai ist nicht wirklich angenehm. Es gibt zwar vier ausgeprägte Jahreszeiten, aber der Sommer von Mitte Juni bis Ende August ist unerträglich heiß, schwül und regnerisch, während der Winter mit Temperaturen um den Gefrierpunkt von Dezember bis März unangenehm kalt ist. Dafür glänzen der kurze ***Frühling*** und der lange ***Herbst*** mit angenehmen Temperaturen, auch wenn es im September noch den einen oder anderen Taifunausläufer geben kann.

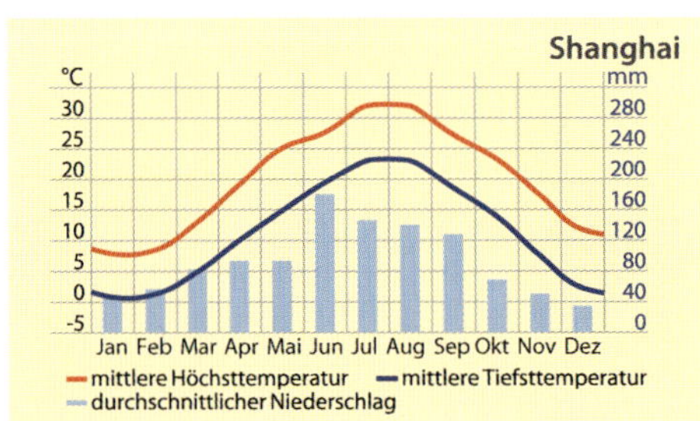

Besondere Tipps

Für den Mund: Die Shanghaier lieben süßlich zubereitete Gerichte, berühmt ist die »rote Sauce«. Einer der besten Orte für Shanghaier Küche ist das »Ye Olde Station Restaurant«.

Für Auge und Ohr: »Shanghai Serenade« von Zhang Yimou. Hommage des chinesischen Meisterregisseurs an die klassischen Shanghaier Gangsterfilme.

Für zu Hause: In Shanghai begann die Kulturrevolution, bei Madame Mao's Dowry (www.madamemaosdowry.com) bekommt man die kuriosesten Memorabilia.

Info: www.meet-in-shanghai.net

→ Der Yu-Garten, der schönste der Stadt
→ Gemeinsames Schattenboxen bei Sonnenaufgang
→ Der Bund: Promenade mit kolonialem Flair
↑ Licht und Feuerwerk beim Light Art Festival

ERECTED TO COMMEMORATE THE LANDING
IN INDIA OF THEIR IMPERIAL MAJESTIES
GEORGE V AND QUEEN MARY

Traumziel Mumbai 103

Indiens Tor zur Welt

Die Millionenmetropole Mumbai zieht Besucher mit zahlreichen Sehenswürdigkeiten in ihren Bann. Nahe dem berühmten Wahrzeichen »Gateway of India« als Indiens Symbol als Tor zur Welt begeistert etwa das geschichtsträchtige Hotel Taj Mahal im prächtigen Kolonialstil. Von dort aus sollte man nicht versäumen, mit einer Barkasse auf die nahe Insel Elephanta überzusetzen, um einen riesigen Höhlentempel aus hinduistisch-buddhistischer Frühzeit zu bestaunen. Als Mumbais anderes Tor zur Welt gilt der Victoria Terminal, der stets rappelvolle Bahnhof im indisch-gotischen Zuckerbäckerstil. Bestens studieren lässt sich das wahre Leben auch auf dem wuseligen Crawford-Markt, den brodelnden Bazaren von Kalbadevi und Bhuleshwar und in den faszinierenden Dhobi Ghats. In dieser städtischen Freiluftwäscherei klopfen rund 5000 Männer an riesigen Trögen den Schmutz aus Bergen von Wäsche – vielleicht das einprägsamste Bild, das die Stadt zu bieten hat. Nach so viel Trubel gönne man sich eine Verschnaufpause in der friedlichen Atmosphäre der weiß getünchten Haji-Ali-Moschee. Wie ein Märchen aus 1001 Nacht ragt es am Ende eines langen Dammes auf, der in das Arabische Meer vorstößt. Im Inneren hütet es das Grabmal des hoch verehrten muslimischen Heiligen Haji Ali.

Mumbai, das einstige Bombay, ist das Kraftwerk der indischen Wirtschaft und eine heitere Stadt. Am deutlichsten wird das in den Tagen des farbenfrohen Ganesh-Chaturthi-Festes, das alljährlich im September stets ab dem vierten Tag nach Neumond begangen wird. Elf Tage lang wird dazu getanzt, gegessen und gefeiert. Das größte Spektakel findet am letzten Tag statt, am Geburtstag des liebenswerten Ganesha, elefantenköpfiger Gott der Weisheit und des Wohlstands, Lieblingsgott Mumbais und Inkarnation Vishnus, des Erhalters. Eine Unzahl von bunt bemalten, teilweise riesigen Ganesha-Idolen wird von einer ebensolchen Unzahl von Menschen in ausgelassenen Umzügen durch die Stadt geschleppt und am berühmten Chowpatty Beach – nach wie vor Lieblingstreffpunkt der Stadtbewohner – im Meer versenkt. Doch auch wer Mumbai zu anderen Jahreszeiten bereist, muss nicht auf Festivitäten verzichten. Im Januar bieten sich das Kala-Ghoda-Fest des Kunsthandwerks oder das Mumbai-Festival mit Theateraufführungen an, im August der »Janmashtami«. An diesem Tag feiert Gott Krishna, ebenfalls eine äußerst liebenswerte Inkarnation Vishnus, seinen Geburtstag.

Die Highlights

Gateway of India – Mumbais symbolträchtiges Wahrzeichen darf bei einem Besuch nicht fehlen, schon allein wegen des bunten Lebens rund um das Tor.

Victoria Terminal – Auch wenn man keine Zugfahrt plant, so ist der Bahnhof mit seiner palastartigen Fassade im Kolonialstil ein lohnendes Ziel.

Elephanta – Ein unvergessliches Erlebnis ist ein Bootsausflug zur Insel Elephanta mit dem gewaltigen Höhlentempel aus hinduistisch-buddhistischen Urzeiten (UNESCO-Welterbe).

Crawford Market – Der farbenprächtige Markt war schon im britischen Bombay Umschlagplatz für Obst und Gemüse. Flachreliefs von Rudyard Kiplings Vater Lockwood zieren die neugotische Fassade.

Bazare von Kalbadevi und Bhuleshwar – Ohne sie gesehen zu haben, wäre ein Besuch der Stadt nicht komplett.

Dhobi Ghats – Ein Höhepunkt ist ein Ausflug zu dieser gewaltigen Freiluftwäscherei, die an Gemälde von Hieronymus Bosch gemahnt.

Haji-Ali-Moschee – Sie zählt zu den architektonischen Ikonen der Stadt. Höchst malerisch ragt der weiß getünchte Märchenbau am Ende eines Dammes auf.

Die beste Reisezeit

Mumbai befindet sich an der Westküste Indiens am Arabischen Meer. In den Tropen und am Wasser gelegen, hat die Stadt im Jahresverlauf ausgeglichene Temperaturen. Sie erreichen maximal 30 bis 33 °C. Allerdings beeinflusst der Monsun das Klimageschehen. Die beste Zeit für einen Besuch sind die etwas kühleren und trockenen Wintermonate – mit Temperaturen zwischen rund 16 und 30 °C ist es im ***Januar*** am angenehmsten. Zum Ganesha Chaturthi Fest im September nehmen die Regentage des Monsuns bereits ab.

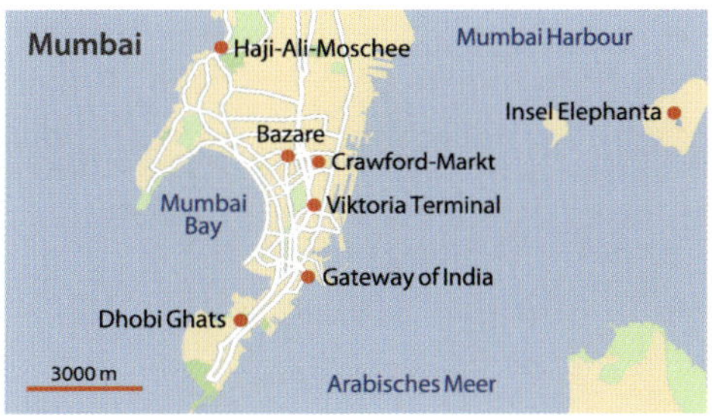

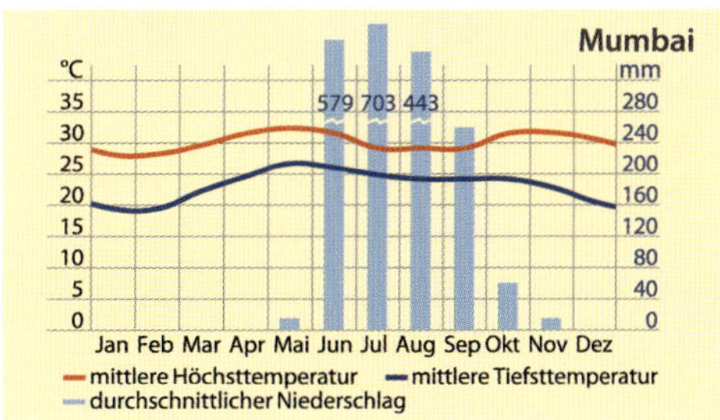

Besondere Tipps

Für Leser: »Eine gute Partie« von Vikram Seth. Der Roman erzählt viel von der Lebensart großer Familienclans, geprägt von Tradition und Moderne.

Für Traditionsbewusste: Five o'Clock Tea und Clubsandwich im berühmten Taj Mahal. Kaum ein anderes Hotel ist auf dem indischen Subkontinent so bekannt.

Für Schlemmer: Im »Tanjore«, Aushängeschild des Taj Mahal, bekommt man erlesene Speisen aus verschiedenen Provinzen Indiens geboten. Zu den sanften Sitarklängen unbedingt Thalis bestellen.

Info: www.incredibleindia.org

← Blick auf das Gateway of India am Abend
← Victoria Terminus Station im Kolonialstil
← Die Elephant Caves auf der Insel vor Mumbai
↑ Beim Ganesh Ganpati Festival zu Ehren des Gottes

Der Morgen der Welt

Gut zwei Millionen Touristen suchen jedes Jahr nach dem Mythos dieser Insel. Und das Wunder geschieht immer wieder aufs Neue: Die meisten werden fündig. Denn die einen bleiben weitgehend unter sich an den Stränden von Kuta, Sanur und Legian, wo sich pralles und austauschbares Ferienleben abspielt wie an so vielen beliebten Küsten dieser Welt. Die anderen, es ist die Minderheit, stoßen schon wenige Kilometer hinter der Küste auf das alte, fast noch ursprüngliche Bali. Dort leben die Einheimischen mit ihren Göttern und Geistern, mit ihren Ritualen und Regeln.

Wer nur zum Baden, zum Surfen oder zum »Abhängen« nach Bali fliegt, wird nichts vom einmaligen Zauber dieser Insel wahrnehmen. Vor Jahren hat hier der indische Premierminister Nehru den »Morgen der Welt« ausgemacht, eine Art jungfräuliche oder im besten Sinne naive und unverfälschte Harmonie, die sich auch in den traumhaften Kultur- und Naturlandschaften erkennen lässt. Wer je in aller Frühe durch Reisfelder spaziert oder zuschaut, wie Frauen, die Opfergaben auf dem Kopf balancierend, gemessenen Schrittes ein Heiligtum aufsuchen, wer zu Prozessionen und Tempelfesten eingeladen wird – und das geschieht häufig –, wird rasch eine Ahnung von der ganz besonderen Atmosphäre verspüren.

Das ging den Künstlern und Lebenskünstlern so, die in den 1920er- und 1930er-Jahren glaubten, hier das Paradies gefunden zu haben. Und das geht heute noch jedem Reisenden so, der sensibel und mit offenen Augen und Ohren auf Nebenstraßen durch die Dörfer fährt oder, noch besser, wandert.

Die Bewohner von Bali, dieser kleinen Insel zwischen Java und Lombok, die auf Landkarten kaum Platz findet, hängen als Einzige im großen Archipel Indonesien einer besonderen Ausprägung des Hinduismus an. Nur ganz entfernt sind ihre Götter mit denen aus Indien verwandt. Die Ahnen und eine Geister- und Dämonenwelt, die auch Balikenner nach Jahrzehnten kaum durchschauen, sind ihnen nahe. Sie wohnen in Tempeln und auf Bergen und auch in den Schreinen im eigenen Haus. Jeden Tag, das ganze Jahr über, werden sie liebevoll mit Blumen und Früchten betreut. Und jeden Tag wird irgendwo ein Fest gefeiert, bei dem auch Besucher, wenn sie denn wollen, der sanften Seele Asiens ganz nahekommen können.

Die Highlights

Die *Reisterrassen bei Jatiluwih* in der Inselmitte gehören zu den schönsten Asiens.

Pura Besakih – Dieser riesige Tempelkomplex gilt den Balinesen als »Mutter aller Tempel«. Er liegt malerisch am Hang des heiligen Vulkans Gunung Agung.

Der *Bratan-See* mit dem Tempel Pura Ulun Danu liegt in einer oft wolkenverhangenen Berglandschaft und wirkt schon deshalb wie verzaubert.

Ubud – Einst Treffpunkt europäischer und einheimischer Künstler, heute touristisches Zentrum der Insel.

ARMA (Agung Rai Museum of Art) ist ein privates Kunstmuseum in Ubud, das Bilder in der Tradition des deutschen Malers Walter Spies zeigt. Spies, ein künstlerisches Multitalent, hat vor dem Zweiten Weltkrieg lange auf Bali gelebt.

Der *Kecak-Tanz* gilt zwar als typisch balinesisch, stammt aber nicht aus Bali. Das Spektakel, auch »Affentanz« genannt, weil Männer in Gesten und Geräuschen das Gefolge des legendären Affengenerals Hanuman nachahmen, wurde von Walter Spies in den 1920er-Jahren für den Film »Insel der Dämonen« kreiert.

Lombok – Die stark muslimisch geprägte kleinere Nachbarinsel bietet, obwohl nur knapp 40 km von Bali entfernt, kulturell und landschaftlich ein reizvolles Kontrastprogramm.

Die beste Reisezeit

Generell gilt: Von August bis Ende Oktober regnet es weniger, in unseren Wintermonaten mehr. Aber auch in den »trockenen« Monaten sind tropische Schauer nicht ausgeschlossen. Die Temperaturen bewegen sich ganzjährig um die 30-Grad-Marke. Im ***Herbst*** wird die immer noch hohe Luftfeuchtigkeit als nicht so drückend empfunden wie in den Wintermonaten. Die Hitze wird dann in Küstennähe durch Brisen vom Meer, im Zentrum durch Wind von den Bergen gemildert.

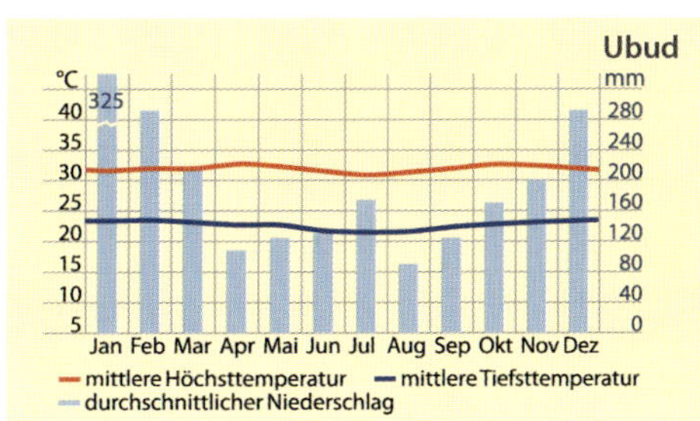

Besondere Tipps

Literatur: »Liebe und Tod auf Bali«, dieser anrührende Roman von Vicki Baum ist die beste Einstimmung.

Gili: Drei Mini-Inseln vor Lombok. Sie eignen sich mit ihren schönen und noch nicht so überlaufenen Stränden, den artenreichen Korallenriffen und Hotels aller Klassen als Erholungsorte nach Rundreisen auf Bali.

Haus der Brahmanen: Reizvolle Inneneinsichten sind möglich bei diesem Urlaub mit Familienanschluss auf einem klassischen Hof bei Ubud, www.lotus-travel.com. *Info:* www.bali.de

← Die Reisterrassen bei Jatiluwih gehören zu Balis Top-Attraktionen.

← Kulturdarbietungen wie der Kecak-Tanz prägen das Bild der Insel.

← Frau beim Opfern in einem Tempel in Ubud

↑ Der Ulun-Danu-Bratan-Tempel am gleichnamigen See

Schmelztiegel der Religionen

Eigentlich ist Nepal ein hinduistisches Königreich, doch haben sich nach der Invasion der Chinesen in Tibet so viele tibetisch-buddhistische Flüchtlinge in Nepals Hauptstadt angesiedelt, dass Kathmandu zu einem Musterbeispiel für die friedliche Koexistenz von zwei Weltreligionen wurde. Sind die Palastbereiche von Alt-Kathmandu, Patan und Bakthapur sowie der Pilgerort Pashupatinath beeindruckende Stätten des Hinduismus, so hat sich rings um den Stupa von Boudanath am nordöstlichen Stadtrand ein Brennpunkt tibetisch-buddhistischer Kultur und Gelehrsamkeit entwickelt, mit zahlreichen Klöstern, in denen hochgeehrte tibetische Meister ihre Schüler aus aller Welt empfangen. Übrigens zählt das gesamte Kathmandu-Tal zum UNESCO-Weltkulturerbe. Doch freilich ist Kathmandu nicht nur ein Ort der Religion und Kunstgeschichte. In den Sechziger- und Siebzigerjahren ein Magnet für Hippies aus aller Welt, die Kathmandu wegen der Qualität des dort legal erhältlichen Haschischs schätzten, entwickelte sich die Stadt zu Füßen des Himalaja zu einer quirligen Metropole, in der heute Drogenkonsum wie überall sonst mit strengen Strafen geahndet wird, in der sich jedoch noch immer Mittelalter und Moderne begegnen: enge Bazargassen, in denen heilige Kühe den chaotischen Verkehr behindern neben neu erbauten Luxushotels, in denen sich Trekkingtouristen aus aller Welt von ihren Himalajaausflügen erholen, verborgene kleine Tempelchen, in denen Hindus und Buddhisten gleichermaßen Opfer darbringen neben Shoppingcentern und überfüllte Ringstraßen. Ein besonderes Merkmal von Nepals Hauptstadt aber ist die Lust ihrer Bevölkerung an farbenfrohen Festen. Ob Hochzeitszüge, die sich mit schmetternder, für westliche Ohren ziemlich schräg klingender Blasmusik durch die Gassen der Altstadt schlängeln, oder die zahlreichen religiösen Feste im Jahreslauf – Kathmandu feiert gerne und oft. Ein besonderes Fest, Losar, findet zum tibetischen Neujahr rings um den Stupa von Boudanath statt, gemäß Mondkalender im Februar oder Anfang März. Dicht gedrängt umrunden Pilger und Mönche dann den riesigen Stupa, der in manchen Jahren in den Nächten des Festes mit Tausenden brennender Butterlampen beleuchtet wird. In den zahlreichen Klöstern sind die hochverehrten wiedergeborenen Lamas garantiert anwesend, um den Neujahrssegen zu erteilen, und in den tibetischen Privathäusern werden zu Losar gleich auch die Geburtstage aller Familienmitglieder mitgefeiert.

Die Highlights

Der *Durbar Square*, das historische Herz Kathmandus mit seinen Pagoden und Tempeln, ist die Hauptsehenswürdigkeit der Stadt.

Die alte Königsstadt Patan, die heute mit Kathmandu so gut wie zusammengewachsen ist, bietet ebenfalls herrliche historische Monumente.

Bhaktapur im Kathmandu-Tal ist die dritte Königsstadt und vor allem durch die opulenten Holzschnitzereien seiner historischen Gebäude bekannt.

Der große *Stupa von Boudanath* mit den ringsum gelegenen Klöstern, Tempeln und Läden ist das lebendige Zentrum der tibetisch-buddhistischen Gemeinde Nepals.

Der *Stupa von Swayambhunath* überragt auf seinem Hügel das Häusermeer von Kathmandu und ist ein von Hindus und Buddhisten mit Leben erfülltes religiöses Zentrum.

Pashupatinath am Fluss Bagmati ist nicht nur das wichtigste hinduistische Heiligtum Nepals und der Verbrennungsort der nepalesischen Könige, sondern auch einer der vier bedeuendsten Shiva-Tempel der Welt.

Kathmandu ist der ideale Startplatz für unzählige leichte bis anspruchsvolle *Wander- und Trekkingtouren* im Himalaja. Zahllose Trekking-Agenturen bieten ihre Dienste an.

Die beste Reisezeit

Die beliebteste Reisezeit für Nepal ist ***September*** und ***Oktober***. In diesen Monaten sind die meisten Touristen im Land, die Herbergen in der Stadt und an den Trekkingrouten sind überfüllt. Doch der ***Februar*** oder ***März***, zum tibetischen Neujahrsfest, ist ebenfalls eine ideale Reisezeit. Zwar sind die Nächte noch kalt, doch die Tage schon angenehm warm, und es zeigen sich die Schneegipfel des Himalaja zumeist befreit von Dunst und Wolken. Meiden sollte man den Sommer mit seinen heftigen Monsunregen.

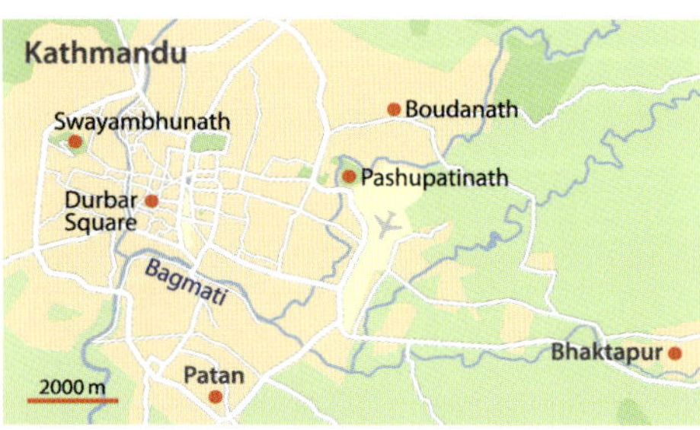

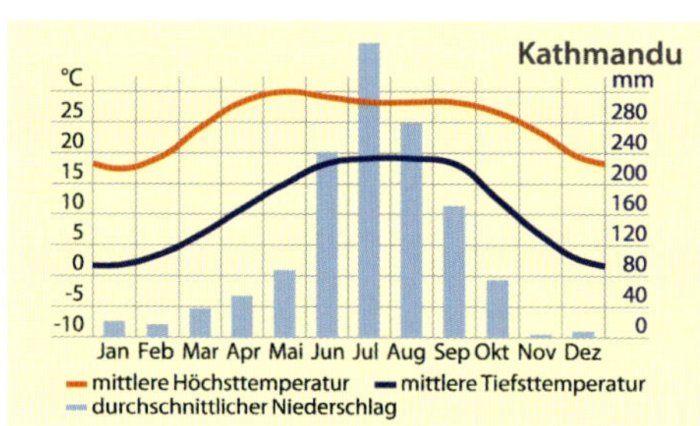

Besondere Tipps

Zum Verehren: Die lebende Göttin Kumari Devi ist ein Mädchen, das sich in seinem Palast neben dem Durbar Square den Besuchern auf dem Balkon präsentiert.
Zum Übernachten: Am stilvollsten wohnt man in Kathmandu im Dwarika's mit seiner traditionellen nepalesischen Architektur und Schnitzkunst.
Zum Stöbern: Das Pilgrims Book House im Thamel-Viertel ist eine unerschöpfliche Fundgrube für Literatur, religiöse Texte und Bildbände über Nepal, Tibet und den Himalaja mit vielen antiquarischen Raritäten.
Info: www.visitnepal.com

→ Tibetische Exilmönche bei einer Prozession anlässlich des Neujahrsfestes in ihrem Kloster bei Kathmandu
→ Butterlampenverkäufer vor dem Losar-Fest
→ Gewürzhändler in der Altstadt von Kathmandu
↑ Der große Stupa von Boudanath

Traumziel/ Bangkok 106

Zwischen Tradition und Moderne

Klassisch schön war Bangkok nie – trotzdem lässt diese Stadt keinen kalt. Sie strotzt vor Leben, kommt nie zur Ruhe. Ihre Gegensätze sind frappierend. Auf dem Weg zu 400 Tempelanlagen, 4000 Kleinigkeiten am Wegesrand oder 40 000 Garküchen begegnet man Skyscrapern und Wellblechhütten, Stadtautobahnen und winzigen Gässchen, reichen Thai-Dandys und alten Chinesen-Opas. Hier lauthals badende Kinder im schmutzigen Wasser des Chao Phraya, dort an der Landungsbrücke eine Dame in schneeweißem Kostüm mit schwarzer Designerhandtasche. Hier ein Tuk-Tuk, das ebenso berühmte wie knatternde Dreiradtaxi der Stadt, dort ein Rolls-Royce mit behutetem Chauffeur. Hier eine Garküche mit Hockerchen und duftenden Speisen, dort das vollklimatisierte Restaurant mit edler Innenausstattung und zelebrierter Kochkunst auf dreieckigen Tellern. Statt Pin-up-Girls sind Mönchsbilder um den Busfahrer platziert. Kunstblumengirlanden schmiegen sich um Konsole und Rückspiegel. Und draußen hängen Stromleitungen in einem unendlichen Wirrwarr über der Stadt, die weder romantisch noch schillernd, sondern faszinierend unaufgeräumt ist.

Kaum einer kann die Zehn-Millionen-Hauptstadt umgehen: Fast alle Thailand-Touristen landen auf dem Flughafen BKK. Auch alle Wege im Königreich selbst führen in die Metropole, nach »Krung Thep«, so der abgekürzte, frühere Name für Bangkok, der komplett übersetzt eine ganze Geschichte zu erzählen weiß: »Stadt der Engel, größte aller Stätten unsterblicher, göttlicher Juwelen, mächtiger, unbezwingbarer Platz, neunfach mit Juwelen geschmückte, königliche Hauptstadt, göttliche Unterkunft des wiedergeborenen Vishnu«.

So lang wie der Stadtname, so nass werden alle, wenn die Thailänder im April ihr Neujahr feiern. Alle spritzen sich mit Wasser voll und alle sprühen vor Lebensfreude. Auch »Songkran« geht, wie viele Einträge in Thailands Festkalender, auf buddhistische Ursprünge zurück.

In der Vollmondnacht des zwölften Monats im Mondkalender, bei uns meist im November, setzen die Thais auf Seen, Flüssen oder Kanälen »Krathongs« aus. Das sind kleine Schiffchen, häufig noch aus Bananenblättern gefertigt, die als Fracht brennende Kerzen, duftende Räucherstäbchen und Blumen als Opfergaben für Mae Khingkhe, die Göttin des Wassers, mitbekommen. Beim Lichterfest »Loy Krathong« hoffen die Menschen, dass mit den abtreibenden Schiffchen auch ihre Sorgen und Sünden weggespült werden. Als romantischster Krathong-Platz gilt in Bangkok der Lumpini Park.

Die Highlights

Der *Grand Palace* und *Wat Phra Kheo* müssen bei jedem Thailand-Besuch auf dem Programm stehen.

Aber auch der 45-Meter-Buddha von *Wat Pho* ist ein Must-see. Der Tempel ist 8 ha groß, komplett ummauert und nur von 16 Toren unterbrochen.

Wat Arun, der Tempel der Morgenröte, der meist in der Abenddämmerung besucht wird, war der erste Königstempel.

Das *Nationalmuseum* ist das größte, bedeutendste und umfangreichste Museum in Thailand, das über die maßgeblichen Epochen Ayutthaya, Lanna und Sukhothai informiert.

Wat Suthat am Platz der Großen Schaukel ist ein besonders häufig aufgesuchter Wat, um für gute Geschäfte und Erlöse zu bitten. Es ist der einzige Tempel Bangkoks ohne Chedi.

Im *Wat Saket*, das auf einer Anhöhe goldglänzend thront, trifft man täglich ab Mittag auf Novizen, die den Kontakt zu Touristen suchen, um ihr Englisch zu verbessern.

Auf der nur 300 m langen *Khao San Road* bekommt man wirklich alles. Diese Straße gehört in ihrer bizarren Gesamtheit inzwischen auch zu den Sightseeing-Spots der Thais.

Die beste Reisezeit

Thailands Hauptstadt ist ganzjährig bereisbar, wenngleich mit rund 30 °C im Temperaturmittel und häufig hoher Luftfeuchtigkeit. Die Monsunzeit liegt zwischen Juni und Oktober, bedeutet aber lediglich kurze, wenn auch heftige Schauer. Zum »Loy Krathong« im ***November*** und auch in den Wintermonaten sinken die Temperaturen leicht. Was sich für Europäer angenehm anfühlt, ist für Thailänder eine arktische Kaltfront. Hauptsaison ist daher von ***Dezember bis März***, wenn die Temperaturen wieder über 30 °C klettern.

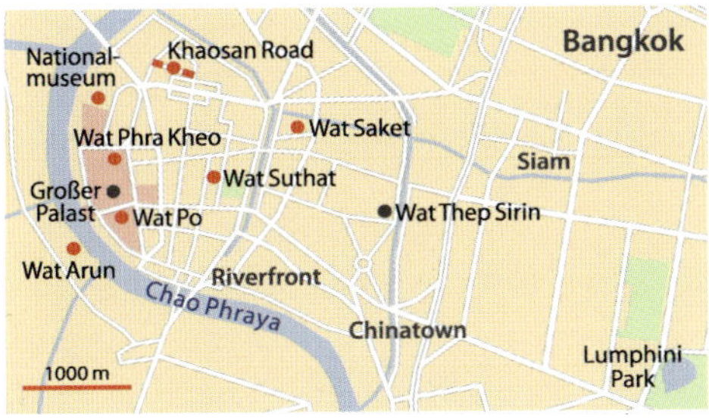

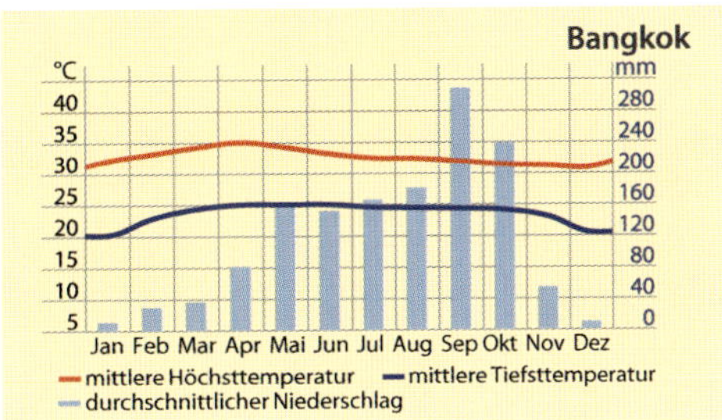

Besondere Tipps

Zum Fahren: Die Expressboote mit ihren gelben, orangefarbenen oder blauen Flaggen verkehren tagsüber regelmäßig auf dem Chao Phraya und halten an 33 Piers. Eine Fahrt kostet etwa 50 Cent.
Zum Essen: An vielen Garküchen und auf Nachtmärkten gibt es für 2 Euro beste Reis- und Nudelgerichte sowie Suppen oder marinierte Hühnchen vom Grill.
Zum Erleben: Mitten in Bangkok zum Schwimmen nach Portugal! Das geht im Royal Orchid Sheraton, dessen Gartenpool auf dem Gelände der portugiesischen Botschaft liegt. *Info:* www.thailandtourismus.de

← Blick von Wat Arun auf den Chao Phraya Fluss
← Der Wat-Pho-Tempel liegt neben dem Königspalast.
← Beim Buddha im Wat Suthat betet man um gute Geschäfte.
↑ Schiffchen für das Loy-Krathong-Festival

Traumziel Singapur 107

Hightech und altes Asien

Von wegen steril: Viele Völker und Küchen bringen Farbe und Flair in die Fünf-Millionen-Metropole vor der Südspitze der malaiischen Halbinsel. Und mit immer aufregenderen Attraktionen – etwa dem größten Riesenrad der Welt (»Flyer«), dem spektakulärsten Hotel, mit Schwimmbad in 200 Meter Höhe (Marina Bay Sands), einem Kulturzentrum von Weltrang (Esplanade) und dem Formel-1-Zirkus bei Nacht erfindet sich diese spannendste Stadt Südostasiens quasi alle paar Monate neu.

Frühstück in Little India: Pfannkuchen, die hier Dhosis heißen, eingerahmt von Schälchen mit Linsencurry und Kokos-Chutney, Joghurt und Pfefferwasser. Nebenan, im Tempel, bringen die Wäscher und Geldverleiher, die Stoffhändler und Taxifahrer ihr morgendliches Opfer: Früchte, Blumen, Geldscheine. Ein paar Schritte weiter hockt ein Wahrsager. Sein Papagei kennt die Zukunft. Der bunte Vogel pickt ein Zettelchen aus einem Holzkasten: »Sie werden viel erleben … heiß und kalt.« Wohl wahr: Gleich um die Ecke wird um Geld gefeilscht, bonbonfarbene Seide ausgemessen, an mobilen Garküchen alle Köstlichkeiten der Tropen angeboten: Satays, die würzigen Fleischspieße der Malaien, Teigfladen aus der Tamilenküche, gekochte und gebratene Nudeln, von Chinesen aus dampfenden Woks in Schüsseln gefüllt und an Kunden aller Rassen und Nationalitäten gereicht.

Abends an den Quais, wie die Flaniermeilen am Singapore River heißen, funkelt pralles Leben der anderen Art. Kilometerlang reihen sich hier Restaurants und Bars aneinander. Es ist der Ort und die Zeit des »chill outs« für die Banker aus den nahen Bürotürmen, für Einheimische und Touristen. Die wuchtigen Säulen des Parlaments, zu dieser Stunde eindrucksvoll angestrahlt, bringen die britisch-koloniale Vergangenheit in Erinnerung, die freilich längst im Schatten der Wolkenkratzer steht.

Die Entwicklung vom Hüttendorf zu einem der wichtigsten Handelsplätze der Welt und einem der faszinierendsten Reiseziele in Asien ist eine beispiellose Erfolgsstory. Singapur zeigt sich heute einerseits sauber, sicher und perfekt, andererseits, zum Beispiel im renovierten Chinesenviertel, noch immer voller »Magie des Fernen Ostens«, wie Somerset Maugham einst der Stadt und dem legendären Raffles Hotel ins Gästebuch geschrieben hat.

Die Highlights

Koloniales Singapur – Das Parlament, heute Arts House, das National Museum, die Kuppel des Supreme Court (Oberster Gerichtshof), die Statue des Stadtgründers Stamford Raffles, die Andreas-Kathedrale und die feinen Klubs am Padang (Versammlungsplatz) sind die wichtigsten Symbole der britischen Vergangenheit.

Raffles Hotel – Ohne einen Singapore-Sling-Cocktail in der Long Bar und ein Foto mit einem der hünenhaften, turbantragenden Portiers war man nicht in Singapur.

Little India – Von allen ethnischen Vierteln ist dieses das authentischste: vielfältige Fotomotive, beste Einkaufsmöglichkeiten.

Chinatown – Liebevoll wurden Shophouses, die alten kombinierten Wohn- und Lagerhäuser, restauriert. Heute beherbergen sie Touristenläden und Restaurants. Das Leben von früher wird eindrucksvoll gezeigt im Chinatown Heritage Centre in der Pagoda Street.

Sentosa – Die große Vergnügungsinsel, ideal für einen bunten Familienausflug, hat auch sehr schöne Strände.

Marina Bay – Zu diesem dem Meer abgerungenen Viertel gehören das spektakuläre Hotel Marina Bay Sands, das Riesenrad »Flyer«, eines der größten der Welt, sowie die wunderschöne botanische Anlage Gardens by the Bay. Die Lichtshow ist dort das Highlight des Abends.

Die beste Reisezeit

Der Inselstaat liegt knapp über dem Äquator, das heißt: keine ausgeprägten Jahreszeiten, nicht einmal ein auffälliger Wechsel zwischen Trockenheit und Regenzeit. Es ist ganzjährig feucht-heiß (26–30 °C). Mit Tropengüssen von maximal zwei Stunden Dauer – und einer spürbar frischeren Luft gleich danach – muss nahezu jeden Tag gerechnet werden. Der Statistik zufolge fällt von ***Mitte September bis Anfang November*** etwas weniger Regen als sonst.

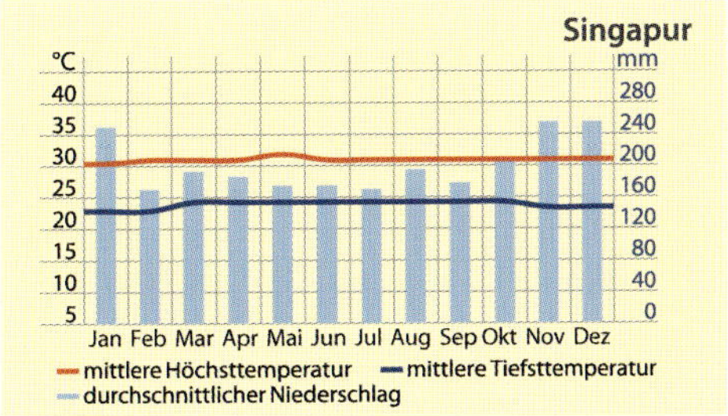

Besondere Tipps

Nachtzoo: Eine kleine Bahn zuckelt durchs dunkle Urwaldgelände und hält an spektakulären Aussichtspunkten – auf der Spur des Tigers, Auge in Auge mit dem Indischen Nashorn. Ein echtes Familienabenteuer.

Shopping: Teuer und glitzernd: die Orchard Road. Keine andere Shoppingmeile hat mehr Auswahl und einen so hohen Glamourfaktor zu bieten.

Kontrastprogramm: Das Kaufhaus Mustafa in Little India ist billig und wuselig. Last Minute: die Ladenstraße am Superflughafen Changi.

Info: www.yoursingapore.com/de_de.html

← Der Singapur-Fluss und die alten Shophouses an den Quais vor der Hochhauskulisse des Finanzdistrikts

↑ Von den 28 Kabinen des Riesenrads »Flyer« genießt man eine fantastische Aussicht.

↑ Schöner Kitsch für das chinesische Neujahrsfest

Transkontinentale durch das Outback

Der Streifen am Horizont scheint endlos lang zu sein. Zunächst seidenfadendünn, wird er von Minute zu Minute dicker und ändert seine Farbe von Dunkelrot in Ockergelb. Die Sonne geht auf. Das Buschwerk wird aufgehellt. Die Silhouetten der Bäume gewinnen an Grün. Und der Himmel bekommt langsam sein gewohntes Azurblau. Im »Indian Pacific« liegen die meisten Erste-Klasse-Passagiere kurz vor sechs Uhr morgens noch im weichen Federbett und genießen das Naturschauspiel wie im klimatisierten Breitwandkino. Der Steward serviert dazu Tee oder Kaffee und Shortbread, feine Butterkekse nach britischem Rezept.

Auf Achse zwischen zwei Meeren: Eine Eisenbahnfahrt mit dem »Indian Pacific« in Australien gehört zu den berühmtesten Bahnfahrten der Welt, nicht zuletzt, weil sie eine der letzten Transkontinentalrouten dieser Erde ist. Angetrieben von 3300 Pferdestärken durchquert der Zug mit den silbern glänzenden und unverwüstlichen Edelstahlwaggons fahrplanmäßig zweimal pro Woche den australischen Kontinent: von Sydney nach Perth oder umgekehrt. Er verbindet den Pazifischen mit dem Indischen Ozean, was ihm den Namen gab. An Haltestellen mitten in der Wüste steigen Passagiere zu, manchmal auch nur ein einzelner Fahrgast. Der »Indian Pacific« ist für diese Leute die Verbindung zum Rest der großen weiten Welt.

Die andere Seite: Eine Lady hat ihre Kreuzfahrt in Sydney unterbrochen, um einmal mit dem Zug fahren zu können. Erst in Perth geht sie wieder an Bord ihres Luxuskreuzfahrtschiffs, das sich auf Weltumrundung befindet. In einer Publikation der National Geographic Society hat sie gelesen, dass man im »Indian Pacific« auf komische Kauze und eigenwillige Charaktere treffen könne. Nur in der ersten Klasse fand sie nicht, was ihr versprochen wurde. Also ließ sich die Dame aus dem erzkonservativen Minnesota vom Zugchef den Durchgang zur dritten Klasse aufsperren und fand erst dort, was der Reporter beschrieb: staubig-schmuddelige Buschies, Cowboys, Minenarbeiter, eben komische Kauze, eigenwillige Charaktere und ein paar Rucksackreisende.

Für die einen ist der Zug Fortbewegungsmittel im ursprünglichen Sinn, für die anderen Touristenattraktion: Auf der Strecke durch drei Zeitzonen liegen Großstädte wie Sydney oder Adelaide, grüne Landschaften wie die Blue Mountains und auf langen Abschnitten Wüste mit rotbrauner Erde, Geröll, Spinifex und einem nicht zu Ende gehenden Horizont, überspannt von stahlblauem Himmel und vereinzelten Schäfchenwolken. 4352 Kilometer in 65 Stunden bedeuten 6945 Liter Diesel für die Lokomotive – und acht Mahlzeiten für die Fahrgäste der ersten Klasse.

Die Highlights

Sydney ist oft die Basisstation für die Zugreise und besticht mit Opernhaus, Hafenbrücke, Sydney Tower und natürlich mit Bondi Beach.

In *Katoomba* im Zentrum der Blue Mountains hat man leider nur zwei Minuten Aufenthalt.

Adelaide, die Kulturmetropole »down under«, kann man in zwei Stunden und 20 Minuten (Aufenthalt bei der Zugreise) auf einem Spaziergang entdecken. Den Central Market und den Victoria Square erreicht man schnell mit dem Taxi.

Port Augusta lässt sich bei 37 Minuten Aufenthalt nur erschnuppern.

Cook liegt ungefähr in der Mitte der Nullarbor Plain, einer eintönig schönen Wüste. Der Zug fährt dort 478 km nur geradeaus. Cook erreicht man, von Sydney kommend, um 10 Uhr, Abfahrt ist um 9.20 Uhr am selben Morgen – die Western Standard Time macht's möglich!

Kalgoorlie (2 Stunden und 35 Minuten Aufenthalt) ist ein Goldminen- und Outback-Erlebnis der besonderen Art, mit Häusern und Straßen wie im 19. Jh. »It's a man's world« – harte Arbeit in den Minen einer gottverlassenen Gegend und süße Vergnügungen in der Hay Street.

Perth sollte man vor oder nach der Reise unbedingt erkunden wegen seiner Innenstadt mit Rathaus und London Court, der Hay Street Mall im Tudor-Stil und Rottnest Island.

Die beste Reisezeit

Im Süden des australischen Kontinents ist der Frühsommer ab ***September*** und ***Oktober*** die schönste Jahreszeit. Es ist zwar kein Frühlingserwachen nach einer langen Kälte- oder Eisperiode, aber man merkt es den Leuten an, dass jetzt wieder die Freiluftsaison beginnt mit Barbecue und Surf. Bei den meist kurzen Stopps des Zuges sind die Temperaturen mit 20 bis 25 °C sehr angenehm. Wenn etwa in Kalgoorlie erst einmal Sommer ist, dann findet man sich dort bei mehr als 40 °C wieder – nachts.

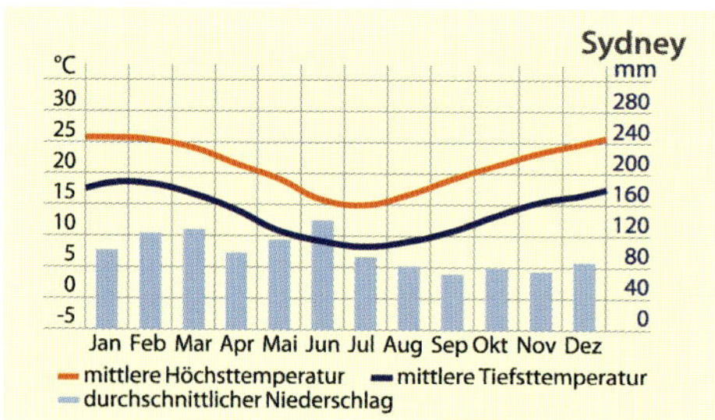

Besondere Tipps

Fahrkarten: Empfehlenswert für Sydney–Perth oder umgekehrt ist eine Zweite-Klasse-Fahrkarte in der Zweierschlafkabine, ab rund 500 Euro pro Person, ohne Verpflegung. Die Abteile haben einen Wandschrank mit Waschbecken. Im Gang gibt es eine Dusche. Speisen kann man im Restaurantwagen, oder man holt sich etwas vom Kiosk. Die geräumigere Schlafwagenkabine der ersten Klasse kostet mit Verpflegung das Dreifache. Die dritte Klasse (ab 120 Euro) ist nicht zu empfehlen.
Info: www.railaustralia.com.au

→ Wie eine Schlange gleitet der »Indian Pacific« durch Täler, Wälder, Städte, Wüste und die Blue Mountains.
→ An Bord kommt natürlich auch das leibliche Wohl nicht zu kurz.
→ Die Zugbegleiter sind stilvoll gekleidet.
↑ Vom Zug aus entdeckt man ab und an Kängurus.

Traumziel Schwarzwald 109

Winter, Wellness, wilde Fasnet

Auf 2000 Kilometern ziehen sich gespurte Loipen durch den winterlich weißen Schwarzwald. Ob klassisch oder im Skating-Stil, ob bei einer mehrtägigen Skiwanderung oder einer rasanten Abfahrt, man hat keinen Zweifel mehr daran, dass hier die Wiege des deutschen Skisports stand. Was die Pioniere um 1890 auf ihren Brettern am 1495 Meter hohen Feldberg darboten, fand sofort heimische Nachahmer. 1891 wurde der erste deutsche Skiklub gegründet und bald darauf (1908) der erste Skilift weltweit in Schollach errichtet.

Allen Diskussionen über die Klimaveränderung zum Trotz befinden sich im Schwarzwald mehr als 170 Skilifte mit 250 Kilometern präparierter Abfahrtspisten in allen Schwierigkeitsstufen, auf denen auch internationale Wettbewerbe ausgetragen werden. Berühmt waren die Skiflieger um Sven Hannawald, die an die große Zahl von Schwarzwälder Skiweltmeistern und Olympiasiegern anknüpften.

Jörgle Thoma, der einstige Postbote aus Hinterzarten, bezwang in den 1960er-Jahren die bisher dominiernden Norweger in der Nordischen Kombination. Zu einem runden Geburtstag verzichtete er auf Geschenke und sammelte Spenden zum Aufbau eines Schwarzwälder Skimuseums. Die Schwarzwälder Skiherstellung ab 1900 und die Entwicklung der Skimode sind zu bestaunen.

Ein besonderer Anziehungspunkt sind die Filme aus den 1920er-Jahren der Freiburger Bergfilmpioniere. Sie begründeten durch ihre Ausstrahlungen in den Kinosälen der Welt auch den internationalen Ruhm des Schwarzwaldes als Wintersportregion. Sportlich sind Schneeschuhwanderungen, gemütlich Fahrten mit dem Pferdeschlitten, erholsam Spaziergänge auf gebahnten Winterwanderwegen. Ein Bummel über die bunten Weihnachtsmärkte mit künstlerischen Erzeugnissen aus heimischer Produktion verschönern zudem einen Wintertag.

Nach dem Wintererlebnis zieht es Einkehrlustige in die heimelige Gaststube zu leckeren Schwarzwälder Spezialitäten und in die wohligwarmen Wasser der renommierten Thermen von Bad Wildbad, Baden-Baden oder Badenweiler. Neben den 16 Thermen haben sich Hotels, die zu den besten in Deutschland gehören, einen besonderen Namen mit ihren erholsamen Wellnesseinrichtungen gemacht.

Während der alemannischen Fasnet ist es mit der winterlichen Ruhe allerdings für einige Tage vorbei. Mit lärmenden Instrumenten, schaurigen Verkleidungen und geschnitzten Holzmasken, die Sagen- und Hexengestalten darstellen, wird, so dachte man, der Winter ausgetrieben. Neuere Forschungen gehen eher davon aus, dass die alten Fastnachtsbräuche das Ende der Völlerei und den Beginn der Fastenzeit anzeigen. Idealer Standort für Wintersport und die alemannische Fasnet ist der Hochschwarzwald um den schneesicheren Feldberg.

Die Highlights

Fastnacht – Sehenswert sind der Umzug der Schuttig/Elzach, der Rottweiler Narrensprung und das »da-Bach-na-Fahre« in Schramberg.

Das *Friedrichsbad* in Baden-Baden – erbaut um 1870 – ist eines der schönsten und prunkvollsten Badehäuser; es konkurriert in seiner Eleganz mit dem prächtigen Spielcasino.

Die *Wutachschlucht* bei Löffingen entführt auf einer abenteuerlichen Wanderung (30 km) in die Entstehungsgeschichte der Erde.

Die *Schwarzwälder Kirschtorte* ist trotz der Kalorien ein Muss, aber wegen des hochprozentigen Schwarzwälder Kirschwassers leider nicht ganz jugendfrei!

Das *Deutsche Uhrenmuseum* in Furtwangen zeigt anschaulich die Geschichte der Schwarzwälder Kuckucksuhr im Besonderen und der Zeitmessung im Allgemeinen.

Die *Badische Weinstraße* führt durch alle badischen Weinanbaugebiete in der Schwarzwald-Vorbergzone. Verkosten sollte man den Gutedel im Markgräflerland, den Grauburgunder am Kaiserstuhl und den Riesling (Klingelberger) in der Ortenau.

Der *EuropaPark* in Rust ist mit 85 ha Fläche der attraktivste Freizeitpark mit 13 Themenbereichen.

Die beste Reisezeit

Der Schwarzwald hat ganzjährig Saison; die Reisezeit hängt von der gewählten Aktivität ab – Wintersport in den schneereichen Monaten ***Januar*** und ***Februar*** lässt sich am besten mit Wellness kombinieren. Wanderer schwärmen von den herbstlichen Inversionswetterlagen mit Fernsicht bis zu den Alpen – und im Frühling von der farbenprächtigen Obstbaumblüte in der Schwarzwald-Vorbergzone. Der Sommer wartet mit traditionellen Veranstaltungen, Musik- und Trachtenfesten, Festivals und »Hocks« auf.

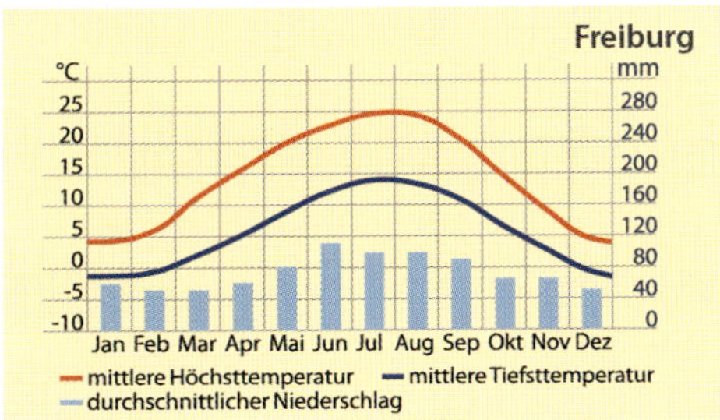

Besondere Tipps

Literatur: Johann Peter Hebel gibt mit seinen Geschichten »Kannitverstan« oder »Das unverhoffte Wiedersehen« einen Einblick in die alemannische Seele. Hermann Hesse beschreibt in »Unterm Rad« seine unglücklichen Schuljahre, und Birgit Hermann spürt in ihrem Roman »Die Apfelrose« (2006) dem Leben im Schwarzwald um 1800 nach.

Souvenir: Das Schwarzwälder-Kirschtorten-Backset lässt sich bequem mit nach Hause nehmen, und Kleinbrenner verkaufen selbst gebrannte Schnäpse.

Info: www.schwarzwald-tourismus.info

← Schwarzwaldidylle: Sonnenaufgang an einem Wintermorgen in Breitnau-Fahrenberg am Feldberg

← Buntes Treiben beim Narrensprung in Rottweil

↑ Die Schwarzwälder Kirschtorte ist die wohl berühmteste Torte Deutschlands.

Traumziel Köln 110

Hauptstadt der Lebensfreude

Köln gilt zu Recht als Hauptstadt der Lebensfreude, und wer die Rheinmetropole richtig kennenlernen möchte, hält sich am besten an zwei magische Dreiklänge. Der erste lautet: Kirche, Küche und Kultur. Der rheinische Katholizismus ist nach wie vor tief verwurzelt in der Lebenspraxis der Kölner. Weltzugewandt, heiter, nachsichtig – der unvergessliche Willy Millowitsch brachte das auf die kreuzfidele Formel »Wir sind alle kleine Sünderlein« –, ist er an den Türmen Dutzender Kirchen sichtbar und auch bei der Mülheimer Schiffsprozession oder der Domwallfahrt lebendig. Überhaupt der Dom: Der faszinierende gotische Riese aus Sandstein, der ewig eine Baustelle zu bleiben scheint, ist mit der Stadt und ihren Menschen untrennbar verbunden. Oder wie Bläck Fööss, die musikalischen Superstars vor Ort, herzergreifend singen: »Mer losse d'r Dom en Kölle, denn do jehöt hä hin«.

Die Kölner Küche folgt einer ganz einfachen Devise: »Lecker essen und gutes Kölsch«. Kunst und Kommerz gehen bei der Art Cologne, der traditionsreichsten Kunstmesse der Welt, Hand in Hand. Zahlreiche Galerien kümmern sich rege um die Avantgarde und als Museumsstadt bietet Köln eine einzigartig vielfältige Szene. Wie überhaupt Lifestyle und Lebensfreude heute das Flair der Altstadt ausmachen, deren ursprünglichen Charakter als Zentrum eines bedeutenden Handels zu Land und auf dem Fluss man dennoch erahnt. Die längst vergangenen Zeiten werden von den liebevoll nostalgisch inszenierten Kölner Weihnachtsmärkten auf der Domplatte, dem Neumarkt und dem Alten Markt beschworen. Wie ein überdimensionaler Adventskalender wirken die historischen Zunfthäuser und gemütlichen Brauhäuser in den verwinkelten Gassen. Kein Wunder, dass die Besucher in Scharen kommen. Jahrein, jahraus reisen über vier Millionen mit Sonderflügen, Sonderzügen und Bussen an.

Der zweite Dreiklang ist ebenfalls wohltönend und touristisch nicht minder attraktiv: Karneval, Konfetti und Kamellen. Zur närrischen Zeit stürzt Deutschlands westlichste Großstadt in einen kollektiven Glücksrausch. Alleine die Zahl der Mitwirkenden auf den monumentalen Prunk- und Persiflagewagen beläuft sich auf über 10 000 Jecken. Den Weg des kilometerlangen Rosenmontagszuges – für die Kölner nur »d'r Zooch« – säumen mehr Menschen als Köln Einwohner zählt. Im dichten Spalier der 1,3 Millionen feuchtfröhlichen Zuschauer fühlen sich Scharen von Tagestouristen wohl, die es mal richtig krachen lassen wollen. Der Alltag hat hier Pause.

Die Highlights

Dom – 1248 erfolgte die Grundsteinlegung in der Absicht, über dem Schrein mit den Gebeinen der Heiligen Drei Könige ein Reliquienhaus von bis dahin unbekanntem Ausmaß zu errichten.

Römisch-Germanisches Museum – Es erinnert an Kölns Zeit als »Colonia Claudia Ara Agrippinensium«. Im Zentrum steht das Dionysos-Mosaik (220/230 n. Chr.).

Museum Ludwig – Eines der besten Museen für moderne Kunst von Pop-Art über russische Avantgarde bis zu Zeitgenössischem.

Wallraf-Richartz-Museum – Der coole Bau des Stararchitekten O. M. Ungers birgt die weltweit größte Sammlung mittelalterlicher Malerei.

»Zur Bretzel« und »Zum Dorn« – Das Doppelhaus aus dem Jahr 1580 ist das einzige original erhaltene Gebäude am Alten Markt.

MediaPark – Die Dachterrasse auf der 30. Etage von Jean Nouvels KölnTurm bietet einen spektakulären Blick auf die Stadt. Genauso spektakulär ist aber auch die Glasfassade des Wolkenkratzers, in die das Abbild des Kölner Doms eingraviert ist.

Kölner Brauhauswanderweg – Er führt durch winkelige Gassen in alte Kneipen, wo man »Kölsch vom Fass« zapft und »Halve Hahn«, Rheinischen Sauerbraten oder »Himmel und Ääd« serviert.

Die beste Reisezeit

Dank seiner geschützten Lage im Rheintal verzeichnet Köln ein mildes Klima. Von ***Dezember*** bis ***Februar*** fällt das Thermometer im Durchschnitt auf rund 5 bis 6 °C. Wenn im Februar oder ***März*** die Narren das Zepter übernehmen, ist es selten frostig. Doch die Domstadt ist nicht nur zur »fünften Jahreszeit« eine Reise wert. Besonders angenehm sind die warmen und eher trockenen Monate ***Mai*** und ***September***, zwischen Juni und August muss man bei über 20 °C mit Schwüle und Gewittern rechnen.

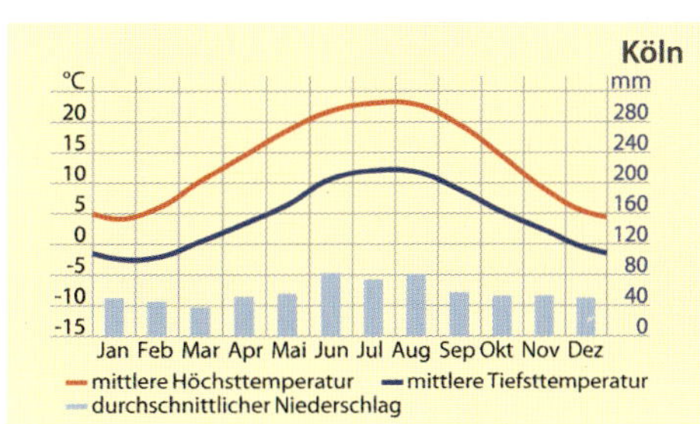

Besondere Tipps

Für TV-Fans: Viele TV-Produktionen werden in den Studios in Hürth, Mülheim oder Bocklemünd aufgezeichnet. Tickets sind online erhältlich.

Für Nostalgiker: Das grüne Fläschchen mit dem goldenen Etikett stand schon bei Großmutter auf dem Frisiertisch: Das berühmte Eau de Cologne »4711« stammt aus der Glockengasse. Kaum jemand verlässt das Traditionshaus ohne einen Flakon.

Für Sprachbegabte: Die Akademie för uns kölsche Sproch bietet Schnupperkurse im Kölner Dialekt in einer echt kölschen »Weetschaff« an.

Info: www.koeln.de

← Der berühmte Blick über den Rhein auf Dom Hohenzollernbrücke

↑ An Karneval übernehmen die Jecken das Kommando in Köln.

Winter im Berner Oberland

Nicht nur Byron, Goethe und Mendelssohn haben zwischen Thuner- und Brienzersee Inspiration gesucht und gefunden: Seit Jahrhunderten hat das Berner Oberland als Reiseziel seinen Platz auf den Landkarten Europas. Mit Blick auf die Viertausender des weltbekannten Dreigestirns Eiger, Mönch, Jungfrau dirigiert sein Betriebszentrum Interlaken mit traditionsreichen Top-Hotels wie dem Fünf-Sterne-Flaggschiff Jungfrau-Victoria, dem Beau-Rivage, dem Royal-St. Georges oder dem Hotel Du Lac am Ost-Bahnhof den anhaltenden Erfolg.

Besagter Ost-Bahnhof bindet den internationalen Zugverkehr an die Jungfrauregion an mit den weltbekannten Wintersportorten Grindelwald, Wengen, Mürren und Lauterbrunnen, weshalb sich die gesamte Region komplett autofrei mit dem öffentlichen Nahverkehr erschließen lässt.

Die Berner Oberland-Bahn fährt über Zweilütschinen nach Grindelwald sowie ins Tal der hundert Wasserfälle, nach Lauterbrunnen, dem angesagtesten Zentrum für Outdoor & Adventure mit Canyoning, Basejumping, Sky-Dives, Speedflying und vielem mehr.

Die Wengerenalp-Bahn geht nach Wengen und der Kleinen Scheidegg, dem Ausgangpunkt zum Besteigen der legendären Eiger-Nordwand. Für Skitouristen öffnet sich hier mit Abfahrten vom Eigergletscher bis zum Männlichen das Tor zum größten zusammenhängenden Skigebiet der Region. Auf der anderen Talseite führt eine Seilbahn auf die Grütschalp, von der es mit dem Panorama-Zahnradbähnchen (mit der besten Sicht überhaupt auf die Viertausender!) über Winteregg zum Gebirgskurort Mürren (1600 m) geht, einem Dorf mit Holzhäusern, traditionellen Pensionen und familiären Hotels.

Zwischen Natureisbahn, Nursery Slope und dem Ende der Skiabfahrten gelegen, ist die Sonnenterrasse des Hotels Jungfrau wie geschaffen, um sich ein einheimisches Rugenbräu vom Fass zu genehmigen. Nur ein Katzensprung ist es per Seilbahn zu Skiliften mit schneesicheren Pisten auf bis zu 3000 Meter Höhe. Das 1200 Meter hoch über dem Thuner See gelegene Beatenberg ist mit Bus oder Auto ab Interlaken oder mit einer Standseilbahn ab Beatenbucht leicht zu erreichen und bietet einen Blick auf das gesamte Bergpanorama.

Die Highlights

Infernorennen – Das älteste und mit 16 km längste Volksskirennen der Welt hinunter vom Schilthorn bis nach Lauterbrunnen lockt jährlich rund 1800 Teilnehmer an.

Jungfraujoch – Top of Europe – Eines der beeindruckendsten Ausflugsziele. Dort reihen sich rund um den höchstgelegenen Bahnhof Europas (3454 m) das Wetterobservatorium, die Sphinx-Aussichtsterrasse, der Eispalast sowie die gesicherte Begehung des Aletschgletschers.

Schilthorn – Durch den James-Bond-Film »Im Geheimdienst Ihrer Majestät« weltbekannter Panoramagipfel. Hinauf kommt man mit der Seilbahn ab Stechelberg, oben dreht sich das Gipfelrestaurant »Piz Gloria« um die eigene Achse.

Brienzer-Rothorn – Bis auf 2350 m führen die Bergbahn-Traumstrecken mit der Dampfbahn ab Brienz.

Alpengarten Schynige-Platte – Der Nostalgiezug, der ab Wilderwil dort hinauffährt, zieht Eisenbahnliebhaber aus aller Welt an.

Grindelwald ist der mondänste Ort der Jungfrauregion, Skifans haben Lifte auf der First (2168 m) und dem Oberjoch (2500 m) zur Auswahl.

Lauberhornrennen – Das Abfahrtsrennen in Wengen ist weltbekannt. Der Ort wurde zusammen mit Mürren bereits in den 1920er-Jahren zur Wiege des alpinen Skirennsports.

Die beste Reisezeit

Die Wintersaison reicht von Mitte Dezember bis Mitte April. In der Regel sind die Schneeverhältnisse im ***Februar und März*** ideal, wobei bei massiven Föhneinbrüchen bereits in der zweiten Märzhälfte mit Sulz (in höheren Lagen) oder Nassschnee gerechnet werden muss. Die Orte Lauterbrunnen und Mürren sind selten ausgebucht, Wengen und Grindelwald ganz sicher über die Festtage »dicht« und während der Skiferien im Februar nur schwierig buchbar. Auch die zweite Januarhälfte könnte eine Alternative sein.

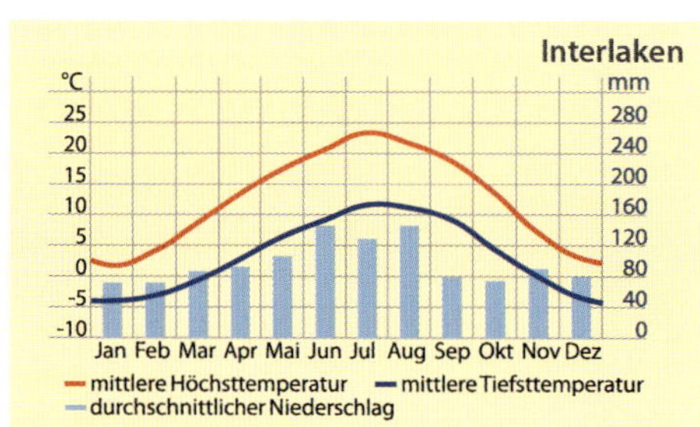

Besondere Tipps

Film: »Nordwand« des deutschen Regisseurs Philipp Stölzl (2008) über den dramatischen Erstbesteigungsversuch der Eiger-Nordwand im Jahr 1936.
Schlittenfahren: Vom Bergdorf Isenfluh per Miniseilbahn auf die Alp Suhlwald, dann die Rodelbahn zurück.
Wandern mit Schneeschuhen: Traumhaft ab Beatenberg, Habkern, Lombachalp, Niederhorn, Gemmenalphorn.
Souvenir: In den Dörfern Mürren, Isenfluh, Beatenberg, Habkern und Meiringen gibt's Bergkäse direkt vom Bauern.
Info: www.berneroberland.ch

→ Das Palace in Gstaad gehört zu den Hotelperlen der Schweiz.

↑ Wer im Drehrestaurant »Piz Gloria« auf dem Schilthorn sitzt, kann zum Essen ein prächtiges Alpenpanorama genießen.

Loertscher-Graa

Highlife mal drei mit den »Big 3«

Sölden, Talstation, Punkt 9 Uhr: In null Komma nichts schwebt die Giggijochbahn auf mehr als 2000 Meter, ehe der Sessellift übernimmt. Drei Dreitausender an einem Tag – da kribbelt's im Bauch. Die Unruhe ist vergleichbar mit der von Rennpferden vor dem Start. Weltklasseskifahrer könnten die Big 3 in Renngeschwindigkeit in einer Stunde und 30 Minuten bewältigen. Skifahrer, die brav ihre Schwünge ziehen, müssen vier bis fünf Stunden rechnen.

Big 3 heißt aber nicht nur mit einer Liftkarte gleich drei 3000 Meter hohe Berge per Ski zu bezwingen, sondern auch spektakuläre Aussichten zu genießen: auf der Schwarzen Schneid mit 3370, vom Tiefenbachkogl mit 3309 und vom Gaislachkogl mit 3058 Metern. Von den Gipfeln geht's auf blauen und roten, also leichten und mittelschweren Pisten abwärts. Die Abschnitte der Tour sind in alphabetischer Reihenfolge geordnet, sodass Treffpunkte mit der Familie oder mit Freunden vereinbart werden können.

Der Rettenbachgletscher trägt etwa den Buchstaben E und ist der Ausgangspunkt für den ersten Dreier zur Schwarzen Schneid mit ihrem Obelisken. Die Luft ist eh schon dünn, aber spätestens beim Rundumblick bleibt einem dann wirklich der Atem weg … Handys werden gezückt, um Fotos wie »Ich auf 3000« zu versenden (der Empfang ist gut), andere packen ihre Brotzeit aus, ein Dritter sitzt bewegungslos wie Buddha im Schnee und scheint alpinphilosophische Schlüsse zu ziehen.

Durch den 170 Meter langen Skitunnel auf 3223 Metern gleitet man zur nächsten Piste Richtung Tiefenbachferner, um per Gondel den zweiten Dreier, den Tiefenbachkogl, zu erreichen. Schwindelfreie nehmen den Weg zum spektakulären Aussichtspunkt. Jede der drei Dreitausender-Plattformen ist ein Unikat, die Tiefenbachkogl-Version aber gewiss die aufregendste: Der Boden ist schneebedeckt, die brusthohen Seitenwände sind jedoch durchsichtig aus Acrylglas. Der Blick auf die Wildspitze – mit 3776 Metern Tirols höchsten Berg – ist stark, das Gefühl, im freien Raum zu spazieren, gigantisch.

Zwölf Kilometer Abfahrt am Stück mit 1690 Höhenmetern folgen, und der nächste Dreier wird zum Einkehrschwung: Wie ein Ufo sieht die Panoramaplattform am Gaislachkogl unter dem Gipfelkreuz aus. Das Rondell ragt ins Freie, und wer vorbestellt, bekommt sogar sein Essen auf der Plattform serviert: Es gibt Eintopf vor der letzten Abfahrt.

16 Uhr, Talstation, die Sonne ist weg. Das Big-3-Fazit: 9851 Höhenmeter bewältigt, 49,3 Kilometer auf Ski gewesen, davon 35 Kilometer abgefahren, zwei Stunden Pause und 15 Handy-Bilder gemacht, von alpinen Dimensionen, wie man sie selten findet.

Die Highlights

Von der *Rotkoglhütte* bietet die Big-3-Tour den ersten grandiosen Ausblick: auf den Rettenbachgletscher, ein riesiges, majestätisches Eisfeld.

Rettenbachgletscher – In neun Iglus, die Jahr für Jahr aufgebaut werden, darf hier ganz romantisch übernachtet werden. Und vor dem Sprung in den Schlafsack kann man sich sogar noch richtig aufwärmen in Österreichs höchstgelegener Sauna.

Schwarzer Obelisk – Erbaut auf 3370 m auf der Schwarzen Schneid. Die Naturplattform mit 360-Grad-Panorama ist die erste Big-3-Station zum Innehalten und Verschnaufen, zum Schauen und Genießen.

Am *Tiefenbachkogl* lockt ein Felssteg, eine Stahlkonstruktion, die auf 25 m Länge, von zwei Stahlseilen gehalten, über dem Abgrund schwebt. Die Bergstation markiert eine 15 m hohe Pyramide.

Die *Panoramaplattform am Gaislachkogl* zeigt sich unter dem Gipfelkreuz wie ein Ufo auf Stelzen. Das Rondell ragt ins Freie hinaus.

Aqua Dome – Eine Therme in Sölden inmitten der Berge, die außerdem eine Saunalandschaft bietet.

Après-Ski in Sölden unter der Discokugel bis spät in die Nacht. Auch Söldens Saisoneröffnungspartys sind legendär.

Die beste Reisezeit

Für Skifahrer gilt die Zeit von der Saisoneröffnung ***Anfang Dezember bis Heiligabend*** als schönstes Zeitfenster, denn dann finden sich weder an den Liften noch in den Hütten Menschenmassen. Der Schnee ist frisch, die Schulkinder büffeln noch fleißig im Flachland, und auch die Holländer sind erst beim Wachsen in der heimischen Garage in einer Art Vorfreudestadium. Last, but not least: Die Hotelpreise sind in dieser Zeit am günstigsten, und selbst Spontanentschlossene bekommen noch eine Unterkunft.

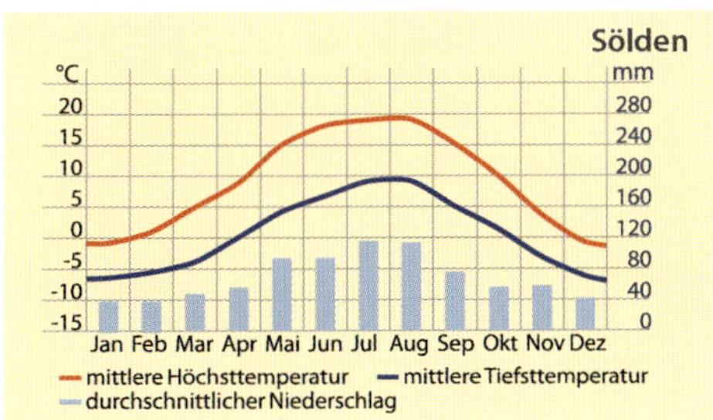

Besondere Tipps

Packages: In Sölden bereits ab zwei Nächten in der Frühstückspension, mit Skipass und Eintritt ins örtliche Erlebnisbad, ab etwa 150 € pro Person.

Skipass: Pro Tag 51 €, pro Woche aber vergleichsweise günstige 290 €, Halbtagespässe gibt es ab 27 €.

Verpflegung: Vorbestellung für ein Essen auf der Panoramaplattform am Gaislachkogl über Tel. 00 43-664-819 81 67.

Info: www.soelden.com

← Perfekter Big-3-Start bei grandiosem Wetter auf dem Rettenbachferner …

← … und der gelungene Schlusspunkt am Gaislachkogl

← Abends geht's zur Après-Ski-Party.

↑ Schlepplifte bringen die Skifahrer auf die Gipfel.

CHRISTKINDL MARKT
Herzlich Willkommen
Welcome! - Benvenuti!

Traumziel Salzburg 113

Wie im Märchen …

»Die ganze Stadt ist eine Bühne«, heißt es zur Festspielzeit in Salzburg. Doch das gilt im Grunde das ganze Jahr über, denn die Weltkulturerbestadt präsentiert sich stets wie eine Theaterkulisse. Auf engstem Raum, zwischen Kapuziner- und Mönchsberg, mittendrin durchflossen von der angeblich goldhaltigen Salzach, haben prunkliebende Kirchenfürsten und wohlhabende Kaufleute in den Zeiten des Mittelalters und der Renaissance, im Barock und im Rokoko ein architektonisches Kleinod geschaffen, das als eine der schönsten Stadtlandschaften Europas gilt. Die Hauptsehenswürdigkeiten drängen sich in der kleinen Zone zwischen Fluss und Mönchsberg. Dom, Universität, die malerische Getreidegasse mit ihren kleinen Lädchen und Mozarts Geburtshaus liegen in unmittelbarer Nähe zueinander, und auch den kurzen Anstieg zur Festung Hohensalzburg schafft man wunderbar zu Fuß – was mit einem herrlichen Ausblick belohnt wird. Mindestens eine Strecke sollte man jedoch mit der Festungsbahn zurücklegen, die den steilen Berg in einem erstaunlichen Tempo bezwingt.

Im Winter wird Salzburg ruhiger, besonders stimmungsvoll im Advent: Festliche Lichterketten illuminieren die verschneite Getreidegasse. Der Duft von Bratäpfeln, gebrannten Mandeln und Orangenpunsch erfüllt die klirrend kalte, klare Luft. Die Buden des Christkindlmarkts fügen sich harmonisch in das wunderbare historische Stadtensemble ein, zu kaufen gibt es traditionelle Handarbeiten, Gewürzsträußchen, Christbaumschmuck. Am Residenzplatz versammelt sich die Menge, um den Turmbläsern zu lauschen. Und weil sich diese romantische Salzburger Atmosphäre herumgesprochen hat, wurde mit dem Weihnachtsmarkt vor der Kulisse des Lustschlosses Hellbrunn und seinen großzügigen Parkanlagen ein zusätzlicher alpenländischer Adventzauber entfacht, der, an der Peripherie gelegen, auch größere Besuchermengen verkraftet. Besinnlicher als bei Glühwein und Punsch geht es beim traditionellen »Salzburger Adventssingen« im Großen Festspielhaus zu: Den Musikanten gelingt mit überlieferten Weihnachtsliedern, schlichten Volksweisen, Andachtsjodlern und Hirtenspielen eine wirklich gemütvolle Einstimmung auf das Weihnachtsfest. Ein Spaziergang über den Makartsteg, vorbei am berühmten »Café Bazar«, dem Treffpunkt der Dichter und Theaterleute, führt zum Geburtshaus von Joseph Mohr, der den Text des weltweit berühmtesten Weihnachtsliedes verfasst hat: »Stille Nacht, heilige Nacht«.

Die Highlights

Niemals von Belagerern gestürmt: die *Festung Hohensalzburg*. Im Sommer brüllt hier dreimal täglich der »Salzburger Stier«, das älteste regelmäßig bespielte mechanische Musikinstrument der Welt.

Der *Salzburger Dom* wurde 1628 als erster barocker Kirchenbau nördlich der Alpen eingeweiht.

In der *Getreidegasse 9* kam 1756 Mozart zur Welt. Das honiggelbe Haus mit der Dauerausstellung zu Leben und Werk des Musikgenies zählt heute zu den international meistbesuchten Museen.

Direkt auf die steil abfallende Klippe des Mönchsberges gesetzt, lagert das *Museum der Moderne* wie ein natürlicher Felsen über der Altstadt.

Gegründet im späten 7. Jahrhundert, bildete die *Erzabtei St. Peter* die Keimzelle der Stadt. Auf dem stillen Friedhof im Klosterbezirk ist Mozarts Schwester Nannerl beerdigt.

Die *Felsenreitschule* ist eine der zentralen Festspielstätten und an heißen Sommertagen ein angenehm kühler Ort.

Der *Marmorsaal von Schloss Mirabell* gilt als der schönste Trauungssaal der Welt: kaum ein Hochzeitspaar, das sich nicht auf der mit Barockputten besetzten Treppe fotografieren lässt.

Die beste Reisezeit

Wettervorhersagen für Salzburg sind nur kurzfristig treffsicher: Die Nordstaulage im Voralpenraum sorgt immer wieder für Extreme – Temperaturstürze, Hagel, Gewitter. Mit Sicherheit sagen kann man aber, dass die Winter eiskalt werden können, besonders im Januar und Februar fällt das Thermometer oft weit unter 0 °C. Die besten Reisezeiten bei relativ stabilen Schönwetterperioden sind **Mai, Juni** sowie der Frühherbst. Für den Hochsommer typisch ist der plötzlich einsetzende »Schnürlregen«.

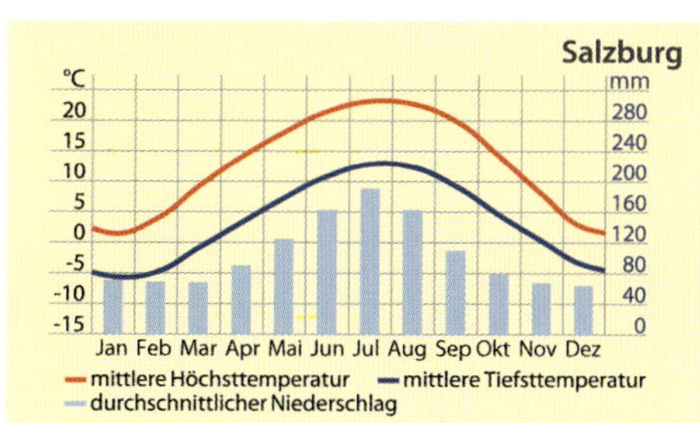

Besondere Tipps

Fürs Erlebnis: Im »Hangar 7« können Besucher zwischen Formel-I-Boliden und Oldtimer-Flugzeugen chillen, einen Drink nehmen oder im Restaurant »Ikarus« auf höchstem Level speisen.
Für zu Hause: Mozartkugeln? Oder doch lieber etwas ganz Besonderes, das sich nur in Salzburg einkaufen lässt: Brot aus der Stiftsbäckerei St. Peter, Gesundheit aus der Alten Hofapotheke oder maßgeschneiderte Trachten.
Für den Kopf: Georg Trakl und Thomas Bernhard: Die Namen dieser beiden Dichter stehen für das ganz andere Salzburg-Bild.
Info: www.salzburg.info

← Blick von der Festung über das winterliche Salzburg
← Christkindlmarkt am Salzburger Dom
← Mozart-Dinner-Konzert im Stiftskeller St. Peter
↑ Hier wurde der berühmteste Salzburger geboren.

Kaffeehäuser, Fiaker und der Glanz der alten Tage

Der Winter in Wien hat zwar keinen guten Ruf: Eisige Ostwinde treiben tagsüber die Menschen auch bei sonnigem Himmel in die Kaffeehäuser, graues Schmuddelwetter sowieso. Aber draußen unterwegs ist der Wien-Besucher ohnehin nicht lange: Die Hauptsehenswürdigkeiten der alten Kaiserstadt liegen dicht beisammen im I. Bezirk, der »Inneren Stadt«, in der Mitte der erhabene Stephansdom, nahebei die Oper, die Hofburg und zahlreiche Museen. Dazwischen konkurrieren Konditoreien, Wirtshäuser (die urigen mit bodenständiger Küche heißen »Beiseln«), Weinkeller und schicke Trend-Restaurants um den Gast. Neben Flagship-Stores internationaler Luxusmarken warten kleine, alteingesessene Geschäfte, die zum Stöbern und Entdecken einladen.

In der Kapitale des ehemaligen Habsburger-Weltreichs begegnet einem die Geschichte auf Schritt und Tritt: auf grandiosen Plätzen, in gepflegten Parkanlagen, in stillen, verwinkelten Gassen. Kaum ein Straßenzug in Hofburg-Nähe, in dem nicht die verschwenderisch dekorierte Fassade eines barocken Palais vom Glanz der alten Tage erzählt.

Und mitten im Winter, da erwacht dieser alte Glanz von Neuem! Unzählige Kristalllüster tauchen die Ballsäle und Salons der historischen Adelsresidenzen in gleißendes Licht. In den Nächten vom 11. November bis zum Anbruch des Aschermittwochs schlägt der Puls der Wiener im Dreivierteltakt. Kaum ein Berufsstand oder eine Gesellschaftsschicht der Donaumetropole ohne eigenen Ball: von den Ärzten bis zu den Zuckerbäckern, den Jägern und Juristen bis zu den Rauchfangkehrern. Der weltberühmte Opernball wird nicht nur als glamouröses Society-Event massenmedial inszeniert, sondern lockt außerdem Scharen von auswärtigen Besuchern an, die einmal im Leben live dabei sein wollen, auch wenn – zwischen TV-Kameras und Menschentrauben – das Tanzbein spätestens nach ein paar Drehungen jäh gestoppt wird. Nicht minder illustre Alternativen sind der Philharmonikerball (im Musikverein, für viele der schönste Musiksaal der Welt), die Rudolfina Redoute oder gleich: der Kaiserball.

In geselliger Feierstimmung sind die Wiener freilich das ganze Jahr hindurch – im kleinen Kreis beim »Heurigen« ebenso wie zu Hunderttausenden in den Sommernächten des rockenden Donauinselfestes, beim musikalischen Eröffnungsspektakel der Wiener Festwochen auf dem Rathausplatz oder beim Sommernachtskonzert der Wiener Philharmoniker im Schönbrunner Schlosspark. Stimmungsvolle Feste, die Wiens Rang als »Welthauptstadt der Musik« bestätigen!

Die Highlights

Der *Stephansdom* ist das Wahrzeichen Wiens und Österreichs Nationalheiligtum. Von der »Türmerstube« hat man einen wunderbaren Blick.

Die *Hofburg* war 600 Jahre lang das Machtzentrum des habsburgischen Weltreichs. Heute ist hier die Präsidentschaftskanzlei der Republik.

Schönbrunn – Die ehemals kaiserliche Sommerresidenz, herrliche Parkanlagen und der älteste noch bestehende Tiergarten der Welt.

Die *Ringstraße*: – 5,2 km, an denen sich Architekturmonumente aus der Zeit des Historismus – von der Staatsoper bis zum Rathaus, vom Parlament bis zur Votivkirche – reihen.

Die weltberühmten *Winzerorte* Sievering, Grinzing, Nussdorf und Neustift finden sich dort, wo die Stadt in den Wienerwald übergeht. Gemütliche »Heurigen-Stüberl« laden ein.

Das *Museumsquartier* rund um das Museum Leopold und das Museum für Moderne Kunst (MUMOK) ist der In-Treff in Citylage.

Der *Naschmarkt* ist ein sinnliches Vergnügen. Viele von den über hundert Marktständen haben sich zu kleinen Szenelokalen gemausert.

Die beste Reisezeit

Meteorologisch ist der niederschlagsarme ***Herbst*** die beste Reisezeit,aber natürlich lockt viele Reisende der mildere ***Frühling***. Als »gefühlte Temperatur« werden in der Stadt die brütende Sommerhitze und die eisige Winterkälte oft extremer empfunden als faktisch messbar: Die durchschnittliche Jahrestemperatur beträgt 11,4° C, das Wiener Klima gilt als mild-kontinental. Das häufig wehende Wiener »Lüfterl« hat eigentlich nur Vorzüge: der Wind bringt der Stadt Frischluft aus dem umgebenden Wienerwald.

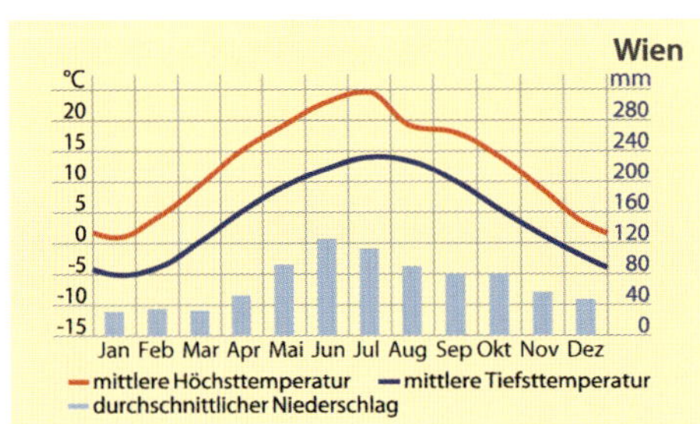

Besondere Tipps

Zum Stöbern: Der samstägliche Flohmarkt am Naschmarkt ist Kult. Zwischen Trödel, Ramsch und Kuriositäten finden sich auch hochwertige Sammlerstücke.
Zum Naschen: »Haben schon gewählt?« – Die Bedienung im Café der Hofzuckerbäckerei Demel spricht die Gäste auch noch im 21. Jahrhundert mit aristokratischer Allüre an.
Zum Lesen: »Kapuzinergruft« von Joseph Roth. Der Untergang der österreichischen Monarchie, erzählt mit schwermütiger Resignation, erschienen im Jahr des »Anschlusses« Österreichs an Hitlerdeutschland.
Info: www.wien.info/de

→ Die Ballsaison ist in vollem Gange: Opern-Ball
→ Treppenaufgang im Kunsthistorischen Museum
→ Im Innern des Stephansdoms
↑ Kaiserin von Österreich und Ungarn: Sisi

AGRO-FRUIT BT.
TEJ-TEJTERMÉK
FELVÁGOTT

Bei Kaiserin Sisi und doch nicht in Wien

Wenig im Leben der österreichischen Kaiserin Elisabeth entsprach der romantisierenden Vorstellung in den Filmen mit Romy Schneider. Wahr ist jedoch, dass Sisi Budapest liebte. Natürlich erreicht man Ungarns Hauptstadt problemlos mit Zug und Flugzeug, aber die Wege in die Stadt sind von Schlichtheit und fehlender Eleganz geprägt. Am schönsten ist die Anreise per Schiff auf der Donau – erst dabei wird klar, warum Glanz und Gloria in der Stadt zu Hause waren. Ein bisschen Operettenseligkeit kann man heute immer noch erleben. Vom *Hösök tere* im Zentrum, dem Heldenplatz, führt Budapests berühmter Boulevard Andrássy út an der Staatsoper, dem Operettentheater, dem Moulin Rouge, der Musikakademie und dem Liszt-Museum mehr oder weniger direkt vorbei. Fast erwartet man, dass die selige Marika Rökk mit einem »Joi, joi, Mama!« aus den nicht vorhandenen Büschen springt. Die Prachtstraße ist Teil der Geschichte Budapests, aber sie ist natürlich nicht Budapest. Budapest ist ein Zusammenschluss der drei Städte Buda, Pest und Óbuda, und das erst seit 1872. Aus der Zeit danach stammt die Jugendstilbebauung. Aus der Zeit davor sind Reste römischer Siedlungen, ein Amphitheater und mehr als 400 Jahre alte türkische Bäder verblieben. Das berühmteste davon ist eindeutig das Gellért. Das traumhaft schöne Jugendstilbad und das gleichnamige Hotel wurden 1918 eröffnet. Hier – wie auch bei manch anderen Gebäuden – reicht es jedoch, wenn man es von außen betrachtet. Um türkische Hamamtradition zu erleben, besucht man besser das Rudas-Bad, dessen Mauern auch schon gut 500 Jahre hinter sich gebracht haben. Reingehen, Massage und Bad genießen und als frisch und wiederbelebt wieder herauskommen – und das ist auch nötig. Denn das Burgviertel, das zum UNESCO-Welterbe gehört, ist mit Fischerbastei, Matthiaskirche, Gellértberg und der dortigen riesigen Zitadelle voller faszinierender Eindrücke, zieht aber auch deutliche Abnutzungserscheinungen an den Schuhsohlen nach sich. Budapest hat Seele, und zwar auf beiden Seiten der Stadt. Man spürt sie im fast schon musealen Buda genauso wie im modernen Pest, wo die St.-Stephans-Basilika nahe der Kettenbrücke aufragt. Und wenn man unbedingt sagen will, dass man im »Gerbeaud« war (einem sehr schönen, aber auch teuren Café, das Touristen lieben), gut. Aber eigentlich lernt man Land und Leute in den durchschnittlichen Cafés viel besser kennen. Es braucht Charme (und vielleicht eine gute Palatschinke oder ein Gulasch mit einem Glas Rotwein), und davon hat Budapest mehr als man irgendwo sonst auf der Welt findet.

Die Highlights

Donauufer, Pester Seite – Vom nicht so schönen Pester Ufer schaut man auf das traumschöne Buda mit seinem Weltkulturerbe Gellértberg.

Das *Gellért-Bad* ist das architektonisch spannendste Bad in Budapest, wenn auch andere erholsamer sein mögen.

Liszt-Museum – In der ehemaligen Wohnung des Komponisten untergebracht, gibt es hier viele seiner Notenblätter, Handschriften und Musikinstrumente zu bewundern.

Fischerbastei – Ende des 19. Jahrhunderts erbaut, hielten hier früher die Fischer ihren Markt ab.

St.-Stephans-Basilika – Drei Arten Marmor sind für den Prunk in dieser neoklassizistischen Kirche verantwortlich, die mit ihrer neun Tonnen schweren Glocke der »Pummerin« in Wiens Stephansdom nacheifert.

Der *Heldenplatz* wird umrahmt vom Museum der Bildenden Künste und der Kunsthalle. Auf einer Säule in der Mitte thront der Erzengel Gabriel.

Synagoge – Die größte Synagoge Europas wurde im 19. Jahrhundert eingeweiht. Das Museum im Gotteshaus erzählt die Geschichte der Juden in Ungarn nach.

Die beste Reisezeit

Ungarn hat vorwiegend ein kontinentales Klima mit heißen Sommern, kalten Wintern und relativ geringen Niederschlägen. Die optimale Reisezeit liegt zwischen ***Mai*** und ***Juni*** und im ***September*** und ***Oktober***. Es ist dann normalerweise recht warm, da die Übergangsjahreszeiten nicht so stark ausgeprägt sind und keine Extremtemperaturen aufweisen. Außerdem umgeht man die Hauptsaison in den Monaten Juli und August, in denen in der Stadt hauptsächlich Touristen sind und die Einheimischen der extremen Hitze entfliehen.

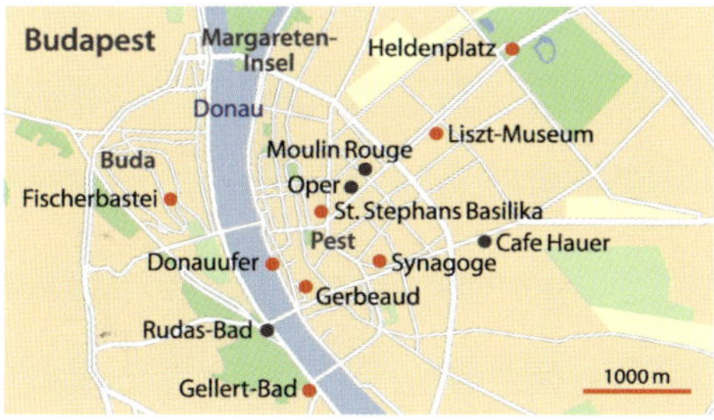

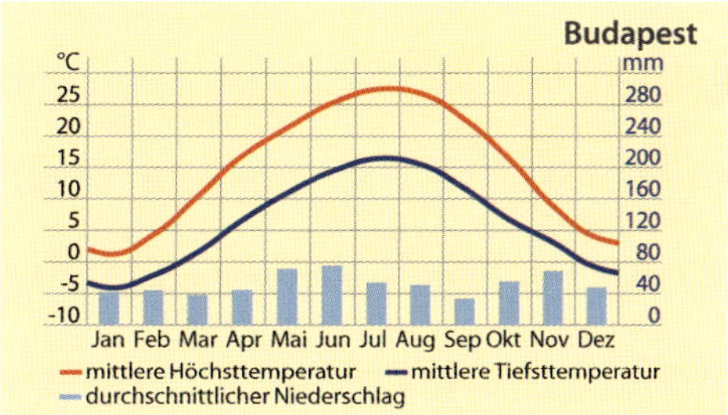

Besondere Tipps

Für Schleckermäuler: Konditorei und Café »Hauer«. Die Konditorei, die zusätzlich eine Bonbon- und Schokoladenfabrik beherbergt, ist beliebter Treffpunkt für die Schauspielschüler der nahe gelegenen Akademie.
Für Musikfans: Schon seit zwei Jahrzehnten findet Mitte August alljährlich das Sziget-Festival am Rande von Budapest statt. Bekannte nationale Bands und neue internationale Gigs kommen hier auf die Bühne.
Für Belesene: »Gebrauchsanweisungen für Ungarn und Budapest« – Das Buch von Viktor Iro fasst wahre, unterhaltsame Geschichten und Geschichtchen zusammen.
Info: www.budapest.com

← Die Kettenbrücke und die Burg über der Donau
← In der großen Markthalle ist alles frisch.
↑ Das Gellért-Bad gehört zu den schönsten Budapests.

Traumziel Prag 116

Spaziergang durch die Geschichte

Im Index des Schulgeschichtsbuchs finden sich zwei Einträge, die jeder kennt: der Prager Fenstersturz, von dem es eigentlich drei Stürze gab, mit jeweils fatalen Folgen, und der Prager Frühling, als russische Panzer im Namen des Sozialismus ein aufblühendes Pflänzchen namens Freiheit überrollten. Beim Gang durch die Gassen der Stadt kann der Besucher diese Geschichte Revue passieren lassen. Wenzelsplatz und die meist abgesperrten Kirchen, Paläste und Palais, die Burg und Karlsbrücke vereinen sich in Prags Altstadt zu einer unvergleichlichen Symbiose, durch die man schlendern kann wie durch scheinbar frisch renovierte Jahrhunderte und Kulturen. Und zuweilen wirkt dieser Streifzug auch wie ein fröhliches Blättern in literarischen Werken, in Kompositionen oder im Lehrbuch der europäischen Baukunst.

Besonders beeindruckend wird Prag, wenn Weihnachtsmarktzeit ist. Dann verwandelt sich seine Altstadt in eine heimelige Puppenstube. Prager Schinken brutzelt über offenem Feuer, Trdelnik duften verführerisch süß und der Glühwein dampft. Dazu gibt der Altstädter Ring eine famose historische Fassade ab: Der festlich beleuchtete Christbaum ist fast schon wichtiger als die weltbekannte Astronomische Uhr und das mächtige Denkmal für den Reformer Jan Hus ist vor lauter Buden kaum noch zu finden. Die Tyn-Kirche mit ihren 80 Meter hohen Türmen wird dann fast allabendlich als Konzertsaal benutzt. Religion spielt in Tschechien zwar keine große Rolle, aber der Weihnachtsmarkt gehört zum Lifestyle in der Kafka-Stadt, die längst den Anschluss an die Nachbarn in München und Wien gefunden hat. Auch wenn der Winter immer noch nach Braunkohle riecht: in der Innenstadt ein bisschen, in den Plattenbausiedlungen am Stadtrand schon mehr und auf dem Land ganz dominant.

Längst zu Westeuropa zugehörig, fühlen sich die Prager näher an Deutschland als an Polen. Die Ukraine und das Bruderland Slowakei empfinden sie als den echten Osten – rückständig und rustikal. Musik und Stars, Lifestyle, Kleidung, ein schnelles Auto und jede Art von Kommerz sind für die Prager wichtig. Das spürt man in den angesagten Clubs genauso wie beim Bummel durchs weihnachtlich geschmückte Palladium, Prags trendiger Einkaufstempel mit nahezu 200 Shops und Restaurants. Da wird gekauft und geturtelt, gequatscht und gefeiert, am besten mit Ewa Farna, der 24-jährigen Rockröhre des Landes.

Die Highlights

Ohne Zweifel gehört die *Karlsbrücke* zu den berühmtesten und ältesten Brücken der Welt. Besonders schön: die renovierten Skulpturen.

Ohne *Hradschin* ist keine Prag-Visite vollständig. Zum größten geschlossenen Burgensemble weltweit gehören auch der Veitsdom und das Goldene Gässchen.

Das *Nationalmuseum* ist das bedeutendste Museum des Landes und zeigt historische, archäologische und künstlerische Exponate.

Der 750 m lange *Wenzelsplatz* ging 1989 in die Geschichte ein: Vom Balkon der Nummer 56 forderte Vaclav Havel die Umgestaltung des Landes und Freiheit fürs Volk.

Der *Pulverturm* markiert in der Regel den Beginn der üblichen Touristenrennstrecke durch die Altstadt. Gleich daneben Jugendstil vom Feinsten: das Repräsentationshaus.

Am *Altstädter Ring*, dem Hauptplatz, muss jeder Prag-Besucher gewesen sein: Hier beeindrucken die Astronomische Uhr, die Tyn-Kirche und die Nobelmeile Parizska, die hier beginnt.

Das *Nationaltheater* ist die wichtigste Bühne unter den rund 50 Theatern Prags. Sein goldenes Dach weist jedem Kulturinteressierten den Weg.

Die beste Reisezeit

Das Klima von Prag ist mit dem von Deutschland vergleichbar, wobei der Winter etwas mehr Niederschläge mit sich bringt. Die Temperaturen im Dezember liegen um den Gefrierpunkt, aber dafür kann man sich auf den Weihnachtsmärkten mit Glühwein aufwärmen. Der ***Frühling*** ist klimatisch gesehen die beste Reisezeit, da Prag dann schon wärmer, aber nicht so überlaufen und stickig ist wie im Sommer, der durchschnittlich 25 °C zwischen Juni und August bringt. Im ***Herbst*** ist es angenehm, aber noch voller Touristen.

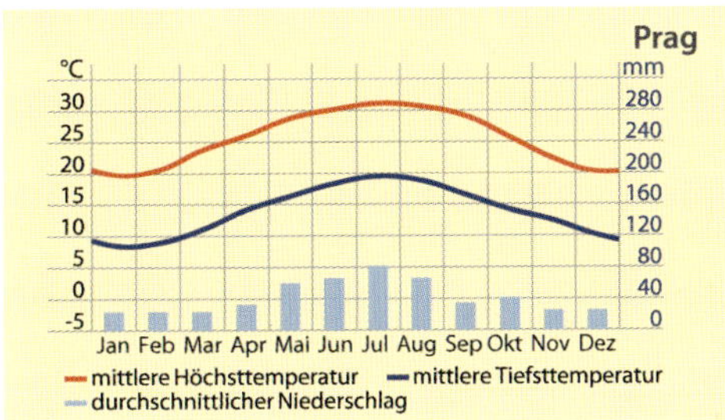

Besondere Tipps

Zum Fahren: Bei Ankunft am Flughafen bestellt man am besten ein Taxi (z. B. Halo-Taxi, Tel. 244 114 411). Ersparnis gegenüber den stationierten Taxen ins Zentrum: 450 statt 600 Kronen.

Zum Übernachten: Dort wohnen, wo auch der Dalai Lama nächtigt, wenn er in Prag ist: im (ehemaligen) Kloster und heutigen Mandarin Oriental auf der Kleinseite.

Zum Essen: Man braucht nicht einmal ein Messer fürs beste Gulasch der Stadt, das in einem ehemaligen Hurenhaus serviert wird, im »Café Louvre«.

Info: www.prague-information.eu

← Die Karlsbrücke über die Moldau im Winter
← Blick in das Nationalmuseum von Tschechien
← Die »Verlybra Bar« ist immer gut besucht.
↑ Weihnachtsmarkt in der Altstadt

Traumziel Finnland 117

Von der Loipe in die Sauna

Rentiersafari und Rauchsauna, Skiwanderungen bis hinter den Horizont und die langsame Annäherung an eine merkwürdig schöne Natur. Das alles lässt Langläufer und die Liebhaber des Nordens in den finnischen Winter aufbrechen. Nach Eisfahrt durch die Ostsee und Stopover in Helsinki, der Hauptstadt, die so ganz anders tickt als die anderen Metropolen Skandinaviens, wird der kurzzeitige Verzicht auf Komfort gern in Kauf genommen, erst recht und mit Vergnügen die weiße Einsamkeit.

Minus 25 Grad, morgens gegen 8 Uhr. Man kann nördlich des Polarkreises die Kälte nicht nur beißend im Gesicht spüren, man kann sie auch sehen, weil grauer Rauch aus allen Hütten und Häusern ganz klar in den milchigen Himmel steigt. Die Luft ist trocken und spröde, sie macht die Kälte sogar hörbar.

Enenteklö in Finnisch-Lappland. Warten auf die Rentiere, Warten auf die Schlitten. Warten auf die Führer, Frauen und Männer aus einem kleinen Volk, das in Resteuropa noch vielfach als Lappen bezeichnet wird, das sich selbst aber Samen nennt. Mit diesen ebenso naturkundigen wie naturverbundenen Menschen ziehen die Winterurlauber auf ein verschneites Hochplateau am Rande Europas, am Rande der Welt.

Zum Frühstück werden dicker Hirsebrei serviert und Knäckebrot mit Elchwurst und hartem Käse. Wer schon die Nase in die eisige Luft gesteckt hat, braucht mindestens 20 Minuten, bis er sich aus Thermoanzug, Pullovern und dicken Stiefeln geschält hat. Vor jeder Schlittenfahrt kontrollieren die finnischen und samischen Betreuer die Kleidung. Das stundenlange Sitzen auf dem Schlitten kann, trotz Decken, verhängnisvoll werden, wenn nicht ausreichend Vorsorge getroffen ist.

Was für ein Genuss ist nach solchen Touren am Nachmittag der Gang in die Sauna, das Grillen der Wurst am offenen Feuer in der Blockhütte, das Gläschen Likör aus Multebeeren, der Austausch von Erfahrungen und Impressionen. Am nächsten Tag stehen vielleicht Ausflüge auf Langlaufbrettern an, in gut markierten Loipen. Oder das Marienfest in Hetta, der Traditionstreff der Samen. Schließlich, nach den abenteuerlichen, gut durchbluteten Tagen in der weißen Wildnis, noch etwas Kultur und bunte Abwechslung in der Halbmillionenstadt Helsinki, die auf einmal ganz ganz heiter wirkt, geradezu südlich.

Die Highlights

Helsinki – Die historischen Sehenswürdigkeiten liegen alle im Zentrum, vor allem der Senatsplatz und der Dom. Der Berliner Carl Ludwig Engel, ein Zeitgenosse Schinkels, hat diesen Teil der Hauptstadt um 1825 gestaltet.

Haikko – Ein altes Herrenhaus in Porvoo, 50 km von Helsinki entfernt. Im Winter wird im See vor der Tür Eisangeln angeboten, ein typischer Nordlandspaß.

Muurame – Das größte Saunadorf Finnlands liegt bei Jyväskyla, 280 km nördlich von Helsinki: 250 Jahre finnische Saunatradition mit urigem Gasthaus.

Rovaniemi – Das heutige Stadtbild stammt von Finnlands berühmtesten Nachkriegsarchitekten Alvar Aalta. Der Grundriss erinnert an die Form eines Rentiergeweihs. Die Stadt ist Wohnsitz von Santa Claus, daran erinnert der Vergnügungspark Santa Claus Village, der ganzjährig geöffnet und natürlich ein Lieblingsziel aller Kinder ist.

Polarkreis – 8 km nördlich von Rovaniemi. Aus der Polarkreishütte holt man sich das entsprechende Zertifikat ab und verschickt Postkarten mit Sonderstempel.

Harriniva – Im arktischen Schlittenhunde-Zentrum dreht sich alles um Huskys. Von hier starten auch die entsprechenden Safaris in der Region um Muonio.

Die beste Reisezeit

Der Januar ist definitiv zu kalt und zu dunkel für winterliche Aktivitäten im hohen Norden. Die Saison für Rentier- und Huskysafaris, für Langlauf und Skiwanderungen beginnt Anfang ***März*** und endet Anfang Mai. In Süd- und Mittelfinnland beginnt die weiße Saison im ***Februar***, sie geht bis etwa Anfang April. In Lappland sind Temperaturen von unter minus 20 °C auch im März nicht ungewöhnlich, weiter südlich und in Helsinki ist es um 10 °C »wärmer«.

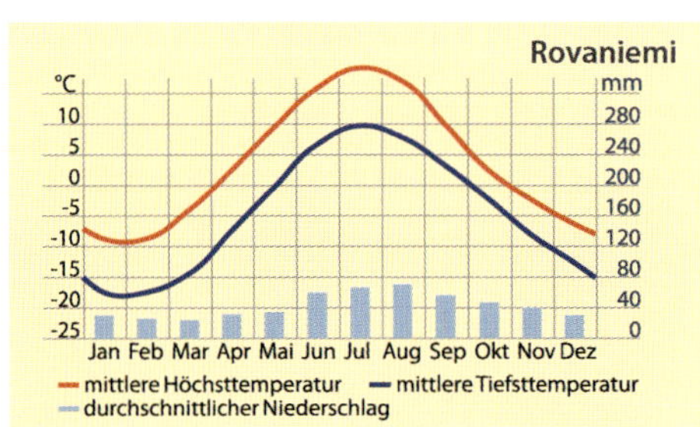

Besondere Tipps

Kleidung: Warme Füße behält, wer seine Stiefel vor der Rentiersafari mit Heu ausstopft – genau wie die Samen.
Film: Die Werke von Ari Kaurismäki, zum Beispiel »Hamlet macht Geschäfte«, beinhalten in ihrer skurril-lakonischen Art viel finnische Lebensphilosophie.
Souvenir: Finnisches Design (z. B. von Marimekko); klassische Musik von Jean Sibelius oder moderne von der Gruppe Amorphis, die auch das Nationalepos »Kalevala« verrockt.
Info: www.visitfinland.com

→ Urlaub der nordischen Art: mit Schlittenhunden durch die Einsamkeit Finnisch-Lapplands ziehen …
→ … und das Iglurestaurant in Rovaniemi beehren
→ Auch Rentiere ziehen Schlitten durch das Weiß.
↑ Noch immer feiern die Samen ihre Hochzeiten in traditioneller Tracht.

Diamanten hinter Kremlmauern

Den Geheimnissen der russischen Seele ist auf der Spur, wer »Väterchen Frost« erlebt – exakt übersetzt, eigentlich Großväterchen »Ded Moroz« –, wenn dieser als russische Version des Weihnachtsmanns die Geschenke bringt, was nicht an Weihnachten passiert, sondern an Silvester. Von Mitte Dezember bis Mitte Januar ist der langbärtige Mann mit dem Zauberstab, der alles in Eis verwandelt, in Moskau die Hauptperson beim »Winter Festival« – natürlich in Begleitung von Snegurochka, dem hübschen Schneemädchen. Sie zelebrieren im Izmailovo Park ein großes Programm mit russischer Musik, Balalaika-Konzerten und traditionellem Tanz, mit herzhafter Kost, Pelzmodeschauen, Kunsthandwerk und viel Eisskulpturenkunst.

Der Winter ist auch aus anderen Gründen eine gute Zeit für die russische Hauptstadt: Das im Sommer eher bescheidene Kulturleben blüht im Winter, alle Bühnen vom Bolschoi-Theater bis zum Großen Moskauer Staatszirkus präsentieren ihre neuen Programme, viele Museen eröffnen Sonderschauen, und die Wahrzeichen der Metropole vom Kreml bis zur Christ-Erlöser-Kathedrale gewinnen unter Schneehauben zusätzlichen Reiz. Es bleibt vielleicht auch Zeit, nicht nur bekannte Museen wie die Tretyakov-Gemäldegalerie mit ihrer Sammlung russischer Moderne, das Puschkin-Museum mit seiner klassischen Bilderkollektion oder die Diamanten-sammlung im Kreml, sondern auch weniger bekannte Sammlungen zu besuchen, etwa das Gulag-Museum zu den einstigen Straflagern oder das kleine Museum mit der Lok und dem Waggon, die Lenins Leichnam von seiner Datscha nach Moskau zurückbrachten.

Und wenn man dann über den Arbat, die Fußgängerstraße nahe dem Außenministerium im Zuckerbäcker-Hochhausstil, spaziert, wandelt man auf historischem Grund: Die etwa ein Kilometer lange Straße stammt aus dem 15. Jahrhundert und ist gesäumt von vielen Erinnerungsplaketten. Heute ist das nach ihr benannte Arbat-Viertel ein Szenequartier junger Künstler und Bohemiens. Folglich mangelt es auch nicht an Kneipen, ideal für einen wärmenden Tee zwischendurch. Wenn man Glück hat, bullert auch ein Samowar, der eigens für den Zweck erfunden wurde, heißes Wasser zum Verdünnen des traditionell kräftig gebrühten Tees zu liefern. Nicht versäumen sollte man auch das GUM, das Vorzeigekaufhaus aus Sowjetzeiten, heute ein nobles Einkaufszentrum mit 200 Läden auf drei Ebenen, die seit mehr als hundert Jahren von einem Glasdach überwölbt werden.

Die Highlights

Der *Moskauer Kreml*, einst Stadtfestung, heute die politische Herzkammer Russlands, ist ein historisches Ensemble von Türmen, Palästen, Kirchen und Museen.

Um den *Roten Platz* vor dem Kreml gruppieren sich viele Sehenswürdigkeiten: Lenin-Mausoleum, Basilius-Kathedrale, Kaufhaus GUM und Historisches Museum.

Im Lenin-*Mausoleum* ist der einbalsamierte Leichnam des Revolutionärs aufgebahrt. An der Kreml-Mauer befinden sich weitere Gräber wichtiger Russen.

Die *Basilius-Kathedrale*, heute ein Museum, ist mit ihren neun bunten und baulich verschiedenen Türmen ein Wahrzeichen Moskaus.

Die *Metro* besitzt auf Stalins Befehl hin einige der schönsten Stationen der Welt, etwa Komsomolskaya (Marmorsäulen, Kronleuchter) oder Majakowskaja (Art déco).

Die *Christ-Erlöser-Kathedrale*, die Hauptkirche der Russisch-Orthodoxen, wurde von Stalin zerstört und originalgetreu neu gebaut, 2000 eingeweiht.

Das *Bolschoi-Theater* von 1825, von 2005 bis 2011 aufwendig restauriert, ist eine der bekanntesten Ballett- und Opernbühnen der Welt (www.bolshoi.ru).

Die beste Reisezeit

Das Kontinentalklima prägt die Metropole: Die ***Winter*** sind kalt, aber relativ trocken, die Sommer hingegen heiß und regenreich. Im Januar und Februar liegen die Temperaturen oft im zweistelligen Minusbereich, im ***Hochsommer*** hingegen meist deutlich über 20 °C. Zwischen Ende Oktober und Ende November bildet sich in der Regel nach und nach eine feste Schneedecke. Sonnige Tage mit klarer Winterluft sind nicht selten. Der Winter ist eine touristisch schwächere Periode, was aber die Hotels nicht günstiger macht.

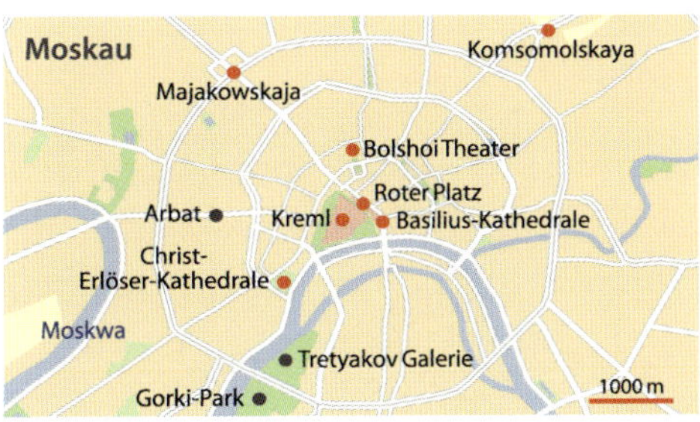

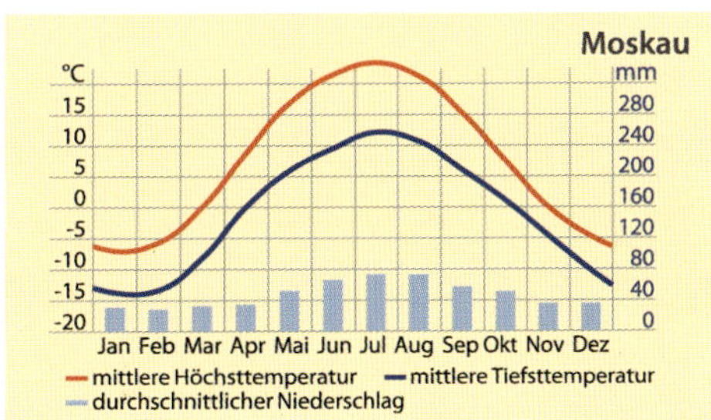

Besondere Tipps

Zum Übernachten: Das Hotel Savoy ist eines der wenigen kleinen Hotels in Moskau (www.savoy.ru); großartigen Jugendstilcharme verbreitet das »Metropol« (www.metropol-moscow.ru).

Zum Mitnehmen: Wie wär's mit Alenki, Filzstiefeln, wie sie schon die Zaren schätzten? Zu erstehen sind sie beim Weihnachtsmarkt auf dem Revolutionsplatz.

Zum Essen: »Pelmeni mit Bärenfleisch« sollte man sich im traditionell russischen »Schar Ptiza«, Ul. 2. Brestskaja 37/1, zwischen Samowaren und altrussischer Holzdekoration nicht entgehen lassen.

Info: www.moscow.info

← Die Martha-Entschlafens-Kathedrale im Keml
← Zwei Kilometer Mauern sichern den Kreml.
← Tänzerinnen am Bolschoi-Theater
↑ Eisskulpturenkunst im Izmailovo Park

Traumziel Venedig 119

Wenn die Gondeln Trauer tragen

Venedig ist im Wortsinn eine einmalige Stadt. Venedig besticht durch seine unvergleichlich morbide Stimmung, den Prunk der Paläste, aber auch durch noch verbliebene Relikte wie seine Gondeln, ob diese nun Trauer tragen – oder nicht ... Venedig ist ein Inbegriff für Patina, für eine Zeit, die es in der globalisierten Welt gar nicht mehr gibt. Und wer Kommissar-Brunetti-Folgen sieht, kennt seine wichtigsten Stadtteile San Marco, den Lido, Giudecca, Santa Croce oder die Friedhofsinsel San Michele.

Das Schöne an Venedig im Winter ist der Nebel. *C'è nebbia*, dieser Nebel schenkt der schwimmenden Stadt eine einzigartig melancholische Atmosphäre, und besonders im November kann es einem gelingen, die Stadt einmal so zu erleben, als wäre man selbst Venezianer. Es ist deutlich ruhiger, selbst die Taubenfutterverkäufer auf dem Markusplatz sind weg. Viele Gondeln sind zwar eingemottet, dafür gehen die Familien entspannt spazieren, vorzugsweise auf dem Campo Santo Stefano, und abends zeigen sich die Jungen und Schönen am Campo San Luca. Venedig wird zu einer normalen Stadt mit normalen Abläufen. In die Museen kommt man ohne Anstehen, der Bellini wird nicht in Fließbandmanier gemixt und in den Restaurants bekommt man einen Tisch, sogar im »Da Fiore«, wo Mara Martin mit der wahrscheinlich besten Fischküche der Stadt aufwartet. Die Hotels gehen mit ihren Preisen gar um ein Drittel runter und sogar die Legenden wie das Cipriani, das Gritti Palace oder das Bauers machen mit.

Am schönsten mag es aber freilich sein, dass man die Rialto-Brücke ohne Geschubse überqueren kann und im Vaporetto – welch ein Wunder! – einen Sitzplatz für eine genüssliche Fahrt auf dem Canal Grande ergattern kann.

Der normale Tagesablauf während der Sommermonate, wenn Bus-, Bahn-, Kreuzfahrt- und Autotouristen die nur noch rund 60 000 Einwohner im alten Zentrum überfluten, ist da recht uncharmant. Beachten sollte man daneben auch die zweite und dritte Hochalarmzeit: die Biennale und den venezianischen Karneval. Dieser hat eine 800-jährige Geschichte, auch der Begriff stammt aus dem Italienischen: »Carne vale« bedeutet »Fleisch, lebe wohl«, was auf die fleischlose Zeit des Fastens hinweist. Weltweit kann nur Venedig dem Wahnsinn von Rio de Janeiro Paroli bieten, jedoch auf eine ganz andere Art. In der Lagunenstadt gibt's keinen ausgelassenen Frohsinn bei den Umzügen, sondern eher bewunderndes Staunen, kein Tanzen bis zum Umfallen, sondern zurückhaltende Eleganz in geschlossenen Ballgesellschaften. An allen Ecken, vor allem am Markusplatz, geben sich häufig in historischen Kostümen Maskierte ein Stelldichein und nehmen im »Caffè Florian« eine sündhafte teure heiße Schokolade zu sich.

Die Highlights

Der *Markusplatz* ist ohne Zweifel das Zentrum der Stadt. Das Ensemble mit Dogenpalast, Basilika und weltbekanntem Campanile sowie der Piazza ist einmalig.

Der *Canal Grande* windet sich wie ein S auf knapp 4 km durch Venedig. Woanders wäre er der Prachtboulevard, in Venezia ist er die schönste Wasserstraße.

Die marmorne *Rialto-Brücke* von 1592 schwingt sich auf rund 50 m elegant über den Canal Grande. Wie viele Eiscafés mit dem Namen »Rialto« wird es wohl geben?

Die *Galleria dell'Accademia* beherbergt die weltweit größte Sammlung venezianischer Malerei, darunter Werke von Tiepolo, Tintoretto und Tizian.

San Giorgio Maggiore, auf der Insel vis-à-vis, beherbergt das »Abendmahl« von Tintoretto. Außerdem gibt's Traumblicke auf die Insel und das Zentrum von Venedig.

Arsenale, etwas abseits der Trampelpfade gelegen, war einst die größte Schiffswerft der Welt und gilt als Kern der früheren Macht der Venezianer.

Die weltberühmten *Murano-Inseln* vermitteln Lagunenatmosphäre. Oder man lässt sich auf ein letztes Stück Ursprünglichkeit auf der Isola di Pellestrina ein.

Die beste Reisezeit

Venedig gehört zu den wenigen Städten weltweit, die abgesehen vom November fast immer Hochsaison haben. Der Winter gibt sich stets feucht, bei etwa 6 °C tagsüber. Gummistiefel braucht man, wenn *acqua alta*, Hochwasser, Venedig eingenommen hat. Dagegen ist der Sommer oft nicht nur heiß und stickig, sondern auch stinkig, wenn das Wasser des Canal Grande zu warm wird. Wer Venedig liebt, kommt im ***Oktober*** und ***November*** sowie ***Februar*** und ***März*** bei tagsüber 10 °C und dem bezauberndsten Licht im Jahr.

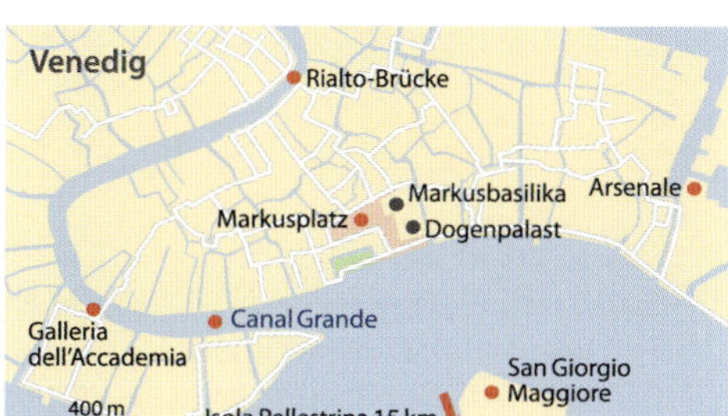

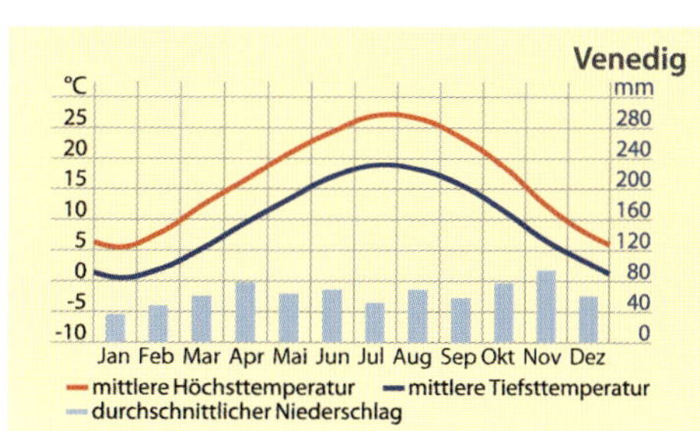

Besondere Tipps

Für Praktische: Unbedingt einen Rollenkoffer mitnehmen. Jedes Tragen von Gepäck ist bei den örtlichen Gegebenheiten sehr beschwerlich.

Für den Einstieg: Die erste, knapp einstündige Fahrt mit der Vaporetto-Linie 1, ab Piazzale Roma bis zu den Giardini Pubblici, ist ein Muss für alle Besucher.

Zum Übernachten: Ins Aman Canal Grande, wo Bastian Schweinsteiger und George Clooney ihre Hochzeiten feierten und wo man am liebsten mit dem Rücken zum Canal Grande sitzt, weil es innen so schön ist.

Info: www.turismovenezia.it

← Farbenprächtiges Spektakel – der Karneval
← Goldmosaiken in der Kuppel von San Marco
↑ Auf Gondeln geht es durch die Stadt.

Mandelblüten als Frühlingsboten

China? Persien? Die Herkunft der Mandelbäume bleibt wohl für immer ungeklärt. Mallorcas Zuckerbäcker wissen es auch nicht so genau. Aber die Kultivierung dieser Frucht schreiben sie den Arabern zu, die drei Jahrhunderte über die Balearen herrschten. Sie legten eine bis heute wertvolle Saat, nicht nur, weil Mandeln eines der gefragten Exportgüter Mallorcas ist. Überdies beschert die Mandelblüte im Februar der Insel eine zusätzliche kleine Saison in einem ansonsten touristisch wenig gefragten Monat. Denn dann sind die Chancen besonders gut, sowohl die weißen (Süßmandeln) als auch die rosafarbenen (Bittermandeln) Blüten scheinbar wolkengleich über einigen Inselteilen schweben zu sehen.

Die großen Mandelplantagen liegen überwiegend im Westen der Insel. Also von Palma aus in Richtung Andratx und S'Aracco oder nach Valldemossa und Sóller. Einen weiteren Schwerpunkt bildet der Südosten, etwa in dem Dreieck Llucmajor – Colonia Sant Jordi – Cala Figuera. Während der Baumblüte kann es in diesen beiden Gebieten selbst im Februar auf den Straßen recht voll werden. Mallorcas Tourismusstrategen schauen dennoch sorgenvoll auf die blühende Pracht, vor allem wenn die Erntezeit – Ende Juli bis September – naht. Werden die Farmer die Früchte einbringen? 2010 haben sie darauf verzichtet, der geringe Preis lohnte den Ernteaufwand nicht. Geschieht dies öfter, wird mancher Bauer die Bäume fällen, um das Land gewinnbringender zu bestellen. Und damit wäre die Mandelsaison in Gefahr.

Mallorcas Februar hat aber noch mehr zu bieten, über wenig Gedränge und günstige Vorsaisonpreise hinaus: Karneval ist das Stichwort, das in diesen Tagen die Insel und andere Teile Spaniens in Bewegung versetzt. »Els Darrers Dies«, die letzten Tage, nennen die Mallorquiner ihre Festivitäten – die letzten Tage mit Fleisch auf dem Teller. Danach beginnt die vorösterliche Fastenzeit. Von Palma bis in entlegene Regionen rüsten sich die Gemeinden zu Kostümfesten und bunten Straßenumzügen: »Sa Rueta« ist die Parade für die Kinder, »Sa Rua« das Straßenfest für die Erwachsenen. Und am »Dimecres de Cendra«, am Aschermittwoch, ist alles vorbei. Fast alles, denn zuvor muss noch eine Sardine formell bestattet werden. Wozu nicht wenige zuvor Kostümierte nun Trauerkleidung anlegen.

Die Highlights

Die *Kathedrale* in Palma ist das Wahrzeichen der Insel. Das Innere des gotischen Gotteshauses wurde von 1904 bis 1914 vom berühmten Architekten Antoni Gaudí umgestaltet.

Der *Almudaina-Palast* bei der Kathedrale entstand im 14. Jh. aus einer maurischen Festung und ist Sommersitz des spanischen Königs. Teile können besichtigt werden.

»Roter Blitz«, das ist die rund 100 Jahre alte Eisenbahn von Palma nach Sóller. Ab da fährt eine nostalgische Tram weiter zum 5 km entfernten Hafen.

Kartause von Valldemossa – Hier wohnten 1838/39 Frédéric Chopin und George Sand für einige Wochen. Ein Museum erinnert an beide.

Die *Bergstraße nach Sa Calobra* ist 14 km lang und bietet immer wieder Blicke auf ihre Schleifen. Am Ende der Straße, am Meeresufer, sind es noch 600 m bis zum Ausgang der Felsenschlucht des Torrent de Pareis.

Kloster Lluc in der Serra Tranmuntana ist das spirituelle Zentrum Mallorcas. Täglich um 11 Uhr (außer in den Ferien) singt der seit fast 500 Jahren bestehende Knabenchor.

Cap de Formentor – Es markiert Mallorcas Nordspitze: ein 384 m hoher Fels direkt am Meer. Vom 1892 entstandenen Leuchtturm reicht der Blick weit über die Insel.

Die beste Reisezeit

Der ***Februar*** ist generell nicht der beste Monat für Mallorca: Das Meer ist mit durchschnittlich 13 Grad noch zu kühl zum Baden, die Lufttemperatur liegt statistisch leicht unter zehn Grad. Immerhin, jeder Tag kommt im Schnitt schon auf sechs Sonnenstunden. Aber wer die Mandelblüte erleben will, sollte sich auf den Februar einrichten, den besten Monat für dieses Schauspiel der Natur. Für Badeferien sind die Hochsommermonate besser geeignet.

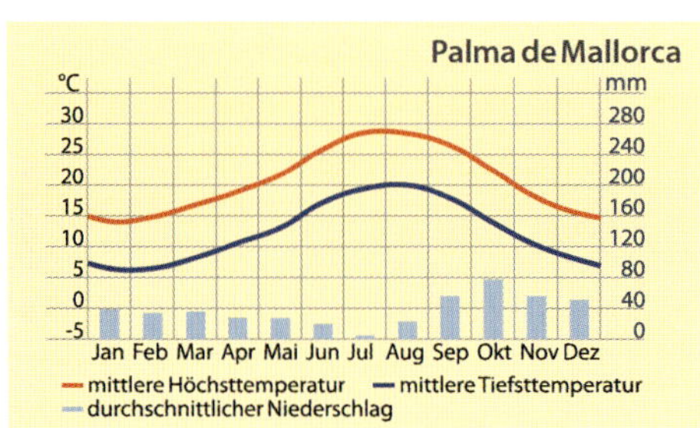

Besondere Tipps

Literatur: »Ein Winter auf Mallorca« (1839), Klassiker von George Sand.
Stadttour: Palma City Sightseeing macht die Rundfahrt mit Tagesticket bequemer: Der Bus fährt die 15 Stationen alle 20 Minuten an.
Souvenir: »Almendra« ist einer der besten mallorquinischen Mandelliköre. Auf dem Etikett sind Mandelblüten abgebildet.
Info: www.illesbalears.es, http://mallorca.de/mallorca-aktuell (mit Blütenkarte)

→ Mandelblüte auf Mallorca – ein Frühlingstraum
→ Segler lieben die ruhige Bucht von Lluc Alcari bei Deià.
↑ Strahlende Schönheit: die Kathedrale von Palma
↑ Blick in das Arbeitszimmer der spanischen Königin im Almudaina-Palast in Palma.

Traumziel Lanzarote 121

Treffpunkt der vier Elemente

»Ich habe in der Natur noch nie solch dramatische Farben – so dunkel und so originell – gesehen«, sagt Pedro Almodóvar über Lanzarote. Der Kultregisseur besuchte El Golfo, sah von der Aussichtsplattform oberhalb des Lavastrands ein sich küssendes Pärchen in dieser archaisch anmutenden Landschaft, und die Idee zu »Los abrazos rotos« (»Zerrissene Umarmungen«), eine Liebesgeschichte mit viel Leidenschaft und Eifersucht, war geboren.

Lanzarote ist unter den sieben Kanarischen Inseln die erdverbundenste. Der Timanfaya-Nationalpark mit seiner mondähnlichen, schwarz-roten Lavalandschaft und den Feuerbergen, den Montañas del Fuego, lassen jeden staunen über die tiefen Krater, idealtypischen Kegel und bizarren Lavafelder. Nirgendwo sonst sind die vier Elemente Feuer, Wasser, Luft und Erde so greifbar – und sie treffen direkt aufeinander: bei Los Hervideros, unweit der Feuerberge bei El Golfo, wo der Wind die Wellen an die schwarze, schroff zerklüftete, unwirklich anmutende Vulkanküste peitscht, oder bei Famara, wo sich die Berge wie eine überdimensionale Steinwelle den im Winter bis zu drei Meter hohen Wasserwellen entgegenstemmen. Nicht weniger spektakulär sind die rauen Klippen der Nordküste, allen voran am Aussichtspunkt Mirador del Rio.

Aber auch im Inselinnern dominiert Mutter Erdes Lava. Ob nun im Kreisverkehr von Tahiche, dessen Mitte ein Windspiel des bekanntesten Inselkünstlers, des 1992 verstorbenen Cesar Manrique, überdimensional dominiert, oder auf der schmalen Landstraße durch La Geria, eines der schönsten Weinanbaugebiete der Welt und Weltkulturerbe, wo in schwarzen Lavafeldern Rebstöcke grünen.

Die Kanarischen Inseln über einen Kamm scheren, wie es häufig getan wird, war schon immer falsch. Schließlich hat jede Insel ihr eigenes Profil (siehe Highlights) – aber auch ihren Mainstream … So ist Lanzarote zu weit mehr als der Hälfte schroff und wild, schön, faszinierend, geheimnisvoll und doch irgendwie auch abweisend. Eben ganz anders als an den Gestaden von Puerto del Carmen oder Playa Blanca, wo 90 Prozent der Urlauber ihre Ferien verbringen. Allen gemein ist jedoch: Europas Außenposten im Atlantik bietet vier Flugstunden nah Exotik mit Palmen, Wüstendünen und sogar Kamelen.

Die Highlights

Playas de Papagayo – Lanzarotes schönste Strände, ein Traum für Individualisten, für Adam und Eva.

Gran Canaria – Die Taufpatin des Archipels ist die Insel der Strandfans und Nachtschwärmer. Die Altstadt von Las Palmas, die zehn Kilometer langen Dünen und die Strände von Maspalomas zählen zu ihren Höhepunkten.

Teneriffa – Passt für Windsurfer und Mountainbiker, die sich am Pico del Teide vergnügen. Das Wahrzeichen der Kanaren ist mit 3718 m der höchste Berg Spaniens.

Fuerteventura – Zieht Jeepfahrer an, die wüstenhafte Landschaften erkunden, etwa auf der Halbinsel Jandia. Baden an den Playas de Corralejo mit Sand und Dünen, so weit das Auge reicht.

La Palma – Das Passende für Wanderer am 2426 m hohen Roque de los Muchachos, dem höchsten Berg der Insel. Auch toll: die Caldera de Taburiente, ein Kraterkessel mit bis zu 1600 m hohen, steil abfallenden Felswänden.

La Gomera – Die Insel der Ruhesuchenden. Blumenkinder und Alt-Hippies treffen sich am Strand von Valle Gran Rey.

El Hierro – Die fast Vergessene lockt Individualisten, da die Insel weit entfernt von allen Touristenströmen liegt. 56 Prozent der Inselfläche sind geschützt.

Die beste Reisezeit

Lanzarote und die Kanarischen Inseln sind zwar ein Ganzjahresziel, denn der stete Wind macht selbst die heißen Sommertemperaturen erträglich. Aber auch im ***November*** und ***Dezember***, ehe kurz vor Weihnachten halb Europa einfliegt und die Kanaren belagert wie die Heuschrecken, können noch bis zu 28 °C Luft- und 20 °C Wassertemperatur erwartet werden. Besonders Lanzarote verblüfft im Winter häufig durch ein Binnenklima, das den Norden in Wolken hüllt, während im Süden die Sonne scheint.

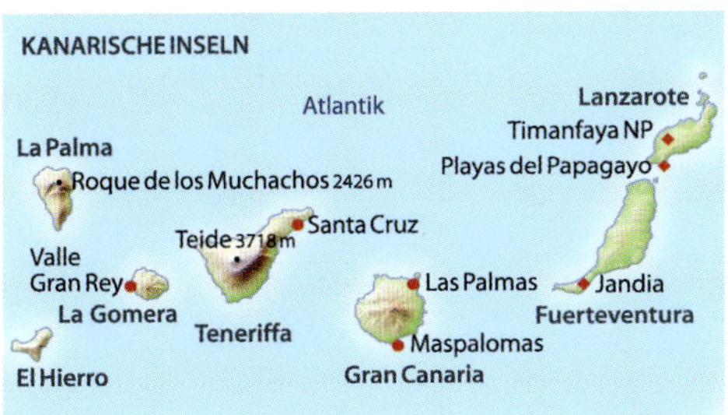

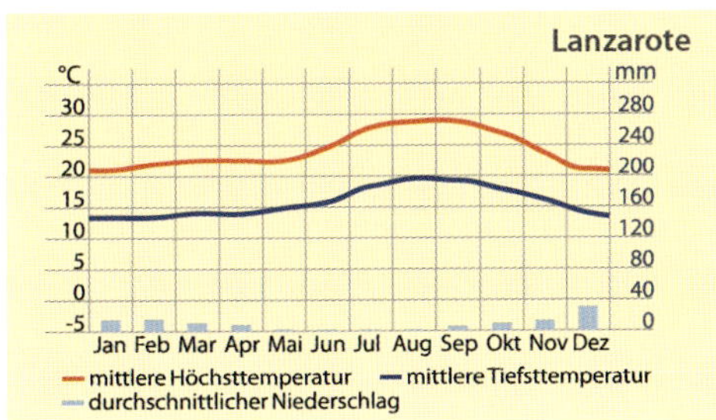

Besondere Tipps

Island Hopping: nur per Flieger ratsam. Die Fähren sind langsam und auf Cargo ausgerichtet. Ausnahmen: La Gomera und El Hierro – dort gibt's keine Flughäfen.
Kanarische Küche: Fisch vom Blech und »Papas arrugades con mojo«, Kartoffeln mit Meersalzkruste und drei verschiedenen Saucen; am besten in einem der Terrassenlokale in El Golfo auf Lanzarote.
Strandleben: Schon mal einen rötlich schimmernden Sandstrand gesehen? Nein? Dann ab nach Playa de Verodal auf El Hierro!
Info: www.kanarischeinseln.net

← Ein Kamelritt durch die Mondlandschaft der Feuerberge gehört auf Lanzarote zum Pflichtprogramm.
← Wunderschön: die grüne Lagune von El Golfo
↑ Faszinierende Gewächse wie diesen roten Teide-Natternkopf findet man überall auf Lanzarote.

Schampusschnee und Heli-Ski

»Champagne Powder« nennen die Einheimischen ihren Pulverschnee. Eigentlich kurios, denn Champagner in Pulverform hat kaum Verlockendes. Aber gemeint ist natürlich der besonders trockene Schnee in den Rocky Mountains, ein Niederschlag, der so fein ist, dass jeder Versuch eines Schneemannbaus scheitern würde. Aber für Ski oder Snowboards bedeutet er eine wunderbare Unterlage, man hat das Gefühl, zu schweben. Und warum ist die nordamerikanische Bergkette derart gesegnet? Weil die Skigebiete hier relativ hoch liegen und die Wolken meist von Westen heranziehen, sich schon zu einem Gutteil abgeregnet und viel von ihrer Feuchtigkeit verloren haben. Kein Wunder, dass sich die Skiorte der Region – sei es in Kanada, sei es in den USA – ihres Superschnees rühmen.

Namen wie Banff, Jasper, Lake Louise, Kicking Horse, Revelstoke und natürlich das 2010 olympisch geadelte Whistler sind es, die Kanada vordere Plätze in der Weltliga der Wintersportorte garantieren. Sie bieten aber nicht nur Schampusschnee und ein weites Programm von Fahrten mit dem Hundeschlitten über Schneemobiltouren und Eisangeln bis zum Eistauchen, sondern auch Heli- und Cat-Skiing, also Helikopterflüge oder Snowcat-Auffahrten in dafür ausgewiesenen Bergregionen, die nicht von Liften erschlossen sind und »jungfräulichen« Tiefschnee verheißen. Die Flüge und Raupenfahrzeuge als Liftersatz sind in den meisten europäischen Skigebieten unerwünscht, aber in der Weite der Rockies gibt es weniger Bedenken – zumal immer mehr »Schneekatzen« mit Biodiesel betrieben werden.

Die Anziehungskraft der Canadian Rockies ist aber nicht nur Helis und Cats oder den Trockenflocken vom Himmel zu verdanken. Die Pisten sind eingebettet in eine der schönsten Landschaften im einstigen Indianerland. Kein Wunder, dass sich hier in den Provinzen Alberta und British Columbia fünf Nationalparks aneinanderschmiegen. Vier von ihnen – Banff, Jasper, Kootenay und Yoho – sind unter dem Etikett »Canadian Rocky Mountains Park« in die Welterbeliste der UNESCO aufgenommen worden. Drei Provinzparks gehören ebenfalls zu dem Ensemble, darunter auch der Mount Robson Park rings um den höchsten Gipfel (3954 m) der kanadischen Rockies. Es gibt also viel zu sehen beim Wintersport. Nur keine Grizzlybären. Die liegen im Winterschlaf.

Die Highlights

Banff, Kanadas populärster Wintersportort, liegt in einem Hochtal (1463 m) am Trans-Canada-Highway. Wegen heißer Quellen entstand hier 1885 Kanadas erstes Naturschutzgebiet.

Jasper ist ein Endpunkt des Icefields Parkway durch die Nationalparks. Das Skigebiet Marmot Basin gehört zu den höchstgelegenen Kanadas und präpariert insgesamt 86 Abfahrten.

Lake Louise, der zweite Endpunkt des Icefields Parkway, ist ein Dorf mit 140 Abfahrten und einem Traditionshotel am See.

Whistler-Blackcomb ist das größte Skigebiet Nordamerikas. Nach Vancouver sind es auf dem Sea to Sky Highway nur 123 km.

Kicking Horse hat mehr als hundert Abfahrten, die längste erstreckt sich über 10 km. Das »Eagle's Eye« bei der Seilbahnstation auf 2350 m Höhe wurde für den weltbesten Restaurantausblick ausgezeichnet.

Revelstoke hat über 50 Abfahrten, die längste misst 15 km. Separate Reviere für Cat- und Heli-Skiing.

Im *Rocky Mountains National Park* gibt es drei Badeanlagen mit heißen Quellen, zwei sind auch im Winter geöffnet: Banff Upper Hot Springs und die Radium Hot Springs.

Die beste Reisezeit

Jeder Alpinist weiß es: Das Wetter kann sich im Hochgebirge sehr leicht ändern. Dabei ist von Schneesturm bis Wärmeeinbruch alles im Angebot. Die Durchschnittswerte für Banff geben im Winter minus 12 °C an, aber auch minus 30 °C über mehrere Tage hinweg sind nichts Ungewohntes. Naturgemäß sind die Tage im ***Februar*** etwas länger als im Vormonat und die Sonnenstrahlung intensiver – geschätzte Beigaben im Schneeurlaub, hochgradigen Sonnenschutz vorausgesetzt.

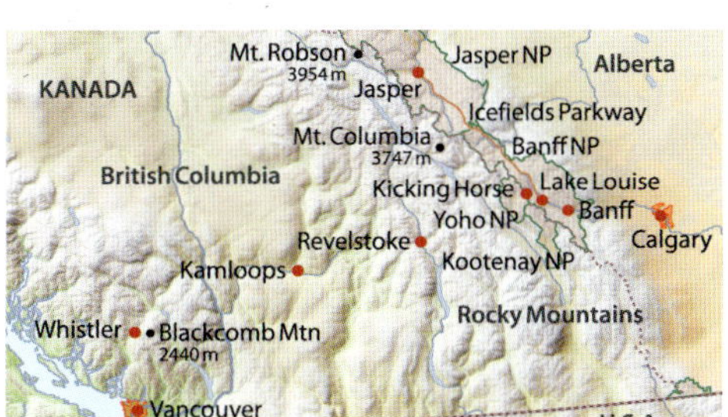

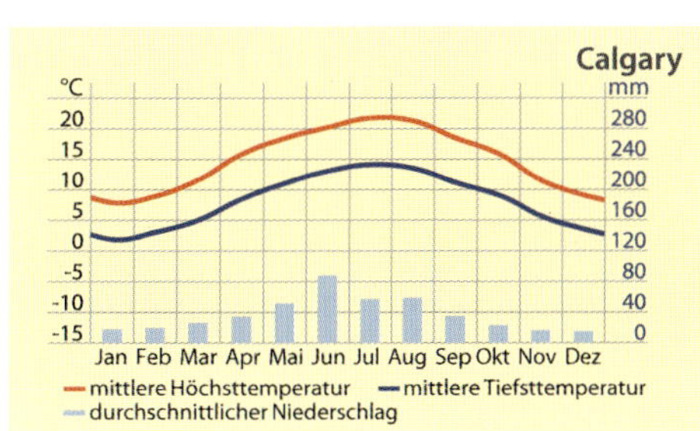

Besondere Tipps

Literatur: »Im Kreis des Wolfs« von »Pferdeflüsterer«-Autor Nicholas Evans über ein Dorf in den Rocky Mountains und ein Wolfsrudel.

Touren: Einige Orte bieten auch im Winter geführte Touren an, etwa zu vereisten Wasserfällen oder auf Schneeschuhen, wie sie einst Indianer und Trapper benutzten.

Museum: Viele Skiorte sind als Stationen beim Bau der transkontinentalen Eisenbahn entstanden. Daran erinnert das Revelstoke Railway Museum.

Info: www.canadianrockies.net

← »Symphony Bowl« heißt die Abfahrt in Whistler.
← Bevor der Moraine Lake im Banff National Park zufriert, zeigt er schöne Spiegelungen.
← Das Fairmont Banff Springs Hotel in Banff
↑ Der heiße Pool des Four Seasons Hotel, Whistler

Traumziel Los Angeles 123

Pulsader des American Dream

Hollywood bestehe doch nur aus ein paar großen Buchstaben, die im Fernsehen gezeigt würden, meinen nicht wenige und spielen damit auf die 15 Meter hohen Schriftzeichen aus Metall an, die seit 1923 am Mount Lee den Weg in die Traumfabrik des Films weisen. Denn ansonsten ist in Hollywood kaum etwas für Touristen arrangiert – abgesehen vom »Walk of Fame« oder den im Bürgersteig vor dem Premierenkino »Mann's Chinese Theatre« eingelassenen Hand- und Fußabdrücken der Stars und Sternchen. Nördlich und südlich von Hollywood und dem Sunset Boulevard leben und arbeiten hinter unscheinbaren Fassaden zwar Tausende von Zulieferern der Filmindustrie – vom Ausstatter über den Computergrafiker und Musiker bis zum Trick-Experten –, aber keine Stars. Die gehen in Hollywood nicht mal mehr aus, und ihre Luxusdomizile haben sie längst hinter dem Ortsschild von Beverly Hills bezogen.

Zwischen den Zentren von Hollywood und Beverly Hills liegen gerade einmal gut fünf Kilometer auf dem Sunset Boulevard. Eine nur kurze Entfernung und gleichzeitig Welten: in Hollywood der schmuddelige Hinterhof und abgebröckelte Glanz, in Beverly Hills gepflegte Boulevards, haushohe Hecken und Stahlgitter vor Prachtvillen mit Pool, Tennisplatz und mehreren Luxusschlitten in der Auffahrt. Der normalsterbliche Besucher kann mit seinem Mittelklasseeinkommen dort am besten eines: sich arm fühlen. Die vielleicht reichste Kleinstadt der Welt mit nicht einmal 100 000 Einwohnern wird vom Moloch Los Angeles mit zehn Millionen umzingelt. Das Zentrum von L.A. gibt sich wie jede andere US-Großstadt auch: wuselig, geschäftig, aber austauschbar. Nur die Hochhäuser sind in der vom Pleitegeier bedrohten Stadt der Engel wegen der Erdbebenrisiken nicht ganz so hoch. Hoch zeigen sich dafür die Wellen an der Pazifik-Küste, wo sich im Sommer jährlich die Elite zum International Surf Festival trifft.

Jedoch im Februar, wenn alljährlich die Oscarverleihung in Hollywood stattfindet, dann ist Los Angeles für ein paar Stunden die Hauptstadt der Welt, auf die alle Augen gerichtet sind, egal was sonst noch los ist auf unserem Planeten. Dann wird der aufgerollte rote Teppich vor dem Kodak Theatre von den Filmstars dieser Erde regelrecht belagert, ehe sich die Sieger in einer Mischung aus Originalität und Peinlichkeit für die »Academy Awards of Merit« vor den Zuschauern im Saal und einem Millionenpublikum an den TV-Geräten bedanken.

Die Highlights

Für das *Los Angeles County Museum of Art* und das Museum of Contemporary Art sollte man genügend Zeit einplanen.

Die *Chinatown* von Los Angeles dürfte das bekannteste Chinesenviertel der Welt sein. Jack Nicholson lässt grüßen …

Der *Walk of Fame* macht viel Spaß, wenn man die Sterne mit den bekanntesten Namen finden will.

Das *Grauman's*, das häufig nur »Mann's Chinese Theatre« genannte Premierenkino und die in den Boden eingelassenen Hand- und Fußabdrücke der Filmstars sind schlicht cool.

Der *Universal-Studios-Themenpark* dürfte nicht nur wegen der King-Kong-3D-Show zu den aufregendsten Vergnügungsparks der gesamten USA gehören.

Der *Rodeo Drive* in Beverly Hills zählt sicherlich zu den teuersten Shoppingmeilen der Welt, wie schon Julia Roberts in »Pretty Woman« erfahren durfte.

Vom *Griffith Observatory* hat man den besten Ausblick auf das schier unendliche Stadtgeflecht. Aber auch die angeschlossene Hall of Science lohnt einen Besuch.

Die beste Reisezeit

Kalifornien ist ein Ganzjahresziel, obgleich es im Winter schon mal ungemütlich und grau werden kann. Auch der meiste Regen fällt im Winter, bei aber immer noch mindestens 15 °C. Im ***Februar***, wenn der »Oscar« Los Angeles zur Stadt der Städte macht, darf man sogar schon mit 20 °C rechnen. Der Sommer zeigt sich dagegen ganz anders: Die Temperaturen um 25 °C sind zwar moderat, aber die Luftfeuchtigkeit ist hoch, die Schwüle lähmt die Menschen, und die Stadt versinkt unter einer riesigen Smoghaube.

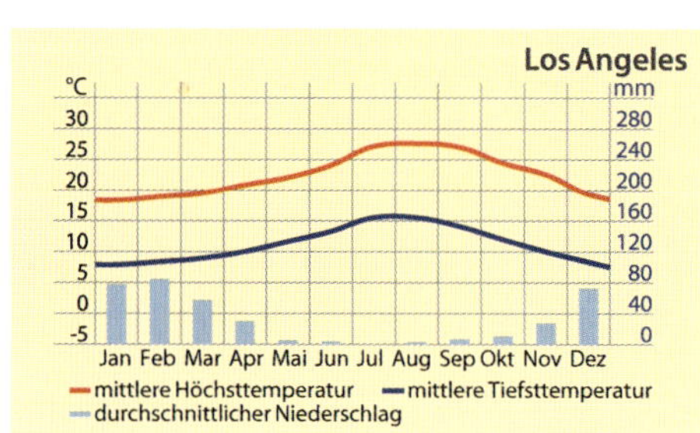

Besondere Tipps

Zum Erleben: Eine Tour zu den Villen verblichener und lebender Stars, etwa mit »Movie Stars Home Tours«, ist nicht nur was für Filmfreaks.
Zum Baden: Santa Monica besitzt einen der schönsten Stadtstrände im Großraum von Los Angeles. Highlife herrscht auch am Pier und an der Promenade.
Zum Schauen: Roman Polanskis »Chinatown« spielt zwar im Jahr 1937 (und wurde 1974 gedreht), geht mit dem unvergleichlichen Jack Nicholson aber auch im 21. Jahrhundert immer noch unter die Haut.
Info: www.latourist.com

→ Die Skyline von L.A. im Sonnenuntergang
→ Das auffällige TCL Chinese Theatre bei Nacht
→ Vor »Mel's Drive In« treffen sich die Oldtimer
↑ Um ihn reißt sich die Filmindustrie: der Oscar.

FARGO
IBM
SPEED LIMIT 35

Mel's
DRIVE-IN

Traumziel Bahamas 124

Piratenschätze, Orchideen und Atlantis

Schatzinsel gefällig? Unter den etwa 700 Inseln der Bahamas sollte das eine oder andere Eiland mit praller Schatztruhe sein. Schließlich haben Piraten den Archipel jahrzehntelang als ihr Revier betrachtet und einmal sogar eine Seeräuberrepublik gegründet. Alle notorischen Namen finden sich in der Inselgeschichte, Blackbeard, Henry Morgan, Calico Jack und die fürchterliche Anne Bonny. Erst als ein Pirat mit der Piratenjagd beauftragt und mit dem Gouverneurstitel entlohnt wurde, hatte der Spuk ein Ende.

Immerhin, Paradise Island, die Hotel- und Vergnügungsinsel vor der Bahamas-Hauptstadt Nassau, soll noch bis in die jüngste Vergangenheit Gangstern aus den USA wohlgesinnt gewesen sein, solange sie nur reichlich Bares brachten. »Geschichten von gestern«, sagen sie in Nassau, »mit Touristen ist viel mehr zu verdienen.« Auf der Hauptstadtinsel New Providence, dem touristischen Zentrum, glaubt man das gerne. Bisweilen liegen fünf oder sechs Kreuzfahrtriesen gleichzeitig am Pier von Nassau, und auch die Strandhotels sind gut belegt.

Wer es etwas ruhiger mag, fliegt von Nassau aus weiter auf die »anderen Inseln«: Selbst die mit Abstand größte Insel, Andros, zählt zu dieser Kategorie. Naturfreunde sind dankbar dafür, denn so blieben die einsamen Strände, die Wasserwege quer durch die Insel, die Mangrovenwälder und die Vielfalt von Fauna und Flora erhalten. Die Iguanas, wie Minidrachen aussehende Eidechsen, können hier über einen Meter lang werden, wilde Orchideen wuchern in mehr als 40 Arten. Selbst das drittgrößte Korallenriff der Welt hat Andros glücklicherweise noch nicht ins Visier der Investoren gerückt.

Das ist anders auf Bimini, weil die zehn Inseln der Gruppe dicht bei Florida liegen. Aber bisher konnten die Einwohner Großprojekte abwehren. Bimini stand öfter im Fokus des regionalen Interesses, etwa als Zentrum des Rumschmuggels während der Prohibition in den USA, oder als Ernest Hemingway auf Bimini lebte und den ersten Teil seines Romans »Inseln im Strom« auf Bimini spielen ließ. Einige der unermüdlichen Atlantis-Forscher glauben, vor Bimini ihre versunkene Stadt gefunden zu haben; Geologen winken aber ab. Auch die Quelle der ewigen Jugend wollen manche Quellenforscher auf Bimini ausgemacht zu haben. Die Hoffnung stirbt zuletzt …

Ungewöhnlich ist auch das schläfrige Eleuthera, schon in seiner Form: Die Insel erstreckt sich mit diversen Haken über 180 Kilometer, ist aber an manchen Stellen kaum einen Kilometer breit. Gesäumt ist sie von weißen und rosafarbenen Stränden, die weiteren »Attraktionen« sind eine Höhle und ein überbrückter Durchbruch durch die Insel. Wer karibische Entspannung sucht, ist hier richtig.

Die Highlights

Nassau – Der Hafen war im 18. Jahrhundert so wichtig, dass die Briten drei Forts bauten: Fort Montague (1742), Fort Charlotte (1789), Fort Fincastle (1793).

Pirates of Nassau, Nassau – Das Museum hält zahlreiche interaktive Attraktionen bereit, mit denen Klein und Groß die vergangene Welt der Karibik-Piraterie im 18. Jh. entdecken können.

Stuart Cove, Nassau – In der Bucht sind ein Schiffs- und ein Flugzeugwrack beliebte Tauchgründe. Beide wurden versenkt, um als Orte für Actionszenen in James-Bond-Filmen zu dienen.

Cloisters, Paradise Island – Die französische Klosterruine (14. Jh.) hatte der amerikanische Zeitungsmogul William Randolph Hearst um 1920 gekauft, der Milliardär Huntington Hartford ließ sie auf Paradise Island 1960 aufbauen.

Ocean Hole, Eleuthera – Der runde, tiefe Salzwassersee gehorcht den Gezeiten: Hier kann man Ebbe und Flut miterleben, auch gerne hautnah beim Baden.

Dunmore Town, Eleuthera – Die Commissioner's Residence mit ihrer hübschen Veranda ist ein typisches Beispiel für den amerikanischen Clapboard-Stil, eine Art Schindelbau.

Atlantis Resort – Die gigantische Hotelanlage auf Paradise Island hat zwei seiner Hoteltürme in der 23. Etage durch eine Brücke verbunden.

Die beste Reisezeit

Von den etwa 700 Bahamas-Insel sind zwar nur 30 besiedelt (und nur 15 touristisch voll erschlossen), aber das Thema Wetter spielt überall eine Hauptrolle. Das verwundert, sind die Bahamas doch mit allzeit subtropischen Wetter gesegnet. Aber im ***Januar/Februar*** ist es mit etwa 25 °C weniger drückend als im Sommer, es regnet weniger und die Zahl der Sonnenstunden liegt bei erfreulichen acht pro Tag. Auch die Hurrikan-Saison (Juni–November) ist vorüber. Haken: Von Dezember bis Februar sind die Preise am höchsten.

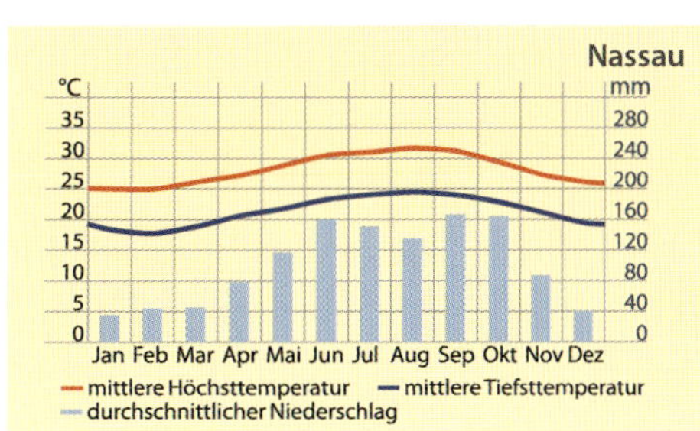

Besondere Tipps

Literatur: Dewey Lambdin: »Eine Hand für das Schiff: Alan Lewrie in den Gewässern der Bahamas«; Roman aus der Abenteuerreihe um Kapitän Lewrie, der gegen Piraten kämpft.

Drink: Achtung, der Cocktail Bahama Mama hat es in sich: vier Sorten Rum (und Fruchtsaft). Ist aber karibisch gut!

Info: www.bahamas.de

← Die einladende Alabaster Bay auf Eleuthera
← Sandbänke im Bahamas-Archipel
← Resorthäuser in karibischen Pastellfarben bei Nassau
↑ Das Atlantis Resort and Casino ist eines der größten Hotels der Karibik, die Suite im Übergang zwischen den beiden Gebäuden eine der teuersten weltweit.

Mit dem Schiff von Grenada nach St. Vincent

Ein einzigartiges »Island Hopping« durch die Grenadinen-Gruppe können die Einheimischen mit regulären Fährbooten und dem Postdampfer alltäglich genießen: Wenn sie zwischen St. Vincent, Bequia, Mustique, Canouan, Mayreau, Carriacou, Union Island und Grenada hin- und herschippern.

Clevere Touristen ebenso. Die Schnellfähre »Osprey Express« rauscht von der Hafenmole in St. George's auf die offene See hinaus, bald schon tauchen die Sandy Islands mit schneeweißen Palmenstränden und Robinson-Crusoe-Buchten aus dem Blau – und in Sichtweite über dem verschlafenen Hafenörtchen Hillsborough Carriacous Inselberge. Aus der Hafenbar wehen heißblütige Calypsorhythmen, eiskaltes Carib Lager Beer macht die Runde.

Zwischen Carriacou und Union Island überbrückt das Wassertaxi »Jasper« die nächste Etappe. Nach der Passage durch smaragdgrüne Wasserflächen, aus denen schillernde Riffe glasklar bis an die Oberfläche scheinen, läuft auf Union Island gerade die »Barracuda« ein. Als Postboot und Linienfrachter verkehrt sie planmäßig zwischen St. Vincent und Union.

Verschlafen drängeln sich am nächsten Morgen die meist einheimischen Passagiere an Deck. Vor Mayreau wird ein- und ausgebootet, da es keine Mole gibt. Ölfässer und Kleinkinder, Hühner und Colakästen gehen über die Reling, an der Bordwand drängeln sich bunte Boote, um die kostbare Fracht zu übernehmen.

Wer hier den Ausstieg wagt, könnte vom Inselkirchturm aus Canouan, Union Island, und bei klarem Wetter sogar Grenada sehen sowie die fünf Koralleninseln der Tobago Cays, deren traumhafte Riffe zu den besten Schnorchelplätzen der Welt zählen.

Nach kurzer Fahrt taucht Canouan aus der See, mit schroffen, steil ins Meer abfallenden Felswänden. Bedauerlicherweise lässt die »Barracuda« das Dorado der Superreichen rechts liegen: Auf Mustique wäre ein Blick auf Mick Jaggers Haus »Jaccaranda« zu werfen, auf Bequia ließ sich Bob Dylan einst seine Jacht »Water Pearl« bauen.

Pünktlich gegen Mittag legt der Postdampfer in St. Vincents Kingstown an. Mit spektakulären Ausblicken auf die Inselparadiese der Grenadinen vervollständigt ein halbstündiger Rückflug nach Grenada die Schiffsreise zu einem karibischen Erlebnis der sehr speziellen Art.

Die Highlights

St. George's, die koloniale Perle Grenadas, gehört mit seinem Fort George und dem bunt wimmelnden Market Square zu den schönsten Inselhauptstädten der Welt.

Muskatnuss – Eine der Haupteinnahmequellen Grenadas. Produktionszentren der Muskatnuss und anderer Gewürze sind die Nutmeg Processing Station im Fischerort Gouyave und der Dougaldston Spice Estate.

Hillsborough – Von der Hauptstadt der Insel Carriacou führt eine Tour zur höchsten Erhebung auf 291 m mit Traumblick auf die Stadt und die Karibische See.

»Frangipani« – Die legendäre Bar auf Bequia ist erste Anlaufstelle für europäische Skipper nach überstandenem Atlantiktörn: Wo ließe sich besser ein Planter's Punch bestellen?

»Basil's Bar« auf Mustique zu erreichen und an den Polizisten am Eingang vorbeizukommen, ist einigermaßen schwierig. Dennoch, die Bar ist das zweite Wohnzimmer für alle Insel-VIPs.

Wallilabou Bay – An dem berühmten Drehort des Blockbusters »Fluch der Karibik« auf St. Vincent muss man gewesen sein, schon um der gleichnamigen Wasserfälle willen.

La Soufriere – Nach der zirka zweistündigen Besteigung des 1234 m hohen Vulkans hat man vom Gipfel eine umwerfende Aussicht.

Die beste Reisezeit

Für die Kleinen Antillen liegt die beste Reisezeit zwischen Dezember und April. Mit Regelmäßigkeit werden die Karibischen Inseln vorher von Tiefdruckgebieten heimgesucht, die sich bis zur Hurrikanestärke auswachsen können; danach setzt mit sinkenden Preisen die Sommerschwüle ein. Über Weihnachten findet die absolute Hochsaison statt, und selbst teure Übernachtungsbetten sind dann kaum mehr zu bekommen. Ideal also ist es, die Grenadinen-Tour ab ***Mitte Januar*** zu machen.

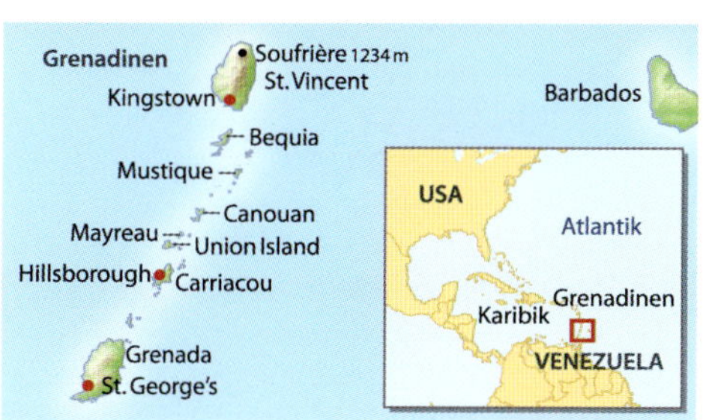

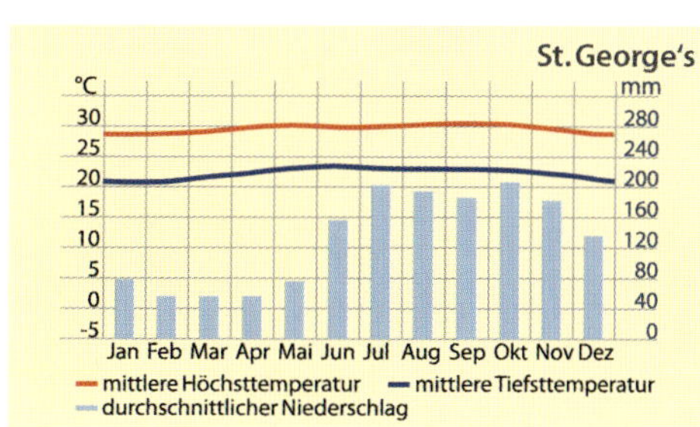

Besondere Tipps

Ein- & Ausreise: Zwischen Carriacou und Union Island verläuft die Staatsgrenze von Grenada und St. Vincent & The Grenadines, es muss ein Stempel in den Pass.

Fährverbindungen: Vier Tage die Woche mit der »MV Barracuda« und der »MV Gemstar« zwischen St. Vincent und Union, täglich mit der »MV Jasper« zwischen Union und Carriacou, täglich zwischen St. Vincent und Bequia mit der »MV Bequia Express«.

Info: www.grenadagrenadines.com, www.svgtourism.com

← Gefragte Kulisse unter Fotografen: Segelboote vor Palm Island

← Typisch karibische Architektur findet man natürlich auch an der Britannia Bay.

↑ Attraktion für echte Wasserratten: die Balleine-Wasserfälle auf St. Vincent

Havanna und der Osten

Die beeindruckendsten Inselhauptstädte der Welt sind in der Karibik zu finden. Auf Platz eins der Rangliste der Schönen liegt unstreitig Havanna. Welche sonst hätte eine sozialistische Revolution, Fidel Castro und das Erbe Che Guevaras zu bieten, erstklassigen Rum und die besten Zigarren, Autoren der Weltliteratur und ganz sicher nicht nur die Klänge des berühmten Buena Vista Social Club? Dazu eine Pracht an UNESCO-geschützten Baudenkmälern in einem architekturberauschten Altstadtambiente, das eine einzigartige Kulturszene ausfüllt.

Wer die karibische Metropole ausreichend durchstreift und genossen hat, macht sich auf Richtung Osten, wo Kubas Herz schlägt. Ob Santiago de Cuba, das seinen Reichtum aus den nahen Kupferminen in prachtvolle Gründerzeitfassaden investierte, Baracoa, das archaische Kleinod an der tosenden Atlantikküste, oder Cayo Saetia, wo an traumhaften Buchten Zebras, Emus und Antilopen vor die Kamera kommen: Reisenden begegnet hier eine überwältigenden Mischung aus Kultur und Geschichte, ansteckend freundlichen Menschen sowie wahrhaft beeindruckenden Landschaften.

Liebhaber klassischer Prachtarchitektur kommen schon in Santiago de Cuba auf ihre Kosten: Majestätisch thront die Basilica Catedral über dem Parque Cèspedes, in dem zur späten Stunde erst das urbane Leben so richtig vibriert. Am besten lässt sich das von der Terrasse des liebevoll restaurierten Hotels Casa Granda verfolgen. Nur ein paar Ecken weiter finden sich die ehemalige Bacardí-Destillerie, heute Museum, sowie die staatliche Zigarrenfabrik.

Durch Kakao- und Kaffeeplantagen, saftig grüne Zuckerrohrfelder, gesäumt von grazilen Königspalmen, geht es von hier aus ostwärts. Wie eine Fata Morgana taucht im Valle El Cobre die Basílica del Cobre auf, gleich neben den Kupferminen, die bis ins 19. Jahrhundert hinein die größten der Welt waren.

Baracoa liegt am Ende der Welt. Kraftvoll donnern Atlantikbrecher auf den Strand. Gegründet 1512 von Diego Velàzquez, hat sich das Städtchen durch seine abgeschiedene Lage, umgeben von wild zerklüfteter Bergwelt und dichten Wäldern, eine ganz besondere Atmosphäre bewahrt. Lastenträger mit Säcken, Körben oder Bananenstauden auf den Schultern zeichnen ein archaisches Straßenbild. Die wenigen museumsreifen, aber liebevoll gepflegten Buicks und Chevrolets aus den 50er-Jahren passen da perfekt ins Kulissenbild. Anstelle von Autos rollen beinahe geräuschlos Fahrräder, Rikschas und Pferdedroschken. Auf dem historischen Stadtplatz Parque Central, vor dem Kirchenportal der Iglesia de la Asunción, spielen die Männer wie eh und je unter der stattlichen Büste des Indianerhäuptlings Hatuey seelenruhig ihr tägliches Domino. Hier scheint die Zeit stillzustehen.

Die Highlights

Die *Plaza de la Catedral* in Havanna bietet Salsa live zu Trompeten, Geigen und Trommeln.

»Tropicana« – Im weltberühmten Nachtclub werden karibische Tanzkunst, farbenfrohe Shows und jede Menge Cuba Libre zu den wildesten Rhythmen dargeboten.

Malecón – Die Uferpromenade ist ein beliebter Treffpunkt, eher für waschechte Kubaner denn für Touristen.

Santiago de Cuba ist die Wiege der kubanischen Son-Musik und Kubas heimliche Hauptstadt. Vom Rathausbalkon ließ Fidel Castro am 1. Januar 1959 die Revolution ausrufen.

Der *Buena Vista Social Club* gibt seine Balladen allabendlich in der »Casa de la Trova« zum Besten, während es junge Kubaner eher zu den heißen Rhythmen im »Artex« zieht.

Baracoa – In der Stadt im Osten, deren historischer Kern mit einem Stilmix aus klassizistischen Gebäuden mit starken französischen Einflüssen überrascht, toben Rhythmus, Tanz und Lautstärke rund um die Plaza Mayor.

Festival del Caribe – Im kubanischen Karneval treffen sich gegen Mitternacht auf der Plaza de Marte in Santiago de Cuba Hunderte Feierwütige in bunten Kostümen und mit handgefertigten Masken, Trommeln und anderen Instrumenten bei Soca, Calypso und Salsa.

Die beste Reisezeit

Tropisch warm bis schwülheiß ist es auf der Zuckerrohrinsel das ganze Jahr über, vor allem aber während der Sommermonate zwischen Mai und Oktober. Wer nicht in einen der gefürchteten Tiefdruckwirbel (im schlimmsten Fall: in einen *ciclón* oder *huracán*) geraten möchte, kommt am besten ***zwischen Dezember und dem Frühjahr*** hierher. Vor allem an der Nordostküste wehen dann kühlende Winde, die das Klima sehr angenehm beeinflussen.

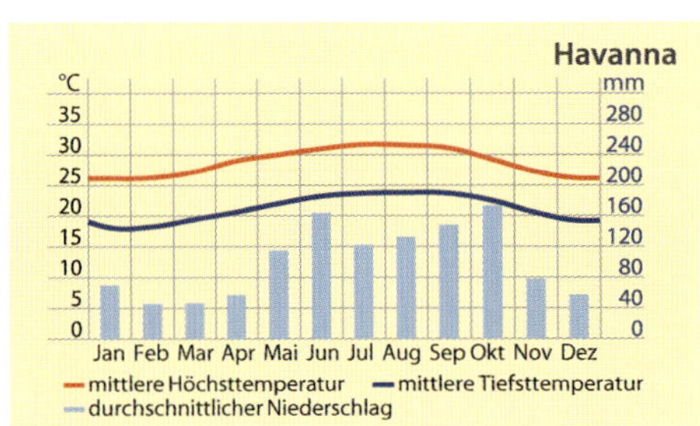

Besondere Tipps

Karneval: In Havanna Mitte Februar. Das Internationale Jazzfestival findet in Havanna Mitte Februar eine Woche lang statt.

Essen: In Santiago de Cuba ist die »Taberna de Dolores« nicht nur gut für einen Mojito, auch das Ambiente des alten Kolonialpalasts lädt zum Verweilen ein.

Ausflug: In Guardalavaca lässt sich in der Bahia de Naranjo die Delfin-Show nicht nur bestaunen, Besucher können sogar mit den Tieren schwimmen.

Literatur: Zoé Valdés, »Das tägliche Nichts«.

Info: www.cubainfo.de

→ Havannas Tropicana-Cabaret ist weltberühmt.

→ Jenseits von Kubas zauberhaften tropischen Küsten …

→ … breiten sich endlose Tabakplantagen aus.

↑ Die Kathedrale San Cristobal in Havanna im sanften Abendlicht

Traumziel Baja California 127

Rendezvous der Wale

Ist Mexico City mit seinen 25 Millionen Einwohnern die größte Stadt der Welt? Oder nur die Nummer zwei oder drei? Unwichtig, denn auf dem Zócalo, dem zentralen Platz, fühlt man sich ohnehin wie am Nabel der Welt. Mitten in der »Welthauptstadt des Smogs«, umgeben von wirbelndem Leben – und von einigen der besten Sehenswürdigkeiten: dem Nationalpalast mit Wandmalereien von Diego Rivera, der Ausgrabungsstätte des aztekischen Templo Mayor und der mächtigen barocken Kathedrale. Nicht weit ist es von hier zum schmucken Palacio de Bellas Artes, dem Palast der Schönen Künste. Genug für eine Stippvisite in der Hauptstadt, in der die meisten Flüge aus Europa landen. Hier machen viele Urlauber einen Zwischenstopp, ehe sie mit Anschlussflügen alle Landesteile erreichen.

Nach La Paz im Süden der Baja California sind es nur zwei Stunden, aber man landet in einer völlig anderen Welt. Die Halbinsel, mit 1200 Kilometern etwa doppelt so lang wie Florida und teilweise nur 80 Kilometer breit, ist größtenteils von steppen- und wüstenartiger Landschaft mit mehr als 2000 Meter hohen Bergketten gekennzeichnet. Baja California war schon in vorkolumbianischer Zeit besiedelt, weil es nicht an Wasserstellen und an Nahrung mangelt. Diese scheinbar so karge Landschaft ist reich an Pflanzen- und Tierleben, von den hohen Saguarokkakteen bis zu Diamantklapperschlangen, die nicht *a girl's best friend* sind.

Hauptattraktion bilden jedoch die Gewässer rings um die Halbinsel, im Westen der kühlere Pazifik und im Osten der warme Golf von Kalifornien, den Einheimischen besser bekannt als Sea of Cortez. Die etwa 160 000 Quadratkilometer große Bucht scheint besonders bei Meeressäugern sehr beliebt. Nirgendwo in der Welt trifft man mehr Wale, nirgendwo auch mehr unterschiedliche Arten. Einige sind hier ganzjährig ansässig, Blau- und Finnwale etwa, andere wie die Buckel- und die Grauwale nur zu bestimmten Jahreszeiten. Die Grauwale halten sich hauptsächlich in den Lagunen an der Pazifikküste auf, weil sie dort ihre Jungen gebären und säugen. Es gibt – vor allem an der Südspitze der Halbinsel – zahlreiche Anbieter von Walbeobachtungstouren, alle benötigen eine spezielle Lizenz. Ein gutes Geschäft ist ihnen sicher.

Die Highlights

Mexico City und das denkmalgeschützte »Centro Histórico«, in dem sich die meisten Sehenswürdigkeiten konzentrieren. Daneben gilt die Metropole mit mehr als 160 Sammlungen als museumsreichste Stadt der Welt.

In *Xochimilco*, heute ein Vorort von Mexico City, legten die Azteken einst Garteninseln an, jetzt ist es ein Revier für bunte Touristenboote.

Guadalupe, auch ein Vorort der Hauptstadt, ist einer der meistbesuchten Wallfahrtsorte der Welt. Die Marien-Basilika fasst 40 000 Pilger.

Die *»Transpeninsula«* führt von der US-Grenze bis zum Kap im Süden und erschließt die meisten Sehenswürdigkeiten auf der Halbinsel.

Magdalena Bay, die einzige Bucht an der Westküste der Baja California, in der man während der Anwesenheit der Grauwale – mit einem Permit – im Seekajak paddeln darf.

La Paz ist das südliche Zentrum der Baja California und die ihm vorgelagerte Inselgruppe Espiritu-Santos bei Touristen ein geschätztes Naturschutzgebiet.

Cabo San Lucas und das 32 km entfernte San José del Cabo (gemeinsam: Los Cabos) sind vom Staat im Jahr 1974 geschaffene Ferienorte der gehobenen Kategorie.

Die beste Reisezeit

Die Grauwale tummeln sich hauptsächlich von ***Mitte Dezember bis Mitte März*** vor der Baja California, während die Buckelwale noch bis in den Sommer hinein bleiben. Pottwale und Minkwale kann man auch in den anderen Monaten beobachten, insbesondere im nahrungsreichen Golf von Kalifornien. Während das Wetter im nördlichen Teil der Halbinsel in den Winterwochen kühl sein kann, ist es im Süden meist zwischen 21 und 27 °C warm. Regen ist ganzjährig selten.

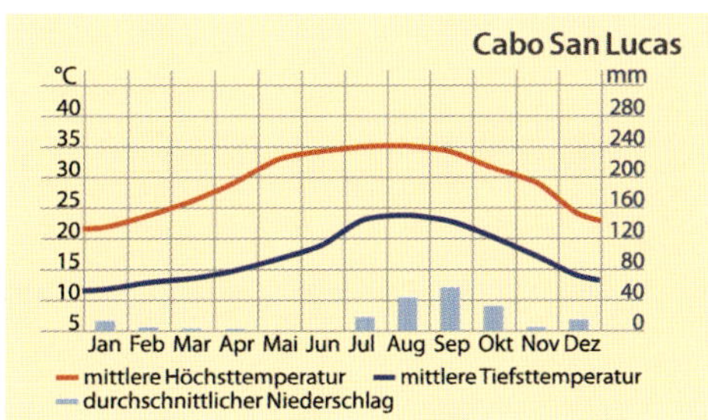

Besondere Tipps

Literatur: »The Rough Guide to Baja California« von Jason Clampet (auf Englisch).

Rundreise: Spanien hat seine Besitzungen in Nordamerika mit einem Netz von Missionen überzogen, auch die Baja California. Viele können – als Museen oder Ruinen – besucht werden.

Sport: Das Cabo Pulmo Marine Reserve, das einzige lebende Korallenriff im Golf, gilt als eines der besten Tauchreviere Mexikos.

Info: www.visitmexico.com (auf Deutschland klicken), www.discoverbajacalifornia.com (auf Englisch)

← Die malerische Küste der Baja California bei La Paz
← Kajakfahrer lieben die Ensenada Grande Bay.
← Grauwal in der San-Ignacio-Lagune
↑ Auf dem Zócalo in Mexico City führen regelmäßig Indianer traditionelle Tänze vor.

Samba, Sex und Sonne

704 Meter über dem Atlantik ist die Welt in Ordnung. Der Beton-Jesus, gewaltige 1145 Tonnen schwer, breitet seine Arme über die ganze Stadt aus. Die vorbeiziehenden Wolkenfetzen nehmen etwas von der Hitze. Die Schweizer Zahnradbahn fährt mit der Präzision einer Schweizer Uhr den Berg hinauf: Vom Corcovado aus gesehen ist Rio die schönste Stadt der Welt – trotz New York und Sydney, Hongkong und Paris. »Wenn ich zwischen Paris, Rom und New York wählen könnte, würde ich Ipanema vorziehen«, sagt der Songschreiber Vinicius de Moraes. Ipanema ist ein Viertel von Rio mit breitem, weißen Strand, und durch seinen Text über ein hübsches Mädchen, das jeden Tag eben zu diesem Strand schlenderte, weltbekannt geworden. Helo Pinheiro heißt »Das Girl von Ipanema«, das inzwischen mehr als 50 Jahre alt ist.

Vom Corcovado aus sieht man über die Häuserschluchten bis Ipanema. Und hinüber zum Zuckerhut, an die Copacabana, bis Maracana, dem einst größten Stadion der Welt, oder bis zum Sambadrom, der knapp zwei Kilometer langen Karnevalsarena. Am Corcovado liegt jedem Besucher Rio zu Füßen. Aber kaum einer nimmt beim Rundumblick den Unterschied von Weiß und Braun wahr. Die Aussichtsplattform am Corcovado ist nicht nur ein Platz zum Staunen, sondern auch ein Wegweiser zu bitterer Erkenntnis über die Stadt, in der zwölf Millionen Cariocas leben. Sie ist geteilt: in gefährlich und nicht gefährlich, in das Biest im Norden und die Schöne im Süden. Armut und Kriminalität wohnen im Norden, Mittelstand und Tourismus im Süden. Wer auf den touristisch relevanten Pfaden bleibt, dem droht wenig Gefahr.

Das Risiko ist kalkulierbar und so hoch oder niedrig wie etwa in Rom. Erhöhte Vorsicht gilt jedoch, wenn sich Mengen versammeln, wie beim Fußball oder beim zweitgrößten Fest Rios: Es ist die größte Silvester-Party weltweit mit rund zwei Millionen Menschen, die an der Copacabana das Jahresfinale feiern. Oder eben beim spektakulärsten Fest, dem Karneval: Die einen lieben ihn. Die anderen hassen ihn. Es gibt keine Kompromisse beim Karneval. Oder doch? Am Zuckerhut vielleicht? »Unser Karneval ist ein Fest der sexuellen Utopie«, schreibt die wichtigste Tageszeitung Brasiliens, »O Globo«. »Die Sexualität der Frauen wird Brasilien retten, vögeln ist bei uns Brasilianern soooo herrlich mit Samba, Essen, Spaß und Karneval verknüpft!« Hätte das mal Papst Sixtus IV. im 15. Jahrhundert gewusst. Wer weiß, ob er den Karnevalisten seinen päpstlichen Segen gegeben hätte. Damals ging es freilich nur um eine Zeit des Genießens vor Ostern und dem Fasten.

Die Highlights

Der Blick vom 704 m hohen *Corcovado*, dem Buckligen, dürfte der schönste auf eine Stadt weltweit sein. Und Christus gibt seinen Segen dazu …

Das Wahrzeichen von Rio ist der 394 m hohe *Zuckerhut* zwischen Botafogo und Copacabana. James Bond und der Beißer fuhren dort auch schon Gondel.

Zusammen mit Waikiki ist die *Copacabana* der wohl bekannteste Strand auf Erden: vier Kilometer Strand und Straße, gesäumt von Hotels, Restaurants, Bars und Mädchen.

Dem Glanz des schneeweißen *Copacabana Palace* kann man nicht widerstehen. Wer keine Nacht darin verbringt, sollte wenigstens einen Caipirinha an der Poolbar trinken.

Die *Nova Catedral* ist zwar eine hässliche Betonpyramide. Aber ihr Kreuz ist innen, und genau in der Mitte steht der Altar. Er symbolisiert: Vor Gott sind alle Menschen gleich.

Die *Avenida Rio Branco* ist die belebteste Straße im Zentrum, mit Zugang zum Teatro Municipal, dem Museu Nacional de Belas Artes und Cinelandia.

Über dem *Aquädukt Arcos da Lapa* in Santa Teresa rumpelt seit 1896 gemächlich die einzige Straßenbahn. Trittbrettfahrer müssen traditionell nicht bezahlen.

Die beste Reisezeit

Wenn der Karneval seinem Höhepunkt entgegenstrebt, geht der südamerikanische Sommer langsam zur Neige – und damit auch die schönste Reisezeit für Rio, die zwischen ***November und April*** liegt. Dann sorgt die Sonne fast durchweg für 30 °C und der Atlantik kommt auf 26 °C, obgleich Dezember und Januar auch die häufigsten Niederschläge mit sich bringen. Im brasilianischen Winter herrscht häufig kein Bade-, sondern eher ein gutes Sightseeingwetter, die Durchschnittstemperatur fällt nicht unter die 20-Grad-Grenze.

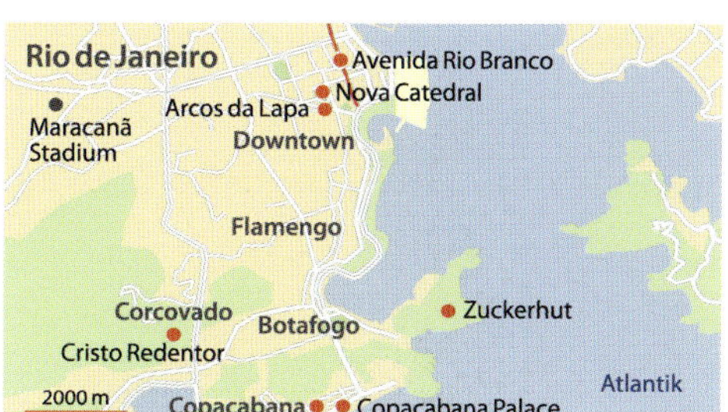

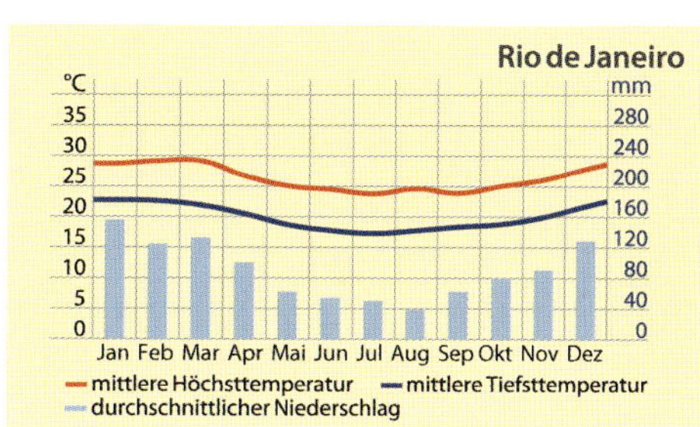

Besondere Tipps

Zum Nachmachen: Hollywood hat den Walk of Fame, Rio vor dem Maracana-Stadion die Fußabdrücke von 75 Fußballhelden. Also Schuhe ausziehen und den Vergleich mit Pele und Co. wagen!

Zum Baden: Strand ist nicht gleich Strand in Rio: Familien hocken im Sand von Leblon, Surfer schätzen den Praia do Leme und Fußballer den Strandabschnitt 5 der Copacabana.

Zur Sicherheit: 20 Dollar Wegezoll in der Brusttasche zur schnellen Herausgabe helfen im Fall der Fälle am besten, mit wenig Risiko für beide Seiten.

Info: www.riodejaneiro.com

← Der berühmte Blick auf die Christusstatue Christo Redendor und den Zuckerhut

↑ Bei der Karnevalsparade zeigen die Frauen ihre Tanzkünste und viel Haut.

Traumziel Patagonien 129

Wo der Wind wohnt

Patagonien – immer wieder die gleichen Klischees! Felszacken, Gletscher, Wind und Weite. Aber genau das ist Patagonien! Naturerlebnis pur! Ein faszinierendes Segment der Erdoberfläche, das Wohlstandseuropäern wieder Leben einhauchen kann, manchmal mit Böen bis zu 200 Stundenkilometern. Da macht es plumps, und der kleine Rucksackträger liegt im Gras.

Patagonien ist wild, dominant, entfesselt und einsam, und so wird dann auch der Mensch! Viele, die nach Patagonien ausgewandert sind, brachten bereits psychische Probleme mit. Wenn nicht, bekamen sie hier welche, zumal der Rotwein lecker und billig ist. Fragen Sie mal die unrepräsentativ häufig erwähnten Gauchos, die »Ritter von der traurigen Gestalt«. Im »Merian Argentinien« findet sich zu einem Cowboyfoto die Bildunterschrift: »Treiben und Schlachten ist Routine.« Ob deswegen wohl die argentinische Armee bei der systematischen Ausrottung ihrer Indianer im 19. Jahrhundert auch reine Gaucho-Regimenter auf die Ureinwohner losließ?

Der Entdecker Magellan nannte1520 die einheimischen Indianer wegen ihrer angeblich großen Statur *patagones*. Der Riese Pathagon wiederum war eine fiktive Figur, die in damals gern gelesenen Ritterromanen auftauchte.

Lange Zeit hatten Argentinien und Chile ihre Grenze in Patagonien nicht deutlich abgesteckt, was regelmäßig zu Scharmützeln führte. Für schnellere Truppenbewegungen ließ Diktator Pinochet ab 1976 die Carretera Austral durch den Urwald bauen. Bei gutem Wetter eine 1350-Kilometer-Traumroute.

Wenn man Feuerland nicht zu Patagonien zählt und auch Städte wie Puerto Natales oder Rio Gallegos in Argentinien getrost vergisst – weil Gelsenkirchener Barock –, endet Patagonien so, wie es im Norden beginnt: mit einem tollen Nationalpark. Im Süden ist es der berühmte Torres des Paine, im Norden der weit weniger bekannte Parque Nacional de Conguillo. Ganz markant und sehenswert wegen seines Araukarienwaldes am Fuße des aktiven Vulkans Llaima. Kein Wunder, dass sich Pucon zur Outdoor-Capitale entwickelt hat.

Das Seengebiet bei San Carlos de Bariloche (essen Sie gerne Gegrilltes?) wird auch als Argentinische Schweiz bezeichnet. Das Pendant zur Carretera Austral führt östlich der Berge, auf argentinischer Seite, durch die Pampa – die Ruta 40. Tagelang gelbes Gras bis zum Horizont. Hier wohnen der Wind und das Fitz-Roy-Massiv. Wuchtig und unvermittelt ragt der Fels aus der Pampa. Für patagonische Verhältnisse gleich um die Ecke wartet der Perito-Moreno-Gletscher auf Zuschauer. Jeden Tag mehrfach der gleiche Film: das Kalben des Gletschers. Erst ein dumpfer Knall. Dann kippt in Zeitlupe ein »Hochhaus« aus der rund 55 Meter hohen, mächtigen Eisfront.

Die Highlights

Nationalpark Conguillo nördlich der Outdoor-Kapitale Pucon in Chile. Der Araukarienwald im Conguillo ist einzigartig und birgt uralte Bäume.

Seengebiet bei San Carlos de Bariloche in Argentinien. Eintauchen in die Argentinische Schweiz und abends für kleines Geld riesige Portionen Rinderfilets vertilgen – und bloß nicht Asado, denn Asado bedeutet Resteessen!

Die *Carretera Austral* in Chile ist so herrlich grün, weil im nördlichen Patagonien das Klima milder ist, die Pazifikwolken regnen sich an den Andengipfeln ab.

Der *Perito-Moreno-Gletscher* in Argentinien wächst immer wieder gegen das Festland, da im südlichen Patagonien die feuchten Winde das schon vorhandene Gletschereis nähren.

Beim *Rodeobesuch* werden Sie Ihren Augen nicht trauen, zu welcher Akrobatik junge Bullen fähig sind, wenn sie unter Adrenalin stehen.

Der *Torres del Paine Park* auf chilenischer und die Umgebung des *Fitz Roy* auf argentinischer Seite laden zum Wandern ein. Top-Highlight: westlich des Fitz Roy mit Guide über das patagonische Inlandeis wandern.

Bei einem Ausflug zur *Insel Chiloe* von Puerto Montt aus entdeckt man mit Holzschindeln kunstvoll gedeckte Holzkirchen, die einst die Jesuiten erbauten.

Die beste Reisezeit

Die beste Zeit für Patagonien ist von ***Januar bis März***. Selbst in dieser Periode kann es in Südpatagonien täglich schneien, auch mehrfach. Der oft starke Wind reißt die düsteren Wolken immer wieder auseinander und bringt so zusammen mit der Sonne ein immer wieder neues, unglaubliches Licht hervor. Von den angeblich nur 12 bis15 Sonnentagen können sich einige natürlich auch in die restlichen Monate verirren, tendenziell kommt dann aber der Regen eher waagerecht durch die Luft.

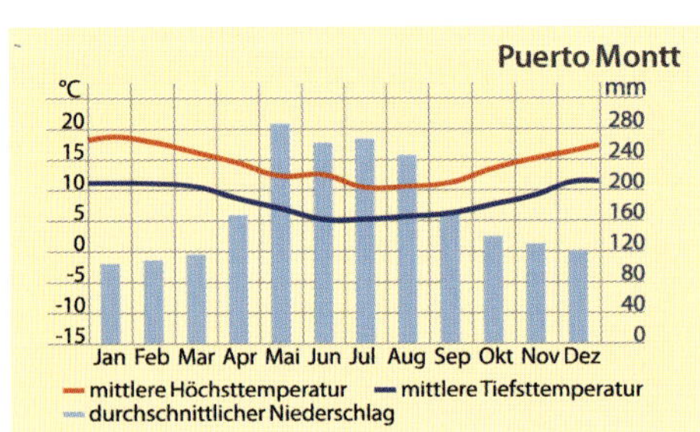

Besondere Tipps

Unterwegs: Zwei Reservereifen sind für Autofahrer in Patagonien ein Muss. Plätze, an denen man sie in Ruhe wechseln kann, gibt es reichlich.
Unterkunft: Motels, auch »Transitorios« genannt, sehen oft aus wie Bungalowcampingplätze, sind aber in Wirklichkeit Stundenhotels. Casa Chueca bei Talca und La Suizandina beim Conguillo-Nationalpark dagegen sind sehr gemütliche Herbergen – Tipps und Infos inklusive.
Literatur: »Chile, Patagonien« von Merian (1996); das Geo Special »Anden« (1997).
Info: www.patagonjournal.com (auf Englisch)

→ Grandioser Ausblick auf die Torres del Paine
↑ Frühmorgens sorgen Sonne und Eis am Perito-Moreno-Gletscher für atemberaubende Anblicke.

Traumziel/ Osterinsel 130

Heimat der rätselhaften Riesen

Auf der »Alameda«, der Hauptstraße Santiago de Chiles, steht ein Moai, eine der rätselvollen Riesenstatuen von der Osterinsel. Ein unübersehbarer Hinweis, dass das fast 3800 Kilometer entfernte einsame Eiland im Pazifik ein Teil Chiles ist. Von der Avenida Libertador Bernardo O'Higgins, so der offizielle Name der breiten, parkartig angelegten Straße, ist es nicht weit zur Plaza de Armas. Der zentrale Platz entstand schon um 1540, ist heute jedoch geprägt von klassizistischen Bauten – eine Folge der Erdbeben, von denen die Hauptstadt immer wieder erschüttert wird. Mittlerweile wird aus gutem Grund erdbebensicher gebaut, so prägen mittlerweile Hochhäuser die Silhouette der Sechs-Millionen-Stadt vor der grandiosen Kulisse der Anden.

Fünfeinhalb Stunden sind die Jets unterwegs, die nahezu täglich von Santiago auf die Osterinsel fliegen – und dort auf einer mehr als 3,3 Kilometer langen Runway landen. Sie war einst so üppig angelegt worden, um im Notfall den Space Shuttles eine sichere Landung zu gewähren. Die Insel, von den Insulanern Rapa Nui genannt, bildete die östliche Spitze des polynesischen Dreiecks, einem riesigen Gebiet, das die Polynesier mit ihren Kanus besiedelten. Da passt es irgendwie, dass die nur 163 Quadratkilometer große Insel auch dreieckig ist, mit einem erloschenen Vulkan an jeder Landspitze. Ihren Namen erhielt die Insel von Jacob Roggeveen; der Niederländer landete dort Ostern 1722 als erster Europäer.

James Cook, der 1774 für vier Tage blieb, notierte, die Insel biete »wenig Erfrischungen und Annehmlichkeiten«. Es war ein kahles Eiland, abgeholzt von den Ureinwohnern, die auch die berühmten Moai, die Standbilder mit den Riesenköpfen, schufen. Die baumlose Steppe hat womöglich zum Untergang dieser Zivilisation geführt. Vermutlich kamen kriegerische Auseinandersetzungen unter den Inselbewohnern hinzu. Die Osterinsel ist bis heute weithin kahl, aber es gibt einige Versuche zur Wiederaufforstung. Die Insel lebt vom Tourismus, genauer: vom Kulturtourismus. Immerhin, es gibt in der Bucht von Anakena einen kleinen, feinen Sandstrand, geziert von sieben – teilweise zerstörten – Moai. Ein weiterer Moai steht etwas abseits. Filmfreunde werden den Strand als einen Schauplatz des Hollywood-Streifens »Rapa Nui« wiedererkennen.

Die Highlights

Die *Plaza de Armas* markiert Santiagos historisches Zentrum mit der Kathedrale (1745) und dem Historischen Museum. Der Präsidentenpalast La Moneda steht nahebei.

Zum *Cerro San Cristobal*, dessen Gipfel sich etwa 300 m über die Stadt reckt, führt eine Standseilbahn. Am Fuß der 22 m hohen Marienstatue überblickt man Santiago.

Valparaiso liegt 127 Kilometer von Santiago entfernt. Der historische Kern der Hafenstadt trägt das Weltkulturerbesiegel der UNESCO.

Die *Moai* sind das Wahrzeichen der Osterinsel. Die 887 Statuen wurden meist in Gruppen und auf Sockeln errichtet, stehen überwiegend in der Nähe des Meers, aber mit dem Rücken dazu.

Am Hang des erloschenen Vulkans Rano Raraku befindet sich die *»Fabrik« der Moai-Steinmetze.* Hier stehen und lagern fast 400 Statuen in verschiedenen Bearbeitungsstadien.

Orongo, eine Kultstätte auf dem Kraterrand des Vulkans Rano Kao. Steinritzungen und 52 Steinhäuser zeugen von der Bedeutung für den Vogelmann-Kult.

Das *Sebastian-Englert-Museum* wurde nach dem deutschen Priester genannt, der die Kultur der Osterinsel erforschte. Die Sammlung zeigt u. a. die Rongorongo-Schrift und die einzige weibliche Moai-Statue.

Die beste Reisezeit

Der Südsommer, vor allem die Monate ***Januar*** und ***Februar***, ist trotz des Andrangs aufgrund der Ferien die beste Jahreszeit, sowohl für Santiago als auch für die Osterinsel. In Chiles Hauptstadt liegt die Durchschnittstemperatur bei 28 °C, und es regnet kaum. Auf der subtropischen Osterinsel pendeln die Temperaturen dann meist zwischen 25 und 27 °C. Mit Niederschlag muss man immer rechnen, aber die regenreichsten Monate sind April und Mai, die Herbstzeit.

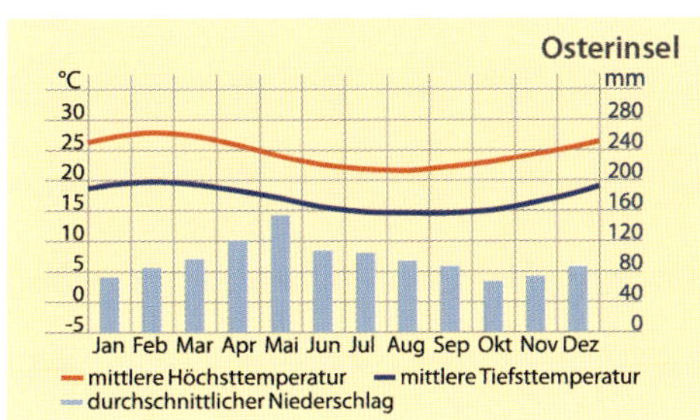

Besondere Tipps

Markt: Der gusseiserne Mercado Central (1872) hat mehrere Garküchen. Dort lassen sich Spezialitäten kosten, etwa Pastel de Choclo, ein Maisauflauf mit Fleisch.
Literatur: »Aufbruch in ein neues Leben: Rapa Nui – eine Liebe auf der Osterinsel« von Stephanie Pauly. Liebesgeschichte einer deutschen Lehrerin.
Souvenir: Rei Miro ist ein sichelförmiges Rangabzeichen aus Holz, das auf der Flagge der Insel prangt. Reproduktionen gibt es in den Andenkenläden.
Info: www.chileinfo.de

← Ganz besondere Männer: die Moai auf der Osterinsel
← Valparaíso by night: Blick vom Cerro Artillería
↑ Aus dem Paris der Belle Époque stammt das himmelblau gestrichene Edificio Edwards an der Plaza de Armas in Santiago.

Traumziel Antarktis 131

Das coolste Ziel auf Erden

Die ersten Eisberge sind faszinierend. Aber der zehnte? Der dreißigste, fünfzigste gar? Ja, aber das merkt man erst, wenn man in der Antarktis zwischen den treibenden weißen, blauen und manchmal sogar grünen Riesen kreuzt. Und wenn dann auch noch Pinguine von einer Eisscholle herüberschauen, Wale prustend auftauchen oder Seeleoparden an der Eiskante auf Beute lauern, dann kennt die Begeisterung kaum noch Grenzen. Das Südpolargebiet ist eines der Traumziele, die als letzte in die Reichweite »normaler« Touristen gelangt sind – wenn auch nicht unbedingt immer in ihre finanzielle Reichweite.

Noch vor wenigen Jahrzehnten erreichten nur Expeditionsteilnehmer oder Wissenschaftler der Forschungsstationen den tiefsten Süden, den kältesten, einsamsten und – trotz allen Eises – trockensten Teil unseres Planeten. Der sechste Erdteil, mit einem kilometerdicken Eispanzer belegt, hat stets Entdecker und Forscher angezogen. Die Antarktis war Bühne für Dramen und Triumphe, heute ist sie der einzige Ort, wo zwar Sektoren von mehreren Ländern beansprucht werden, sie aber diese Ansprüche aussetzen – zu Nutzen von Forschung und Naturschutz. Seit den 1950er-Jahren kommen Touristen in die Eiswüste, in den letzten Jahren meist auf Kreuzfahrtschiffen. Das wurde eingeschränkt: Seit 2011 dürfen nur noch Schiffe mit maximal 500 Passagieren in die Antarktis.

Meist steuern sie im kurzen, nachtlosen Südsommer die antarktische Halbinsel an, einst die Landbrücke nach Feuerland. Hier gibt es eisfreie Küsten, historische Stätten, Pinguinkolonien und sogar einen Badeplatz. Die Überfahrt vom argentinischen Ushuaia – auf Feuerland starten die meisten Touren – über die notorisch aufgewühlte Drake Strait fordert zwar die meisten Passagiere. Aber zwischen Half Moon Bay, Paradise Bay auf dem antarktischen Festland, der Vulkaninsel Deception Island oder dem Lamaire Channel sind die Strapazen längst vergessen. Diese Ziele stehen meist auf dem Reiseplan, wenn auch keine festen Routen angegeben sind – der Himmel kann sich binnen Minuten ändern. Die Kapitäne stimmen sich zudem per Funk ab, damit ihre Schiffe nicht gleichzeitig bei den Höhepunkten eintreffen. Irgendwann geht es schließlich zurück, bei gutem Wetter mit Stopp am Kap Hoorn, oder – weniger problematisch – auf den Falklandinseln oder dem Südgeorgien-Archipel.

Die Highlights

Ushuaia, Argentiniens südlichste Stadt, ist dank des Hafens im Beagle-Kanal Startort für Antarktis-Kreuzfahrten. Viele Touristen besuchen auch den Feuerland-Nationalpark.

Half Moon Bay (South Shetland Islands) dient oft als erste Landgangstation. Ein altes Walfangboot erinnert an einstige Bewohner, heute leben dort nur noch Zügelpinguine.

Port Lockroy war früher eine britische Station, die als Museum erhalten blieb. Ein Souvenirladen und ein Postamt machen die Bucht zur Touristenattraktion.

Deception Island – In ihren versunkenen Krater können Schiffe einlaufen. Der Vulkan, der die Insel bildet, ist noch aktiv. Eine heiße Quelle im Meer lädt zum Baden ein.

Lemaire Channel wird auch »Kodak-Kanal« genannt, weil er mit seinen Bergen, Eisbergen und der spiegelnden See besonders fotogen ist.

Die *Falklandinseln* sind britisches Überseegebiet, um das die Argentinier 1982 einen Krieg führten und verloren. Die Hauptstadt ist Port Stanley.

Kap Hoorn, Feuerlands Südspitze, galt während der Segelschifffahrt wegen seiner Stürme als gefährliche Passage und »größter Schiffsfriedhof der Welt«. Heute ist die chilenische Insel Hornos ein Nationalpark.

Die beste Reisezeit

Mit minus 89,2 °C verzeichnete die sowjetische Vostok-Station in der Antarktis im Winter 1983 die tiefste Temperatur, die je auf der Erde gemessen wurde. Naturgemäß sind die ***Sommer*** milder auf der antarktischen Halbinsel, wo die globale Erwärmung besonders spürbar ist, sich oft sogar an der Null-Grad-Grenze bewegt. Da die Sonne im Sommer nicht untergeht, summiert sich ihre Strahlung, zumal sie vom Eis wie vom eisfreien Meer reflektiert wird.

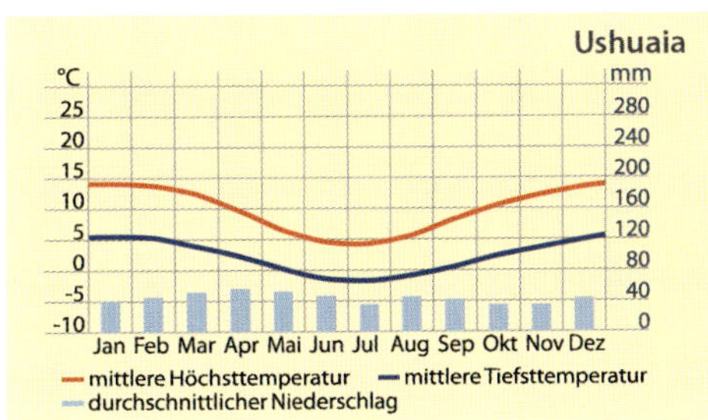

Besondere Tipps

Literatur: »Antarktis: Ein Reise-, Lese- und Informationsbuch über den Kontinent am Südpol« von Christian Walther – umfassend und gut lesbar.
Eiskultur: Es ist gute Tradition, einen kleinen Eisbrocken aus dem Meer zu fischen und damit »Whisky on the Antarctic Rocks« zu servieren. Klar, dass das auch mit O-Saft geht.
Souvenir: Eine Forschungsstation wird wohl auf jeder Antarktis-Kreuzfahrt angelaufen – und fast alle offerieren zumindest T-Shirts.
Info: http://de.wikipedia.org/wiki/Portal:Antarktis

← Eiswelt in Blau und Weiß: Pinguine rasten auf einem Eisberg in der Antarktis.
↑ Ein Seeleopard lässt sich auf einer Eisscholle vor der »MS Deutschland« treiben.

Im Atlantik versprengt

Die Entdecker Bartholomeu Diaz, Christopher Kolumbus, Vasco da Gama, James Cook und auch Alexander von Humboldt landeten zwischen dem 15. und dem 18. Jahrhundert hier an, heute sind es Surfer, Taucher und Sonnenanbeter auf der Suche nach dem insularen Paradies.

Eine tragische Episode verschafften profitgierige Sklavenhändler den Kapverden; Hunderttausende Westafrikaner wurden hier unter unsäglichen Bedingungen von Westafrika nach Amerika verschoben, weshalb der vorher gänzlich unbesiedelte Archipel heute von Menschen dunkler Hautfarbe bewohnt wird. Eine halbe Million Insulaner teilen sich 15 Eilande, wobei nur neun bewohnt sind: Santo Antão, São Vicente, São Nicolau, Sal und Boa Vista im Norden sowie Maio, Santiago, Fogo und Brava im Süden.

Die Natur der im Atlantik versprengten Perlen könnte unterschiedlicher kaum sein: Sal beispielsweise, das umwehte Paradies der Windsurfer, erinnert an eine flache Dünenlandschaft, die knapp aus dem atlantischen Wasserspiegel lugt, das ebenfalls sehr trockene São Vicente ist wenigstens bergig, das benachbarte Santo Antao sogar grün, was den Weinanbau nebst Gemüse und Obst begünstigt.

Die »Feuerinsel« Fogo kann sich über eine hübsche Hauptstadt im Kolonialstil freuen sowie über den höchsten Vulkan des Atlantiks, den 2828 Meter hohen Pico do Fogo, was die ungewöhnliche Insel zu einem begehrten Ziel Individualreisender macht. Dort lässt es sich auf Weingütern übernachten und den besten Kaffee der Welt trinken, der als »Café do Fogo« qualitätsstark wächst.

Naturfreunde lieben das kleinere Brava, eine vor Grün strotzende tropische Insel, die in einem Blütenmeer von Hibiskus, Bougainvilleen und Oleander förmlich versinkt. In nur sechs Flugstunden sind ideale klimatische Bedingungen erreicht, mit denen im Winter nicht einmal die Kanarischen Inseln mithalten können, unglaubliche Sandstrände, gewaltige Vulkankegel, stattliche Gebirgszüge, die Wanderer begeistert auf Trekking-Exkursionen bringen, sowie hübsche Kolonialstädtchen, die zum Verweilen einladen.

Die Highlights

Kapverdischer Karneval – In exotischer Anlehnung an die portugiesisch-brasilianische Tradition findet er in verschiedenen Variationen und je nach Insel zu anderen Zeiten statt.

Windsurfen und Segeln sind auf Sal und Boa Vista angesagt, *Schnorcheln und Tauchen* in den Tauchbasen auf São Tiago, Boa Vista, Sal, São Vicente und Santo Antão.

Vulkanwanderungen – Auf 1600 m führt eine Straße zum 2828 m hohen aktiven Pico do Fogo. Mit einem Führer geht's bis zum Krater.

Wanderwege – Die schönsten finden sich auf den Inseln Brava, Fogo, São Nicolau und São Antão; Übernachten kann man in Pensionen oder bei Familien.

Das *Festival Praia da Gamboa* wird jedes Jahr im Mai mit kapverdischer und afrikanischer Musik in Praia, der Hauptstadt der größten Insel São Tiago, gefeiert.

Meeresschildkröten – Auf Maio, Sal und Boa Vista legen die Reptilien ihre Eier an den Stränden ab. Ein einzigartiges Naturerlebnis, genau wie das Schlüpfen der putzigen Jungtiere.

Mercado de Peixe – Der Fischmarkt in São Vicentes Inselhauptstadt Mindelo sollte ebenso besucht werden wie andere urbane Highlights, etwa die fantastischen klassischen Kaffeehäuser an der Rua Libertadores d'Africa.

Die beste Reisezeit

Über mangelnden Sonnenschein können sich die Kapverdischen Inseln das ganze Jahr über nicht beschweren. Gleichwohl teil sich das Klima in zwei Jahreshälften auf: Aufgrund kühlender Passatwinde ist das Wetter am angenehmsten von Oktober bis Juli, was den Archipel ***ab Dezember*** bis weit ins Frühjahr hinein als Winterziel attraktiv macht. Das ist auch für Windsurfer, Segler und Wanderer die interessanteste Saison. Sonst ist die gefühlte Temperatur eher »heiß«, wenngleich sie kaum 30 °C übersteigt.

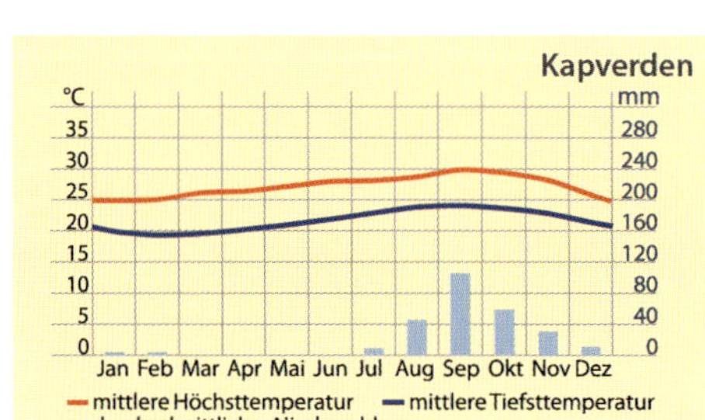

Besondere Tipps

Kulinaria: Tausende Fischer verschaffen der einheimischen Küche mit frischem Fisch und Meeresfrüchten ein kulinarisches Fest.

Hart am Wind: Segeln nur im Winterhalbjahr, ebenso Windsurfen auf Sal sowie auf Boa Vista, São Pedro und São Vicente.

Musik: Weltbekannt ist die kapverdische Sängerin Césaria Evora mit ihren schwermütigen Chanson-Balladen.

Info: www.kapverden.de

→ Die Gebirgslandschaften der Kapverden locken viele Wanderer an.

→ Die schier endlosen Atlantikstrände auf Sal und Boavista bergen üppigste Sandlandschaften.

↑ Fischer in São Pedro auf São Vicente

MANDHRY MOSQUE

Das Tor nach Ostafrika

Elfenbein, Gold und Stoffe machten Mombasa groß. Später spielte der Sklavenhandel eine führende Rolle. Wie Lamu, Malindi und viele andere Küstensiedlungen zwischen Somalia und Mosambik ist Mombasa eine typische Swahili-Stadt. Ihre islamisch geprägte, afroarabische Kultur entwickelte sich aus den Traditionen bantusprachiger Küstenbewohner sowie eingewanderter omanischer und persischer Händler. Um das Jahr 900 auf einer Korallenhalbinsel direkt an der Küste gegründet, agiert Mombasa seit dem Mittelalter als kosmopolitisches Zentrum im Fernhandel zwischen dem Landesinneren, der Küste und Arabien, mit Indien und China und später auch mit Amerika. Der Fernhandel mit Asien lockte aber auch viele Inder nach Mombasa, und Ende des 16. Jahrhunderts kamen mit den Portugiesen die ersten Europäer in die Stadt. Sie alle haben Mombasa ihren Stempel aufgedrückt. Heute ist Mombasa mit knapp einer Million Einwohnern Kenias zweitgrößte Stadt und der bedeutendste Hafen des Landes.

Nostalgisches Flair verströmen noch heute der Alte Dau-Hafen und der Fischmarkt im Osten der Stadt. Ganz in der Nähe wacht seit 1593 Fort Jesus über den Hafen. Von den Portugiesen aus mächtigen Korallensteinblöcken erbaut, wurde es im Lauf der Jahrhunderte ständig erweitert und verstärkt. In der benachbarten Altstadt stehen viele Häuser mit aufwendigen Schnitzereien im Sansibar-Stil. Bei einem Bummel durch die stimmungsvollen Gassen sieht man zudem Galerien, Werkstätten und bedeutende Bauten aus der Kolonialzeit. Dort und im weiteren Umkreis entdeckt man die verschiedenen religiösen Zentren der multikulturellen Stadt: Basheik-, Bohra- und Mandhry-Moschee, die Anglican und die Holy Ghost Cathedral, die Tempel der indischen Jainisten und Sikhs und den Shri Swaminarayan – einen der ältesten und prächtigsten Hindutempel in Ostafrika.

Ihre bunte Vielfalt zelebriert die quirlige Metropole alljährlich im November beim »Mombasa Street Culture Carnival«. Alle Communitys und Religionsgemeinschaften der Stadt nehmen teil mit Musik, Tanz, farbenfrohen Kostümen und spektakulären Umzügen in der Moi Avenue. Auch aus anderen Regionen Kenias reisen Musiker und Tänzer an und geben einen Eindruck von der facettenreichen Kultur des gesamten Landes. Ein Höhepunkt im Programm ist die Segelregatta vor der Küste – kein sportlicher Wettkampf könnte besser zu dieser Stadt passen, von der einst arabische Daus, chinesische Schatzschiffe und europäische Galeonen in See stachen.

Die Highlights

Die *Altstadt* mit den zahlreichen historischen Bauten rund um den Government und Treasure Square sowie die Mbarak Hinway und Ndia Kuu Road sollte man auf jeden Fall zu Fuß erkunden.

Das *Fort Jesus*, 1593 von Portugiesen erbaut, gehört heute zum Welterbe der UNESCO und beherbergt ein Museum.

Die *Basheik- und die Mandhry-Moschee* aus dem 14. und 16. Jahrhundert sind die ältesten der Stadt. Besonders schön sind ihre schlichten, kegelförmigen Minarette.

Der hinduistische *Shri-Swaminarayan-Tempel* nahe dem Bahnhof ist sehenswert, er ist opulent gestaltet, prächtig ausgestattet und auch für Nichthinduisten geöffnet.

Die *Old Law Courts*, beeindruckende Kolonialgebäude, zwischen dem Treasury Square und Fort Jesus gelegen, beherbergen ein Museum der Swahili-Kultur.

Das *Bobolulu-Zentrum*, wenige Kilometer nördlich der Nyali Bridge, bietet Kunsthandwerk, kulturelle Vorführungen sowie traditionelle Swahili-Küche. Hier arbeiten 150 behinderte Menschen.

Nahe dem *Bobolulu-Zentrum* sieht man im idyllischen *Haller Park* zahlreiche Wildtiere und man kann Giraffen füttern.

Die beste Reisezeit

In der Tropenstadt Mombasa klettern die Temperaturen während des ganzen Jahres auf rund 30 °C, direkt am Meer wehen angenehm kühle Brisen. Während der großen Regenzeit im April und Mai ist mit regelmäßigen Niederschlägen zu rechnen. Günstig für Safaris und Tierbeobachtungen sind ***Oktober*** und ***November***, wenn der »Mombasa Carnival« steigt. Am trockensten und heißesten sind Januar und Februar. Dann genießt man am besten die frische Brise an einem der vielen Traumstrände in Stadtnähe.

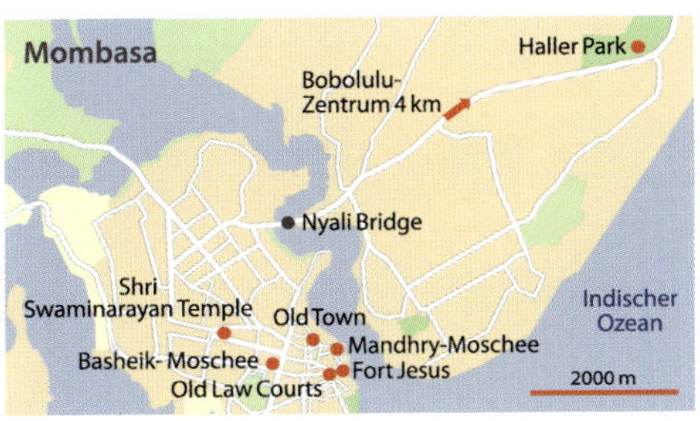

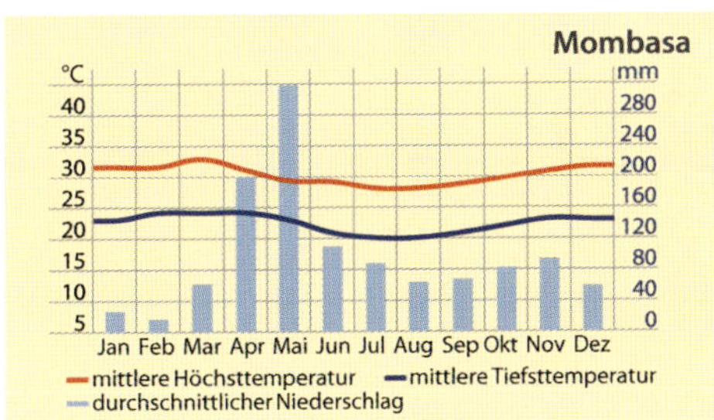

Besondere Tipps

Zum Mitnehmen: Hübsch sind die »Kitenge« und »Kanga« genannten Wickeltücher. Sie und viele andere Souvenirs, aber auch Früchte etc. kauft man am besten am Marikiti oder MacKinnon Market an der Digo Road.

Zum Abtauchen: Von Mombasa aus erreicht man per Boot den Mombasa Marine National Park and Reserve – ideal zum Windsurfen, Wasserskifahren, Schnorcheln und Tauchen.

Zum Hören: Swahili-Texte, arabische und afrikanische Rhythmen, europäische Instrumente und ein Schuss Bollywood sind die Zutaten für die Taraab-Musik.

Info: www.mombasainfo.com

← Mandhry-Moschee in der Altstadt
← Postkartenmotiv des Shanzu-Strandes
← Sonnenstühle ergänzen die Idylle am Strand.
↑ Leben in den Straßen der Altstadt

Traumziel Garden Route 134

Blütenpracht und Großstadtdschungel

»Mother City«, Mutterstadt, wird Kapstadt in Südafrika genannt, weil die Niederländer 1652 hier ihre erste Siedlung errichteten. Oder, wie es am Kap scherzhaft heißt, weil im mediterran entspannten Kapstadt »alles neun Monate dauert«. Apropos Name: Wie das Kap der Guten Hoffnung zu seinem kam, ist unklar. War es die Hoffnung der Portugiesen, nun den Seeweg nach Indien entdeckt zu haben? Oder die Hoffnung, die gefährliche Landzunge passieren zu können? Wie auch immer, ein Besuch der Südwestspitze Afrikas ist ein guter Auftakt für eine Fahrt auf der Garden Route, einer der schönsten Autostrecken weltweit.

Wo beginnt die Garden Route? Wo endet sie? Von Kapstadt bis Port Elizabeth? Oder von Heidelberg bis Storms River? Die Großstädte sind wegen ihrer Infrastruktur praktischer. Aber das von Naturschutzgebieten umgebene Dorf Heidelberg ist die erste Station; weiter geht es über Mossel Bay, wo die Portugiesen 1488 erstmals an Land gingen. Das Bartholomäus-Diaz-Museum erinnert an die ersten Europäer und ihre Nachfolger, die Niederländer und die Briten. Zu den beliebten Stopps zählt auch Wilderness mit seinem gleichnamigen Nationalpark, der sich an der Küste entlang, aber auch ins Hinterland zieht. Und Knysna, das mit seiner National Lakes Area und der geschützten Lagune einer der beliebtesten Ferienorte an der Garden Route ist. Hier werden Austern gezüchtet, man findet sie folglich auf fast allen Speisekarten. In den Wäldern rund um Knysna lebten früher Hunderte von Elefanten, bis heute sollen nur noch einige wenige Exemplare überlebt haben. Vielleicht. Genau weiß das aber wohl niemand.

Plettenberg Bay wird vor allem wegen seiner Vogelschwärme von Tierbeobachtern geschätzt, während der private Park Monkeyland sich als weltweit erstes Primatenschutzgebiet der Welt bezeichnet, in dem sich mehrere Affenarten auf demselben Terrain frei bewegen. Der sich anschließende Nationalpark Tsitsikamma erstreckt sich über 100 Kilometer entlang der Küste und bezieht auch einen breiten Meeresstreifen ein. Die drei genannten Parks wurden 2009 zum insgesamt 1210 Quadratkilometer großen Garden Route National Park zusammengefasst. Von Storms River führt die Straße ins wenig attraktive Port Elizabeth, wo ein Abstecher landeinwärts zum Addo Elephant National Park zu fast jeder Reise über die Garden Route gehört.

Die Highlights

Das *Kap der Guten Hoffnung,* etwa 30 km südlich von Kapstadt. Im Naturreservat wachsen 25 Proteen- und 50 Orchideenarten. Vorsicht vor Pavianen – die Autofenster geschlossen halten!

Kapstadt – Die Victoria & Alfred Waterfront mit Geschäften und Restaurants ist das touristische Zentrum, in der Long Street – mit Straßenmarkt – wird eingekauft. Zahlreiche Museen.

Robben Island – In der Gefängnisanlage, heute ein Museum, war Nelson Mandela 18 Jahre inhaftiert. Die Fähren gehen ab Waterfront.

Den *Tafelberg* kann man über zwölf Routen auf 1086 m Höhe ersteigen oder per Seilbahn erreichen. Oben gibt es Lokale und Wanderwege. Windjacken sind empfehlenswert. Die schönste Zufahrt bietet der Chapman's Peak Drive.

Kirstenbosch beherbergt einen berühmten Botanischen Garten mit mehr als 9000 Arten. Beliebt sind im Sommer die Sonntagskonzerte.

Die *Cango Caves* im Höhlenlabyrinth der Swartberge zählen zu den größten Naturwundern der Erde. Ihre bizarren Tropfsteine machen einen glauben, man befinde sich in einer Märchenwelt.

Der *Addo Elephant National Park* beherbergt gut 400 Elefanten. Die restlichen vier der »Big Five« – Löwe, Leopard, Büffel und Nashorn – wurden wieder angesiedelt.

Die beste Reisezeit

Die Südspitze Afrikas zeichnet sich aus durch mediterranes Klima mit mildem Winter und mäßig heißem Sommer, ***Dezember bis Ende Januar/Februar*** ist Ferienzeit. Die Temperaturen liegen dann meist zwischen 25 und 30 °C, und in dieser Zeit fallen auch die wenigsten Niederschläge. Generell gilt der Süden als die regenreichere Region des Landes – daher die grüne Landschaft. Die Regenwolken kommen meist über den Indischen Ozean, im Windschatten der Berge ist es trockener.

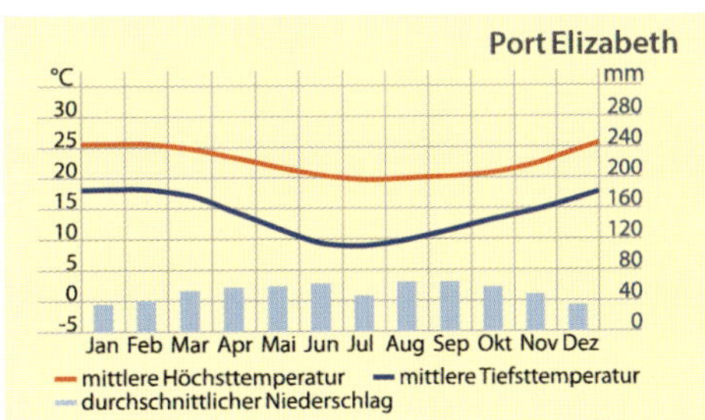

Besondere Tipps

Literatur: »Der lange Weg zur Freiheit« von Nelson Mandela (1994), die in Haft auf Robben Island begonnenen Memoiren des Friedensnobelpreisträgers.

Ausflug: In der Gansbaai bei Kapstadt kann man – gesichert in einem Stahlkäfig – unter Wasser weiße Haie beobachten.

Souvenir: Outdoorbekleidung und Lederwaren guter Qualität sind oft recht günstig, da im Land hergestellt.

Info: www.dein-suedafrika.de

← Agapanthusblüten im Naturpark am Kap
← Typische Villa an der Garden Route
← Straußenrennen, hier bei Oudtshoorn, sind ein beliebter Zeitvertreib in dieser Region.
↑ Gut behütet: Mutter und Kind im Addo-Elephant-Nationalpark

Reise zum Kap der guten Tropfen

Am Fuß der Hottentotsholland-Berge, im goldenen Dreieck zwischen Stellenbosch, Paarl und Franschhoek, wo die Rebstöcke sauber in Reih und Glied gesteckt sind, so weit das Auge reicht, liegt die klassische Weinroute; hier tauchen Südafrika-Besucher in die Welt der Trauben ein. Mehr als ein Dutzend solcher »Wine Routes« haben sich inzwischen etabliert.

Im späten Sonnenschein leuchten kapholländische Gutshäuser zwischen den Weinbergen, in friesischem Stil, mit Sprossenfenstern, Reetdächern, rustikalen Holzbalkendecken. Leicht könnte derlei Landschaftsromantik darüber hinwegtäuschen, dass der Weinanbau in Südafrika ein nach modernsten Gesichtspunkten geführter Wirtschaftszweig ist, der verstärkt mit hochwertigen Produkten im internationalen Wettbewerb steht.

Auf über 110 000 Hektar Rebstockfläche werden von zahlreichen Kleinbauern, Kooperativen und Großweingütern rund 3000 verschiedene Weine produziert, wobei die Lese hier Anfang Januar beginnt. Der Ernteertrag liegt mit über zehn Millionen Hektolitern so hoch wie der bundesdeutsche, mit Rebsorten wie Sauvignon Blanc, Chenin Blanc, Chardonnay, Colombar und Cabernet Sauvignon. Es war der deutsche Winzer Johann-Georg Graue, der Know-how und Technik mitbrachte, um die idealen Bedingungen für den Weinbau am Kap zu nutzen, nämlich trockene Böden, kühle Winter, reichlich Sonne und genügend Regen.

Nach einer Kellerführung schweift der Blick über das fruchtbare Paarltal, das wie gemalt vor den Drakenstein-Bergen liegt. Stellenbosch, die zweitälteste Stadt Südafrikas, gilt heute mit über 60 Weingütern als die Hauptstadt des Weins. Schon 1971 wurde hier die erste Wynroete geschaffen, nach dem Vorbild der deutschen Riesling-Route und der französischen Route du Vin, auf der es zur Weinprobe von Weingut zu Weingut geht.

Über 200 Weinsorten lassen sich in und um Stellenbosch in den Kellern probieren, wobei die beiden historischen Weinstädtchen Paarl und Franschhoek kräftig mitreden: Cabernet-Sauvignon- und Shiraz-Weine aus Paarl gehören zur Weltklasse! Im Umkreis der Weingüter befinden sich Golfplätze, und der Drakenstein Mountain National Park wartet auf Reiter, Wanderer und Biker.

Die Highlights

Oude Wellington – Auf dem historischen Gut bei Wellington, erbaut 1795, pflegt Dr. Rolf Schumacher, ein deutscher Zahnarzt aus dem Rheingau, die kapholländische Weinbautradition.

Catharina's Restaurant – Wo es gute Tropfen gibt, sind Sterneköche nicht weit: Der Gourmettempel, der zum über 300 Jahre alten Fünf-Sterne-Hotel Steenberg im Constantia Valley gehört, tischt genussreich auf.

Weingut Nederburg – In langen Reihen sind im 200 Jahre alten Weingut in Paarl neben modernsten Kelter- und Tankanlagen prächtige Eichenfässer »made in Germany« aufgestellt.

Palmiet Valley Estate – Viele Gebäude des über 300 Jahre alten Weinguts von Fred Uhlendorff stammen aus dem 18. Jh.

Stellenzicht Vineyards zählt zu den besten Weingütern des Landes und wurde im Jahr 1692 an den Hängen des Helderberg bei Stellenbosch gegründet.

Der *Nethlingshof* in Stellenbosch ist wunderschön und bietet Weinproben im historischen Haupthaus an.

Groot Constantia – Auf dem ältesten Weingut Südafrikas residierte zwischen 1699 und 1712 Hollands Gouverneur Simon van der Steel.

Die beste Reisezeit

Das Kap der Guten Hoffnung ist ganzjährig gut zu bereisen, wobei sich Regenschauer und Schlechtwetterperioden am südlichsten und damit kühlsten Punkt des Kontinents jederzeit einstellen können. Fakt ist: Der südafrikanische Sommer findet während unserer Wintermonate statt, weshalb die Weinlese in den Rebgärten nördlich von Kapstadt in den Monaten ***Januar/Februar*** beginnt. Wer also auf eine echte Weinreise gehen will, kann die Weingüter zu dieser Zeit in voller Aktion erleben.

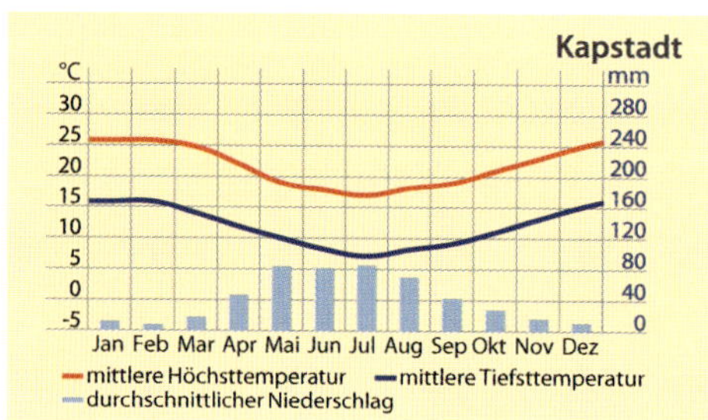

Besondere Tipps

Stilvoll übernachten bei Kapstadt: In der Luxusherberge Twelve Apostles mit Blick auf den Atlantischen Ozean, www.12apostleshotel.com.

Strandleben: In den beiden noblen Strandorten Camps Bay und Hout Bay gleich nebenan.

Spezial: Eine Weinreise im Heißluftballon zeigt die geordnete Welt der Weinreben aus der Vogelperspektive.

Literatur/Krimi: »Das Herz des Jägers« von Deon Meyer.

Info: www.southafricantourism.de, http://goto.capetown/home, www.capetown.travel

→ Die Rebgärten des Palmiet Valley Estate

→ Die kapholländische Architektur mutet beinahe archaisch an.

→ Mal was anderes auf dem Teller: ein Straußensteak

↑ Blick von der Signal Hill Road auf Kapstadt und den Tafelberg

MABHIDA

Traumziel Durban 136

Südafrikas indische Millionenstadt

Für alle Südafrika-Kenner zur Beruhigung: Auch in Durban erhält man Biltong, einen Snack aus getrocknetem rohem Fleisch. Und selbstverständlich hat die Hafenmetropole als bedeutendes Urlaubszentrum am Indischen Ozean noch einiges mehr zu bieten: Hier locken 300 Sonnentage pro Jahr, weiße Sandstrände und tolle Wellen. Das für den Regenbogenstaat typische Miteinander der vielfältigen Unterschiede prägt auch Durban. So steht hier beispielsweise die größte Moschee der südlichen Hemisphäre und ist die Stadt das indische Zentrum im Süden Afrikas. Über ein Viertel der Bevölkerung hat indische Wurzeln. In der Regel sind dies Nachfahren von Arbeitern vom Subkontinent, die auf den hiesigen Zuckerrohrplantagen schufteten.

Es steht natürlich jedem Besucher frei, sich in Durbans Museen auszuleben, schließlich ist die Art Gallery eines der größten Kunstmuseen Südafrikas und das Naturkundemuseum besitzt eine beeindruckende Sammlung. Für die meisten wird sich der Aufenthalt in geschlossenen Räumen jedoch als eine echte Geduldsprobe erweisen, kann man doch in Durban auch surfen, Haie beobachten und vieles mehr unternehmen. Die Ausrüstungen für sämtliche Wassersportarten werden preiswert verliehen. An Durbans schönem, sechs Kilometer langem Sandstrand mit seinen zahlreichen Bars mag man sich vielleicht ein wenig wie auf Mallorca auf hohem Niveau fühlen, doch bieten Sonne und Meer vor den Drakensbergen ein unvergleichliches Erlebnis. Und wer Angst vor Haien hat, findet in Durbans uShaka Marine World eine großartige Alternative: In diesem riesigen Spaßbad gibt es vom Delfinarium über Schwimmbecken mit Palmen und Felslandschaften bis zum Strand, an dem man surfen kann, wirklich alles.

Hat man einmal genug von Sonne, Strand und Badespaß, folgt man am besten den Einheimischen. Ganz oben auf deren Liste der bevorzugten Aufenthaltsorte stehen Restaurants mit vielen Fleischgerichten auf der Karte – und das Casino. Dort kann man noch mit Münzen spielen, deren Klirren schon der halbe Spaß ist, und seinen Gewinn im Kino gleich wieder loswerden. Kultur in Durban? Selbstverständlich! Wunderbare Eindrücke, Ruhe und Authentizität findet man unter anderem im indischen Viertel mit seinem Hindutempel, der Moschee und den bunten, duftenden Gewürzmärkten, im Maritim-Museum oder auch im Umgeni-River-Vogelpark. Ende Juli kommen zudem Filmfans beim alljährlichen Durban International Film Festival auf ihre Kosten. Knapp zwei Wochen lang können sie vor allem (süd-)afrikanische, aber auch internationale Filme genießen. Partner der Veranstaltung ist auch das Goethe-Institut, was manchen deutschen Film auf Wüstenleinwände zaubert.

Die Highlights

Alayam-Hindutempel – Der größte Hindutempel in Südafrika wurde 1901 erbaut. Seine Architektur ist viktorianisch und indisch beeinflusst.

Jumma-Moschee – Sie wurde vor 120 Jahren geweiht und gilt als die größte und vor allem prächtigste Moschee südlich des Äquators. Sie verzieren riesige Teppiche und Korantexte an den Wänden.

Durban Art Gallery – Sie bietet einen guten Überblick über die künstlerische Entwicklungsgeschichte Südafrikas.

Natural History Museum – Im Naturkundemuseum im Rathaus sieht man allerlei ausgestopftes Getier aus Wüste und Savanne. Vorbild für das Gebäude war das Rathaus von Belfast.

Umgeni-River-Vogelpark – In dem Vogelpark in einem ehemaligen Steinbruch geht es ziemlich bunt zu. Hier versteht man, warum Vögel zu beobachten in Südafrika so beliebt ist.

uShaka Marine World – Der größte Themenpark dieser Art auf dem Kontinent. Abendessen neben dem Haibecken oder tauchen an künstlichen Riffen? Alles geht.

Das *Maritim-Museum* bietet einen spannenden Einblick in die Seefahrertraditionen Südafrikas.

Die beste Reisezeit

Von ***Oktober bis März*** ist es Sommer auf der Südhalbkugel. In Durban herrscht durch die Meereslage und die angrenzenden Drakensberge aber selten eine staubtrockene Hitze, zudem wehen kühlende Meeresbrisen. Die Temperaturhöchstwerte liegen bei 26 bis 29 °C. Nachts sinkt das Thermometer eigentlich nie unter 20 °C. Kurze Gewitter am Nachmittag sind im Sommer zweimal pro Woche keine Seltenheit. In den kühleren Monaten Mai bis September ist es trockener und die Höchsttemperaturen liegen bei 22 bis 25 °C.

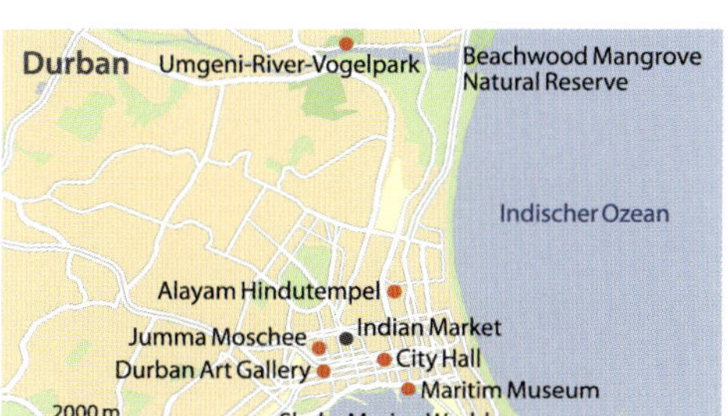

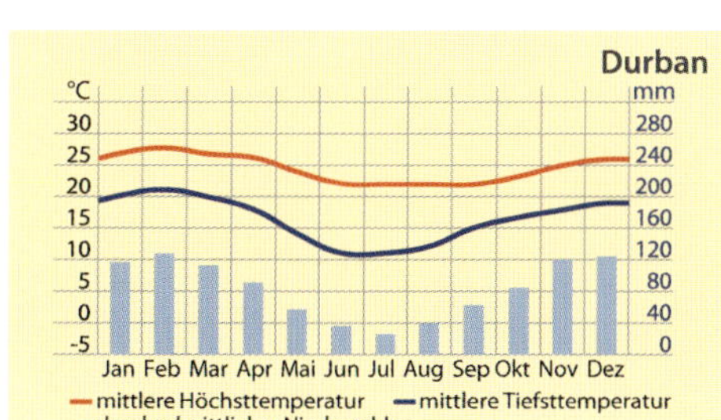

Besondere Tipps

Für die Sinne: Der Indian Market ist völlig überlaufen, aber ein einmaliges Erlebnis. Tropische Früchte und Gewürze vernebeln die Sinne aufs Angenehmste.
Für Luxusfreunde: Eine Stunde außerhalb von Durban ist das Fairmont Zimbali Lodge Golfresort das luxuriöseste Plätzchen, das man in Südafrika finden kann. Auch wenn man nicht Golf spielt, ein »Muss«.
Für Literaturfreunde: In »Der Junge« beschreibt Literaturnobelpreisträger J. M. Coetzee meisterhaft drei Jahre im Leben eines südafrikanischen Kindes.
Info: www.durban.kzn.org.za

← Blick in den Royal Natal Bay Yacht Club
← Zulu-Tänzer präsentieren ihre Kultur.
← Blick in das moderne Moses Mabidha Stadion
↑ Die City Hall wird am Abend schön beleuchtet.

Traumziel Dubai 137

Heimat der Superlative

Dubai City wird seit wenigen Jahrzehnten als globale Handelsmetropole aus dem Wüstenboden gestampft. Über 80 Prozent der Bevölkerung stammen nicht aus den Emiraten, sondern sind zum Arbeiten in die Boomtown am Persischen Golf gekommen. Ihnen verdankt Dubai seine Weltläufigkeit, eine Restaurantszene mit Küchen aus aller Welt und Bauprojekte der Superlative. Wie eine silberne Rakete ragt der 828 Meter hohe »Burj Khalifa« in den Himmel über der Wüstenstadt. Vom Aussichtsdeck des höchsten Gebäudes der Welt wirken die über 200 Wolkenkratzer der City wie Spielzeughäuser. Weit reicht der Blick zur Wüste auf der einen und zum Persischen Golf auf der anderen Seite. Dort liegen die Retorteninseln Palm Islands und The World, die als gigantische Landgewinnungsprojekte weltweit Furore machten. Die Palm Jumeirah ist bereits fertiggestellt und dicht mit Prachtvillen bebaut. Ebenfalls auf einer künstlichen Insel vor der Küste steht das Luxushotel Burj Al Arab wie ein im Wind geblähtes Segel.

Dubai ist eine durch und durch moderne, multikulturelle Stadt. Wer ein wenig über die Geschichte der Region erfahren möchte, besucht im Al-Fahidi Fort das Dubai Museum mit seiner Ausstellung über das Leben im Emirat vor dem Ölboom. Traditionelles arabisches Flair bietet zudem das historische Bastakiya-Viertel. Von dem alten persischen Quartier kann man mit sogenannten »Abras«, hölzernen Fähren, den Dubai Creek überqueren und so Deira und dessen weitläufige Gold- und Gewürzsouks erreichen. Zurück in die City fährt man mit der vollautomatischen, computergesteuerten Dubai Metro.

Doch nicht nur die City wartet mit Überragendem auf, in allen Bereichen hat das Emirat Superlative zu bieten: herrliche Strände am Golf von Persien, goldene Dünen in der riesigen Sandwüste Rub al-Khali sowie über 40 Shopping-Malls und Souks mit einem überwältigenden Angebot. Im Dezember und Januar wird Dubai seinem Spitznamen »Do buy« noch mehr gerecht als sonst, wenn das alljährliche »Shopping Festival« rund einen Monat lang mit steuerfreien Sonderangeboten lockt. Wer Glück hat, findet hier fantastische Schnäppchen oder gewinnt sogar kiloweise Gold, ein Luxusauto oder einen der vielen anderen hochwertigen Preise, die täglich in Tombolas verlost werden. Dem schnöden Mammon setzt das Festival ein breites Kulturprogramm mit Feuerwerken, Straßenkünstlern, Modenschauen, Tanzveranstaltungen und Konzerten entgegen.

Die Highlights

Der *Burj Khalifa* ist mit 828 m das höchste Gebäude der Welt. Vom Aussichtsdeck in der 124. Etage hat man einen fantastischen Blick.

Der riesige Themenpark-Komplex *Dubai Parks and Resorts* wurde 2016 an der Sheikh Zayed Road eröffnet – samt Legoland und Legoland Waterpark, einem Hollywood- und einem Bollywood-Filmpark.

Das *Bastakiya-Viertel*, auch *Al Fahidi* genannt, ist das alte persische Quartier der Stadt. Hier sieht man noch die Windtürme auf den Häusern, die früher als Klimaanlagen dienten.

Am Meeresarm *Dubai Creek* sieht man bei einem Spaziergang an der Promenade noch Daus, alte Segelschiffe, die im Indischen Ozean von Händlern genutzt wurden.

In den *Goldsouks von Deira* kann man Goldschmuck zu günstigen Preisen erwerben. Die Auswahl ist immens.

Das *Dubai Museum* im Al-Fahidi Fort von 1878 informiert multimedial über den Alltag im Emirat vor den reichen Ölfunden.

Auf der Retorteninsel Palm Jumeirah steht das *Palasthotel Atlantis*. Dort kann man im Wasserpark »Aquaventure« durch ein Haifischbecken tauchen und mit Delfinen schwimmen.

Die beste Reisezeit

Die beliebteste Reisezeit ist während der »kühleren« ***Wintermonate***, wenn die Tagestemperaturen zwischen 25 und 30 °C liegen. November und April eignen sich am besten für einen Badeurlaub. Im Sommer kann das tropisch feuchte Klima in Dubai mit Temperaturen über 50 °C mörderisch sein, wenn auch ein Urlaub in einer der vielen Luxusherbergen dann eher bezahlbar ist. Am preiswertesten ist Dubai im Fastenmonat Ramadan, das öffentliche Leben ist in dieser Zeit jedoch erheblich eingeschränkt.

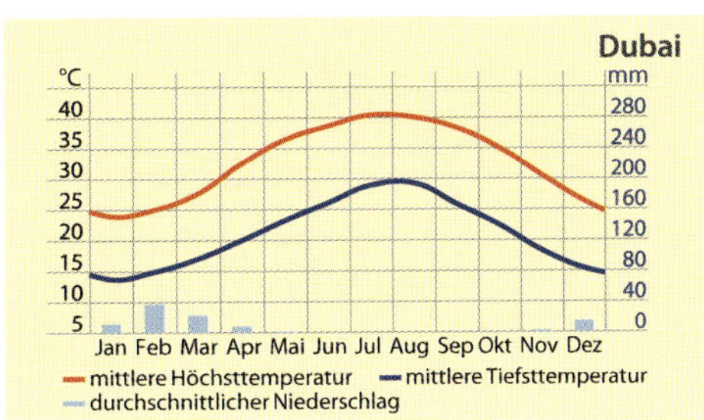

Besondere Tipps

Zum Zusehen: Kamelrennen sind die Leidenschaft der Emiratis und ein sehenswertes und kostenloses Spektakel. Die Rennbahn liegt südlich von Dubai City. Die Rennen finden freitags und samstags statt.
Zum Übernachten: Luxuriös und teuer ist hier fast alles. Das Residence & Spa at One&Only Royal Mirage bietet arabisches Flair und exklusive Ruhe im quirligen Dubai.
Zum Lesen: Einen informativen Einstieg in die Kultur der Vereinigten Arabischen Emirate und anderer Golfstaaten bietet »Golfstaaten – ein Reiselesebuch« von Reinhard Laszig.
Info: www.dubai.de

← Von der Aussichtsplattform auf dem Burj Khalifa
← Dubai hat auch eine Piste: Indoor-Skihalle.
← Luxus pur im Arabischen Hof in der Dubai Mall
↑ Die Spitze des 828-m hohen Burj Khalifa

Das Erbe der Maharadschas

Maharadscha – das klingt nach Gold und Diamanten, nach unendlichem Reichtum. Im heutigen Indien müssen die einstigen Fürsten zwar auch rechnen, aber von der alten Pracht sind immerhin noch die Paläste geblieben. Vor allem in Rajasthan, dem Bundesstaat im Nordwesten des Subkontinents – wo sie heute in einigen Fällen als luxuriöse Hotels dienen. Die üppig verzierten Tempel der Jain-Religion ziehen ebenfalls viele Touristen an. Auch die großen historischen Festungen in der Wüste haben Rajasthan zu einer der meistbesuchten Regionen Indiens gemacht.

Die bekannteste Festung steht allerdings in Indiens Hauptstadt Delhi: das Red Fort. Es entstand im 17. Jahrhundert, verdankt seinen Namen dem roten Sandstein und fehlt auf keiner Rundfahrt in der indischen Hauptstadt. Delhi ist in den meisten Fällen der Startort für Rundfahrten durch das quasi benachbarte Rajasthan, zumal Agra – nach indischen Maßstäben – nicht weit entfernt ist (203 km). Das besitzt zwar auch ein rotes Fort, aber berühmt ist die Millionenstadt natürlich für den Taj Mahal, fraglos eines der bekanntesten Bauwerke der Welt. Und eines der romantischsten: Der Großmogul ließ das Marmorkunstwerk zu Ehren seiner geliebten verstorbenen Frau errichten.

Erst danach geht es nach Rajasthan. Jaipur mit dem berühmten Palast der Winde ist die erste Station, auch ein Abstecher zum Amber Fort fehlt selten im Reiseplan. Der kleine Pilgerort Pushkar ist meist ein Stopp auf dem Weg nach Jaisalmer in der Wüste Thar. Die »goldene Stadt«, so genannt wegen ihres gelben Sandsteins, ist bekannt für ihre mittelalterlichen Festung und die Havelis. Diese Wohn- und Geschäftshäuser wurden von Händlern errichtet, die zu Wohlstand gekommen waren. Jodhpur birgt eine weitere der eindrucksvollen Festungen in Rajasthan. Etwa 180 Kilometer südwestlich von Ranakpur, einer der fünf heiligen Stätten der Jain-Religion, liegt in den Bergen die »Hill Station« Mount Abu, in der die Kolonialbriten der Bruthitze im Tal entgehen wollten. Heute ist sie ein beliebtes Ausflugsziel. Weiter nach Udaipur, zur Stadt der Paläste. Deren bekanntester ist wohl der Lake Palace, der wie ein großes Schiff im Pichola-See zu schwimmen scheint. In dem Luxushotel sollen die »Royal Butler« echte Nachfahren früherer Bediensteter des Maharana (Großkönigs) von Mewar sein, der sich hier auf dem See entspannte.

Die Highlights

Delhi hat mehr zu bieten als das schöne Red Fort, etwa die Mausoleen von Humayun und Safdar Jang, die Altstadtgassen oder die Lodi-Gärten.

Der *Taj Mahal* entstand 1632 als Symbol der Liebe und bestes Beispiel für die »Mogul-Architektur« aus persischen, islamischen und hinduistischen Elementen.

Jaipur ist aufgrund der Farbe seiner Altstadtbauten die »Pink City«. Bestes Beispiel ist der Palast der Winde – in Rosa und Rot. Gelb strahlt hingegen das Observatorium Jantar Mantar.

Pushkar, wichtiger Pilgerort für Hindus, birgt einen der wenigen Brahma-Tempel Indiens sowie mehr als 400 weitere Tempel. Hier findet im Oktober/November einer der größten Kamelmärkte Asiens statt.

Jaisalmer – Das 1156 erbaute Wüstenfort birgt neben Tempeln auch einen königlichen Palast. Bekannt sind ferner die aufwendigen Fassaden historischer Kaufmannshäuser.

Mount Abu ist ein Ferien- und Pilgerort mit einem See und fünf üppig verzierten Dilwara-Tempeln der Jain-Religion.

Lake Palace, mitten im Pichola-See in Udaipur gelegen, sorgte im James-Bond-Film »Octopussy« für eine exotische Kulisse; nicht minder attraktiv ist jedoch der Stadtpalast.

Die beste Reisezeit

Wer in Nordindien die Hitze vor dem Monsun (April–Juni), die hohe Luftfeuchtigkeit der Monsunzeit (Juli–September) und die oft recht kalten Tage im Winter vermeiden möchte, sollte im ***Oktober/November*** aufbrechen. Die Statistik sieht in dieser Nach-Monsun-Phase angenehme Temperaturen und weniger Niederschläge. In Delhi und Agra gleiten dann die Temperaturen von etwa 29 auf 21 °C. Die meisten Niederschläge erlebt die Hauptstadt – bei immer noch hohen Temperaturen – im Juli und August.

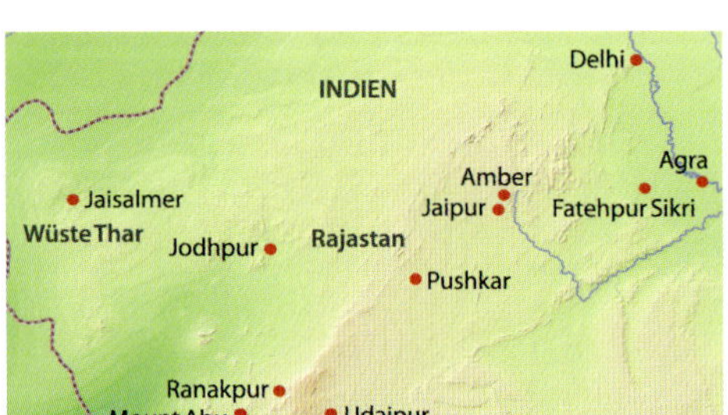

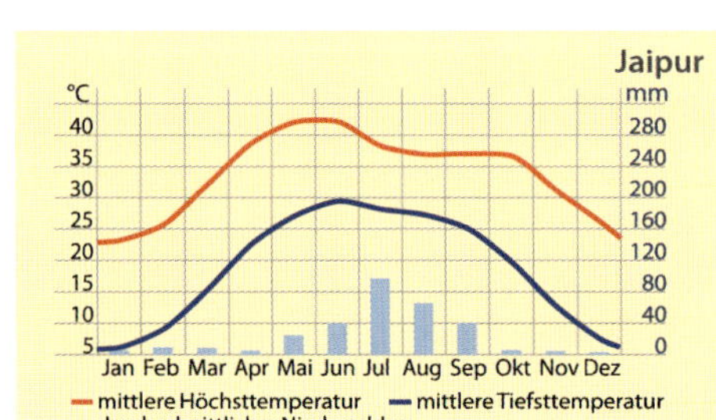

Besondere Tipps

Mausoleum: In Agra überstrahlt der Taj Mahal alles. Experten empfehlen aber auch das Mausoleum von Itimad-ud-Daula, quasi die Vorlage für den Taj Mahal.

Literatur: »Stadt der wilden Hunde: Nachrichten aus dem alltäglichen Indien« von Martin Mosebach. Der Büchner-Preisträger führt den Leser auf eine Reise voller Überraschungen.

Souvenir: Rajasthan ist bekannt für seine farbenfrohen Textilien.

Info: www.rajasthantourism.gov.in

→ Der »schwimmende Palast« im Pichola-See bei Udaipur
→ In farbenfrohe Saris gekleidete Inderinnen in einem Dorf bei Jaisalmer
→ Zu Festen, wie hier in Jaipur, werden die Elefanten reich geschmückt.
↑ Wächter vor dem Stadtpalast von Jaipur

Rotes Fort und Tagestour zum Taj Mahal

Wieso wird Delhi, eines der ältesten Zentren in Indien, meist Neu-Delhi genannt? In den 20er-Jahren entstand außerhalb der alten Stadt das neue Delhi, das heute gleichbedeutend benutzt wird als Sitz der indischen Regierung. Beide sind Teil des Nationalen Hauptstadt-Territoriums, in dem sich insgesamt 16 Millionen Menschen drängen. Umso wichtiger sind Freiräume, vor allem die Parks und Gärten. Die Lodi Gardens stellen mit ihren pompösen Herrschermausoleen aus dem 15. und 16. Jahrhundert ebenso eine Touristenattraktion dar wie der Garden of Five Senses, der getreu seinem Namen angelegt wurde, um alle fünf Sinne anzusprechen.

Auch die Mughal Gardens finden sich auf vielen Reiserouten – die Mogul-Kaiser waren berühmt für ihre Gartenanlagen, der bekannteste Park befindet sich am Taj Mahal im – nach indischen Maßstäben – nahen Agra (253 km).

Agra ist zwar eine gesichtslose Millionenstadt, zählt aber wegen des Taj-Mahal-Mausoleums zu den meistbesuchten Zielen Indiens. Von Delhi aus werden Tagestouren mit – je nach Preis – mehr oder minder komfortablen Bussen angeboten. Wer den Taj Mahal nicht zu Sonnenaufgang und -untergang oder gar im Mondlicht sehen möchte, liegt mit einer Tagesfahrt richtig. Agra und Delhi sind zwei Eckpunkte des touristischen »Goldenen Dreiecks«. Der dritte ist Jaipur im weithin wüstenartigen Bundesstaat Rajastan – sicherlich auch ein Höhepunkt aller Indien-Reisen, aber zu weit für einen Tagestrip. Doch es mangelt auch in Delhi nicht an weniger bekannten, doch sehenswerten Zielen, wie dem Akshardham-Tempel, dem weltweit größten Hindu-Gotteshaus.

Apropos: Wer Mitte Januar in die Stadt kommt, kann zwei an Fotomotiven gesegnete Feste erleben: Am 13. und 14. Januar feiert die Hindu-Gemeinde das Ende des Winters, »Lohri«. Wie auch in anderen Kulturen werden dann Freudenfeuer entzündet, typisch für Delhi sind aber die Lieder und Tänze sowie die Opfergaben für das Feuer, oft Erdnüsse oder Popcorn. Am Tag darauf folgt mit »Makar Sankranti« das Erntefest. Da gibt es wieder Süßigkeiten, diesmal allerdings nicht fürs Feuer, sondern für die Kinder. Ihrem Spaß dient auch das traditionelle Drachenfliegen überall, wo es möglich ist in der Elf-Millionen-Stadt.

Die Highlights

Das *Rote Fort*, 1648 für Großmogul Sha Jahan aus Rotsandstein erbaut, ist eine mächtige Festungs- und Palastanlage – eine der meistbesuchten Stätten Indiens.

Jama Masjid, Indiens größte Moschee, entstand 1658 und bietet Raum für 85 000 Gläubige. Sie steht dem Roten Fort gegenüber.

Humayun's Tomb (1562) gilt als Vorläufer des Taj Mahal. Indiens erstes Mausoleum in einem Garten birgt mehrere weitere Grabstätten.

Qutab Minar (1206) gilt mit 72,5 m als höchstes Minarett Indiens, kann aber nicht mehr be-stiegen werden. Im Gelände befinden sich weitere historische Zeugnisse.

Das *India Gate* ist ein Nationalmonument für den »unbekannten Soldaten«. Das 42 m hohe Tor dient vor allem abends als beliebter Treffpunkt.

Gandhi Smriti, Gandhis letztes Wohnhaus, ist heute ein Museum. An der Stelle, an der er 1948 im Garten ermordet wurde, steht ein Denkmal.

Der *Lotus-Tempel* der Bahai-Religion hat die Form einer riesigen Lotosblüte. Seit Eröffnung 1986 hatte der berühmte Bau weit mehr als 50 Millionen Besucher.

Die beste Reisezeit

Anfang März wechselt in Indien der Wind von Nordwest auf Südwest und bringt Hitzewellen aus der Wüste von Rajastan. Mai und Juni haben dann Temperaturen um 40 °C. Ende Juni bringt der Monsun etwas Abkühlung, aber auch eine höhere Luftfeuchtigkeit. Daher ist der milde Winter von ***November bis Februar*** die beste Reisezeit: Die Temperaturen liegen meist um 15 bis 20 °C, können aber auch mal auf 8 °C fallen. Die Wintermonate sind auch die trockensten, mit Regen muss man im Juli und August rechnen.

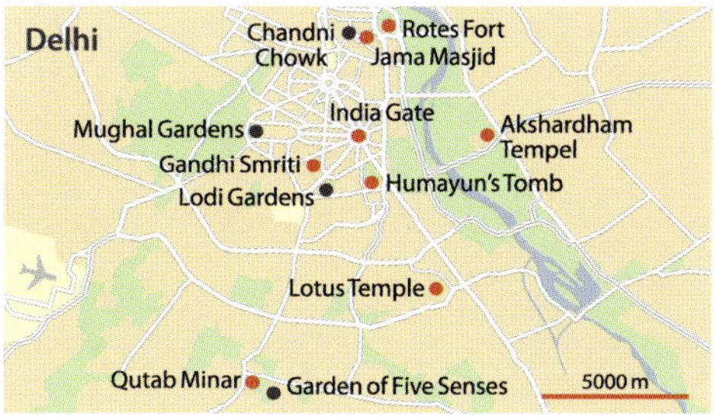

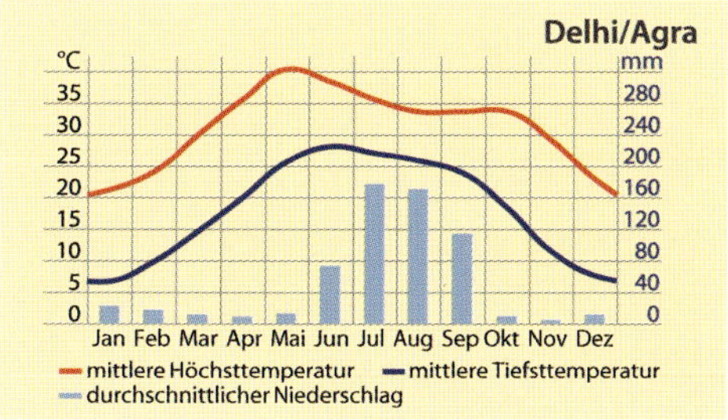

Besondere Tipps

Zum Einkaufen: Chandni Chowk, die Hauptstraße der Altstadt, ist zugleich der bekannteste Markt in Delhi: leicht chaotisch und faszinierend inklusive Garküchen.
Zum Bestaunen: Der Taj Mahal in Agra, mit weißem Marmor das wohl schönste Mausoleum der Welt, war etwa 1653 fertiggestellt. Sha Jahan ließ es für seine Frau errichten, auch er wurde dort später beigesetzt.
Zum Beobachten: Das Charity Bird Hospital behandelt Vögel aller Art nach Verletzungen. Geheilte Tiere erhalten später ihre Freiheit zurück. Viele bleiben aber in Kliniknähe, weil sie dort gut gefüttert wurden.
Info: www.delhitourism.com

← Die Jama-Majid-Moschee ist die größte Indiens.
← Im Roten Fort leuchtete einst der Kohinoor.
← Blick auf das Jantar-Mantar-Observatorium
↑ Schlangenbeschwörer in den Straßen von Delhi

Traumziel/ Sri Lanka 140

»Wahrhaftig, es ist das Paradies«

Keiner anderen Insel hat man im Lauf ihrer Geschichte so viele wohlklingende Namen und Attribute verliehen: Vom Land der Hyazinthen und Rubine schwärmten schon die Reisenden in der Antike, auch vom Teich der roten Lotusblüten. Für Marco Polo, den ersten Globetrotter, war die heilige Insel, dies die Bedeutung von Sri Lanka, »ohne Zweifel die prächtigste der Welt«. Und der deutsche Dichter Hermann Hesse fasste seinen ersten Eindruck bei der Landung in Colombo im Jahre 1911 so zusammen: »Es ist das Paradies, wahrhaftig, es ist das Paradies.«

Allzu oft und manchmal über viele Jahre hinweg war allerdings die Hölle los in diesem Paradies. Aber seit die schlimmsten Verheerungen der Tsunami-Katastrophe vom Dezember 2004 beseitigt sind und der Bürgerkrieg zwischen der singhalesischen Staatsmacht und der tamilischen Minderheit im Sommer 2009 für beendet erklärt wurde, hat sich das Prinzip Hoffnung durchgesetzt. Immer mehr Touristen suchen – und finden – wieder ihr Paradies auf dieser Insel vor der Südwestküste Indiens.

Wenn sie das erste Mal das Land hinter dem Traumstrand für ein paar Tage erkunden, können sie gar nicht genug staunen über die unerwartete Vielfalt an Landschaften, kulturell-religiösen Sehenswürdigkeiten, Relikte aus den Kolonialepochen dreier europäischer Mächte und ganz besonders über die Freundlichkeit der Menschen, seien es buddhistische Singhalesen, hinduistische Tamilen, Muslime oder Christen.

Weltkultur im Urwald: Aus den antiken Königsstädten Anuradhapura und Polonnaruwa leuchten die weißen Kuppeln der Reliquienschreine, Dagobas genannt.

Tempel, Tropenstrand und Teegarten: Postkar-tenidylle an den touristisch gut erschlossenen Küsten im Südwesten und Süden, einsame Buchten an der Ostküste, berührende Szenen vor Buddhas Statuen. Und ein grüner Teppich, der weite Teile des Hochlands bedeckt, Heimat des Ceylon-Tees, den Kenner zu den besten der Welt zählen.

Nationalparks, durch die große Elefantenherden streifen. Reisfelder, Savannen, dichter Regenwald. Städte mit nostalgischem Charme, Dörfer, in denen das Leben noch traditionellen Regeln folgt. Farbenprächtige Prozessionen. Und viel Meer. Sri Lanka, so groß wie Bayern, hat alles – nur keinen Schnee. Aber den hat dort wohl noch niemand vermisst.

Die Highlights

Colombo – Eine Skyline, moderne Clubs und ein permanentes Verkehrschaos prägen das Bild der Hauptstadt. Aber in den Kolonialvierteln rund um den Uhrturm, am Rathaus und am Nationalmuseum, noch mehr im Basarviertel Pettah lebt nach wie vor das alte Colombo.

Kulturelles Dreieck – Die Königsstädte Anuradhapura und Polonnaruwa, der Höhlentempel von Dambulla und die Felsenfestung Sigiriya mit den Wandmalereien der »Wolkenmädchen« solte man unbedingt einplanen!

Galle Fort – Nirgendwo lässt sich die holländische Kolonialzeit besser studieren. Viele Cafés und Boutique-Hotels hinter alten Mauern.

Kandy – Sagenhaft: Im Tempel Dalada Maligawa wird ein Eckzahn Buddhas verehrt.

Teehochland – Das Landschaftserlebnis lässt sich mit Besichtigungen von Teefabriken und mit Wanderungen durch Rhododendronwälder kombinieren. Für Bahnliebhaber ist die Fahrt durch den Teegarten ein Muss, zum Beispiel von Bandarawela nach Nanu Oya.

Traumstrände an der *Ostküste* wie Nilaveli bei Trincomalee und Arugam bei Pottuvil werden nicht mehr lange einsam bleiben.

Ayurveda – Vielfältiger als im Herkunftsland Indien wird das »Wissen vom Leben« in diversen Resorts hierzulande angeboten.

Die beste Reisezeit

Ideal für die Südwestküste, das Bergland und das kulturelle Dreieck sind die Monate ***Dezember bis März***. Danach beginnt eine sehr heiße, windstille Zeit, die ab Mai in die Regenzeit übergeht. An der Ostküste mit ihren besonders schönen Stränden herrscht in unseren Sommermonaten ruhiges und trockenes Wetter, während zwischen Colombo und Galle dann oft eine heftige Brandung das Baden erschwert. Die Strände östlich von Galle haben ganzjährig »geöffnet«.

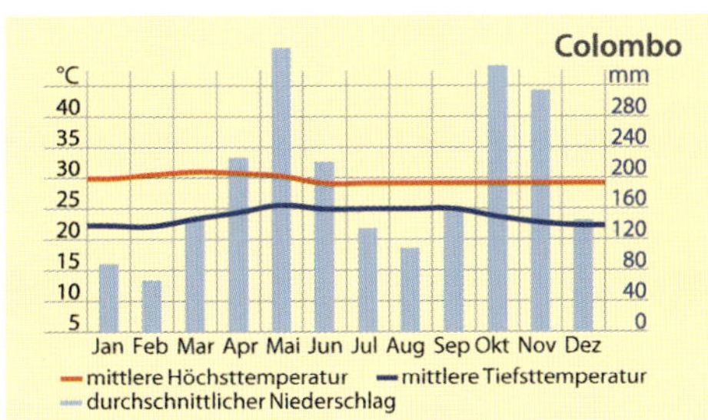

Besondere Tipps

Feste: Am spektakulärsten sind die Peraheras (Prozessionen) in Kandy (zum August-Vollmond), in Kelaniya bei Colombo (zum Januar-Vollmond) und in Colombo (zum Februar-Vollmond).
Souvenir: Die tollsten handgeschnitzten Masken stellt die Familie Aryapala in Ambalangoda her.
Hill Club: Nirgendwo wird koloniale Nostalgie charmanter zelebriert als in diesem ehemaligen Klub der englischen Pflanzer in Nuwara Eliya.
Info: www.srilanka.travel

← Traumstrand bei Bentota
← Der buddhistische Zahntempel in der alten Königstadt Kandy
← Ein Highlight der schönsten Insel im Indischen Ozean sind die Teegärten im Hochland.
↑ Wenige Stelzenfischer angeln noch vor der Südküste.

Traumziel Oman 141

Wüste und Traumstrände

Das Prestigeobjekt Al Bustan Palace, der 1985 eröffnet wurde, zählt immer noch zu den ersten Adressen omanischer Luxusherbergen, und zu den teuersten: Allein für die Ausstattung der mehr als 30 Meter hohen, achteckigen Atriumhalle wurden 800 Tonnen Marmor aus Frankreich, Griechenland und Italien importiert, ein in Liverpool gefertigter vergoldeter Kuppeldom krönt die Pracht. Und Omans Hauptstadt Maskat bietet weitere Superlative, etwa in der neuen Sultan Qaboos Moschee mit 300 000 Tonnen Sandstein aus Indien sowie dem zweitgrößten handgewebten Teppich der Welt, der eine Fläche von 4343 Quadratmetern einnimmt.

Die Quellen des omanischen Reichtums sind Erdöl und Erdgas. Damit werden Straßennetz, Bildungswesen und Gesundheitsversorgung ebenso finanziert wie der zielstrebige Ausbau einer hochwertigen touristischen Infrastruktur. Außer Schnee hätten sie alles, behaupten omanische Planer gerne: quirlige Souqs, werthaltiges Kunsthandwerk, mehr als 500 Burgen, Wehrtürme und Festungen, mittelalterliche Wüstenstädte und beeindruckende Dünenlandschaften, endlose Strände, Tauchriffe sowie Golfplätze und eine Landschaft zum Malen. Alles Gründe, weshalb sich der Anteil des Reisemarkts am Bruttosozialprodukt während der letzten zehn Jahre verdreifachte.

An ehrgeizigen Zukunftsprojekten mangelt es nicht. Das ökonomische Etappenziel »Vision 2020« seiner Majestät Sultan Qaboos bin Said Al Saids umfasste nicht nur den Bau von »Blue City«, einer Retortenstadt mit 20 Hotels und Strandresorts, über 5500 Apartments und Ferienvillen, einem 27-Loch-Golfplatz und einem Kreuzfahrthafen, dessen erste Phase 2012 fertiggestellt sein sollte. Mit der Wirtschaftskrise kippte das Projekt jedoch, seine Zukunft ist seitdem unsicher. Weitere Megaprojekte wie Al Mouj Muscat und die Yiti-Marina mit Hunderten Liegeplätzen für Jachten, Strandvillen sowie luxuriösen Beachresorts sind aber bereits aus dem Sand gewachsen.

Während Maskats opulentes Opernhaus zu den eher bescheidenen Investitionen des Sultans zählt, war die Verlegung des Containerhafens nach Sohar, in den Norden des Landes, eine wirklich große Sache: Im pittoresken Hafenbecken der Hauptstadt machen nun nur noch Kreuzfahrtschiffe fest. Die Reisenden erleben hier den Zauber Arabiens auf den ersten Blick ohne störende Großkräne.

Die Highlights

Sur – In der alten Hafenstadt am Golf von Oman werden heute noch in Handarbeit arabische Dhau-Segler gefertigt.

Die Sandwüste *Ramlat-al-Wahiba* schwappt in die Zivilisation mit 200 m hohen Dünen, Nomadenlagern, vermummten Beduinenfrauen und Fahrspuren, die sich im Nirgendwo verlieren.

Nizwa – Die Oasenstadt gilt mit ihrer mächtigen Wehranlage im Stadtzentrum, dem freitäglichen Viehmarkt und ihren wunderschönen Souqs als die heimliche Hauptstadt des Oman.

Maskat – Sehenswert sind der Altstadtkern, der quirlige Fischmarkt und der malerische Souq. Zu beiden Seiten der Hafeneinfahrt ragen die Festungsanlagen Fort Mirani und Fort Jalali auf. Dazwischen erstrahlt im nächtlichen Lichterglanz der Sultanspalast.

Salalah – In der Küstenstadt weit im Süden schlägt die Brandung des Ozeans kraftvoll auf bildschöne Palmenstrände. Sultan Qaboos residiert hier in seinem Sommerpalast.

Wadi bani Khalid – Ein faszinierendes Quelltal mitten in der Wahiba-Wüste, das im Gegensatz zu anderen Wadis nicht trockenfällt.

Das *Hadschar-Gebirge*, eine bis zu 3000 m hohe Gebirgskette, erstreckt sich entlang dem Golf von Oman mit malerischen Wadis, deren Felswände bis zu 1000 m steil aufragen.

Die beste Reisezeit

Während das Sommerhalbjahr arabische Hitzewellen über das Land jagt mit Temperaturen bis zu 50 °C und selbst die schönen Küstenregionen unter einer extrem hohen Luftfeuchtigkeit und der Hitze stöhnen, stellt der Winter im Oman eine fantastische Reisejahreszeit dar: Von ***November bis Februar*** liegen die Temperaturen zwischen 20 und 30 °C, das Wasser ist warm genug zum Baden, und die Sonne scheint den ganzen Tag, was ideale Voraussetzungen für eine Rundreise schafft und auch faule Strandtage ermöglicht.

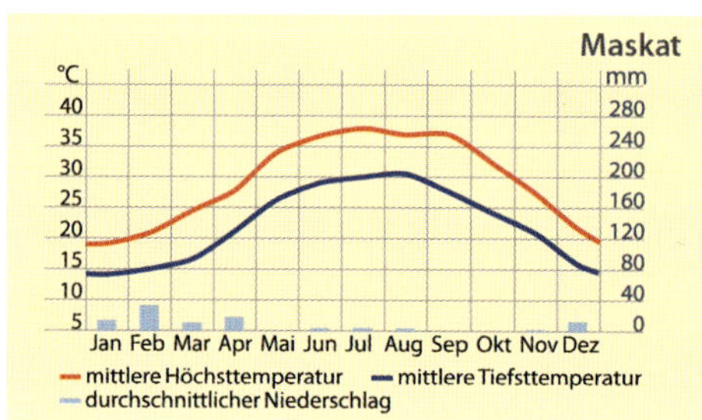

Besondere Tipps

Übernachten: Die Nobelmarke Shangri-La wartet bei Maskat gleich mit drei Strandresorts auf, www.shangri-la.com.

Touren: Riesiges Angebot an Wadi- und Wüstenfahrten, Bergtouren und Kamelsafaris. Es lassen sich auch individuell vororganisierte Geländewagentouren buchen.

Schnorcheln und Tauchen: Ein Dutzend hervorragend ausgestattete Tauchzentren erfüllen höchste Ansprüche.

Info: www.omantourism.gov.om, www.omantourism.de, www.deutschoman.de

→ Wüstenschiffe in den weitläufigen Sanddünengebieten der Rub' al Khali
→ Straße von Hormuz am Persischen Golf, Oman
→ Das Fort Nizwa in der gleichnamigen Oasenstadt ist eine echte Wüstenperle.
↑ Beduinenschönheit in der Wahiba-Sands-Wüste

Traumziel Malediven 142

Im Reich der tausend Wunder

Knapp 8000 Kilometer und zehn Stunden liegt der Malediven-Traum entfernt, laut Bordcomputer, der gerade über Omans Maskat fliegt und auf dem Monitor das Zielgebiet einblendet: ein paar Sandkörnchen da, wo die Südspitze des indischen Subkontinents auf Sri Lanka zeigt.

Zeit genug, um sich per Reisehandbuch ein Bild von den paradiesischen Inseln zu machen, von denen immer wieder zu lesen ist, sie versänken im Meer, sollten die Eismassen der Pole weiterhin abschmelzen. In dem Fall bekämen 300 000 weit versprengt lebende Insulaner kollektiv nasse Füße; die Flächenausdehnung ihres riesigen Inselreichs verteilt die Sand- und Korallenpünktchen auf 800 mal 130 Kilometer. In Malé, dem Regierungssitz, müssten sich im Fall eines Pegelanstiegs 80 000 Einwohner an venezianische Verhältnisse gewöhnen, wäre das Parterre zu räumen.

Auch ohne insulares Untergangsszenario erscheint die maledivische Hauptstadt sehr szenisch: Zogen gerade noch bildschön und farbschillernd Atollgebilde mit Palmeninseln unten vorbei, von schneeweißen Stränden und schäumenden Riffketten umringte Traumbilder, zeigt sich im Landeanflug ein großstädtischer Cityblock, der auf einem ziemlich flachen Pfannkuchen balanciert.

Auf Fotolinsen, die sich diesem Konstrukt von der Seeseite her nähern, wirkt Malés Skyline noch einen Tick skurriler: Wie Klein-Manhattan ragen Hochhäuser und Spiegelfassaden aus der ebenen Wasserfläche ins Azurblau des äquatorialen Himmels, bis zu zehn Stockwerke hoch, und kein Quadratmeter scheint ungenutzt.

99,66 Prozent des maledivischen Staatsgebiets besetzt der Indische Ozean, was einen solchen Reiz ausübt, dass jährlich über eine Dreiviertelmillion Taucher, Schnorchler und Strandlieger aus aller Welt einfliegen. Für die ist von den 1190 meist unbewohnten Inseln die Flughafeninsel Hulhule die wichtigste: Von hier aus verteilen sich die Airbus-Passagiere auf ein Dutzend Schnellboote, die flink und sternförmig in alle Richtungen abrauschen. Brummend wie Hummeln steigen Dutzende Wasserflugzeuge auf, die auch entfernteste Inselperlen mit dem Malé International Airport verbinden.

Türkisblau und kitschig schön wie im Reiseprospekt legen sich dort draußen die Lagunen um feine Sandstrände, hölzerne Chalets stehen auf Stelzen im Wasser, aus dem Badenixen nicht mehr herauswollen, weil es mindestens 29 Grad hat. Vielfach lässt es sich zu den farbschillernden Riffen vor den Inseln schwimmen und dort abtauchen in eine Unterwasserwelt, deren komplexes Ökosystem die artenreichsten Gebilde unseres Globus hervorbringt. Schon beim Schnorcheln sind Mantarochen, Schildkröten, Delfine, Riffhaie, Clown- und Papageienfische zu sehen.

Die Highlights

Die *Masjid al-Sultan Muhammed Thankurufaanu Moschee* ist das wohl prächtigste Bauwerk in Malé. Die 100 000 Einwohner der kleinsten Hauptstadt der Welt teilen sich gerade mal 2 km² Fläche.

Der *Sultanspark* ist die ruhende Oase mitten im Verkehrsgewühl. Obwohl die längste Straße Malés nur 1,6 km misst, tummeln sich darauf über 500 Taxifahrer.

Nationalmuseum – Die wichtigsten Exponate stammen aus der islamischen Epoche: prachtvolle Kleidung, Waffen und Schmuck maledivischer Sultane.

Hukuru Miskiiy – Die historische, aus Korallenkalk erbaute Freitagsmoschee aus dem 17. Jahrhundert ist ein Blickfang.

Wassersport ist die Freizeitbeschäftigung schlechthin auf den Malediven: Tauchen, Schnorcheln, Surfen, Segeln, Jetskifahren. Wer das nasse Element liebt, ist hier richtig.

Hochseeangeln und Nachtfischen – Dazu bieten sich vielfältige Möglichkeiten. Wer das Besondere liebt, fährt zum Nachtfischen kurz vor Sonnenuntergang mit einem der Boote zu den Riffen.

Robinson-Insel – Zu den unbewohnten Eilanden gibt es organisierte Tagesbesuche. Dort soll sich in Reichweite einer gut bestückten Kühlbox das gewisse Daniel-Defoe-Gefühl einstellen.

Die beste Reisezeit

Wenngleich das Klima auf den Malediven im Jahresdurchschnitt nur wenig Änderungen zeigt (Luft 30 °C, Wasser 29 °C, Luftfeuchtigkeit 80 %), stellt sich zwischen Dezember und April doch eine als relativ trocken geltende Periode ein. Weil die Zeit um Weihnachten als absolute Hochsaison gilt, ist ab ***Mitte Januar*** die beste Zeit für einen Strandurlaub. Schnorchler und Taucher sollten wegen der Unterwassersicht ein Resort an der Ostseite der Atolle wählen. Ab April steigen die Temperaturen, die Preise sinken.

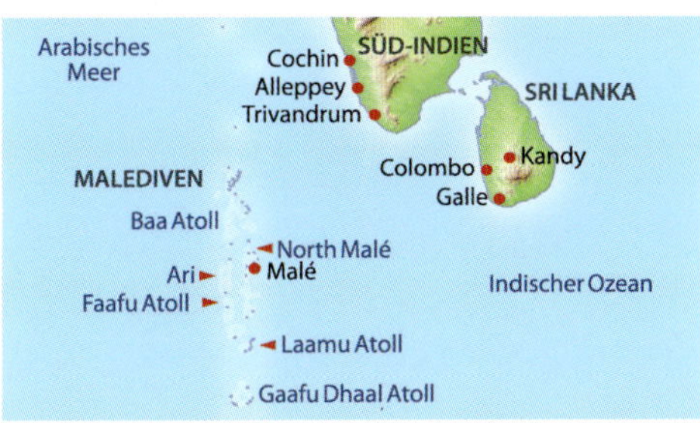

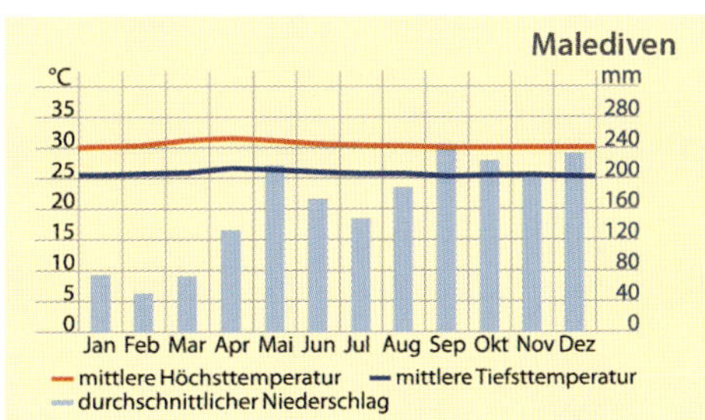

Besondere Tipps

Anreise: Condor und Air Berlin fliegen mehrmals wöchentlich direkt nach Malé.
Pauschalreisen: Für die Auswahl einer Resortinsel sind nicht nur die persönlichen Wohlfühlfaktoren entscheidend, sondern auch die Zusatzkosten vor Ort.
Reiselektüre: »Resorts der Malediven«, Adrian Neville; »Riff-Führer Indischer Ozean«, Helmut Debelius.
Kulinarisches: Frischer Fisch und Meeresfrüchte kommen hier täglich auf den Tisch. In Malé unbedingt die kleinen Curry-Lokale am Hafen ausprobieren!
Info: www.visitmaldives.com, www.malediven.net

← Postenkartenmotive, wohin man blickt: das Nord-Male-Atoll
← Schwer zu sagen, welche der maledivischen Welten schöner ist: die über oder die unter Wasser?
↑ Das Tree Spa des Vabbinfaru Banyan Tree Resorts

Entspannende Inselwelten

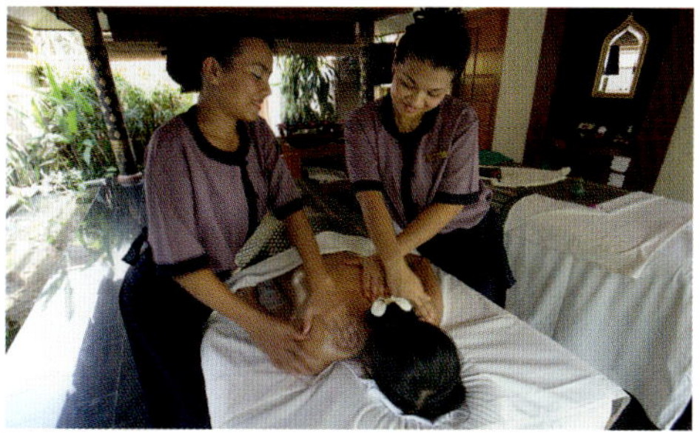

Es galt lange als beliebtestes Fernreiseziel der Deutschen. Und in den 1990er-Jahren warb es gern mit dem Versprechen, »das exotischste Land Asiens« zu sein. Beide Superlative hielten schon damals der Wirklichkeit nicht stand. Thailand, einer der so genannten Tigerstaaten in Südostasien, hat wirtschaftlich große Sprünge gemacht, allen Finanzkrisen und allen politischen Unruhen zum Trotz. Es hat auch die Folgen des Tsunami schneller überwunden als alle anderen betroffenen Länder.

Nirgendwo im früheren »Hinterindien« ist inzwischen die Infrastruktur besser ausgebaut als im »Land der Freien«, wie der Begriff Thailand übersetzt bedeutet. In seinen großen Städten mag es sogar auf den ersten Blick westlicher wirken als erwartet. Und in Pattaya und auf manchen Inseln ist Ballermann-Atmosphäre leichter zu finden als gepflegte Ruhe. Aber seine Seele hat Thailand dennoch nicht verloren. Wer sich ihr nähern will, muss sich nur wegbewegen von den Shopping-Malls und den Hochhausschluchten Bangkoks, von den Vergnügungsvierteln der Billigtouristen und so schrillen Stränden wie Patong auf Phuket.

Dann öffnen sich unerwartete Oasen, auch und gar nicht mal so selten in Bangkok: Tempel, weitab von Königspalast und Wat Phra Kaeo, in denen sich die Gelassenheit und die Demut der Mönche auf die achtsamen Besucher übertragen. Ruhige Palmenbuchten ohne Schnitzelbuden und ohne Schickimicki, häufig auf den kleinen Inseln rund um Phuket in der Andamanensee oder auf den Satelliten von Ko Samui im Golf von Thailand.

Selbst Fahrten mit öffentlichen Verkehrsmitteln, etwa von Bangkok in den Süden oder quer durchs Land, zum Beispiel von Krabi nach Surat Thani und weiter mit dem Boot nach Ko Samui, können mühelos und vergnüglich Teil des sanften Abenteuers Thailand werden. Reisen auf eigene Faust sind nämlich preiswert, sicher und noch immer mit einem Hauch Exotik verbunden. Wer so vorbereitet und entspannt an den Stränden jenseits von Pattaya ankommt, wird sein Paradies finden: in der Hängematte am Tantawan Beach auf Ko Samet, in der bizarren Fels-, Dschungel- und Höhlenlandschaft des Khao-Sok-Nationalparks oder zwischen Ammenhaien und Zackenbarschen in der Unterwasserwelt vor Ko Lanta oder den Similan-Inseln.

Die Highlights

Bangkok – Unverfälschtes Asien erlebt man im quirligen Chinesenviertel mit seinen engen Gassen zwischen dem Menam-Fluss und Nakhon Kasem, dem Diebesmarkt.

Phuket – Die nette Provinzstadt bietet chinesische Tempel, bunte Märkte und Villen, die sich einst die reichen Zinnbarone gebaut haben.

Ko Lanta, die wohl angenehmste der südlichen Inseln in der Andamanensee, besteht aus Groß-Lanta (Yai) mit ihrem Paradiescharakter und der wenig interessanten Nachbarinsel Klein-Lanta (Noi). Viele Bungalowanlagen, einige komfortablere Resorts.

Chaweng Beach – Der beliebteste Strand auf Samui ist dank zahlreicher Unterkünfte aller Art, Bars und Pubs ein angenehmer Ort für Urlauber, die es lebhaft mögen. Ruhiger geht es in der benachbarten Coral Cove zu.

Big Buddha – Die 12 m hohe Statue des Erleuchteten mit angeschlossenem Kloster erwartet einen im Norden von Ko Samui.

Phang-Nga-Bucht – Märchenhaft wirkende Welt aus Lagunen und Karstfelsen. Die Bucht lässt sich gut per Kanu erkunden.

Hua Hin – Noch immer zeichnet das Seebad der Königsfamilie, südlich von Bangkok am Golf gelegen, sein nobles Flair aus. Sehenswert: der Sommerpalast von Rama VII., erbaut 1926.

Die beste Reisezeit

Der Nordostmonsun sorgt von November bis April für erträgliche Temperaturen, die selten die 28-Grad-Marke übersteigen. Auch die Luftfeuchtigkeit wird in dieser Zeit nicht als belastend empfunden. Für Taucher und Schnorchler gelten ***Dezember, Januar und Februar*** als ideale Monate, weil dann das Wasser weniger aufgewühlt und entsprechend klar ist. An der Golfküste (zum Beispiel auf Ko Samui) ist die Schönwettergarantie auf Dezember bis Februar beschränkt.

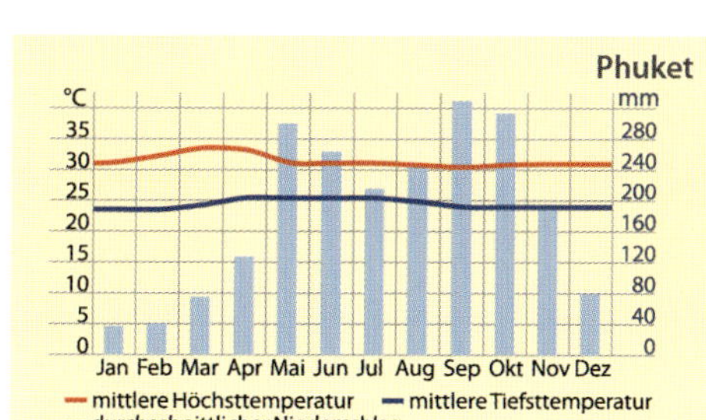

Besondere Tipps

Strandleben: Der Strand Ao Khao auf der Insel Ko Mak wird von Kennern als einer der schönsten auf der Welt gerühmt. Ko Mak liegt vor der kambodschanischen Küste, südlich der größeren »Elefanteninsel« Ko Chang.

Entschärftes Essen: Bestellen Sie mit dem Hinweis *mai pet*, dann nimmt der Koch weniger Chili.

Sicherheit: Nach dem Tod des beliebten Königs Bhumibol ist die ohnehin schwierige politische Lage noch instabiler geworden. Auskunft: www.auswaertiges-amt.de.

Info: www.thailandtourismus.de

← Die Landschaft zwischen Krabi und Phuket steht für den exotischen Urlaubstraum.

↑ Massage in einem noblen Spa auf Phuket

↑ Chinesische Andachtsstätten wie der Kuan-Yin-Tempel auf Ko Phangan finden sich überall im Süden Thailands.

8 Millionen Menschen mit Konfuzius im Herzen

Hongkong ist eine unglaublich spannende Mischung aus chinesischer Tradition und westlich geprägter Businessorientierung. Steigt man aus seinen edlen Hotels herab und besucht den Bird Market auf der Prince Edward Road, stellt sich unweigerlich das Gefühl ein, in einem »Dr. Fu Man Chu«-Film gelandet zu sein.

Manch Briten schmerzt es noch heute, dass die ehemalige britische Kronkolonie heute wieder Teil Chinas ist, doch die mehr als acht Millionen Menschen in Hongkong stört das wenig. Sie sind statt mit »business as usual« mit »business as possible« beschäftigt. Platz ist hier kostbar. Über Jahre hinweg bezeugte der Anflug auf den Flughafen Kowloon diese Enge. Menschen schienen einem zum Greifen nah, die Dachziegel waren verdächtig gut zu erkennen. Inzwischen liegt der neue internationale Airport außerhalb. Platzmangel ist auch ein Grund, dass man gegen eine kleine Übernachtungsgebühr im Luxushotel Ritz-Carlton beispielsweise im 118. Stock schlafen oder in der »O-Zone« einen Drink nehmen kann (auf 467 m Höhe). Landestypische Lokale oder chinesische Fast-Food-Ketten bieten sehr gute Qualität zu fairen Preisen, auch wenn die vielen farbigen Hühnerfüße zunächst ungewohnt anmuten.

Hongkong ist faszinierend, pulsiert und lädt die Gäste ein, mitzutun. Aber nur einen kurzen Boottrip entfernt liegt ja Macao, und diese ehemals portugiesische Insel bietet deutlich mehr Grün, Ruhe und Erholung. Eine gute Alternative ist auch eine Wanderung: Will man den traumschönen Strand bei Sai Kung erleben, bleibt einem der Fußweg nicht erspart. Überhaupt ist Hongkong ein Wanderparadies. Auch auf den vorgelagerten Inseln Lantau, Lamma Island und Cheung Chau gibt es zahlreiche Wanderwege.

Was Museen angeht, sollte man sich außer im Science Museum, das mit der Qualität des Deutschen Museums in München durchaus mithalten kann, lieber auf andere Angebote Hongkongs konzentrieren. Die Shoppingcenter sind unbedingt sehenswert, vor allem das Wan Chai Computer Center. Dort gibt es die neuesten Gimmicks oft deutlich früher als bei uns.

Wer im Juni in der Stadt ist, erlebt das Drachenbootfest. Das Rennen ist der Höhepunkt des Tuen-Ng-Festivals, das dem Tod des chinesischen Nationalhelden Qu Yuan gedenkt. Dieser hat sich vor über 2000 Jahren im Mi-Lo-Fluss ertränkt, um gegen die korrupten Machthaber zu protestieren. Die Boote bieten bis zu 22 Kraftprotzen Platz.

Die Highlights

The Peak ist mit 552 m der höchste Berg der Insel Hong Kong mit einem atemberaubenden Blick über den Hafen.

Der *Riesenbuddha im Po-Lin-Kloster* auf Lantau wurde erst 1993 fertiggestellt und benötigte 12 Jahre Arbeit. Er wacht auf dem Ngong-Ping-Plateau über die beeindruckende Landschaft auf Lantau.

Lan Kwai Fong und *Soho* sind die angesagtesten Bezirke für Clubs, Bars und Restaurants. Beginnend auf einer altmodisch gepflasterten Straße reihen sich hippe Lokale aneinander.

Happy Valley Racecourse ist heute ein »Must-go« für die Bewohner Hongkongs. 1846 gegründet, gibt es seit 1973 auch ein Nachtrennen.

Repulse Bay ist definitiv einer der schönsten Strände in Hongkong für Einheimische und Touristen. Wunderbarer Sand, Sonnenschein und umsäumt von prachtvollen Kolonialbauten.

Stanley Market ist der perfekte Ort, um die Daheimgebliebenen mit Geschenken zu versorgen. Im restaurierten »Murray House« kann man ideal seinen Hunger stillen.

Science Museum – Ein echter Hammer für Fans der verständlich gemachten Wissenschaft. Da kann man drehen, drücken, ziehen, und es passiert ständig etwas.

Die beste Reisezeit

Hongkong hat ein mildes, subtropisches Klima. Die besten Reisemonate sind ***November*** und ***Dezember*** oder ***Februar*** und ***März***. In diesen Monaten liegen die Temperaturen bei 20 bis 25 °C und es regnet nur selten. Im Sommer wird es sehr warm (30 °C), vor allem wird die Luft sehr feucht und es regnet häufig. Außerdem ist der Sommer Taifunzeit, was plötzliche Wolkenbrüche bedeutet. Im Winter sinken die Temperaturen auf 16 bis 18 °C. Im Allgemeinen sind die Wintermonate in Hongkong am trockensten.

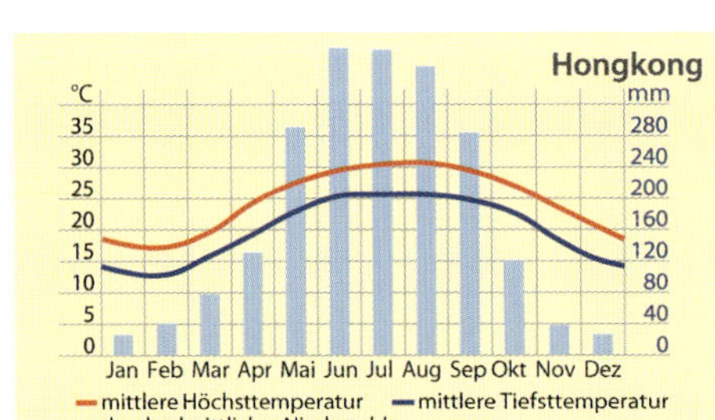

Besondere Tipps

Für Feierwütige: Zum Gedenken an den Nationalhelden Qu Yuan findet im Juni das Drachenbootfest statt. Die über 10 m langen Boote zieren bemalte, geschnitzte Drachenköpfe und -schwänze.
Für Luxusliebende: Ritz-Carlton – mit fast 500 m das höchste Hotel der Welt. Die Dachterrasse des Restaurants »O-Zone« in der 118. Etage bietet einen atemberaubenden Blick.
Für die Augen: In »Chinese Ghost Story« sind Motive einer alten chinesischen Geistergeschichte genial umgesetzt.
Info: www.discoverhongkong.com

→ Blick auf das Panorama von Hafen und Stadt
→ Ein Wahrsager auf der Temple Street liest aus der Hand.
→ Leuchtreklamen in Kowloon
↑ Dim Sum im Restaurant »Red Dragon«

TO SUBSCRIBE ALL ONE'S

YUE HWA
CHINESE PRODUCTS
Cosmetics

20
QN-6518

Traumziel Vietnam 145

Faszination zwischen gestern und übermorgen

Exotischer Trubel in der Altstadt von Hanoi. Dörfer der vielen, bunt gekleideten Minderheitenvölker in den Bergen des hohen Nordens. Kaiserpaläste in Hue. Nostalgische Erinnerungen an die französische Kolonialzeit in den renovierten Hotels von Dalat, Saigon und Hanoi. Traumstrände, die jeden Südseeprospekt zieren könnten, auf der Insel Phú Quốc weit im Süden und im ehemaligen Fischerdorf Mui Ne, nicht weit von der Boomstadt Saigon entfernt, die kaum jemand bei ihrem offiziellen Namen Ho Chi Minh City nennt. Höllischer Verkehr in den Städten, andachtsvolle Stille in Tempeln und Klöstern, in denen Konfuzius und Buddha, Lao Tse und die eigenen Ahnen verehrt und um Rat gebeten werden.

Mehr Vielfalt geht kaum. Oder doch? Reisfelder, in denen Bauern wie eh und je mit dem Strohhut auf dem Kopf hinter ihrem Wasserbüffel das schlammige Feld pflügen. Das neunarmige Delta des Mekong, die Lebensader Südostasiens, in dem Hunderttausende auf dem Wasser hausen, Handel treiben und jedes Jahr mehr Besucher in Ausflugs- und Hausbooten begrüßen. Nicht zu vergessen die Erinnerungen an Ho Chi Minh und an die Kriege gegen Franzosen und Amerikaner.

Unter unsäglichen Schmerzen und Opfern ist ein unabhängiges Land gewachsen, das sich tapfer und zäh den Herausforderungen der Gegenwart und der Zukunft stellt. Vietnam ist ohne Zweifel das überraschendste, das abwechslungsreichste und spannendste Reiseziel in Südostasien. Der Boom fordert Tribut: Die steigenden Touristenzahlen, die immer neuen Luxushotels und Herbergen an den Stränden und in den Städten beweisen die noch längst nicht gestillte Neugier auf dieses schöne Land und seine freundlichen Menschen.

Alles ändert sich in einer Geschwindigkeit, die allenfalls mit der des benachbarten China verglichen werden kann. Eben noch waren Millionen von Radlern auf dem Land und in den Städten unterwegs, dann sind sie kurzerhand umgestiegen auf Mopeds und Motorräder. Jetzt verstopfen immer mehr japanische und koreanische Kleinwagen die Boulevards und erst recht die Altstadtgassen. Vietnam, vor gerade mal 30 Jahren ein geschundenes Land, steuert nahezu ungebremst auf der Überholspur ins Übermorgen. Und dennoch hat es sich allerorten Oasen der Ruhe und der spirituellen Einkehr bewahrt.

Die Highlights

Hanoi – Tausend Jahre und kein bisschen leise. Unbedingt sehenswert ist das quirlige Altstadtviertel mit seinen 36 Handwerkergassen.

Halong-Bucht – Weltkulturerbe, von Touristen überrannt wegen seiner bizarren Schönheit: Über 3000 Zuckerhutfelsen ragen aus der Bucht des Drachens.

Sapa – Entspannte Atmosphäre zeichnet das Bergstädtchen aus, in das einst die französischen Beamten und Kaufleute ihre Familien schickten, wenn es im Tiefland zu heiß wurde.

Hue ist ein Muss-Ziel für alle Kulturreisenden. Zitadelle, Kaisergräber und Paläste sind die Top-Sehenswürdigkeiten, aber auch die Thien-Ma-Pagode hoch über dem Parfümfluss.

Hoi An – Wer nur Stunden für die schönste Küstenstadt übrig hat, wird unbedingt die japanische Brücke sehen wollen. Wer länger bleibt, wird die Restaurants und die Stimmung am Tu-Bon-Fluss schätzen lernen.

Mekongdelta – Das Labyrinth aus Wasserstraßen, schwimmenden Dörfern und Märkten erschließt sich am besten bei einer geruhsamen Fahrt mit dem Hausboot.

Phú Quốc – Erst um 2005 entdeckten Rucksackreisende die Traumstrände, die damals noch den Fischern allein gehörten. Inzwischen macht die Insel im Golf von Thailand rasant Karriere.

Die beste Reisezeit

… zu bestimmen ist nicht leicht, denn das über 2000 km lange, schmale Land teilt sich in viele Klimazonen. Im Norden sind die ***Wintermonate***, obwohl oft diesig, eine mehr oder weniger günstige Zeit für Touren durchs Bergland. In der tropischen Zone des Südens herrscht dann sehr warmes und sonniges Wetter. Der Wolkenpass an der mittleren Küste ist die Wetterscheide zwischen den Subtropen und Tropen einerseits und den gemäßigten bis kühlen Regionen im Norden.

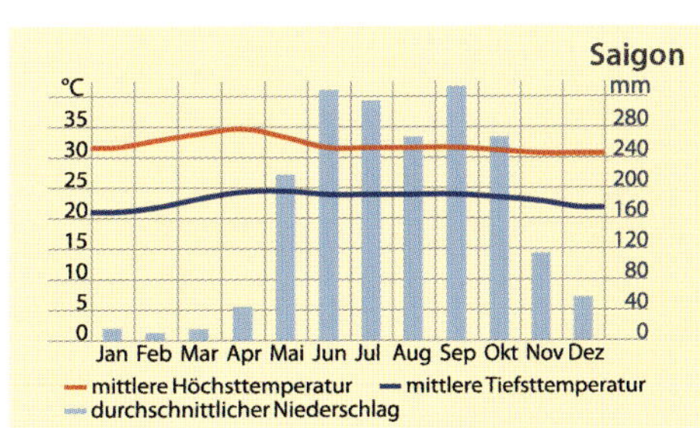

Besondere Tipps

Zeitreise: Dalat im südlichen Bergland, nicht weit von Saigon entfernt, hat sich wie keine andere Stadt den Charme eines Erholungsorts aus der Kolonialzeit bewahrt, zum Beispiel im Hotel Sofitel Palace.
Film: »Der Liebhaber« nach dem Buch von Marguerite Duras spiegelt die schwüle Atmosphäre im französisch besetzten Indochina der 1930er-Jahre wider.
Bildband: »Highlights Vietnam. Die 50 Ziele, die Sie gesehen haben sollten« (Bruckmann-Verlag).
Info: www.vietnam-travel-info.de

← Wie eine fernöstliche Märchenwelt wirkt die Halong-Bucht mit ihren bizarren Kalkfelsen.

← Die rote Brücke über den Hoan-Kiem-See im Herzen von Hanoi

↑ Frau vom Volk der Blumen-Hmong in Bac Ha im nördlichen Bergland

Hindu-Tempel im Konsumtempel

»Kej-El«, geschrieben KL, nennen Einheimische und Weltenbummler die malaysische Metropole. Klingt auch besser als »Schlammige Mündung«, so die wörtliche Übersetzung von Kuala Lumpur. Malaysias Hauptstadt hat in den letzten Jahrzehnten eine rapide Entwicklung genommen, deshalb wurde ein Großteil der Bundesregierung in das 25 Kilometer entfernte Putrajaya ausgelagert. In der City schießen die Wolkenkratzer in die Höhe: Die 452 Meter hohen Petronas Twin Towers galten bis 2004 als höchstes Gebäude der Welt, sie sind ein Wahrzeichen Malaysias. 1998 eröffnete der neue Flughafen, einer der größten in Asien; 1999 startete das erste Grand-Prix-Autorennen auf dem neuen Sepang-Rennkurs – einige der Ereignisse, die Kuala Lumpur weltweit Schlagzeilen sicherten und immer noch sichern. Umso erstaunlicher, dass sich direkt bei den Hochhäusern der Stadtteil Kampung Baru erhalten hat, der mit seinen kleinen Häusern an das traditionelle malaiische Dorfleben erinnert. Angeblich sollen Baulöwen dort für Grundstücke Millionenbeträge geboten und die Bewohner darauf verzichtet haben, um ihren Lebensstil zu erhalten. Der rund hundert Jahre alte, reich dekorierte Hindu-Tempel Sri Maha Sakthi Mohambigai Amman präsentiert sich hingegen ganz anders: Er wurde in eines der größten Einkaufszentren Malaysias integriert. Im Inneren des Tempels wächst ein mächtiger Bodhi-Baum – unter einer solchen Pappelfeige erlebte Buddha seine Erleuchtung, deshalb befindet sich auch eine Statue des meditierenden Buddha bei dem Baum.

Neben den modernen Errungenschaften schreiben auch immer wieder Fotos der unglaublichen Selbstkasteiungen anlässlich des hinduistischen Thaipusam-Festes weltweit Schlagzeilen. Nirgendwo wird es so exzessiv wie in Kuala Lumpur gefeiert. Drei Tage im Januar oder Februar dauern die Feierlichkeiten, einschließlich der Prozessionen vom Sri-Maha-Mariamman-Tempel zu den Batu-Höhlen und auf den dortigen Pilgerwegen. Während des Thaipusam sieht man Hindus, die sich Speere durch die Wangen getrieben haben; Männer an Ketten, die mit Haken im bloßen Rücken stecken, und an denen sie sich vorwärts zerren lassen, Bußfertige, die schwere, ebenfalls am Körper befestigte Eisenkonstruktionen die knapp 300 Stufen zu den Batu-Höhlen hinaufschleppen. Viele sind in Trance, erst am letzten Tag ziehen ihnen Priester die Speere und Haken aus den Körpern und reiben Asche in die Wunden. Für Besucher aus dem Westen immer noch ein Mysterium: Bei den Gläubigen fließt weder Blut noch bleiben ihnen Narben.

Die Highlights

Petronas Twin Towers – In den 452 m hohen Türmen befinden sich Büros, Läden, ein Naturkundemuseum und ein Konzertsaal. Die »Skybridge« zwischen den Türmen in 172 m Höhe ist Besuchern zugänglich.

KL Tower – Der 421 m hohe Turm bietet eine Besucherplattform auf 276 m Höhe sowie ein Drehrestaurant mit Panoramablick.

Chinatown – In dem Viertel rund um die autofreie Petaling Street kann man alles, vor allem Imitationen, billig erstehen. Dazu muss man aber handeln.

KL Railway Station – Der Bahnhof von 1886 fasziniert dank seiner orientalischen Architektur. Er dient heute als Kulturzentrum und kleines Bahnmuseum.

Thean-Hou-Tempel – Der Tempel ist der »Himmlischen Mutter«, Tianhou, geweiht und wurde 1989 im fotogenen, klassisch chinesischen Stil mit aufwendigen Dächern erbaut.

Batu-Höhlen – Das große Höhlensystem ist vor allem wegen seiner Hindu-Tempel bekannt. 272 Stufen führen hoch zum Eingang.

KL Bird Park – Eingebettet in eine Parklandschaft, können im weltgrößten Aviarium die Vögel frei fliegen und sich Besucher frei bewegen.

Die beste Reisezeit

Kuala Lumpur liegt in der tropischen Regenwaldzone des Äquatorialgürtels. In der Stadt merkt man das vor allem an Temperaturen zwischen 25 und 30 °C. Zudem fallen mindestens 2600 mm Regen pro Jahr, häufig kübelweise. Der Regen macht aus Straßen Wasserwege und hinterlässt eine dampfende Stadt. Besonders feucht präsentiert sich der Nordost-Monsun von Oktober bis März, etwas trockener sind ***Juni*** und ***Juli***. Viel unangenehmer ist der Dunst, der nach (oft illegalen) Urwaldrodungen auf die Lungen drückt.

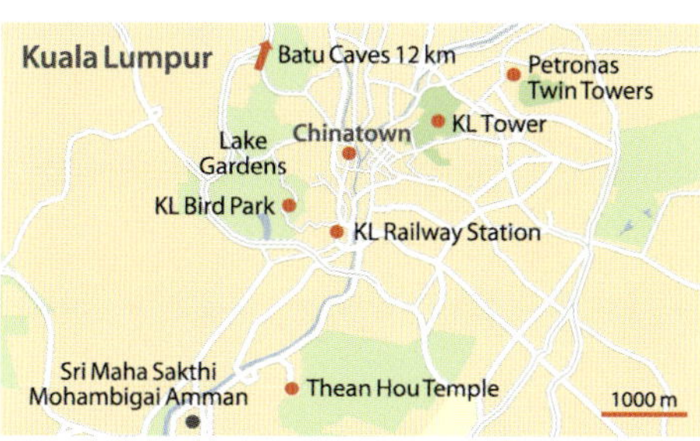

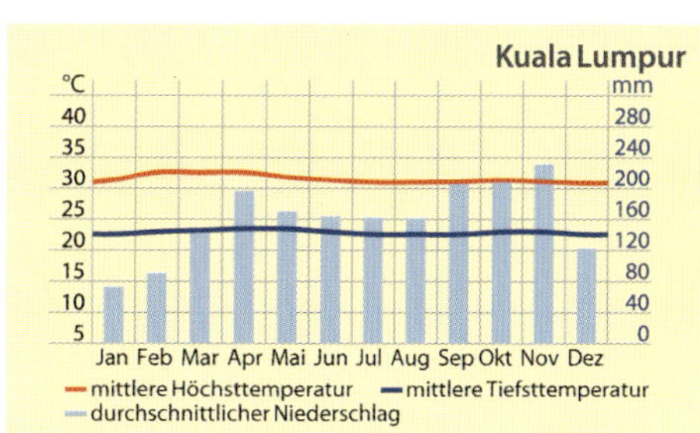

Besondere Tipps:

Zum Einkaufen: In den Art-déco-Hallen des Central Market reicht das Warenangebot weit über Lebensmittel hinaus. Viele Touristen zieht es zu Souvenirständen.
Zum Essen: Das malaiisch-chinesisch-indische Völkergemisch hat eine vielfältige Küche entstehen lassen. Eine anderthalbtägige Tour (»Makan Makan«) bietet eine kulinarische Einführung.
Zum Erholen: Der Ferienkomplex Genting Highlands mit Hotels, Casinos und Themenparks liegt etwa eine Autostunde entfernt auf einem Hügel. Hinauf führt eine über 3 km lange Sesselbahn.
Info: www.tourism.gov.my

← Drachenkopf am Thean-Hou-Tempel
← Hindus feiern das Thaipusam-Ritual-Festival.
← Im Zentrum ragen die Petronas Towers empor.
↑ Die Trance scheint keine Schmerzen zu kennen.

Angkor lächelt wieder

Nur eine herausragende Sehenswürdigkeit besitzt das kleine Land Kambodscha im Herzen des früheren Indochina, nur eine. Aber dieses im doppelten Sinne einzigartige Highlight gehört zum größten Tempelkomplex der Welt, zu einer heiligen Anlage, die berührt und verzaubert wie kaum ein anderes Monument auf Erden: Die Türme des Tempels von Angkor Wat sind zu Kambodschas Wahrzeichen geworden – und zum Symbol für den Lebensmut eines Landes, das nach einer Schreckensherrschaft von höllischen Ausmaßen wieder zu neuem Lebensmut gefunden hat. Das weltberühmt gewordene Lächeln der Gottkönige und steinernen Tänzerinnen von Angkor steht auch für den Wiederaufstieg der Khmer nach Krieg, Bürgerkrieg und dem Steinzeitkommunismus der Pol-Pot-Zeit.

Es war der französische Forschungsreisende Henri Mouhout, der um 1860 diese gewaltigen Zeugnisse einer versunkenen Hochkultur im Urwald zufällig wiederentdeckte. Seine Berichte von einer heiligen Ruinenstadt, überwuchert von Luftwurzeln, ließ zunächst Europa aufhorchen und schon bald die ganze Welt staunen.

Wer die wuchtigen Steinmassen zum ersten Mal sieht, glaubt die fünf markanten Türme von Angkor über dem grünen Dickicht schweben zu sehen. Der mittlere Turm, mit 65 Metern der höchste, symbolisiert den Weltenberg Meru, in der Hindu-Kosmologie die Achse, die alles auf Erden zusammenhält. Kein Wunder, dass der Meru im Glauben der alten Khmer auch als Wohnsitz ihrer vielen Götter galt.

Das Khmer-Reich, im frühen 9. Jahrhundert etabliert, hatte seine Blütezeit 300 Jahre später, als König Suryavarman II. Angkor Wat erbauen ließ, das zunächst hinduistische und später buddhistische Heiligtum. Bis heute sind die Kambodschaner fromme Buddhisten, beten gelb gekleidete Mönche in den Andachtsnischen von Angkor Wat.

Die gesamte Region rund um den Haupttempel misst an die 200 Qudratkilomter. Wer auch nur die wesentlichen Komplexe besuchen will – den Bayon, Angkor Thom, die Roulos-Gruppe, Banteay Srei, Banteay Samre –, braucht gut vier Tage. Da tun die Ausflüge zu den Wasserdörfern auf dem Tonle-Lap-See, die bunte Hauptstadt Phnom Penh und ein paar ruhige Tage am Strand von Sihanoukville nur gut.

Die Highlights

Angkor Wat – Allein die Friese, die den Alltag von vor über 800 Jahren so lebendig wie Fotos schildern, lohnen das genaue Hinsehen.

Ta Prohm – Eine mystische Atmosphäre liegt am frühen Morgen über den Ruinen, die von den Wurzeln der Würgefeigen und der Kapokbäume umschlungen sind.

Den *Wasserweg zwischen Siem Reap und Phnom Penh* legt man rasant mit Schnellbooten, aber sicherer und eindrucksvoller mit sogenannten »Slow Boats« zurück.

Königliches Phnom Penh – Für den Palast, den Tempel der Silberpagode und das Nationalmuseum sollte mindestens ein ganzer Tag eingeplant werden.

Sihanoukville – Dieses nicht wirklich großartige Seebad am Golf von Thailand heißt heute Kompong Son. Wer sich ein Boot mietet, auf eine der unbewohnten Inseln hinausfährt, einen Fisch angelt und diesen auf den Grill legt, kann einen angenehmen Robinsontag verbringen.

Kampot – Sehr angenehme Stadt an der Südküste, ein paar Kilometer vom Strand entfernt. Bester Stopp auf dem Wege nach Phnom Penh.

Battambang – Tor zu Kambodscha bei der Anreise über Land aus Thailand. Abenteuernaturen werden mit der klapprigen Eisenbahn nach Phnom Penh fahren.

Die beste Reisezeit

Die Regenzeit ist im November zu Ende. Im ***Dezember*** beginnt die »kühle« Trockenzeit und damit die angenehmste Saison für Besichtigungen und Rundfahrten im Land der Khmer. Kühl heißt: morgens um die 25, mittags über 30 °C. Die Luftfeuchtigkeit ist dann zwar nicht ganz so hoch wie in den wirklich heißen Monaten zwischen März und Mai, aber vor allem ältere Angkor-Wat-Besucher tun gut daran, ihre Besichtigungen auf den Morgen und den späten Nachmittag zu legen.

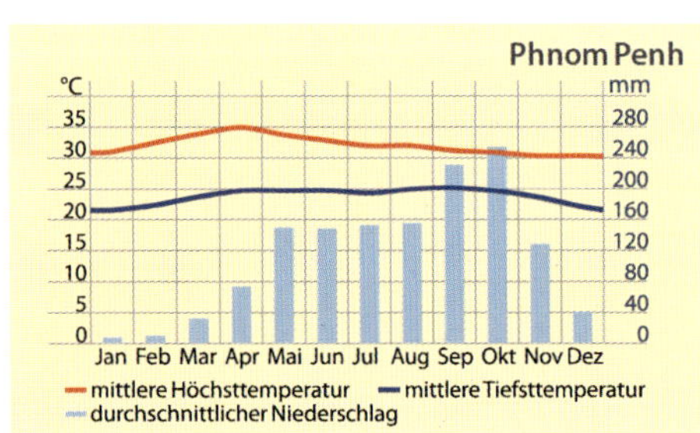

Besondere Tipps

FCC: Der Foreigns Correspondents Club ist seit vielen Jahren die Institution, auf deren Balkon im 1. Stock Reisende aus aller Welt bei Kaffee und guten Snacks den Blick auf das Treiben von Phnom Penh genießen.
Phnom Bakheng: Dieser Hügel über Angkor ist der beliebteste Platz zum Sonnenuntergang. Magische Stimmung trotz vieler Menschen.
Souvenir: Authentisch und unkitschig sind Reispapierbilder mit Apsara- und Tempelmotiven.
Info: www.kambodscha-info.de

→ Angkor Wat gilt als eines der neuen Weltwunder.
→ Königspalast in Phnom Penh am Zusammenfluss von Tonle Sap und Mekong
→ Tänzerinnen zeigen die Friesen von Angkor Wat, doch man kann sie auch real bewundern.
↑ Wasserfest auf dem Tonle Sap-See bei Siem Reap

Luang Prabang, Stadt der Klöster

Zwei Flugstunden von Bangkok breitet sich unten ein Landschaftsbild aus, so lieblich wie der Rheingau vor 200 Jahren. Doch werden im Sinkflug aus Rebstockterrassen, die sich vereinzelt von den Flussufern schroffe Hänge hinaufziehen, schnell Reisfelder und aus dem Rhein die braunen Fluten des Mekong, der sich in den Tälern durch dicht bewaldete Gebirgsketten windet.

Mitten in diesem Naturparadies – Laos verteilt nur 20 Einwohner auf einen Quadratkilometer – schlummert die 600 Jahre alte Königsstadt Luang Prabang als verborgene, lange für Fremde verbotene Enklave märchenhafter Tempelanlagen, Hunderter gold glänzender Buddhastatuen und im Straßenbild allgegenwärtiger laotischer Mönche. Nicht nur wegen seiner prunkvollsten Klosteranlage Wat Xieng Thong, von König Setthathirat 1560 auf einen Hügel am Mekongufer gesetzt, schaffte es der Thronsitz der Lan-Xang-Dynastie 1995 spielend auf die UNESCO-Liste des Weltkulturerbes: Auch an der das Stadtbild prägenden französischen Kolonialarchitektur, und an den hübschen traditionellen Teakholzhäusern darf nichts verändert werden. Die beschauliche Atmosphäre des historischen Königsstädtchens (20 000 Einwohner) zieht Individualreisende aus aller Welt an; die Sisavangvong Road säumen Gästehäuser, Cafés, Shops und Restaurants, von deren luftigen Holzveranden sich die Düfte laotischer Küche wohltuend verbreiten.

Im späten Sonnenlicht glitzern die Flussschleifen des Mekong und des Nam Khan River sowie die goldenen Pagodendächer, die hier und dort aus dichtem Dschungelgrün stechen und eine verzaubernde Kulisse bilden. Traumhafte Flusslandschaften aus schroffen Felswänden, bizarren Bergketten und dicht bewachsenen Inseln im breiten, lehmfarbenen Strom (mit 4350 Kilometern der drittlängste der Welt) ziehen an den »Longboats« vorbei, die sich flussaufwärts stemmen.

Die ehemalige Residenz von Prinz Souvanna Phouma lässt sich heute vollkommen privat genießen. Das kleine, feine und mit wunderlichen Accessoires ausstaffierte Boutique-Hotel Maison Souvannaphouma muss seine Spa & Wellnessdependance im Garten unterbringen, in Zelten: Im immer noch kommunistischen Laos diktiert der Denkmalschutz auch einem Fünf-Sterne-Luxus striktes Bauverbot!

Die Highlights

Phou-Si-Tempelberg – Wenn bei Sonnenuntergang Weltreisende die 328 Steinstufen bevölkern und nach anstrengendem Anstieg den grandiosen Ausblick über die Stadt genießen, ist Luang Prabangs besonderes Ambiente zu spüren.

Marktmeile – Die Hauptstraße wird am Abend für den Verkehr gesperrt und verwandelt sich in ein Einkaufsparadies mit Hunderten Ständen.

Morgendliche Tagesspeisung – Zu Hunderten pilgern noch vor Sonnenaufgang die in Gelb-Orange gekleideten Mönche der fünf Klöster barfuß mit ihren Körben und Schüsseln durch die Gassen und erbitten Essen. Zu erleben allerdings nur für Frühaufsteher.

Höhlen von Pak Ou – In ihnen versammeln sich angeblich 4000 Buddhas auf einen Schlag.

Royal Palace Museum – Der 1904 erbaute Palast des letzten laotischen Monarchen Sisavang Vong, den 1975 die kommunistische Revolution hinwegfegte, öffnet täglich seine Pforten.

Der grandioseste *Sonnenuntergang* findet am Wat-Phabat-Tai-Tempel statt. Hier verabschiedet sich allabendlich die Sonne und färbt den Mekong goldrot ein.

Mekong-Flusskreuzfahrt – Auf Hausbooten, die den lokalen Bautraditionen nachempfunden sind, kann man tolle mehrtägige Fahrten von Luang Prabang ins Goldene Dreieck unternehmen.

Die beste Reisezeit

Laos hat ein tropisch heißes Klima, das zwischen ***November*** und ***Februar*** die geringste Luftfeuchtigkeit und kaum Regen aufweist, weshalb die beste Reisezeit genau in diese Periode fällt. Außerdem finden zu dem Zeitpunkt eine ganze Reihe an Festivitäten statt, sodass man gleich auch noch kulturelle Events live erleben kann. Natürlich liegt auch die Hochsaison in diesem Zeitfenster, besonders in der Zeit um Weihnachten herum. Da sich der Reisemarkt in Laos in engen Grenzen hält, sollte dies aber kein Kriterium sein.

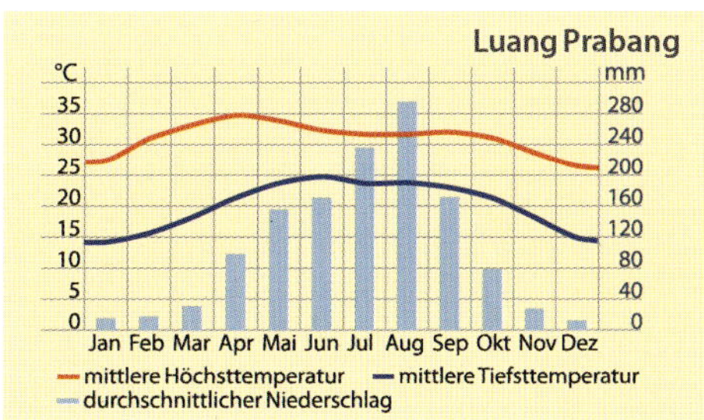

Besondere Tipps

Anreise: Bangkok Airways aus Bangkok bringt einen mehrmals pro Woche nach Luang Prabang.
Übernachten: Natürlich im Maison Souvannaphouma, das in Laufnähe der City liegt. Gönnen Sie sich eine Massage mit Milchpuder, Sesamöl und Kräutern im Ölbad! www.angsana.com.
Frische Brötchen: Hervorragend frühstücken kann man in der »Scandinavian Bakery«.
Mit dem Fahrrad: Luang Prabang lässt sich bequem per Rad erkunden, man kann sich allerorts eines leihen.
Info: www.tourismlaos.org, www.laos-travel.net

← In Luang Prabang sind buddhistische Mönche ebenso stark vertreten …
← … wie Gottheiten in den umliegenden Tempeln.
↑ Buddhistischer Mönch bei der Arbeit im Wat-Xieng-Thong-Tempel in Luang Prabang

Die atemberaubende Great Ocean Road

Die Schar der zwölf Apostel bröckelt. Gemeint ist natürlich die Felsformation vor der Küste im australischen Bundesstaat Victoria. Doch die ersten Zeilen gebühren der Hauptstadt Victorias, Melbourne. Die ewige Rivalin des etwas größeren Sydney versteht sich als kulturelles und kulinarisches Zentrum des fünften Kontinents. Die Museen und das Lob der Restaurantkritiker bestätigen beides. Die Strände an der Port Phillip Bay können zwar mit Sydneys besten Stränden nicht ganz mithalten, dafür hat Melbourne die besseren Karten beim Thema Parks wie beim – in Australien wichtigen – Stichwort »Sport«: Die Australian Open sind eines der wichtigsten Turniere im Tenniskalender, das Formel-1-Rennen strahlt auch in die benachbarten asiatischen Länder aus. Und mit der »Great Ocean Road« liegt eine der weltbesten touristischen Routen quasi um die Ecke.

Von Melbourne bis zum Beginn der Great Ocean Road im Seebad Torquay sind es 95 Kilometer, meist Autobahn und vorbei an Geelong. Bei Torquay markiert ein Bogen die Einfahrt in die berühmte Straße, die mit 243 Kilometern Länge bis kurz vor Warrnambool zugleich offiziell als Kriegsgefallenendenkmal gilt – das größte der Welt. Als Australiens Soldaten 1918 aus dem ersten Weltkrieg heimkehrten, fehlte es an Jobs. In privater Initiative wurde der ältere Plan aufgegriffen, die Straße entlang der Felsenküste zu bauen, die isolierten Orte zu verbinden und für die Arbeiten ehemalige Soldaten einzusetzen.

Nach Fertigstellung 1932 wurde die Straße schon bald als Touristenattraktion beworben, vor allem mit Fotos der Felsformationen vor der Steilküste im Meer. Die entstehen, wenn die See die Sand- und Kalksteinküste abträgt (immerhin zwei Zentimeter pro Jahr). Einzelne schmale »Säulen« bleiben erhalten, zumindest für einige Jahrzehnte. Die bekanntesten sind London Arch, Blowhole, Grotto, Thunder Cave und natürlich die Twelve Apostles, die – nach dem Uluṟu/Ayers Rock – wohl meistfotografierte Landschaft Australiens. Dieser Küstenabschnitt, zum Teil als Nationalpark geschützt, trägt auch den Namen »Shipwreck Coast« wegen der vielen Schiffe, die hier auf Grund gelaufen sind; etwa 1924 das Dampfschiff »Casino« mit 500 Fässern Bier und 120 Kisten Spirituosen an Bord. Die 3000 Arbeiter an der Great Ocean Road bargen die Fracht – und die Bauarbeiten mussten für zwei Wochen ausgesetzt werden.

Die Highlights

Melbourne ist stolz auf seine Straßenbahnen. Es gibt sogar ein Tram-Restaurant und eine Tram, die mit touristischen Infos um die City fährt und gratis ist.

Geelong, Victorias zweitgrößte Stadt, hat in einem historischen Wollspeicher ein Museum eingerichtet, das die Bedeutung der Wolle für das koloniale Australien attraktiv erklärt.

Torquay ist eine wichtige Adresse für Surfer: Bells Beach gilt als einer der besten Strände und das Surf-Museum als das weltweit größte seiner Art.

Cape Otway – Hier verlässt die Great Ocean Road die Küste und verläuft im Hinterland. Dort findet man eine Zufahrt zum zweitältesten Leuchtturm Australiens am Kap.

Von den *Twelve Apostles* stehen nur noch acht, die übrigen hat die Brandung zerstört – wenn es denn je zwölf gab ... Da das Meer die Steilküste weiter formt, können neue Apostel entstehen.

Das *Grampians-Gebirge* im Landesinneren, zu erreichen über das kleine Dunkeld, bergen in ihrem westlichen Teil Felsmalereien, die zum Teil für Besucher zugänglich sind.

Flagstaff Hill Maritime Village ist die Hauptattraktion von Warrnambool. Das Seefahrtsmuseum ist angelegt wie ein historischer Hafen.

Die beste Reisezeit

An der Küste von Victoria kann es zwar selbst im Sommer kühle Tage geben (nämlich bei Wind aus der Antarktis), aber generell ist es zwischen ***Dezember und Februar*** warm bis heiß. Die Weihnachtszeit und Januar sind aber die Haupturlaubsperiode für Australien. Die Seebäder sind überfüllt und auf der Great Ocean Road geht es – insbesondere zu den Wochenenden – nur langsam voran. Die Straße hat meist nur eine Fahrspur je Richtung, und oft sind nur 80 km/h erlaubt.

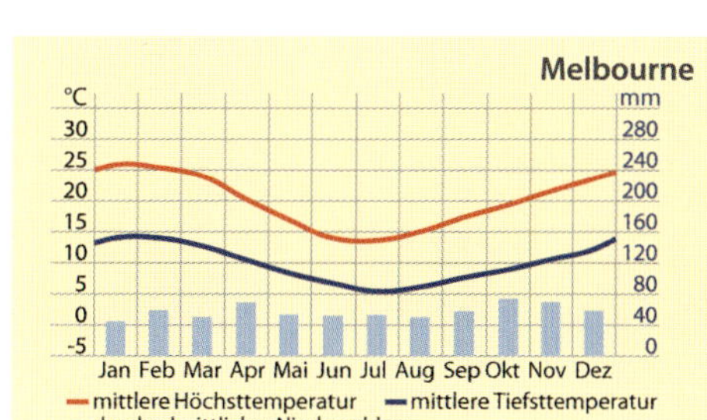

Besondere Tipps

Literatur: »Australia's Great Ocean Road« von Richard Everist ist der umfassende Führer (auf Englisch) für die spektakuläre Küstenstraße.

Sport: Wer im Januar in Melbourne ist, sollte sich einen Besuch beim Grand-Slam-Tennisturnier, den Australian Open, nicht entgehen lassen. In den ersten Tagen ist auf den Nebenplätzen am meisten los.

Info: www.visitgreatoceanroad.org.au

← Die »Zwölf Apostel« sind nach dem Uluṟu die meistfotografierte Attraktion Australiens.
← Melbournes Innenstadt am Yarra River
← Das gibt's nur in Australien: Känguru am Straßenrand.
↑ »The Balconies« sind die wohl berühmteste Felsformation in den Grampians.

Traumziel Neuseeland 150

Im Land der weißen Wolke

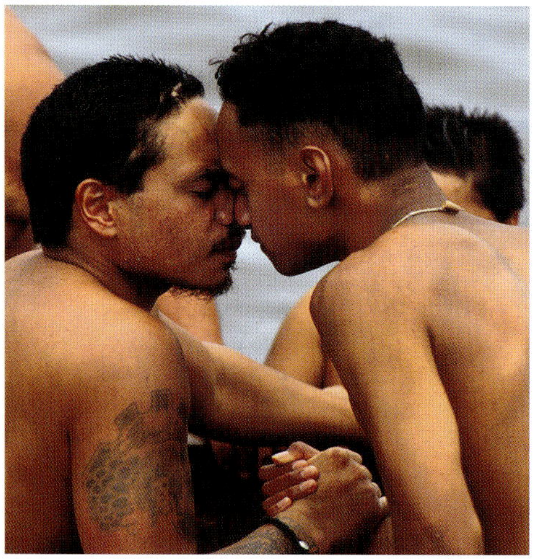

Die meisten Neuseeländer leben auf der Nordinsel, die Hälfte davon wiederum in nur einer Stadt, in Auckland. Aus der einst tristen Hafenstadt ist längst eine pulsierende Metropole mit einer multikulturellen Bevölkerung in Millionenstärke geworden: Die »City of Sails«, wie sie sich selbst wegen ihrer zahlreichen Marinas ringsum nennt, beherbergt eine nahezu unüberschaubare Zahl an Museen, Theatern und Galerien.

Vor Aucklands Haustür rund um den Hauraki Gulf finden sich ebenso schöne Inseln, Buchten und Strände wie an der Westküste, wo an der Karekare Beach der legendäre Streifen »Das Piano« gedreht wurde.

Die meisten Besucher verschwinden nach einer urbanen Kostprobe allerdings anderswohin: Sie machen sich schnellstens auf den Weg nach Norden, wo James Cooks Ankerplatz »Bay of Islands« allein 150 Inseln vorrätig hält sowie die liebliche Coromandel-Halbinsel mit traumhaften Stränden, und noch weiter nördlich nach Cape Reinga, dem neuseeländischen Nordkap.

Auf dem Weg zur Südinsel wartet die Vulkanregion um Rotorua mit dem ältesten Thermalgebiet Neuseelands und zahllosen Attraktionen rund um Geysire, Vulkane, sprudelnde Mineralquellen und spuckende Schlammlöcher auf. Mit dem Fährticket von Wellington, der neuseeländischen Hauptstadt, nach Picton auf der Südinsel haben Reisende die Eintrittskarte zu Neuseelands »Norwegen« gelöst.

Dort von der Fähre gerollt, gilt es, entweder der Route 6 nach Westen zu folgen, Richtung Nelson und Westport. Oder aber östlich abzubiegen, um Richtung Blenheim zu fahren, dem Wein und den Walen entgegen, dann weiter nach Christchurch, zur englischsten aller Städte auf der südlichen Halbkugel.

Die Welt der Gletscher liegt noch weiter südlich: 140 Eisbrocken thronen majestätisch in den neuseeländischen Alpen, wobei es einige von ihnen schon langsam bis in die Täler zieht. Beispielsweise Franz Josef (nach dem Kaiser von Österreich benannt), der sich mit einer Geschwindigkeit von einem Meter pro Tag talwärts durch grünen Regenwald frisst und deshalb bequem zu Fuß vom Besucherparkplatz aus zu erreichen ist. Die kleinen umtriebigen Ortschaften am Meer, Franz Josef und Fox, dienen als Ausgangspunkte zu den gleichnamigen Gletschern und zum Mount Cook.

Die Highlights

Der *Sky Tower* in Auckland gewährt mit einer 360°-Plattform auf 328 m Höhe den besten Überblick über die Metropole.

Rotorua sorgt für Wellnessgenuss erster Güte. Um 1900 entstanden das historische Bäderhaus im Tudorstil, die Polynesian Pools und das Old Priest Bath.

Der *Marlborough Wine Trail* bei Blenheim führt zur Verkostung von Weingut zu Weingut; in der gleichnamigen Region findet alljährlich das Wine and Food Festival statt.

Whale-Watching in der Bucht von Kaikoura und Schwimmen mit den Delfinen werden bei Touristen immer beliebter.

Der *TranzAlpine Express*, Neuseelands schönster Luxuszug, durchquert die Südinsel von Christchurch aus bis zur Westküste, wo die Tasmanische See mit gewaltigen Bergregionen und tief eingeschnittenen Fjorden aufwartet.

Mount Cook und sein verschneiter Gipfel sind mit dem Hubschrauber ebenso zu erreichen wie die Schnee- und Eisgebiete der Hochalpen, Paradiese für Skiläufer und Snowboarder. Start ist in den Küstenorten Franz-Josef und Fox.

Milford Sound – Ein Fjord, dessen traumhafte Trails Hiker und Wanderbegeisterte gerne nutzen; Adrenalinsüchtige ziehen das benachbarte Queenstown als Zentrum des Aktivsports vor.

Die beste Reisezeit

Das leere Land wartet mit einer (himmelsrichtungs-)verdrehten Welt auf: Im äußersten Süden finden sich bizarre Bergspitzen, Gletscher, Fjordlandschaften und kaltes Klima, Eis und Schnee gibt es dort im Juli, dafür zu Weihnachten Hitze. Ein hohes Regenrisiko gilt auf der Südinsel während des ganzen Jahrs. Die Nordinsel beherrscht subtropischen Klima, was Badeferien nahezu immer ermöglicht. Wer beide Inseln bereisen möchte, sollte im europäischen ***Winter*** anreisen – nur um Weihnachten nicht, da besetzen Kiwis jeden Winkel.

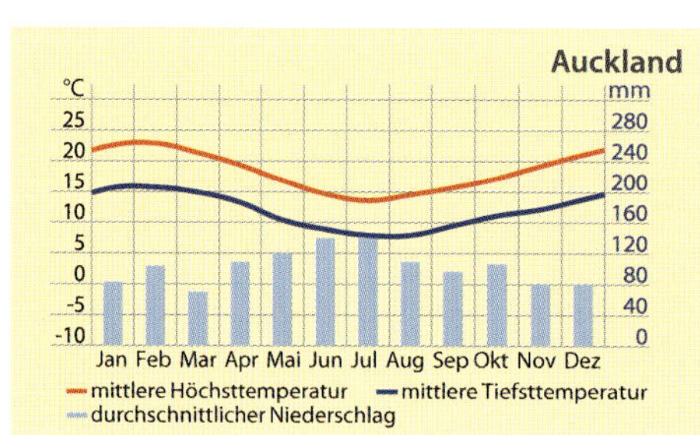

Besondere Tipps

In Auckland: Das Aotea Centre mit Musikspektakeln sowie Kelly Tarlton's Underwater World, einem der größten Meerwasseraquarien der Welt.

In Wellington: Das Nationalmuseum Te Papa mit viel Maori-Kultur; Cable Car (Baujahr 1902), die vom Lambton Quay 122 Meter bergauf rattert.

Souvenir: Maori-Schnitzereien, erstklassige Produkte aus Schafwolle sowie Hingucker aus Neuseelands Modeszene, z. B. von www.zambesi.co.nz.

Info: www.tourism.net.nz, www.newzealand.com

→ Vater aller neuseeländischen Berge: der Mount Cook
→ Kajaktour im großartigen Milford Sound
→ Maori-Frauen zeigen traditionelle Tänze auf dem »Maori Arts Festival« in Rotorua.
↑ Stirnreiben: die übliche Begrüßung unter den Maori

Wunschlisten-Planer

1 Oberbayern – Besuch beim Kini ☐
2 Glacier Express – Blauburgunder am Oberalppass ☐
3 Amsterdam – Das entspannte Venedig des Nordens ☐
4 London – Millionenstadt an der Themse ☐
5 Dublin – Erst Paddy's Day, dann Bloomsday ☐
6 Reykjavik – Rauchende Bucht zwischen Feuer und Eis ☐
7 Odessa – Die Stadt mit der Treppe ☐
8 Monaco – Der Fürst, die Reichen und die Schönen ☐
9 Malta – Im Kampf der Epochen ☐
10 Sizilien – Mandelmilch und Mafia ☐
11 Toskana – Ciao, bella! ☐
12 Madrid – Große Kunst und ein Picknick unter Pinien ☐
13 Jakobsweg – Pilgern gestern und heute ☐
14 Madeira – Strelitzieninsel mitten im Atlantik ☐
15 Kreta – Beim Zeus, eine wunderschöne Insel ☐
16 Toronto und die Niagarafälle – Kanadas Top Two ☐
17 Florida – See you later, Alligator ☐
18 Mississippi – Der tiefe Süden im Delta der Musik ☐
19 Texas – Im Land der Superlative ☐
20 Yucatán – Badestrände und Mayapyramiden ☐
21 Panama – »Oh, wie schön ist Panama« ☐
22 Marokko – Wüste und Tausendundeine Nacht ☐
23 Namibia – Eiskalter Atlantik und Wüstenglut ☐
24 Bhutan – Im Land des »donnernden Drachen« ☐
25 Jerusalem – Heilige Stadt für drei Religionen ☐
26 Tokio – Japanische Lebensfreude unter Kirschblüten ☐
27 Sakura – Japan im Kirschblütenrausch ☐
28 Chinas Norden – Das Land des großen Staunens ☐
29 Indiens Süden – Zwischen Magie und Moderne ☐
30 Philippinen – Reisterrassen und Robinson-Inseln ☐
31 Sydney, Uluṟu, Riff – Australien im Dreisprung ☐
32 Western Australia – Boomtown, Wüste, Walhaie ☐
33 Wellington – Beim Herrn der Ringe ☐
34 Berlin – Ein Koffer in Berlin ☐
35 Sylt – Brandung, Dünen und Champagnerlaune ☐
36 Danzig – Polens Königin am Meer ☐
37 Warschau – Die unbeugsame Millionenmetropole ☐
38 St. Petersburg – Jugendstilperlen an der Newa ☐
39 Transsib – Die Eisenbahn der Superlative ☐
40 Norwegen – Fjord-Abenteuer mit dem Postschiff ☐
41 Oslo – Verkannte Schönheit im Norden ☐
42 Stockholm – Grüne Stadt am Wasser ☐
43 Kopenhagen – Das Herz von Dänemark ☐
44 Bornholm – Kindersommer auf der Märcheninsel ☐
45 Englands Süden – Puppenstuben am Golfstrom ☐
46 Irlands Westen – Wild Coast ☐
47 Edinburgh – Raue Schönheit im Norden Europas ☐
48 Brüssel – Europas facettenreiche Hauptstadt ☐
49 Zürich – Die kunstsinnige Metropole der Eidgenossen ☐
50 Provence – Lavendelland am Mittelmeer ☐
51 Loiretal – Prächtige Schlösser und feiner Wein ☐
52 Bordeaux – Genuss auf höchstem Niveau ☐
53 Lissabon – Grande Dame mit viel Charme ☐
54 Florenz – Im Zentrum der Künste ☐
55 Rom – Glanz, Glamour und Dolce Vita ☐
56 Athen – Auf Tuchfühlung mit den antiken Göttern ☐
57 Grönland – Weite Wildnis und etwas Zivilisation ☐
58 Washington, D.C. – Kontrastreiche Hauptstadt einer Weltmacht ☐
59 Chicago – Windy City am großen See ☐
60 Yellowstone – Im Herzen der Rocky Mountains ☐
61 Seattle – Hightech in der Smaragdstadt ☐
62 Kanadas Westen – Der Lockruf der Wildnis ☐
63 Peru – Im Reich der Inka ☐
64 Buenos Aires – Willkommen im »Paris Lateinamerikas« ☐
65 Bermuda – In der Mitte des Dreiecks ☐
66 Seychellen – Einmal im Leben Robinson sein ☐
67 Botswana – Wo Elefanten und Flusspferde planschen ☐
68 Krüger-Nationalpark – Visite bei den Big Five ☐
69 Madagaskar – Jenseits von Afrika ☐
70 Mauritius/Réunion – Die ungleichen Schwestern ☐
71 Seidenstraße – Auf Marcos Polo Spuren ☐
72 Istanbul – Märchen aus Tausendundeiner Nacht ☐
73 Mongolei – Wo das Gras singt und der Sand strömt ☐
74 Indonesien – Wunderwelten zwischen Nias und Neuguinea ☐
75 Französisch-Polynesien – Archipel der Sehnsucht ☐
76 Papua-Neuguinea – Ausflug in die Steinzeit ☐

»Mein ziemlich bester Urlaub«

- **77** München – Mit Laptop und Lederhose ☐
- **78** Rügen – Wenn die Kraniche ziehen ☐
- **79** Donauradweg – Reben und Marillenbäume ☐
- **80** Helsinki – Die Leningrad Cowboys trinken Sahti ☐
- **81** Südtirol – Auf den Spuren der Weinrebe ☐
- **82** Gardasee – Ein Traum von einem See ☐
- **83** Neapel – Eine Bühne des Lebens ☐
- **84** Paris – Frankreichs faszinierendes Zentrum ☐
- **85** Barcelona – Boomtown und Kulturmetropole ☐
- **86** Andalusien – Okzident? Orient? Beides! ☐
- **87** Portugals Süden – Von Lissabon ans Ende der Welt ☐
- **88** New York – Am Nabel der Welt ☐
- **89** Neuengland – Wälder in Flammen ☐
- **90** San Francisco – Das »goldene Tor zum Pazifik« ☐
- **91** Las Vegas – Spielplatz in der Wüste ☐
- **92** Hawaii – Aloha im freien Fall ☐
- **93** Mexiko – Machos, Mythen und ein Käfer ☐
- **94** Amazonas – Der größte Strom der Erde ☐
- **95** Santiago de Chile – Chiles nonchalante Hauptstadt ☐
- **96** Ecuador – Zwischen Anden und Amazonas ☐
- **97** Nilkreuzfahrt – Kurs auf die Pharaonengräber ☐
- **98** Tansania – Zwischen Tanganjikasee und Sansibar ☐
- **99** Kenia – Zu Besuch im Garten Eden ☐
- **100** Windhoek – Namibias windiges Zentrum ☐
- **101** Peking – Ostasiens Hauptstadt der Kunst, Kultur und Musik ☐
- **102** Shanghai – Ein Feuerwerk an Leben ☐
- **103** Mumbai – Indiens Tor zur Welt ☐
- **104** Bali – Der Morgen der Welt ☐
- **105** Kathmandu – Schmelztiegel der Religionen ☐
- **106** Bangkok – Zwischen Traditionen und Moderne ☐
- **107** Singapur – Hightech und altes Asien ☐
- **108** Australien – Transkontinentale durch das Outback ☐
- **109** Schwarzwald – Winter, Wellness, wilde Fasnet ☐
- **110** Köln – Hauptstadt der Lebensfreude ☐
- **111** Schweiz – Winter im Berner Oberland ☐
- **112** Österreich – Highlife mal drei mit den »Big 3« ☐
- **113** Salzburg – Wie im Märchen … ☐
- **114** Wien – Kaffeehäuser, Fiaker und der Glanz der alten Tage ☐
- **115** Budapest – Bei Kaiserin Sisi und doch nicht in Wien ☐
- **116** Prag – Spaziergang durch die Geschichte ☐
- **117** Finnland – Von der Loipe in die Sauna ☐
- **118** Moskau – Diamanten hinter Kremlmauern ☐
- **119** Venedig – Wenn die Gondeln Trauer tragen ☐
- **120** Mallorca – Mandelblüten als Frühlingsboten ☐
- **121** Lanzarote – Treffpunkt der vier Elemente ☐
- **122** Canadian Rockies – Schampusschnee und Heli-Ski ☐
- **123** Los Angeles – Pulsader des American Dream ☐
- **124** Bahamas – Piratenschätze, Orchideen und Atlantis ☐
- **125** Grenadinen – Mit dem Schiff von Grenada nach St. Vincent ☐
- **126** Kuba – Havanna und der Osten ☐
- **127** Baja California – Rendezvous der Wale ☐
- **128** Rio de Janeiro – Samba, Sex und Sonne ☐
- **129** Patagonien – Wo der Wind wohnt ☐
- **130** Osterinsel – Heimat der rätselhaften Riesen ☐
- **131** Antarktis – Das coolste Ziel auf Erden ☐
- **132** Kapverden – Im Atlantik versprengt ☐
- **133** Mombasa – Das Tor nach Ostafrika ☐
- **134** Garden Route – Blütenpracht und Großstadtdschungel ☐
- **135** Kapstadt – Reise zum Kap der guten Tropfen ☐
- **136** Durban – Südafrikas indische Millionenstadt ☐
- **137** Dubai – Heimat der Superlative ☐
- **138** Rajasthan – Das Erbe der Maharadschas ☐
- **139** Delhi – Rotes Fort und Tagestour zum Taj Mahal ☐
- **140** Sri Lanka – »Wahrhaftig, es ist das Paradies« ☐
- **141** Oman – Wüste und Traumstrände ☐
- **142** Malediven – Im Reich der tausend Wunder ☐
- **143** Thailands Süden – Entspannende Inselwelten ☐
- **144** Hongkong – 8 Millionen Menschen mit Konfuzius im Herzen ☐
- **145** Vietnam – Faszination zwischen gestern und übermorgen ☐
- **146** Kuala Lumpur – Hindu-Tempel im Konsumtempel ☐
- **147** Kambodscha – Angkor lächelt wieder ☐
- **148** Laos – Luang Prabang, Stadt der Klöster ☐
- **149** Australien – Die atemberaubende Great Ocean Road ☐
- **150** Neuseeland – Im Land der weißen Wolke ☐

Die Autoren

Franz Binder

lebt und arbeitet als freier Schriftsteller, Fotograf und Grafiker in München und hat bislang rund 25 Bücher in verschiedenen Verlagen im Bereich Belletristik und Sachbuch veröffentlicht. Darunter sind zwei Romane und mehrere Bildbände über den tibetischen Kulturkreis und Zentralasien.

Cornelia Fischer

promovierte an der Universität Wien zum Dr. phil. Sie arbeitet als Autorin, Lektorin und Redakteurin in Mainz und publizierte unter anderem mehrere Sachbücher sowie Reiseführer zu Leipzig, dem Rheingau und zu Österreich.

Oliver Fülling

studierte Sinologie, Politik und Geschichte und bereist seit 1985 immer wieder das »Reich der Mitte«. Er ist Verfasser zahlreicher Reiseführer zu chinesischen Städten und Regionen in renommierten Verlagen und Magazinen. Außerdem entwickelte er Reisekonzepte und -programme für China und Japan und lebte von 1996 bis 1999 in Shanghai als Reiseveranstalter und Autor. Seit 2004 ist er als freier Autor tätig.

Daniela Hansjakob

hat als Redakteurin für multimediale Reiseführer und schließlich als freie Reisejournalistin ihre Leidenschaft zum Beruf gemacht. Ob Hamburg oder New York, ob Island oder Kapverden: Bereist hat sie schon so einige Destinationen, offen ist sie für jede, neugierig darauf sowieso. Wenn die Journalistin nicht gerade auf Reisen ist oder darüber schreibt, geht sie Bergwandern und Bouldern, interessiert sich für Theater, Design – und für das Leben. Mehr unter www.daniela-hansjakob.de

Karin Hanta

gelernte Dolmetscherin, spricht fünf Sprachen fließend. Deshalb publiziert sie nur über Länder, in denen eine gute Unterhaltung zustande kommt. Von ihrem Heimatstandort in Neuengland aus besucht sie Nord- und Südamerika sowie den europäisch-angelsächsischen Raum und deutsch- sowie französischsprachige Länder. Sie veröffentlicht auf Englisch und auf Deutsch bei amerikanischen und deutschen Buchverlagen.

Thomas Hauer

ist mindestens drei Monate pro Jahr rund um den Globus auf der Jagd nach dem ultimativen Genuss und den schönsten Flecken des Planeten. Die restliche Zeit lebt er im badischen Lahr.

Roland F. Karl

produziert seit 35 Jahren als freier Autor und Fotograf Reisereportagen für Printmedien, unter anderem auch für »Die Zeit«, »Stern«, »Handelsblatt« sowie verschiedene Reisemagazine. Darüber hinaus ist er mit seinen Texten und Bildern an zahlreichen Buchpublikationen beteiligt.

Bernhard Kleinschmidt

promovierter Germanist, unterrichtete fünf Jahre deutsche Sprache und Literatur an der Waseda-Universität in Tokio. Auf vielen Reisen lernte er auch entlegene Winkel Japans kennen. Sein besonderes Interesse gilt dem Zen-Buddhismus und dessen kultureller Wirkung. Als Autor und Redakteur betreut er Reiseführer zu Japan und kommt zur Leitung von Studienreisen regelmäßig ins Land. Wenn er nicht unterwegs ist, lebt er als Übersetzer und Yogalehrer in München.

Renate Kostrzewa

hat Biologie, Geographie und Pädagogik studiert und in Tierökologie promoviert. Sie bereiste intensiv die Arktis und Antarktis an Bord von verschiedenen Kreuzfahrtschiffen und Eisbrechern. Außerdem veröffentlichte sie zahlreiche Fach- und Reisepublikationen bei verschiedenen großen Verlagen. Sie ist seit 2000 jeden Winter mindestens einen Monat in der Antarktis und im Sommer in der Arktis unterwegs.

Götz Lachmann

ist Journalist, Kinderbuchautor und erfahrener PR-Mann in Sachen Reise mit mehr als 20 Jahren internationaler Erfahrung. Lachmann ist ein Städtefan, der sofort nach Stockholm ziehen würde, wenn dort auch die Toskana und der Süden Afrikas angesiedelt wären. Derzeit ist er in seiner Wahlheimat Wien glücklich, aber als Reisender mit spitzer Feder unterwegs.

Hubert Matt-Willmatt

studierte Germanistik, Geschichte und Politikwissenschaft in Freiburg und Paris und lebte 14 Jahre lang in Frankreich. Seit 1991 führt er in Freiburg ein Pressebüro. Er veröffentlichte zahlreiche Bücher und Artikel zu touristischen, literatur- und regionalhistorischen Themen. Infos unter www.pressebuero-mwk.de

Thomas Migge

ist Politologe und Historiker. Er arbeitet unter anderem für den Deutschlandfunk und schreibt für Zeitschriften und Magazine wie »Brigitte« und »Der Feinschmecker«. Er ist Autor zahlreicher Bildbände und kennt Venetien, die Toskana, das Friaul und Rom wie seine Westentasche. Migge lebt seit über 15 Jahren als Auslandskorrespondent in Rom.

Jochen Müssig

war als Chefredakteur für diverse touristische Magazine verantwortlich und ist Autor für die »Frankfurter Allgemeine Zeitung«, die »Süddeutsche Zeitung«, »Die Welt« sowie zahlreiche weitere Zeitungen und Magazine im In- und Ausland. Für den Bruckmann Verlag hat er mehrere Bücher verfasst, etwa zu Australien, Thailand oder Kuba.

Michael K. Nathan

ist in Israel geboren und aufgewachsen und studierte in Jerusalem und in Hamburg. Von 1960 bis 1974 war er Deutschland- und Europakorrespondent eines israelischen Nachrichtenmagazins. Als freier Journalist arbeitete er für »Die Zeit«, »Spiegel«, »Stern« und für das ZDF. Er ist in der israelischen Friedensbewegung engagiert. Nach Jahren im Management großer Firmen und nach einem sechsjährigen Aufenthalt in Dhaka, Bangladesch als Programmleiter im Rahmen der deutschen Entwicklungshilfe, lebt er heute in Hamburg und ist als freier Autor, Journalist und Übersetzer tätig.

Hartmut Pönitz

lebt und arbeitet als Interior- und Food-Fotograf in Ruhpolding im Chiemgau. Er hält Reisevorträge zu den Themen »Der Jakobsweg«, »Die Anden« und »Cornwall«.

Barbara Rusch

studierte in ihrer Heimatstadt München Ethnologie, Kommunikationswissenschaften und Psychologie. Nach längeren Studienaufenthalten in Italien und Ostafrika arbeitet sie seit 1990 als freie Autorin und Übersetzerin sowie als technische Redakteurin. In Büchern, Zeitschriften, Lexika und Ausstellungskatalogen publiziert sie über Kultur- und Wissenschaftsgeschichte, Pädagogik und Psychologie sowie ferne (und nicht ganz so ferne) Länder.

Bernd Schiller

ist Hamburger Reisejournalist und vielfacher Buchautor mit ausgeprägter Vorliebe für Ziele in Asien und schaut sich neuerdings immer häufiger und mit zunehmender Begeisterung in Europa um.

Lothar Schmidt

lebt derzeit in Düsseldorf. Der Journalist und Reisebuchautor hat Germanistik und Kunstwissenschaft studiert und zwischen 2002 und 2008 in Madrid gelebt. Seitdem gehören das spanische Festland und die Baleareninsel Mallorca zu seinen Reiseschwerpunkten. Für deutschsprachige Medien schreibt er über Reisen, Leben und Kultur.

Klaus Viedebantt

promovierter Kulturanthropologe, war jahrelang als Ressortleiter für die »Frankfurter Allgemeine Zeitung« tätig und leitete fast ein Jahrzehnt den Reiseteil der »Zeit«. An den Universitäten in Mainz hat er als Lehrbeauftragter und in Perth/Western Australia als Associate Professor Journalismus unterrichtet. Er ist Verfasser zahlreicher Reisebücher. Im Bruckmann Verlag erschienen unter anderem »Kanada« und »555 Dinge, die ein Weltreisender wissen muss«.
Der Autor lebt in Frankfurt am Main und in Melbourne.

Susanne Wess

ist Reise- und Gastrojournalistin, Autorin und Übersetzerin und hat viele Jahre in Italien gelebt. Seit 2001 reist sie für zahlreiche Magazine, Tageszeitungen und Buchverlage um die Welt.

Thomas Winzker

studierte Romanistik und Theaterwissenschaft und arbeitete 15 Jahre als Filmdramaturg für internationale Koproduktionen, bevor er sich als Autor und Journalist selbständig machte. Schwerpunkte des Fotografen und Weltenbummlers liegen auf den Gebieten Reise, Kultur und Kulinarik. Er wirkte bereits bei mehreren Buchprojekten des Bruckmann Verlags mit.

Textnachweis

Folgende Autoren verfassten die Texte zu den jeweiligen Kapiteln:

Franz Binder: Kapitel 105: Kathmandu

Cornelia Fischer: Kapitel 3: Amsterdam, 110: Köln, 113: Salzburg, 114: Wien

Oliver Fülling: Kapitel 101: Peking, 102: Shanghai

Daniela Hansjakob: Kapitel 53: Lissabon

Karin Hanta: Kapitel 4: London, 64: Buenos Aires, 88: New York, 90: San Francisco

Thomas Hauer: Kapitel 72: Istanbul

Roland F. Karl: Kapitel 9: Malta, 22: Marokko, 23: Namibia, 24: Bhutan, 46: Irlands Westen, 65: Bermuda, 66: Seychellen, 67: Botswana, 70: Mauritius/Réunion, 96: Ecuador, 98: Tansania, 99: Kenia, 111: Schweiz, 125: Grenadinen, 126: Kuba, 132: Kapverdische Inseln, 134: Garden Route, 141: Oman, 142: Malediven, 148: Laos, 150: Neuseeland

Bernhard Kleinschmidt: Kapitel 26: Tokio

Renate Kostrzewa: Kapitel 57: Grönland

Götz Lachmann: Kapitel 41: Oslo, 43: Kopenhagen, 47: Edinburgh, 56: Athen, 80: Helsinki, 100: Windhoek, 115: Budapest, 136: Durban, 144: Hongkong

Hubert Matt-Willmatt: Kapitel 109: Schwarzwald

Thomas Migge: Kapitel 81: Südtirol

Jochen Müssig: Kapitel 1: Oberbayern, 17: Florida, 34: Berlin, 45: Englands Süden, 77: München, 82: Gardasee, 86: Andalusien, 92: Hawaii, 93: Mexiko, 106: Bangkok, 108: Australien, 112: Österreich, 116: Prag, 119: Venedig, 121: Lanzarote, 123: Los Angeles, 128: Rio de Janeiro

Michael K. Nathan: Kapitel 25: Jerusalem

Hartmut Pönitz: Kapitel 13: Jakobsweg, 129: Patagonien

Barbara Rusch: Einleitung, Kapitel 18: Mississippi, 19: Texas, 36: Danzig, 37: Warschau, 48: Brüssel, 49: Zürich, 52: Bordeaux, 58: Washington, D.C., 59: Chicago, 60: Yellowstone, 61: Seattle, 84: Paris, 91: Las Vegas, 95: Santiago de Chile, 133: Mombasa, 137: Dubai

Bernd Schiller: Kapitel 15: Kreta, 21: Panama, 28: Chinas Norden, 29: Indiens Süden, 30: Philippinen, 35: Sylt, 40: Norwegen, 44: Bornholm, 62: Kanadas Westen, 63: Peru, 69: Madagaskar, 71: Seidenstraße, 73: Mongolei, 74: Indonesien, 75: Französisch-Polynesien, 76: Papua-Neuguinea, 78: Rügen, 87: Portugals Süden, 97: Nilkreuzfahrt, 104: Bali, 107: Singapur, 117: Finnland, 140: Sri Lanka, 143: Thailands Süden, 145: Vietnam, 147: Kambodscha

Lothar Schmidt: Kapitel 12: Madrid

Klaus Viedebantt: Kapitel 2: Glacier Express, 5: Dublin, 6: Reykjavik, 7: Odessa, 8: Monaco, 10: Sizilien, 11: Toskana, 14: Madeira, 16: Toronto, 20: Yukatan, 27: Sakura, 31: Sydney, 32: Western Australia, 33: Wellington, 39: Transsib, 42: Stockholm, 50: Provence, 51: Loiretal, 68: Krüger-Nationalpark, 79: Donau-Radweg, 89: Neuengland, 94: Amazonas, 118: Moskau, 120: Mallorca, 122: Kanada, 124: Bahamas, 127: Baja California, 130: Osterinsel, 131: Antarktis, 135: Kapstadt, 138: Rajasthan, 139: Delhi, 146: Kuala Lumpur, 149: Great Ocean Road

Susanne Wess: Kapitel 54: Florenz, 55: Rom, 83: Neapel

Thomas Winzker: Kapitel 85: Barcelona, 103: Mumbai

Bildnachweis

Alle Bilder des Innenteils und des Umschlags stammen von der Bildagentur LOOK

LOOK Die Bildagentur der Fotografen www.look-foto.de

außer:

Bildagentur Huber: 9 (Werner Bertsch), 166 (Gräfenhain), 167u. (Bernhart), 203o. (Massimo, R.), Umschlagvorderseite großes Bild (Canali Pietro), Umschlagvorderseite kleines Bild u.li. (Delpho Manfred), Umschlagvorderseite unten 2. Bild von links (Bartuccio A.), Umschlagrückseite unten rechts (Mackie Tom);

Fotolia: S. 31 (nenne), 142 u.li. (Kelly), 142 u.re. (leksele), 143 (Infinite XX), 144 u.li. (Schellenberg, R.), 145o. (Bekker, B.), 145u. (Buchholz, L.), 146 (Mayer, M.), 1, 158o. (Valigursky, M.), 165 u.li. (Schmittchen, R.), 181o. (Eckerl, P.), 203u. (Windowseat), 224 (csld), 261 u.li. (kavcic@arcor.de), 279o. (Halbur, D.), 292 u.li. (Zahid, A.), 304u. (Müller, M.);

Picture Alliance: 14, 174 u.re., 177 u.re., 212 (dpa), 75 u.li. (Lonely Planet), 81 u.re. (DUMONT Bilder), 185 (Peter_Foley), 215 (Dinodia Photo), 245 (Sisosev, G.), 254 (AbacaUsa/Hahn, L.), 280 u.li. (epa/Hrusa, J.), 300 u.li. (Chung, C.);

Shutterstock: 2/3 (linerpics), 20 (Pavel Svoboda), 48o. (Anton_Ivanov), 58o. (Sopotnicki), 60o. (nujimomo), 60 u.li. (Yu Lan), 60 u.re. (SeanPavonePhoto), 61, 95 (Attila JANDI), 64o. (Sean Pavone), 75 u.re. (Jo Chambers), 81o. (Nightman1965), 81 u.li. (Waj), 82 u.li. (Jaroslaw Kubak), 83 (Kyrien), 84o. (Denisova Elena), 87o. (ALEKSANDR RIUTIN), 94o. (Cher_Nika), 94u. (Sandra Kemppainen), 107 (Fedor Selivanov), 108 (StevanZZ), 118 u.li. (Maugli), 126 u.re. (Songquan Deng), 130o. (Christopher Boswell), 136 u.li. (Ken Durden), 136 u.re. (Daniel Korzeniewski), 138o. (Verena Matthew), 144o. (Mihai Speteanu), 152 (Koraysa), 153o. (Mikhail Markovskiy), 153 u.li. (muharremz), 153 u.re. (Luciano Mortula), 162o. (M.V. Photography), 178 u.li. (nito), 178re. (F.C.G.), 179 (r.nagy), 184o. (Kamira), 221 (GOLFX), 234o. (THITI H.), 235 (Mueller, U.), 237 u.re. (clearlens), 237 u.li. (Wang, X.), 280 u.re. (jbor), 300 o.li. (Popova, T.), Umschlagvorderseite unten 3. Bild von links (Noppasin);

Franz Binder: 218, 219; Oliver Bolch: 225 u.re.; Christian Heeb: 208 (2), 209; Joachim Hellmuth: 172o.; Olaf Meinhardt: 86 (2), 87u. (2); Hartmut Pönitz: 266; Bernd Schiller: 299; Wolfgang R. Weber: 134, 135 u.li.; Great Southern Rail Limited, Marleston, Australia: 225o., u.li.

Umschlag:

Vorderseite großes Bild: Am Crane Beach, St. Philip, Barbados, Karibik; kleine Bilder von links nach rechts: Papageitaucher auf Island, Brooklyn Bridge, Schloss Neuschwanstein, Rote Lilienblüten.

Rückseite oben: Mount Fuji; unten von links nach rechts: Glacier-Express, Florenz mit Dom, Nordlicht über Island.

Seite 1: Bungalows am Wasser auf einer polynesischen Insel
Seite 2/3: Der Gendarmenmarkt in Berlin bei Nacht

Register

Register

Impressum

Verantwortlich: Marianne Huber
Korrektorat: Viola Siegemund
Layout: Mediaservice Rudi Stix
Repro: LUDWIG:media
Umschlaggestaltung: Claudia Geffert
Kartografie und Klimatabellen: Thieme Wronka GbR
Herstellung: Anna Katavic
Printed in Italy by Printer Trento

★★★★★

Sind Sie mit diesem Titel zufrieden? Dann würden wir uns über Ihre Weiterempfehlung freuen.
Erzählen Sie es im Freundeskreis, berichten Sie Ihrem Buchhändler, oder bewerten Sie beim Onlinekauf.
Und wenn Sie Kritik, Korrekturen, Aktualisierungen haben, freuen wir uns über Ihre Nachricht an Bruckmann Verlag, Postfach 40 02 09, D-80702 München oder per E-Mail an lektorat@verlagshaus.de.

Unser komplettes Programm finden Sie unter

www.bruckmann.de

Alle Angaben dieses Werkes wurden von den Autoren sorgfältig recherchiert und auf den neuesten Stand gebracht sowie vom Verlag geprüft. Für die Richtigkeit der Angaben kann jedoch keine Haftung übernommen werden.

Bildnachweis: siehe Seite 315

Die Deutsche Nationalbibliothek verzeichnet diese Publikation in der Deutschen Nationalbibliografie; detaillierte bibliografische Daten sind im Internet über http://dnb.d-nb.de abrufbar.

ISBN 978-3-7343-0830-7